高等院校“环境教育”系列教材
GAODENG YUANXIAO
HUANJING JIAOYU XILIE JIAOCAI



HUANJING BAOHU GAILUN

# 环境保护概论

主　编　赵广超
副主编　左胜鹏　王传辉

安徽师范大学出版社

**图书在版编目（CIP）数据**

环境保护概论/赵广超主编．—芜湖：安徽师范大学出版社，2011.1

ISBN 978-7-81141-158-4

Ⅰ.①环…　Ⅱ.①赵…　Ⅲ.①环境保护—概论　Ⅳ.①X

中国版本图书馆 CIP 数据核字（2011）第 011264 号

# 环 境 保 护 概 论

主　编　赵广超

副主编　左胜鹏　王传辉

出 版 人：张传开
责任编辑：吴毛顺　童　睿
装帧设计：桑国磊

出版发行：安徽师范大学出版社
　　　　　芜湖市九华南路 189 号安徽师范大学花津校区　　邮政编码：241002
发 行 部：0553-3883578　5910327　5910310（传真）　E-mail：asdcbsfxb@126.com
经　　销：全国新华书店
印　　刷：安徽芜湖新华印务有限责任公司
版　　次：2011 年 7 月第 1 版
印　　次：2011 年 7 月第 1 次印刷
规　　格：787×960　1/16
印　　张：18.625
字　　数：343 千
书　　号：ISBN 978-7-81141-158-4
定　　价：33.50 元

# 高等院校“环境教育”系列
# 教材编写委员会


主　编：王　伦

副主编：王先俊　朱家存　江家发

编　委：（按姓氏笔画为序）

王　伦　王友保　王先俊　孔德新　孙叶根

朱家存　江家发　杨周生　陆　林　赵广超

席贻龙

安徽师范大学教材建设基金资助项目

# 序

随着社会和科技的快速发展，人类面临着环境污染、资源破坏、生态系统失衡等一系列环境问题，并且已经渗透到了社会、经济、文化乃至政治等各个领域，呈现出了日益全球化和国际化发展的趋势。环境问题是人类在21世纪的生存与发展中遇到的、共同关心和亟待解决的首要问题之一。解决发展中的环境问题不仅需要大量具有较高能力的环保专业技术人才，更重要的是要依靠具有较高环保素养的广大公民。从这个意义上说，实施环境教育比治理环境污染更具有前瞻性和迫切性。

1948年，国际自然和自然资源保护协会（巴黎会议）首次使用了“环境教育”一词。1972年斯德哥尔摩人类环境会议第一次正式将“环境教育”的名称确定下来，并为世界各国所接受。环境教育的内涵大体包括三个方面：即环境理念教育、环境知识教育和环境实践教育。环境教育的立足点在于协调人与环境的关系，强调受教育者综合素质的培养。环境教育的焦点已从目前的人与环境转向环境与发展，具有面向可持续发展的新特性。

环境教育的产生、发展与各国的环境问题和政治经济情况密切相关，并表现出各自的特点。美国的环境教育机构队伍健全、职责明确，环境教育经费投入渠道多元、稳定；日本非常注重环境教育活动的开展，并划分为三个层次：亲近自然教育，了解自然教育，保护自然教育。ESD（Education for Sustainable Development，面向可持续发展的教育）模式是日本当前环境教育工作中一项重要制度；其它国家，如法国、新西兰、澳大利亚、厄瓜多尔、斯里兰卡等均以环境保护为中心，围绕环境、经济、社会的综合发展展开行动。世界环境教育的发展趋势是通过环境教育立法来规范、指导、协调、监督和评估环境教育工作的。

在我国，最早开展环境教育的是高等学校，经过几十年的发展，现已形成一个多层次、多形式、专业齐全、具有中国特色的环境教育体系。但我国高等学校的环境教育主要是专业环境教育，着重培养环境类专业人才，忽视了非环境专业大学生的环境教育。迄今为止，我国仍未将环境课程列为高校非环境类专业的必修课，使得非环境类专业开设环境课程缺乏规范性和约束力，随意性很强。

环境教育是21世纪大学的责任，高等师范院校更有必要对学生实施环境教育，因为师范院校担负着培养各级各类基础教育师资的重任，培养具有较高环境素质的师资力量，是发展基础环境教育的关键所在。培养师范生的环境素质，包括环境意识、环境知识与技能、环境价值观与态度，最终形成有益于环境的行为模式，并积极投入到基础环境教育的行动中，通过他们培养中小学生（未来公民）的环境意识，是搞好环境教育和提高全民族环境素养最快捷和最有效的途径。

基于当前国际、国内的环境教育形势，作为省属重点大学的安徽师范大学，为进一步加强环境教育，传播环保理念，实践环保行为，推进环保事业，我校决定率先在国内将环保课程作为一个独立的教学模块，设置为各专业本科生的公共必修课程，对大学生实施系统的环境教育，推动环境教育进课堂、进教材、进头脑，这套“环境教育”类系列教材就是在这种背景下编写出版的。本套教材的出版，对于师范生而言，寄希望于今天培养一批有较高环境素质的毕业生，就等于日后为社会培养一大批有良好环境素养的青少年，有利于加强基础环境教育；对于非师范生而言，寄希望于激发大学生对环境问题的整体性和深层次的思考，养成良好的环保习惯，做环境保护的“践行者”和“播绿人”，有利于加强公众环境教育。

该系列教材的出版也得到了国际环保人士，前联合国官员翁盈盈女士、刘达政先生等的指导和支持，在此，谨表示真诚的谢意。

王伦

2011年3月

# 前　言

环境问题影响到社会的可持续发展，已成为社会关注的焦点问题。开展环境教育对于促进可持续发展、推动公众参与环境保护行动是至关重要的，它也是素质教育的一项重要内容。传播环保理念，实践环保行为，履行社会责任，符合时代对人才培养提出的要求，同时也是大学教育与教学自身发展的需要。安徽师范大学率先把环境教育作为一个重要的教学模块，在全校本科生中开设公共必修课程，对大学本科生进行系统的环保教育，推动环保教育进课堂、进教材、进头脑，尤其以师范专业为依托，凸显了师范教育的育人功能和传播功能。并且在第一课堂，要求在各学科教育教学中强化环保理念的渗透，增强大学生资源忧患意识、节约意识和责任意识；在第二课堂，开展丰富多彩的环保实践活动和绿色校园建设，同时加强校内校外环保教育基地建设，进一步提高大学生环保教育的质量和效果。

《环境保护概论》为本套环境教育教材系列之一，兼顾自然科学、农业科学、医药科学、工程与技术科学和人文与社会科学等专业教学，设计案例与实践教学形式，同时注重环境核心理论与主要污染控制技术相结合，在基础理论、科普宣传与关键技术集成上力求创新，彰显环境教育特色，而且特别关注国际最新理论前沿和环境工程实用技术，时代感强，不同于国内其他的同类教材。全书可分为三大部分，共计 11 章。第一部分为当前人类面临的环境问题以及环境生态学理论；第二部分为环境科学理论与污染工程控制技术，包括大气环境科学及其污染控制技术、水污染防治及其处理技术（含海洋环境保护）、土壤污染控制与农业环境保护、固体废物处理与资源利用、物理性污染及其防治、可持续发展技术等；第三部分为环境监测与评价、环境经济与环境管理、环境标准与相关法律法规等。

在本书的编写过程中，我们得到了联合国原人事司副司长翁盈盈夫妇的大力支持，受到了安徽师范大学王伦校长、顾家山书记等校领导的关心，特别是教务处朱家存处长、江家发副处长等多次召开会议指导教材编写。本书承蒙安徽师范大学教材基金给予资助，安徽师范大学出版社以及童睿编辑给予热情的支持与帮助，环境科学与工程学院副院长、环境教育教研室主任杨周生教授总体指导，以及杨如意副教授、董宗木讲师、赵敏讲师、叶良涛讲师、刘辉博士、方彩霞博士、徐苗青博士、周楠楠老师等提供了诸多帮助。本书编写中参考了大量的文献、资料和图件，其中绝大多数在文中注明，并在参考文献中列出，在此，向这些作者表示衷心的感谢。本书出版前的讲义历经多届本科生教学实践，在此向讲义作者表示诚挚的谢意。

全书由环境科学与工程学院院长、博士生导师赵广超教授负责统稿、审定和具体指导，左胜鹏副教授和王传辉老师组织编写。在本书筹划和编写过程中，作者数度修改写作提纲和文稿，以便更好体现环境保护的内容体系和环境研究的最新进展。但由于多方面因素的限制，书稿直至完成付梓印刷，仍有许多不足和疏漏之处，有待再版时改进，诚请读者谅解，真切希望有关专家、老师和同学们批评指正。

# 目　录

# 第一章　导　论

近代以来，由于人口的迅速增加，经济和社会的快速发展，地球环境扰动加剧。基于人类所面临的严峻形势，如何保护环境、保护我们赖以生存的地球，谋求人类社会、经济和环境的可持续发展，已是摆在人类面前迫在眉睫的问题。要完成这一艰巨的任务，必须认真学习、深刻理解人口、资源、环境与发展的辩证关系，通晓人类活动对环境的影响及其变化规律，提高解决环境问题的能力，增强保护环境的责任心和使命感。本章从环境概念剖析入手，引出当前人类社会面临的环境问题：臭氧层空洞、酸雨、全球气候变暖、生物多样性下降、土地退化与沙漠化、地质灾害频发等，进而讨论环境保护措施和可持续发展理念。

## 第一节　环境概论

环境是一个以人类社会为主体的客观物质体系和有机整体，对人类社会的生存和发展既有依托作用，又有限制作用。环境不仅具有明显的结构方式、组成程度、能量物质流动规模和途径、相对稳定性，而且内部结构和外在状态始终处于不断变化的过程。当人类行为引起环境结构与状态的改变合理和有度时，环境系统将自动调节，修复原有的结构和状态。设立世界环境日，明确环境发展主题，使人类和地球健康持续发展。

### 一、环　境

《中华人民共和国环境保护法》明确指出，“本法所称环境，是指影响人类生存和发展的各种天然的和经过人工改造的自然因素的总体，包括大气、水、海洋、土地、矿藏、森林、草原、野生生物、自然遗迹、人文遗迹、自然保护区、风景名胜区、城市和乡村等。”这段话有以下两层含义，即环境保护法所指的“自然因素的总体”有两个约束条件：一是包括了各种天然的和经过人工改造的；二是并不泛指人类周围的所有自然因素（包括整个太阳系，甚至整个银河系），而是指对人类的生存和发展有明显影响的自然因素的总体。随着人类社会的发展，环境的概念也在发展，随着航天科技和空间科学的发展，月球将成为人类生存环境的重要组成部分。因此，我们要用辩证的观点来认识环境。

### （一）环境的分类和组成

环境作为一个十分复杂的系统，按不同的原则进行分类，可分为：

（1）按环境功能分为生活环境和生态环境。生活环境是指与人类生活密切相关的各种天然的和经人工改造过的自然因素，例如房屋周围的空气、河流、水塘、花草、树木、城镇和乡村等。生态环境是指影响生态系统发展的各种生态因素，即环境条件，包括气候条件（如光、热、降水等）、土壤条件（如土壤的酸碱度、营养元素和水分等）、生物条件（如地面、土壤中的动植物和微生物等）、地理条件（如地势高低、地形起伏）和人为条件（如开垦、栽培和采伐等情况）的综合体，可见生态环境中也包括天然的自然因素和经过人工改造过的自然因素。生活环境与生态环境之间的关系非常密切，它们共同组成了人类的环境。《宪法》第二十六条规定："国家保护和改善生活环境和生态环境，防治污染和其他公害。"

（2）按环境范围的大小分为居室环境、街区环境、城市环境、区域环境（如流域环境、行政区环境等）和全球环境等。

（3）按环境要素的不同可分为大气环境、水环境（包括海洋环境、湖泊环境）、土壤环境、生物环境（如森林环境、草原环境）和地质环境等。

（4）按环境要素的属性可分为自然环境和人工环境两类。自然环境是指环绕在人类的空间中对人类的生存和发展产生直接影响的一切自然物所构成的整体，即阳光、温度、气候、地磁、空气、水、岩石、土壤、动植物和微生物等自然因素的总和；也称天然环境，是在人类出现之前就已存在的，是人类目前赖以生存、生活和生产所必需的自然条件和自然资源的总称。人工环境亦称人为环境，是人类为了提高物质文化生活水平，在自然环境的基础上进行加工改造而形成的环境，例如城市环境、农村环境和工业环境等。

### （二）环境的结构

由自然环境、工程环境和社会环境共同组成的各级人类生存环境结构单元，它由近及远、由小到大可分为聚落环境、区域环境、全球环境和星际环境。也就是说，人类的生存环境是一个极其庞大、复杂的多极大谱系。

（1）聚落环境。聚落环境是人类群居生活的场所，为人类利用和改造自然而创造出来的与人类关系最密切、最直接的生存环境。按其性质、功能和规模大小可分为：居室环境，是人类最直接、接触时间最长的生活环境；院落环境，是由一些功能不同的建筑物以及同它们相联系在一起的场院组成的基本环境单元；村落环境，主要是农业人口聚居的地方，由村落、农业区、自然环境及乡镇企业四个部分组成；城市环境，是人类利用和改造自然环境而创造出来的高度人工化、社会化的环境，是从事工业、商业和交通事业等非农业人口聚居的地方。

（2）区域环境。区域环境是包括人工环境在内的占有一定地域空间的自然环境。区域的范围、环境结构、特点和功能差别很大。以自然环境为主体的区域环境有森林、草原、沙漠、冰川、海洋、湖泊、河流、山地和平原等多种类型；以人工环境为主体的区域环境有城市、农村、工业区、旅游区和开发区等多种类型。

（3）全球环境。又称地球环境，范围包括大气圈中的对流层和平流层的下部、水圈、土壤岩石圈和生物圈。它是人类生活和生物栖息繁衍的场所，是向人类提供各种资源的场所，也是不断受到人类活动改造和冲击的空间。

（4）星际环境。星际环境（宇宙环境）指的是大气层以外的环境，它是人类生存环境的最外圈部分，即大气层以外的宇宙空间。这是人类活动进入大气层以外的空间和地球邻近天体的过程中提出来的概念，也称空间环境。

### （三）环境的基本特征

环境的特性可以从不同的角度来认识和表达，从对人类社会生存发展的作用角度来考察，可以归纳为以下几点：

1. 整体性与区域性

环境的整体性指的是环境的各个组成部分或要素构成一个完整的系统，故又称系统性，就是说在不同的空间中，大气、水体、土壤和植物及人工生态系统等环境的组成部分之间有着确定的数量、空间位置的排布和相互间的作用关系。环境的各组成部分之间以特定的方式联系在一起，形成特定的结构。通过稳定的物质、能量流动的网络以及彼此关联的变化规律，该结构在不同的时刻呈现出不同的状态。整体性是环境的最基本特性，由各部分之间通过一定的联系方式所形成的结构以及所呈现出的状态决定。

环境的区域性指的是环境（整体）特性的区域差异。不同（面积大小的不同、地理位置的不同）区域的环境有不同的整体特性。因此，它与环境的整体性是同一环境特性在两个不同侧面的表现。环境的整体性与区域性使人类在不同的环境中采用不同的生存方式和发展模式，进而形成不同的文化。

2. 变动性和稳定性

环境的变动性是指在自然和人类社会行为的共同作用下，环境的内部结构和外在状态始终处于不断变化之中。目前，地球环境与原始地球环境有很大差别。事实上，人类社会的发展史就是人类与自然界不断相互作用的历史，就是环境的结构和状态不断变化的历史。

稳定性是指环境具有一定的自我调节能力的特性，即在人类社会行为作用下，环境的结构与状态所发生的变化不超过一定限度时，环境可以借助自身的调解能力使这些变化逐渐消失，结构和状态得以恢复。变动性与稳定性是共生的，变动是绝对的，稳定是相对的。人类社会的行为会影响环境的变化，因此人类社会必须自觉地调控自己的行为，使之与环境自身的变化规律相适应、相协调，以求环境向着更有利于人类社会生存和发展的方向变化。

3. 资源性与价值性

环境和人类社会生存发展之间客观地存在着一种特定的关系，环境具有不可估量的价值，而环境价值源于环境的资源性。人类的繁衍、社会的发展都是环境不断提供物质和能量的结果，环境是人类社会生存发展的必不可少的投入，是资源。对于环境资源，是其物质性部分，例如空气、水、动植物、森林、草原和矿产资源等，是人类社会生存发展所必需的物质基础。除物质性部分以外，环境资源还包括非物质性的部分，例如环境容量、环境状态等。环境状态是一种资源，不同的环境状态，对人类社会的生存发展将会提供不同的条件，将影响人类生存方式和发展方向的选择。

## 二、环境主题

20 世纪六七十年代，随着各国环境保护运动的深入，环境问题已成为重大社会问题，一些跨越国界的环境问题频繁出现，环境问题和环境保护逐步进入国际社会生活。

1. 世界环境日

1972 年 6 月 5 日至 16 日，联合国在斯德哥尔摩召开人类环境会议，来自 113 个国家的政府代表和民间人士就世界当代环境问题以及保护全球环境战略等问题进行了研讨，制定了《联合国人类环境会议宣言》和 109 条保护全球环境“行动计划”的建议，提出了 7 个共同观点和 26 项共同原则，以鼓舞和指导世界各国人民保持和改善人类环境，并建议将此次大会的开幕日定为“世界环境日”。1972 年 10 月，第 27 届联合国大会通过决议，将 6 月 5 日定为“世界环境日”。联合国根据每年的世界主要环境问题及环境热点，有针对性地制定每年的“世界环境日”主题。联合国和各国政府每年都在这一天开展各种活动，宣传保护和改善人类环境的重要性，联合国环境规划署同时发表《环境现状的年度报告书》，召开表彰“全球 500 佳”国际会议。

2. 部分世界环境日主题

1974—2010 年世界环境日的主题如下：

（1）1974　Only One Earth
只有一个地球

（2）1975　Human Settlements
人类居住

（3）1976　Water：Vital Resource for Life
水：生命的重要源泉

（4）1977　Ozone Layer Environmental Concern；Lands Loss and Soil Degradation；Firewood
关注臭氧层破坏，水土流失

（5）1978　Development Without Destruction
没有破坏的发展

（6）1979　Only One Future for Our Children-Development Without Destruction
为了儿童和未来——没有破坏的发展

（7）1980　A New Challenge for the New Decade：Development Without Destruction
新的十年，新的挑战——没有破坏的发展

（8）1981　Ground Water；Toxic Chemicals in Human Food Chains and Environmental Economics
保护地下水和人类的食物链，防治有毒化学品污染

（9）1982　Ten Years After Stockholm（Renewal of Environmental Concerns）
斯德哥尔摩人类环境会议十周年——提高环境意识

（10）1983　Managing and Disposing Hazardous Waste：Acid Rain and Energy
管理和处置有害废弃物，防治酸雨破坏和提高能源利用率

（11）1984　Desertification
沙漠化

（12）1985　Youth，Population and the Environment
青年、人口、环境

（13）1986　A Tree for Peace
环境与和平

（14）1987　Environment and Shelter：More Than A Roof
环境与居住

（15）1988　When People Put the Environment First，Development Will Last
保护环境、持续发展、公众参与

（16）1989　Global Warming；Global Warning
警惕全球变暖

（17）1990　Children and the Environment
儿童与环境

(18) 1991 Climate Change—Need for Global Partnership
气候变化——需要全球合作

(19) 1992 Only One Earth, Care and Share
只有一个地球——一齐关心，共同分享

(20) 1993 Poverty and the Environment—Breaking the Vicious Circle
贫穷与环境——摆脱恶性循环

(21) 1994 One Earth One Family
一个地球，一个家庭

(22) 1995 We the Peoples: United for the Global Environment
各国人民联合起来，创造更加美好的未来

(23) 1996 Our Earth, Our Habitat, Our Home
我们的地球、居住地、家园

(24) 1997 For Life on Earth
为了地球上的生命

(25) 1998 For Life on Earth—Save Our Seas
为了地球上的生命——拯救我们的海洋

(26) 1999 Our Earth—Our Future—Just Save It!
拯救地球就是拯救未来

(27) 2000 2000 The Environment Millennium—Time to Act
2000 环境千年——行动起来吧！

(28) 2001 Connect with the World Wide Web of Life
世间万物 生命之网

(29) 2002 Give Earth a Chance
让地球充满生机

(30) 2003 Water—Two Billion People Are Dying for It!
水——20 亿人生命之所系

(31) 2004 Wanted! Seas and Oceans—Dead or Alive?
海洋存亡，匹夫有责

(32) 2005 Green Cities—Plan for the Planet!
营造绿色城市，呵护地球家园

(33) 2006 Deserts and Desertification—Don't Desert Drylands!
莫使旱地变荒漠

(34) 2007 Melting Ice—a Hot Topic?
冰川消融，后果堪忧

(35) 2008 Kick the Habit! Towards a Low Carbon Economy

转变传统观念，推行低碳经济

（36）2009　Your Planet Needs You—UNite to Combat Climate Change

地球需要你：团结起来应对气候变化

（37）2010　Many Species. One Planet. One Future

多样的物种，唯一的地球，共同的未来

## 三、环境系统

环境系统指地球表面各种环境因素及其相互关系的总和。环境因素包括非生物因素和生物因素。非生物因素有温度、光、电离辐射、水、大气、土壤和岩石，以及其他如重力、压力、声音和火等；生物因素是指各种有机体，它们彼此作用并同非生物环境密切联系。环境系统实际上是一个不可分割的整体，但通常把地球环境系统分为大气圈、水圈、岩石圈（或土壤—岩石圈）和生物圈。在这些圈层的交界面上，各种物质相互渗透、相互依赖和相互作用的关系表现得尤其明显。

环境系统的范围可以是全球性的，也可以是局部性的，例如一个海岛或者一个城市都可以是一个单独的系统。全球系统是由许多亚系统交织而成，例如大气—海洋系统、大气—海洋—岩石系统、大气—生物系统、土壤—植物系统等。局部同整体有不可分割的关系，区域性变化积累起来会影响全球，例如热带森林因为滥加采伐，面积日益缩小，影响全球气候。环境系统的内在本质在于各种环境因素之间的相互关系和相互作用过程。

1. 环境系统的稳定性

环境系统是具有一定调节能力的系统，对来自外界比较小的冲击能够自我补偿和缓冲，从而维持环境系统的稳定性。环境系统的稳定性在很多情况下取决于环境因素与外界进行物质交换和能量流动的容量。在地球环境系统中，海洋、土壤和植被是最大的调节系统，对于维护环境系统的稳定有巨大作用。海洋的巨大热容量，调节着地表的温度，使之不致于发生剧烈变化。同时，海洋又是二氧化碳的巨大储存库，海水中二氧化碳与大气中二氧化碳进行交换，处于动态平衡，因此海洋能使大气中二氧化碳的浓度保持稳定，从而保持地表层热量的稳定。土壤是陆地表面的疏松多孔体，又是一个胶体系统，对于植物所需的水分和养分有强大的吸收和释放能力，表土一旦丧失，土地肥力就急剧下降。植被通过根系和残落物层吸收水分和叶子的蒸腾作用，调节地面水分和热量。在生态系统中，构成群落的生物种类愈多样化，食物链和食物网就愈复杂，生态系统也就愈稳定。

环境中也存在着某些不稳定因素，对外来的影响比较敏感。在一定的条件下，某个关键性因子发生小的变化，可能触发内在的反馈机制，引起一系列链式反应，对整个环境系统造成无法挽救的严重后果。例如，极地海冰就被认为是一个不稳定因素，因为它有巨大的反照率，吸收阳光的能力比陆地和海洋小得多，对温度变化很敏感。如果温度稍微降低（特别是夏天），海冰面积便会向赤道方向扩展。海冰面积的扩大，又将反射更多的阳光，使地球接受的热量减少。如果地球进一步降温，海冰面积就继续扩展，直到赤道为止。

2. 人类和环境系统的关系

原始人作为环境系统中的一个组成部分，对环境的影响并不比其他动物大。随着劳动工具的改进，特别是火的发现和利用，人类开始对环境产生重大影响。在人类历史上，由于人类不合理利用而引起自然无情报复的例子不胜枚举。这些改变，其中多数是不可逆的，例如野生动物的灭绝和地表重金属元素浓度的增加；有的则需要较长时间才能恢复，例如植被和土壤。从环境系统演化历史来看，旧平衡的破坏、新平衡的建立是历史发展的正常规律，环境系统始终处于动态平衡之中。

人类谋求生存和发展，就会不断改造自然，打破原有的平衡，并企图建立新的平衡，但人类在改造自然的过程中，由于盲目或受到科学技术水平的限制，未能收到预期的效果，甚至得到相反的结果。一种设计往往对此地有利，而对另一地方有害；或者是短期有利，长期不利。例如，英德等国利用高烟囱扩散工业废气二氧化硫，结果二氧化硫飘送到斯堪的纳维亚半岛，并与雨水结合形成酸雨，严重危害当地生态系统。

## 第二节　当前人类面临的环境问题

环境问题是指由于人类活动作用于周围环境所引起的环境质量变化，以及这种变化对人类的生产、生活和健康造成的影响。环境问题多种多样，归纳起来有两大类：一类是自然演变和自然灾害引起的原生环境问题，也叫第一环境问题，例如地震、洪涝、干旱、台风、崩塌、滑坡和泥石流等；另一类是人类活动引起的次生环境问题，也叫第二环境问题和“公害”。次生环境问题一般又分为环境污染和环境破坏两大类。例如，全球变暖、臭氧层破坏、酸雨、淡水资源危机、能源短缺、森林资源锐减、土地荒漠化、物种加速灭绝、垃圾成灾和有毒化学品污染等。

### 一、环境问题

环境问题对人类生存已造成不容忽视的危害，即由轻度污染、轻度破坏、轻度危害向重污染、重破坏、重危害方向发展。

### （一）环境问题的由来

依据环境问题产生的先后和轻重程度，联系人类文明的进程，可将环境问题产生历史大致划分为三个阶段：

1. 环境问题萌芽阶段（工业革命以前）

在农业文明以前的整个远古时代，人类以渔猎和采集为主，人口数量极少，生产力水平极低，对自然环境的干预甚微，基本不存在环境问题。从农业文明时代开始，人类掌握了一定的劳动工具，具备了一定的生产能力，在人口数量不断增加的情况下，对自然的开发利用强度也在不断加大。为了获取更多的生活资料，人们开垦耕地，把许多森林、草原等植被破坏，使地球表面土地大面积裸露，出现了如地力下降、土壤盐碱化、水土流失，甚至河道淤塞、改道和河堤决口等主要环境问题。这些环境问题危及人类生存，迫使人们经常迁移、转换栖息地，有的甚至酿成覆灭的悲剧，例如玛雅文明的覆灭。此时的环境问题还只是局部、零散的，没有上升为影响整个人类社会生存和发展的问题。

2. 环境问题发展恶化阶段（工业革命至20世纪50年代）

从英国产业革命以来，科学技术水平突飞猛进，人口数量急剧增长，经济实力空前提高，各种机器、设备竞相发展，在追求经济增长的驱使下，人类对自然环境展开了前所未有的开发利用，改变了环境的组成和结构，从而也改变了环境中的物质循环系统，带来了新的环境问题。一些工业发达的城市和工矿区的工业企业，排出大量废物污染环境，天空黑烟弥漫，水体乌黑发臭，矿山污迹斑斑，环境污染事件不断发生。例如，1873年12月、1880年1月、1882年2月、1891年12月、1892年2月，英国伦敦多次发生可怕的有毒烟雾事件；19世纪后期，日本足尾铜矿区排出的废水污染大片农田；1930年12月，比利时马斯河谷工业区由于工厂排出的有害气体，在逆温条件下造成严重的大气污染事件。许多工业产品在生产和消费过程中排放的“三废”都是生物和人类所不熟悉，且难以降解、同化和忍受。总之，大机器、大工业的日益发展，环境问题也随之发展且逐步恶化。

3. 环境问题的初步改善阶段（20世纪60年代后）

从20世纪60年代起，在工业发达国家兴起了“环境运动”，要求政府采取有效措施解决环境问题。到了70年代，人们进一步认识到除了环境污染问题外，地球上人类生存环境所必需的生态条件正在日趋恶化。联合国及有关机构召开了一系列关于世界环境问题的会议，探讨人类面临的环境问题，同时呼吁各国注意环境的恶化，并采取一定的措施保护环境。环境问题是随着人类社会发展而发展，同时也是随着社会进步和科学技术发展而必然要被认识和解决。

### （二）环境问题的发展

1. 环境问题的第一次高潮（20 世纪 50 至 80 年代）

环境问题的第一次高潮出现在 20 世纪五六十年代。20 世纪 30 至 60 年代，震惊世界的环境污染事件频繁发生，使众多人群非正常死亡、残废和患病的公害事件不断出现，其中最严重的有八起污染事件，人们称之为“八大公害”：

（1）比利时马斯河谷烟雾事件。1930 年 12 月，比利时的马斯河谷工业区，外排的工业有害废气（主要是二氧化硫）和粉尘对人体健康造成了综合影响，其中毒症状为咳嗽、流泪、恶心和呕吐，一周内有几千人发病，近 60 人死亡，市民中心脏病、肺病患者的死亡率增高，家畜的死亡率也大大增高。

（2）美国洛杉矶烟雾事件。1943 年 5 至 10 月，美国洛杉矶市的大量汽车废气产生的光化学烟雾，造成大多数居民患眼睛红肿、喉炎和呼吸道疾患恶化等疾病，65 岁以上的老人死亡 400 多人。

（3）美国多诺拉事件。1948 年 10 月 26 日，美国宾夕法尼亚州多诺拉镇大气中的二氧化硫以及其他氧化物与大气烟尘共同作用，生成硫酸烟雾，使大气严重污染，4 天内 42% 的居民患病，17 人死亡，其中毒症状为咳嗽、呕吐、腹泻和喉痛。

（4）英国伦敦烟雾事件。1952 年 12 月 5 日，英国伦敦由于冬季燃煤引起的煤烟形成烟雾，导致 5 天内 4 000 多人死亡。

（5）日本水俣病事件。1953—1968 年，日本熊本县水俣湾，由于人们食用了海湾中含汞的鱼虾、贝类及其他水生动物，造成近万人中枢神经疾患，其中甲基汞中毒患者 283 人中有 66 人死亡。

（6）日本四日市哮喘病事件。1955—1961 年，日本的四日市由于石油冶炼和工业燃油产生的废气严重污染大气，引起居民呼吸道疾患剧增，尤其是哮喘病的发病率大大提高。

（7）日本爱知县米糠油事件。1963 年 3 月，在日本爱知县一带，由于对生产米糠油业的管理不善，造成多氯联苯污染物混入米糠油内，人们食用这种被污染的油之后，酿成有 13 000 多人中毒、数十万只鸡死亡的严重污染事件。

（8）日本富山痛痛病事件。1931—1968 年，生活在日本富山平原地区的人们，因为饮用含镉的河水和食用含镉的大米，以及其他含镉的食物，引起“痛痛病”，就疹患者 258 人，其中死亡者达 207 人。

2. 环境问题的第二次高潮（20 世纪 80 年代后）

进入 20 世纪 80 年代后，具体地说，始于 1985 年由英国科学家发现，同年美国科学家证实在南极上空出现“臭氧空洞”，从而引起了世界环境问题的第二次高潮。人类越来越清醒地认识到，这时的环境问题已由工业污染向城市污染和农业污染发展，由点源污染向面源污染（如江、河、湖、海）发展，局部污染向区域性和全球性污染发展，呈现出地域上扩张和程度上恶化的趋势，各种污染交叉复合，正危及整个地球系统的平衡。环境问题的性质也由此产生了根本的变化，即上升为从根本上影响人类社会生存和发展的重大问题。

## 二、全球环境问题

全球环境问题主要包括全球气候变化、臭氧层破坏和损耗、生物多样性降低、土地荒漠化加剧、森林植被破坏严重和水资源危机等。

### （一）全球气候变化

气候变化是一个最典型的全球尺度的环境问题。气候变化问题直接涉及经济发展方式及能源利用的结构与数量，成为深刻影响21世纪全球发展的一个重大国际问题。在地质历史上，地球的气候发生过显著的变化。一万年前，最后一次冰河期结束，地球的气候相对稳定在当前人类习以为常的状态。地球的温度是由太阳辐射到地球表面的速率和吸热后地球将红外辐射散发到空间的速率决定的。从长期来看，地球从太阳吸收的能量必须同地球及大气层向外散发的辐射能相平衡。大气中的水蒸气、二氧化碳和其他微量气体，例如甲烷、臭氧和氟利昂等，可以使太阳的短波辐射几乎无衰减地通过，但却可以吸收地球的长波辐射。因此，这类气体有类似温室的效应，被称为“温室气体”。温室气体吸收长波辐射并再反射回地球，从而减少向外层空间的能量净排放，大气层和地球表面将变得热起来，这就是“温室效应”。大气中能产生温室效应的气体已经发现近30种，其中二氧化碳起重要的作用，甲烷、氟利昂和氧化亚氮也起相当重要的作用。从长期气候数据比较来看，在气温和二氧化碳之间存在显著的相关关系。目前，国际社会所讨论的气候变化问题，主要是指温室气体增加产生的气候变暖问题。

### （二）臭氧层破坏和损耗

20世纪70年代初，一些科学家开始认识到臭氧层破坏的化学机制，并提出研究报告。80年代中，观测数据证实氟利昂等消耗臭氧物质与南北极臭氧层的破坏存在一定关系。同时，促成国际社会积极行动，制定保护臭氧层的公约和议定书，进行了成功的国际环境保护合作，使人类有望在21世纪中叶逐步使遭受破坏的臭氧层得到恢复。大气中的臭氧含量仅亿分之一，但在离地面20km～30km的平流层中，存在着臭氧层，臭氧的含量占这一高度空气总量的十万分之一。臭氧层的臭氧含量虽然极其微少，却具有非常强烈的吸收紫外线功能，可以吸收太阳紫外线中对生物有害的部分。由于臭氧层有效地挡住了来自太阳紫外线的侵袭，才使得地球上各种生命能够存在、繁衍和发展。1985 年，英国科学家观测到南极上空出现臭氧层空洞，并证实其同氟利昂分解产生的氯原子有直接关系，这一消息震惊全世界。到 1994 年，南极上空的臭氧层破坏面积已达 $2.40\times10^{7}km^{2}$，北半球上空的臭氧层比以往任何时候都薄，欧洲和北美上空的臭氧层平均减少了 10% ~15%，西伯利亚上空甚至减少了 35%。

### （三）生物多样性降低

人类的生存离不开其他生物，地球上多种多样的植物、动物和微生物为人类提供了不可缺少的食物、纤维、木材、药物和工业原料。它们与物理环境之间相互作用形成的生态系统，调节地球上的能量流动，保证物质循环，从而影响大气构成，决定土壤性质，控制水文状况，构成人类生存和发展所依赖的生命支持系统。物种的灭绝和遗传多样性的丧失，将使生物多样性不断减少，逐渐瓦解人类生存的基础。地球上所有的生物——植物、动物和微生物及其生存环境的总和，包括遗传多样性、物种多样性、生态系统多样性、景观多样性四个层次。基因或遗传多样性是指种内基因的变化，包括同种的显著不同的种群（如水稻的不同品种）和同一种群内的遗传变异；物种多样性是指一个地区内物种的变化；生态系统多样性是指群落和生态系统的变化；景观多样性是指不同类型的景观在空间结构、功能机制和时间动态方面的多样化和变异性。现今地球上生存着 500 万种 ~1 000 万种生物，一般来说，物种灭绝速度与物种生成的速度应是平衡的。但是，由于人类活动破坏了这种平衡，使物种灭绝速度加快，据《世界自然资源保护大纲》估计，每年有数千种动植物灭绝，而且灭绝速度越来越快。世界野生生物基金会发出警告，21 世纪鸟类每年灭绝一种，在热带雨林，每天至少灭绝一个物种。物种灭绝将对整个地球的食物供给带来威胁，同时对人类社会发展带来的损失和影响是难以预料和挽回的。

### （四）土地荒漠化加剧

在全球干旱和半干旱地区发生的土地“荒漠化”，不仅造成长期的农业和生态的退化，还曾引发过严重的环境灾难。20 世纪 80 年代，非洲撒哈拉地区发生的大灾荒，就是荒漠化引起的最引人注目的一次环境灾难，难民的悲惨景象震惊了全世界。荒漠化是指在干旱、半干旱和某些半湿润、湿润地区，由于气候变化和人类活动等各种因素所造成的土地退化，它使土地生物和经济生产潜力减少，甚至基本丧失。荒漠化大致有四类：一是风力作用下，出现风蚀地、粗化地表和流动沙丘为标志性形态；二是流水作用下，出现劣地和石质坡地作为标志性形态；三是物理和化学作用下，主要表现为土壤板结、细颗粒减少和土壤水分减少所造成的土壤干化和土壤有机质显著下降，结果出现土壤养分的迅速减少和土壤的盐渍化；四是工矿开发造成，主要表现为土地资源损毁和土壤严重污染，致使土地生产力严重下降甚至绝收。

荒漠化是当今世界最严重的环境与社会经济问题。联合国环境规划署曾三次系统评估了全球荒漠化状况。从1991年底联合国环境与发展大会报告的评估结果来看，全球荒漠化面积已从1984年的$3.48\times10^9hm^2$增加到1991年的$3.59\times10^9hm^2$，约占全球陆地面积的1/4，已影响到了全世界1/6的人口（约9亿人）、100多个国家和地区。据估计，在全球$3.50\times10^9hm^2$受到荒漠化影响的土地中，水浇地有$2.70\times10^7hm^2$，旱地有$1.73\times10^8hm^2$，牧场有$3.07\times10^8hm^2$。从荒漠化的扩展速度来看，全球每年有$6.00\times10^6hm^2$的土地变为荒漠，其中$3.20\times10^6hm^2$是牧场，$2.50\times10^6hm^2$是旱地，$1.25\times10^5hm^2$是水浇地。另外，还有$2.10\times10^7hm^2$土地因退化而不能生长谷物。根据联合国环境规划署的调查，在撒哈拉南侧每年有$1.50\times10^6hm^2$的土地变成荒漠，在1958—1975年间，仅苏丹撒哈拉沙漠就向南蔓延了90km～100km。亚太地区也是荒漠化比较突出的一个地区，共有$8.60\times10^7hm^2$的干旱地、半干旱地和半湿润地，$7.00\times10^7hm^2$雨灌作物地和$1.60\times10^7hm^2$灌溉作物地受到荒漠化影响，这意味着亚洲总共有35%的生产用地受到荒漠化影响。从受荒漠化影响的人口的分布情况来看，亚洲是世界上受荒漠化影响的人口分布最集中的地区，而亚洲遭受荒漠化影响最严重的国家依次是中国、阿富汗、蒙古、巴基斯坦和印度。

### （五）森林植被破坏严重

森林是陆地生态的主体，在维持全球生态平衡、调节气候、保持水土和减少洪涝等自然灾害方面，都有极其重要的作用，各种林产品也有广泛的经济用途。但从全球来看，森林破坏仍然是许多发展中国家所面临的严重问题，所导致的一系列环境恶果引起人们的高度关注。1990年，森林、稀疏的丛林和灌木林所覆盖的面积是$5.10\times10^9hm^2$，约占地球陆地面积的40%，其中$3.40\times10^9hm^2$属于联合国粮农组织定义的“森林”（在发达国家树冠覆盖率至少为20%，在发展中国家为10%）。从联合国粮农组织20世纪90年代初进行的评估来看，全球森林面积的减少主要发生在20世纪50年代以后，其中1980—1990年间全球平均每年损失森林$9.95\times10^6hm^2$，约等于韩国的面积。从世界各地区的情况来看，在非洲、亚洲和拉美等地，约有热带森林$1.80\times10^9hm^2$，包括雨林和湿润落叶林等，80年代，这些地区森林砍伐总面积和木材总砍伐量持续增长，平均每年砍伐$5.90\times10^6hm^2$，其中$4.90\times10^6hm^2$是原始森林，森林遭受了大范围的破坏，森林生态系统严重退化。北美、欧洲和亚洲等地的温带森林共有$1.60\times10^9hm^2$，主要集中在工业化国家。热带森林有丰富的物种和巨大的调节气候功能，热带森林减少近年来一直是世界热点问题。另外，根据联合国粮农组织的数据，在1960—1990年期间，全球丧失了$4.50\times10^9hm^2$的热带森林，亚洲同期损失了大约1/3的热带森林，非洲和拉丁美洲各损失了大约18%的热带森林。

### （六）水资源危机

随着全球经济迅速发展，人类对淡水资源的需求也在不断增长，对陆地水域与海洋施加越来越大的环境压力。淡水短缺、水生资源破坏和陆地水域与海洋污染已成为国际社会关注的重大环境问题。水是世界上最普遍的物质之一，总体积约为$1.40\times10^{10}km^3$。这些水如果均匀分布在地球表面，地球水深将近3 000m，其中只有3%是淡水，而淡水的70%又被封冻在两极及高山的冰层和冰川中，难以利用，人类可利用的淡水资源只有$2.10\times10^4km^3$左右。这些资源在时空上分布不均，加上人类的不合理利用，使世界上许多地区面临严重的水资源危机，其主要表现在以下几个方面：

1. 淡水资源短缺

由于人口增长和经济发展导致人均用水量增加，在过去的三个世纪里，人类提取的淡水资源量增加了35倍，1970年达到了$3.50\times10^3km^3$。20世纪后半叶，淡水提取量每年增加4%~8%，其中农业灌溉和工业用水占了增长的主要部分，特别是20世纪70年代“绿色革命”期间，灌溉用水翻了一番。根据国际经验，每人每年1 000$m^3$可重复使用的淡水资源是一个基本指标，低于这个指标的国家可能会遭受阻碍发展和损害健康的长期性水荒。目前，世界上有20个左右的国家低于这一指标，大部分位于西亚和非洲。据有关国际组织预测，生活在缺水国家的人口将从1990年的1.32亿增加到2025年的6.53亿（按照低人口增长预测）和9.04亿（按照高人口增长预测）之间。到2050年，预测生活在缺水国家中的人口将增加到10.6亿和24.3亿之间，约占全球预测人口的13%~20%。这还不包括中国西北部、印度西部与南部、巴基斯坦与墨西哥的大部分地区、美国与南美西海岸这些干旱缺水的地区。因此，全世界实际上受水资源短缺影响的人口比上述预测数字更多一些。与淡水资源短缺相对应的是水资源的大量浪费。农业消耗了全球用水量的70%左右，但农业灌溉用水效率普遍比较低，许多灌溉系统60%以上的水在浇灌庄稼前就渗漏和蒸发掉了，并带来土壤盐渍化。

2. 淡水污染

水污染有三个主要来源，即生活废水、工业废水和含有农业污染物的地面径流。另外，固体废物渗漏和大气污染物沉降也造成对水体的交叉污染。水体污染大大减少淡水的可供量，加剧淡水资源的短缺。从世界各国的情况来看，属于经济合作与发展组织的发达国家生活和工业污水一般得到了有效控制，但污染物泄漏和污染事故仍有发生，有时造成严重危害，例如1986年莱茵河化学品泄漏事故就造成莱茵河水的长期污染。另外，城市和农村地区的地面径流污染和大气污染物的沉降仍未得到有效解决。

非经济合作与发展组织的工业化国家，包括俄罗斯和东欧国家及其他工业比较发达的发展中国家，生活、工业和农业污染都相当严重，尤其是工业污染非常突出，使不少工业城市成为环境污染重灾区。在发展中国家，工业和生活污水排放量不断增长，大多数未经处理就直接排放。化肥和农药需求的日益增长和不合理使用，使农业的地表径流污染也发展成为一个比较严重的问题，成为湖泊等地表水体富营养化的一个重要来源。据世界银行的报告估计，由于水污染和缺少供水设施，全世界有10亿多人口无法得到安全的饮用水。

3. 争夺淡水资源

随着对淡水需求量的不断增长，在许多干旱和半干旱地区，淡水成为决定经济发展重要的限制因素，部门之间、地区之间和国家之间争夺淡水资源的情况越来越突出。在水资源比较丰富的地区，不同功能用途之间的矛盾和冲突也越来越显著。过去，农业部门是用水增长最快的一个部门，灌溉用水往往优先保证。但是，随着工业和城市生活用水的不断增长，在干旱和半干旱地区，已经开始同农业争夺有限的水源。美国西部及一些发展中国家工业和城市较集中的地区，这种矛盾已日趋明显。

地区之间水资源利用上的矛盾往往表现为上下游之间的矛盾，不少地区由于上游用水量增加，下游淡水减少，甚至出现断流，干旱季节得不到稳定供水，导致不得不季节性减少工业生产。据估计，全世界有200多条国际河流和湖泊，这些跨界河流的流域面积几乎占全球陆地面积的一半以上，生活在这些流域的人口至少占世界人口的40%，因此全球跨国的水资源管理是国际环境与资源保护的重要领域。在西亚和北非等一些干旱和半干旱地区，水贵如油，各国在跨国河流和地下蓄水层开发利用上的矛盾往往十分尖锐，有时甚至引发军事上的对峙，成为国际冲突的导火索。

### （七）海洋资源破坏和污染

海洋环境和生态系统在维持全球气候稳定和生态平衡方面起着极其重要的作用。海洋生物资源是人类食物的一个重要组成部分，据估计，全世界有9.5亿人（大部分在发展中国家）把鱼作为蛋白质的主要来源。但是，近几十年来，海洋生物资源过度利用和海洋污染日趋严重，导致全球范围的海洋环境质量和生产力的退化。

1. 海洋生物资源过度利用

世界渔业生产由海洋捕捞、内陆捕捞和水产养殖（包括淡水和海水养殖）

组成。1993 年，在全世界捕获的 $1.01\times10^8$t 鱼中，海洋捕捞占 77.7%，内陆捕捞占 6.8%，水产养殖占 15.5%。在 1950—1990 年期间，海洋捕捞量差不多翻了 5 倍，达到 $8.60\times10^7$t，但到 1993 年下降到 $8.40\times10^7$t。从世界各重要捕捞区的情况看，大西洋和太平洋 11 个重要捕捞区中的 6 个捕捞区，占所有商业渔业资源的 60% 以上，捕捞明显超过极限，导致渔业资源的枯竭。海洋鱼类过度捕捞不仅使海洋捕捞量陷于停滞，也使捕捞结构发生变化，高价值鱼类减少，处于食物链低层次的低价值鱼类增多。20 世纪 70 年代以来，正是这些低价值鱼类维持着渔业生产的增长。

2. *海洋污染*

人类活动产生的大部分废物和污染物最终都进入了海洋，海洋污染越来越严重。目前，每年都有数十亿吨的淤泥、污水、工业垃圾和化工废物等直接流入海洋，河流每年也将近百亿吨的淤泥和废物带入沿海水域。海洋污染的主要来源有城市污水、农业径流、空气污染、船舶和倾倒的垃圾等。从总体上看，海洋污染主要表现在以下几个方面：世界沿海水域大部分已遭受污染，公海则相对清洁；分布最广、影响最大的污染源是排放的污水和土地开垦及侵蚀的沉积物；污染和沿海开发对湿地、红树林、珊瑚礁和沙丘的破坏，改变了沿海生境，使动物的栖息地和繁殖地遭到破坏，威胁到许多地区鱼类和其他野生生物；船舶、钻井平台的原油和农药等有机合成物的倾倒，造成区域性污染；海洋垃圾中的塑料、废弃渔网和石油泄漏形成的焦油等对海鸟和海洋哺乳动物造成很大危害。

世界不少国家和地区都对排入海洋的部分污水进行了处理，但从全球来看，有大量污水经河流直接排入海洋，造成世界许多沿海水域，特别是一些封闭和半封闭的海湾和港湾出现富营养化。过量的氮、磷等营养物造成藻类和其他水生植物的迅速生长，有可能发生由有毒藻类构成的赤潮。赤潮往往蔓延迅速，造成鱼类死亡、贝类中毒，给沿海养殖业带来毁灭性的打击。

### （八）酸雨污染

空气污染主要是人类大量燃烧化石燃料造成的，主要分布在污染源集中的城市地区。酸雨的长距离输送，则使酸雨污染发展成为区域环境问题和跨国污染。酸雨问题首先出现在欧洲和北美洲，现在已出现在亚太和拉丁美洲的部分地区。欧洲和北美已采取防止酸雨跨界污染的国际行动，而在东亚地区，酸雨的跨界污染已成为一个敏感的外交问题。酸雨通常指 pH 值低于 5.6 的降水，但现在泛指酸性物质以湿沉降或干沉降的形式从大气转移到地面上。湿沉降是指酸性物质以雨、雪形式降落地面；干沉降是指酸性颗粒物以重力沉降、微粒碰撞和气体吸附等形式由大气转移到地面。酸雨的形成机制相当复杂，是一种复杂的大气化学和大气物理过程。酸雨中绝大部分是硫酸和硝酸，主要来源于排放的二氧化硫和氮氧化物。就某一地区而言，酸雨发生并产生危害有两个条件：一是发生区域有高度的经济活动水平，广泛使用矿物燃料，向大气排放大量硫氧化物和氮氧化物等酸性污染物，并在局部地区扩散，随气流向更远距离传输；二是发生区域的土壤、森林和水生生态系统缺少中和酸性污染物的物质或对酸性污染物的影响比较敏感，例如酸性土壤地区和针叶林就对酸雨污染比较敏感，易于受到损害。

20 世纪六七十年代以来，随着世界经济的发展和矿物燃料消耗量的逐步增加，矿物燃料燃烧中排放的二氧化硫、氮氧化物等大气污染物总量也不断增加，酸雨分布有扩大的趋势。欧洲和北美洲东部是世界上最早发生酸雨的地区，但亚洲和拉丁美洲有后来居上的趋势。酸雨污染可以发生在其排放地 500km ~ 2 000km的范围内，酸雨的长距离传输会造成典型的越境污染问题。欧洲是世界上一个大的酸雨区，主要的排放源来自西北欧和中欧的一些国家。这些国家排出的二氧化硫有相当一部分传输到其他国家，北欧国家降落的酸性沉降物一半来自欧洲大陆和英国。受影响重的地区是工业化和人口密集的地区，即从波兰和捷克经比利时、荷兰、卢森堡三国到英国和北欧这一大片地区，其酸性沉降负荷高于欧洲极限负荷值的 60%，其中中欧部分地区超过生态系统的极限承载水平。美国和加拿大东部也是一个大的酸雨区。美国是世界上能源消费量最多的国家，消费全世界近 1/4 的能源，美国每年燃烧矿物燃料排出的二氧化硫和氮氧化物居各国首位。从美国中西部和加拿大中部工业心脏地带污染源排放的污染物，定期落在美国东北部和加拿大东南部的农村及开发相对较少或较为原始的地区，其中加拿大有一半的酸雨来自美国。亚洲是二氧化硫排放量增长较快的地区，主要集中在东亚，其中中国南方是酸雨最严重的地区，成为世界上又一大酸雨区。

## 三、中国主要环境问题

中国的环境问题，主要是环境污染和生态破坏两方面，既有局部的，也面临气候变化、臭氧层损耗等全球性环境问题。

1. 水危机

我国水环境面临的严重问题是水体污染和水资源短缺。2009 年，全国工业和城市生活废水排放总量为 $5.89 \times 10^{10}$t，废水中 COD 为 $1.28 \times 10^{7}$t，废水排放总量比上年略有增加，生活污水及 COD 排放量超过工业废水及 COD 排放量。我国主要河流有机污染严重，面源污染日益突出。辽河、海河污染严重，淮河水质较差，黄河水质不容乐观，松花江水质尚可。河流水质污染程度由重到轻顺序为辽河、海河、淮河、黄河、松花江、珠江、长江。

2. 大气污染

我国的大气污染以煤烟型为主，主要污染物是总悬浮颗粒物和二氧化硫。少数特大城市出现煤烟型和汽车尾气污染并重的状况。2009 年全国废气中二氧化硫排放总量 $2.21\times10^7$t，其中工业来源的排放量 $1.87\times10^7$t，生活来源的排放量 $3.48\times10^6$t；烟尘排放量 $8.47\times10^6$t，生活烟尘排放量 $2.43\times10^6$t；工业粉尘排放量 $5.23\times10^6$t。酸雨污染严重，主要分布在长江以南、青藏高原以东的广大地区及四川盆地。华中、华南、西南及华东地区存在酸雨污染严重区域，北方地区局部区域出现酸雨，酸雨区面积占国土面积的30%。

3. 城市环境问题

随着城市化进程加快，城市人口增多，城市环境问题十分突出，城市空气污染以煤烟型为主，部分特大城市出现煤烟—机动车尾气混合型污染。城市空气质量仍处于较重的污染水平，北方城市重于南方城市。城市水环境以石油类、高锰酸盐指数和氨氮有机污染为主，北方城市污染程度重于南方城市，污染型缺水城市增多，主要集中在北方内陆地区。多数城市噪声处于中等污染水平，生活噪声影响范围呈扩大之势，而交通噪声对环境冲击最为突出。逐年增多的城市垃圾至今尚未得到有效控制和处理，尤其是近几年，塑料包装物导致的“白色污染”问题突出。

4. 生态环境破坏

目前，全国约有1/3 的耕地受到水土流失的危害，草原退化面积接近 $1.80\times10^8\text{hm}^2$，并仍以每年 $2.00\times10^6\text{hm}^2$ 的速度在退化；森林覆盖率为 20.36%，水资源浪费严重，地下水过量开采，许多地区缺水，矿产资源遭受滥挖乱采，野生动植物资源人为破坏严重，许多动植物物种濒临灭绝，生态环境恶化，水灾、旱灾、泥石流等自然灾害在许多地区明显增多。

中国环境问题面临的严峻形势，除了人口压力和自然条件等因素造成的以外，很大程度上是由于过度消耗环境和资源为代价的传统经济发展模式造成的，所以中国的环境政策是致力于转变发展战略、加强法制、加强管理和增加投入。

## 第三节　环境保护

环境保护是指人类有意识地保护自然资源并使其得到合理的利用，防止自然环境受到污染和破坏；对受到污染和破坏的环境必须做好综合治理，以创造出适合于人类生活、工作的环境。

### 一、环境保护概念

环境保护是利用环境科学的理论和方法，协调人类与环境的关系，解决各种问题，保护和改善环境的一切人类活动的总称。包括采取行政、法律、经济和科学技术等多方面的措施，合理地利用自然资源，防止环境的污染和破坏，保持和发展生态平衡，扩大自然资源的再生产，保证人类社会的发展。环境保护涉及的范围广、综合性强，它涉及自然科学和社会科学的许多领域，还有其独特的研究对象。环境保护包含至少三个层面的意思：

1. 对自然环境的保护

防止自然环境的恶化，包括对青山、绿水、蓝天和大海的保护。这里就涉及不能私采（矿）滥伐（树）、不能乱排（污水）乱放（污气）、不能过度放牧、不能过度开荒、不能过度开发自然资源、不能破坏自然界的生态平衡等。这个层面属于宏观的，主要依靠各级政府行使自己的职能、进行调控，才能够解决。

2. 对人类居住、生活环境的保护

环境保护使之更适合人类工作和劳动的需要。这就涉及人们衣、食、住、行、玩的方方面面，都要符合科学、卫生、健康和绿色的要求。这个层面属于微观的，既要靠公民的自觉行动，又要依靠政府的政策法规作保证，依靠社区的组织教育来引导，要工农兵学商各行各业齐抓共管，才能解决。

3. 对地球生物的保护

主要指物种的保全，植物植被的养护，动物的回归，生物多样性，转基因的合理、慎用，濒临灭绝生物的特别、特殊保护，栖息地的扩大，人类与生物的和谐共处等。

## 二、环境保护发展历程

近百年来，世界各国，主要是发达国家的环境保护工作，大致经历了四个发展阶段：

1. 限制阶段

20 世纪 50 年代前后，相继发生了著名的八大公害事件，由于当时的人们对这些公害事件的原因和机理并未搞清楚，一般是采取限制性措施，例如英国伦敦发生烟雾事件后，制定了法律，限制燃料使用量和污染物排放时间。

2. “三废”治理阶段

20 世纪 50 年代末、60 年代初，发达国家环境污染问题日益突出，环境保护成了举世瞩目的国际性大问题，于是发达国家相继成立环境保护专门机构。由于这时环境问题只被看作是工业污染问题，因此环境保护工作主要就是治理污染源、减少排污量的工作，采取一些法律、经济的措施解决污染问题，经过大量投资，环境污染有所控制，环境质量有所改善和提高，但主要采取的是末端治理办法，从根本上来说是被动的，所以收效并不显著。

3. 综合防治阶段

1972 年 6 月 5 日至 16 日，联合国在瑞典斯德哥尔摩召开了人类环境会议，会议通过了《人类环境宣言》。这次会议成为人类环境保护工作的历史转折点，它加深了人们对环境问题的认识，扩大了环境问题的范围。另外，它冲破以环境论环境的狭隘观点，把环境与人口、资源和发展联系在一起，从整体上来解决环境问题，对环境污染问题也开始实行建设项目环境影响评价制度和污染物排放总量控制制度，从单项治理发展到综合治理。

4. 规划管理阶段

20 世纪 80 年代初，发达国家发生了经济萧条和能源危机，各国都亟须协调发展、就业和环境三者之间的关系，并寻求解决办法。这阶段环境保护工作的重点是制定经济增长、合理开发利用自然资源与环境保护相协调的长期政策。其特点是重视环境规划和环境管理，对环境规划措施，既要求促进经济发展又要求保护环境，既要有经济效益又要有环境效益，要在不断发展经济的同时，不断改善和提高环境质量。

## 三、中国环境保护的发展

中国环境保护经历了复兴、创建和发展三个阶段：

1. 复兴阶段（1949—1972 年）

新中国诞生后，我国开展了一些与环境保护有关的活动，例如以除害灭病、改善环境卫生为内容的爱国卫生运动，对一些大型工程注重全面规划，合理布局，在选址、设计、施工时，考虑了治理淮河、黄河、海河、长江等大型水利工程的建设，加强植树造林和水土保持工作。20 世纪 70 年代初，针对工业污染和城市环境质量日趋恶化的情况，周总理曾指出，要消灭废水、废气对城市的危害，并使其变为有利的东西。1972 年 6 月，中国政府派代表团出席了在瑞典斯德哥尔摩召开的联合国人类环境会议，我国把环境保护工作正式列入议程。

2. 创建阶段（1973—1977 年）

1973 年 8 月 5 至 20 日，在北京召开了第一次全国环境保护会议，这在中国环境保护事业上是具有重大和深远历史意义的大会。它从思想上唤起了各级领导干部和广大人民群众对环境保护工作重要性、迫切性和现实性的认识；从政策上明确了我国环境保护工作的方针、策略；从组织上开始筹建中央和地方的环境管理机构。1974 年 5 月，国务院批准成立国务院环境保护领导小组及其办公室，随后各省、自治区、直辖市和国务院有关部局也相应设立了环境保护管理机构。

总的来说，在这个阶段环境污染和生态破坏未能有效控制的主要原因：一是“文革”期间，极“左”路线的干扰和破坏，对环境问题和环境保护缺乏认识；二是环境保护事业还未纳入国家和地方国民经济和社会发展计划，治理污染的资金和物质条件未落实。

3. 发展阶段（1978 年至今）

1978 年 3 月 5 日，五届人大一次会议通过的《中华人民共和国宪法》明确规定，国家保护环境和自然资源，防治污染和其他公害。

1979 年 9 月 13 日，颁布了《中华人民共和国环境保护法（试行）》。这是我国第一部环境保护基本法，标志着我国环境保护工作开始走上法制轨道。

1983 年 12 月 31 日至 1984 年 1 月 7 日，国务院在北京召开了第二次全国环境保护会议，李鹏代表国务院宣布："环境保护是中国的一项基本国策。"

1989 年召开了第三次全国环境保护会议，提出了环境管理新的五项制度，即环境保护目标责任制、城市环境综合整治定量考核制度、排污许可证制度、污染集中控制制度和限期治理制度。

1992 年 8 月，党中央、国务院批准了我国环境与发展的十大对策，此后又组织制定了《中国 21 世纪议程》，这是指导今后中国环境保护工作的行动指南。

1996 年 7 月 14 日，召开了第四次全国环境保护会议，这次会议总结了第三次全国环境保护会议以来的经验，作出了《关于环境保护若干问题的决定》，明确跨世纪环境保护工作的目标、任务和措施。决定实施《污染物总量控制计划》和《跨世纪绿色工程计划》两大举措。全国开始展开大规模的重点城市、流域、区域和海域的污染防治及生态建设和保护工程。环境保护工作进入了崭新的阶段。

2002 年 1 月 8 日，国务院召开第五次全国环境保护会议，提出环境保护是政府的一项重要职能，要按照社会主义市场经济的要求，动员全社会的力量做好这项工作。会议的主题是贯彻落实国务院批准的《国家环境保护"十五"计划》，部署"十五"期间的环境保护工作。

2006 年 4 月 17 日，第六次全国环境保护大会在北京召开。中共中央政治局常委、国务院总理温家宝出席会议并发表重要讲话。他强调，保护环境关系到我国现代化建设的全局和长远发展，是造福当代、惠及子孙的事业。我们一定要充分认识我国环境形势的严峻性和复杂性，充分认识加强环境保护工作的重要性和紧迫性，把环境保护摆在更加重要的战略位置，以对国家、对民族、对子孙后代高度负责的精神，切实做好环境保护工作，推动经济社会全面协调可持续发展。

2011 年 1 月 13 日，第七次全国环境保护工作会议在北京召开。环境保护部部长周生贤强调，各级环保部门要认真学习贯彻落实中央经济工作会议和李克强副总理的重要批示精神，紧紧围绕主题主线和新要求，继续探索环保新道路，努力实现"十二五"环保事业发展良好开局，在新的起点上推动环保事业再上新台阶。

我国环境保护事业尽管起步较晚，但发展较快，取得了一定的成绩，主要表现在：

（1）环境保护法规建设有较大发展，颁布了《环境保护法》、《大气污染防治法》、《水污染防治法》、《固体废物污染环境防治法》和《噪声污染防治法》，以及有关森林、草原、土地、矿产和海洋等环境方面的单行法规。同时，为实现环境管理的现代化、科学化和定量化，先后颁布了《海水水质标准》、《大气环境质量标准》等一系列环境质量标准、污染物排放标准、环境方法标准和环境基础标准，初步形成了中国的环境标准体系。

（2）在污染防治方面，从抓单项治理扩大到加强环境管理，以防为主、防治结合、综合防治。

（3）开始重视自然生态环境的保护。中国颁布了一系列保护自然资源的法规，采取有力措施，制止森林破坏和水土流失，积极开展植树造林、绿化环境运动，改善自然生态环境，为了减少有机氯农药对土壤的污染，停止了低效高残留六六六和 DDT 的生产，许多地区采取生物防治，保护害虫天敌，以减少农药对自然环境的污染。

（4）发展了环境科研、监测、教育和宣传工作。中国绝大多数省、自治区、直辖市建立了环境科学研究机构，国家建立了环境科学研究院，中国环境系统省、市（地）两级和中国科学院、社会科学院及高等院校建立了环境科学研究所、室，初步形成了一支能开展多学科综合研究的科研队伍。

**思考题与实践活动**

1. 如何认识环境问题的演变与发展历程？
2. 如何辨证理解人类改造自然与适应自然的活动与行为？
3. 你对于环境保护的重要意义有何体会？
4. 根据环境保护的任务、内容和特点以及发展动向，你认为怎样才能唤醒人们的环境意识以及环保行为？
5. 你熟悉哪些环境污染事件？当前世界范围普遍关注的污染事故有哪些？是什么原因导致环境污染的？
6. 选择熟悉的某项环境保护领域，组织或参与至少一次环保宣传活动。

# 第二章 环境生态学理论

环境生态学是利用生态学原理和规律，研究生物与环境污染两者之间作用与反作用、对立与统一、相互依赖与制约、物质循环与代谢等一系列相互作用的规律，目的是改善不断恶化的生态环境，达到资源的持续利用，促进经济、环境和人类社会的可持续发展。人口、资源、环境与发展的关系中，人口是关键因素，随着人口的增长和经济的发展，人类对自然资源的需求量日益增长，排放的废弃物也逐渐超过自然环境的自净能力，造成环境污染。因此，四者组成一个相互作用、相互依赖的整体。2010 年是联合国确定的国际生物多样性年，目的是推进全球生物多样性保护，促进可持续发展。其主题是“生物多样性是生命，生物多样性就是我们的生命”。这深刻地诠释了人类与生物多样性的关系，即珍惜和保护生物多样性，就是爱护我们自己。

## 第一节 生态学理论

生态学是生物学的一个分支，生物学的研究对象向微观和宏观两个方面发展，微观方面向分子生物学方向发展，而生态学是向研究宏观方向发展的分支，是以生物个体、种群、群落、生态系统直到整个生物圈作为它的研究对象。生态学也是一个综合性的学科，需要利用地质学、地理学、气象学、土壤学、化学和物理学等各方面的研究方法和知识，是将生物群落和其生活的环境作为一个互相之间不断地进行物质循环和能量流动的整体来进行研究。

### 一、生态系统

生态系统就是在一定的空间内，生物群落与其环境之间通过不断地物质循环和能量流动而相互作用、相互制约，不断演化达到动态平衡，形成相对稳定的统一整体，是具有一定结构和功能的单位。一个生物物种在一定范围内所有个体的总和在生态系统中称为种群。在一定的自然区域中许多不同种的生物的总和称为群落。在任何情况下，群落都不是孤立存在的，总是和环境密切相关、相互作用。群落与环境之间为互补关系，存在能量流动和物质循环。

### （一）生态系统的组成

生态系统有四个主要的组成成分，即非生物环境、生产者、消费者和分解者。

（1）非生物因素。包括气候因子，例如光、温度、湿度、风和雨雪等；无机物质，例如碳、氢、氧、氮、二氧化碳及各种无机盐等；有机物质，例如蛋白质、碳水化合物、脂类和腐殖质等。

（2）生产者。主要指绿色植物等自养生物，也包括蓝绿藻和一些光合细菌和硝化细菌，是能利用简单的无机物质制造食物的自养生物，在生态系统中起主导作用。

（3）消费者。主要指以其他生物为食的各种动物，包括植食动物、肉食动物、杂食动物和寄生动物等。

（4）分解者。主要是细菌和真菌，也包括某些原生动物和蚯蚓、白蚁，以及秃鹫等大型腐食性动物。它们分解动植物的残体、粪便和各种复杂的有机化合物，吸收某些分解产物，最终能将有机物分解为简单的无机物，而这些无机物参与物质循环后可被自养生物重新利用。

### （二）生态系统的结构

生态系统的结构可以从两方面理解：其一是形态结构，例如生物种类、种群数量、种群的空间格局、种群的时间变化，以及群落的垂直和水平结构等。形态结构与植物群落的结构特征相一致，外加土壤、大气中非生物成分以及消费者、分解者的形态结构。其二为营养结构，营养结构是以营养为纽带，把生物和非生物紧密结合起来的功能单位，构成以生产者、消费者和分解者为中心的三大功能类群，它们与环境之间发生密切的物质循环和能量流动。

### （三）生态系统的功能

生态系统的主要功能包括生物生产、能量流动、物质循环及信息传递。

1. 生物生产

生态系统中的生物，不断地把环境中的物质能量吸收，转化成新的物质能量形式，从而实现物质和能量的积累，保证生命的延续和增长，这个过程称为生物生产，它包括初级生产和次级生产。生态系统的初级生产实质上是一个能量转化和物质积累的过程，是绿色植物光合作用的过程。进行光合作用的绿色植物称为初级生产者，它是最基本的能量贮存者，尽管绿色植物对光能的利用率还很低（自然植被低于0.2%～0.5%，平均只有0.14%），但被它们聚集的能量仍然是相当可观的，每年地球通过光合作用生产的有机干物质总量约为

$1.62 \times 10^{11}$ t（其中海洋为 $5.53 \times 10^{10}$ t），相当于 $2.87 \times 10^{18}$ J 能量。次级生产是指消费者或分解者对初级生产者生产的有机物以及贮存在其中的能量进行再生产和再利用的过程，因此消费者和分解者称为次级生产者。同样，次级生产者在转化初级生产品的过程中，不能把全部的能量都转化为新的次级生产量，而有很大的一部分要在转化过程中被损耗掉，只有一小部分被用于自身的贮存，这部分能量又会很快通过食物链转移到下一个营养级，直到损耗殆尽。

2. 能量流动

地球上一切生命活动都包含能量的利用，这些能量均来自于太阳。地球可获取的太阳能约占太阳输出总能量的二十亿分之一，到达地球大气层的太阳能是每分钟每平方厘米 8.12J，其中约 34% 被反射回去，20% 被大气吸收，只有 46% 左右能到达地表，而真正能被绿色植物利用的只占辐射到地面的太阳能的 1% 左右。当太阳能进入生态系统时，首先是由植物通过光合作用将光能转化为贮存在有机物中的化学能，然后这些能量就沿着食物链从一个营养级到另一个营养级逐级向前流动，先转移给草食动物，再转移给肉食动物，从小型肉食动物转移到大型肉食动物。最后，绿色植物及各级消费者的残体及代谢物被分解者分解，贮存于残体和代谢物中的能量最终被消耗释放回环境中。由上述可见，在生态系统中，能量沿着食物链流动，形成能量流。总能量流动是符合热力学第一定律及第二定律的。

3. 物质循环

生态系统中各种有机物质经过分解者分解，成为生产者利用的形式归还到环境中重复利用，周而复始的循环过程叫物质循环。物质循环可分为生态系统内的生物小循环和生物地球化学大循环。前者是生物与周围环境之间进行的物质循环，其循环速度快、周期短，主要是通过生物对营养元素的吸收、留存和归还来实现；后者范围大、周期长、影响面广。由于一般生态系统与外界都存在不同程度的输入和输出关系，因此生物小循环是不封闭的，它受到另一类范围更广的地球化学循环影响。生物小循环与地球化学大循环相互联系、相互制约，小循环寓于大循环中，大循环离不开小循环，两者相辅相成，构成整个生物地球化学循环。

4. 信息传递

在生态系统的各组成部分之间及各组成部分的内部，存在广泛的、各种形式的信息交流，这些信息把生态系统联系成为一个统一的整体。生态系统中的信息形式主要有营养信息、化学信息、物理信息和行为信息。生态系统功能除了体现在生物生产过程、能量流动和物质循环外，还表现在系统中各生命成分之间存在的信息传递。生态系统中包含多种多样的信息，大致可分为物理信息、化学信息、行为信息和营养信息。

（1）物理信息及传递。生物通过声、光、色、电等向同类或异类传达的信息构成生态系统的物理信息，通过物理信息可表达安全、警告、恫吓、危险和求偶等多方面信息，例如求偶的鸟鸣、兽吼等。

光信息——光强弱、光质、光照时间长短是重要的光信息。太阳能是光信息的重要初级信源。

声信息——鸟类婉转多变的叫声；蝙蝠、鲸类发达的声呐定位系统。

电信息——特别是鱼类，大约有300多种能产生0.2V～2V微弱电压，电鳗产生的电压能高达600V。

磁信息——鱼类遨游迁徙于大海、候鸟成群结队长途飞行等都靠动物自己的电磁场与地球磁场互相作用确定方向、方位。

（2）化学信息及传递。生物在某些特定条件下，或某个生长发育阶段，分泌出某些特殊的化学物质，这些物质在生物种群或个体之间起着某种信息作用，这就是化学信息。例如，昆虫分泌性外激素吸引异性个体，猫、狗通过排尿标记其活动的领域，臭鼬释放臭气抵抗敌害，白蚁传递生殖信息等。

动物和植物间的化学信息。植物产生气味，不同动物对植物气味有不同反应，例如蜜蜂取食与授粉靠植物的化学信息。

动物之间的化学信息。动物通过外分泌腺向体外分泌某些信息素；动物可利用信息素标记所表现的领域行为；动物向体外分泌性信息素，以沟通种内两性个体的性信息素交流。

植物之间的化学信息。植物之间的化学信息传递是通过化感物质实现的，称为化感作用。化感作用，有促进作用也有抑制效应。

（3）行为信息。有些动物可以通过特殊的行为方式向同伴或其他生物发出识别、挑战等信息，这种信息传达方式称为行为信息。例如，蜜蜂通过舞蹈告诉同伴花源的方向、距离等，人类的哑语也是一种行为信息方式。

（4）营养信息。通过营养关系，把信息从一个种群传递给另一个种群，或从一个个体传递给另一个个体，即为营养信息。

## 二、食物链和食物网

食物链是各种生物之间由于食物关系而形成的一种联系。在生态系统中，一种生物不可能固定在一条食物链上，而往往同时属于数条食物链。实际上，生态系统中的食物链很少单条、孤立地出现（除非食性是专一的），它们往往相互交叉，形成复杂的网络式结构，即食物网。

### （一）食物链

按照生物间的相互关系，一般把食物链分成三类：

1. 捕食链

捕食链是生物种间通过捕食关系而形成的食物链，例如草→兔→狐。食物链起始于生产者，终止于最高级消费者；生产者永远都是第一营养级；食物链营养级别一般不超过五级；消费级别等于营养级别减一；一般不把人列入。

2. 寄生链

寄生链是生物体内以寄生方式而形成的食物链，例如鸟类→跳蚤→原生动物→细菌→过滤性病毒。

3. 腐生链

腐生链是专以动植物遗体为食物而形成的食物链，例如植物残体→蚯蚓→线虫类→节肢动物。

捕食链是食物链的重要模式，它是由生产者与消费者之间通过捕食关系建立起来的。因此，一条捕食链必须有生产者且至少含有三个营养级。因为分解者营腐生活，所以分解者不加入捕食链的构成。食物关系也是营养关系，因此食物链和食物网又叫做生态系统的营养结构，食物链的各个环节叫营养级。生产者是食物链的首要环节，一定属于第一营养级，植食性动物作为初级消费者属于第二营养级，但肉食性动物尤其是大型肉食性动物，其营养级并非一成不变。例如，猫头鹰捕食初级消费者鼠类的时候，它属于第三营养级，但当它捕食次级消费者黄鼬的时候，它就属于第四营养级。

### （二）食物网

食物网形象地反映了生态系统内各生物有机体间营养位置和相互关系，生物正是通过食物网发生直接或间接的联系，保持生态系统结构和功能的相对稳定（图2－1）。

一般来说，具有复杂食物网的生态系统，一种生物的消失不致引起整个生态系统的失调，但食物网简单的系统，尤其是在生态系统功能上起关键作用的种，一旦消失或遭受严重破坏，就可能引起这个系统的剧烈变动。例如，如果构成苔原生态系统食物链基础的地衣，因大气中二氧化硫含量超标而逐渐死亡，就会使整个系统遭到破坏。

### （三）生态金字塔

生态金字塔是反映生态系统营养结构与机能的锥体图解模式，它把生态系统中的营养级依次由低到高排列起来，构成“金字塔”形的营养结构。

由于营养级可以用生物量、生物个体数量以及能量来分别表示，生态金字塔可分为三类，即生物量金字塔、数量金字塔和能量金字塔。

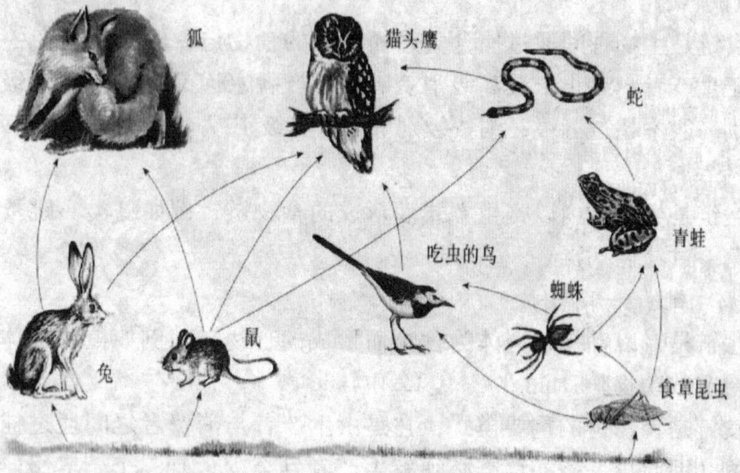


图 2-1　食物网结构图

生态金字塔一般都是底部大、上部小的形状，但是对某些生态系统也有例外情况。例如，海洋中浮游植物常低于浮游动物，受到严重干扰的受损草地生态系统，家畜的生物量有时超过草地植被的生产量。生态金字塔对生态系统来说是不稳定的，倒置说明下一个营养级的能量已经不能满足上一个营养级的需要，生态系统的正常结构与功能将难以为继。

## 三、生态平衡与生态系统稳定性

生态平衡是指在一定时间内，生态系统中的生物和环境之间、生物各个种群之间，通过能量流动、物质循环和信息传递，使它们相互之间达到高度适应、协调和统一的状态。当生态系统处于平衡状态时，系统内各组成成分之间保持一定的比例关系，能量、物质的输入与输出在较长时间内趋于相等，结构和功能处于相对稳定状态，在受到外来干扰时，能通过自我调节恢复到初始的稳定状态。在生态系统内部，生产者、消费者、分解者和非生物环境之间，在一定时间内保持能量、物质输入与输出动态的相对稳定状态。因此，生态平衡首先是动态的，其表述应该反映不同层次、不同发育期的区别。

### （一）生态平衡的基础

生态系统之所以能够维持相对稳定或动态平衡，是由于生态学的基本规律决定的。

1. 相互依存与相互制约规律

相互依存与相互制约，反映生物间的协调关系，是构成生物群落的基础。生物间的这种协调关系，主要分两类：

（1）普遍的依存与制约，亦称“物物相关”规律。有相同生理、生态特性的生物，占据与之相适宜的小生境，构成生物群落或生态系统。系统中不仅同种生物相互依存、相互制约，异种生物（系统内各部分）间也存在相互依存与制约的关系。同样，不同群落或系统之间，也同样存在依存与制约关系。

（2）通过“食物”而相互联系与制约的协调关系，亦称“相生相克”规律。具体形式就是食物链与食物网，即每一种生物在食物链或食物网中都占据一定的位置，并具有特定的作用。各生物种之间相互依赖、彼此制约、协同进化。被食者为捕食者提供生存条件，同时又为捕食者控制；反过来，捕食者又受制于被食者，彼此相生相克，使整个体系（或群落）成为协调的整体。

2. 物质循环转化与再生规律

生态系统中，植物、动物、微生物和非生物成分，借助能量的不停流动，一方面不断地从自然界摄取物质并合成新的物质，另一方面又随时分解为原来的简单物质，即所谓“再生”，重新被植物所吸收，进行不停顿的物质循环。因此，要严格防止有毒物质进入生态系统，以免有毒物质经过多次循环后富集到危及人类的程度。

3. 物质输入输出的动态平衡规律

物质输入输出的平衡规律，又称协调稳定规律，它涉及生物、环境和生态系统三个方面。当一个自然生态系统不受人类活动干扰时，生物与环境之间的输入与输出是相互对立的关系，生物体进行输入时，环境必然进行输出，反之亦然。生物体一方面从周围环境摄取物质，另一方面又向环境排放物质，以补偿环境的损失（这里的物质输入与输出，包含着量和质两个指标）。对于一个稳定的生态系统，无论对生物、环境，还是对整个生态系统，物质的输入与输出总是相平衡的。

4. 生物与环境相互适应与补偿的协同进化规律

生物与环境之间，存在作用与反作用的过程，或者说生物给环境以影响，反过来环境也会影响生物。植物从环境吸收水和营养元素，这与环境的特点，例如土壤的性质、可溶性营养元素的量以及环境可以提供的水量等紧密相关。同时，生物体则以其排泄物和尸体把相当数量的水和营养素归还给环境，最后获得协同进化的结果。

5. 环境资源的有效极限规律

作为生物赖以生存的各种环境资源，在质量、数量、空间和时间等方面，是有一定条件限制的，不可能无限制的供给，因而任何生态系统的生物生产力通常都有一个大致的上限。当外界干扰超过生态系统的忍耐极限时，生态系统就会被损伤、破坏，甚至瓦解。因此，放牧强度不应超过草场的允许承载量；采伐森林、捕鱼狩猎和采集药材时不应超过各种资源可持续利用的产量；保护某一物种时，必须要给予足够它生存、繁殖的空间；排污时，必须使排污量不超过环境的自净能力等。

### （三）生态平衡的调节

生态系统平衡的调节机制主要是通过系统的反馈机制和稳定性实现的。

1. 反馈机制

反馈分正反馈和负反馈。正反馈可使系统更加偏离平衡位置，不能维持系统的稳态。生物的生长、种群数量的增加等都属于正反馈。要使系统维持稳态，只有通过负反馈机制，就是系统的输出决定系统未来功能的输入。种群数量调节中，密度制约作用是负反馈机制的体现。负反馈的意义在于通过自身的功能减缓系统内的压力，以维持系统的稳态。

2. 稳定性

稳定性包括抵抗力和恢复力。抵抗力是生态系统抵抗并维持系统结构和功能原始状态的能力；恢复力是生态系统遭到外部干扰破坏后，系统恢复原始状态的能力。

## 第二节　环境与资源保护

自然资源指的是自然界中人类可以直接获得用于生产和生活的物质。一般可分为二类：不可再生的资源，例如各种金属和非金属矿物、化石燃料等，它们需要经过漫长的地质年代才能形成；可再生的资源，是指水、土壤、动植物、风能和太阳能等资源，它们能在一定的时间内再生产出来或循环再现。在某种意义上说，自然资源也是自然环境的主要组成部分。自然保护的中心就是保护增殖（可再生资源）和合理利用自然资源。

### 一、能源与环境

能源是实现国民经济现代化和提高人民生活水平的物质基础。世界经济发展的实践证明，总的能源消耗量和增长速度与国民经济生产总值及其增长率是成正比关系。能源总消耗量与人口平均能源消耗是衡量一个国家或地区经济发展水平的重要标志。

#### （一）世界能源消耗情况

2007 年世界能源总消耗量（以标准煤计）为 $1.67\times10^{10}$t，其中美国为 $3.37\times10^{9}$t、中国为 $2.65\times10^{9}$t、俄罗斯为 $9.90\times10^{8}$t、日本为 $7.40\times10^{8}$t、印度为 $5.77\times10^{8}$t。如果按人口平均计算能源的消耗量，则美国为 11.1t/人，俄罗斯为

6.96t/人，德国为5.4t/人，日本为5.8t/人，我国只有2t/人。按世界人口平均为2.38t/人，我国按人口平均的能源消耗量远低于发达国家。

石油是现代世界消耗最多的一种能源，工业发展越快，石油的消耗量也越多。例如，日本石油占能源总消耗量的56%，天然气虽然使用方便，对环境污染也较小，但因受到产地和运输的限制，所占的比例还不如煤炭多，处于第三位。在2009年世界一次性能源结构中，石油占34.8%，煤炭占29.4%，天然气占23.8%，水能占6.6%，核能占5.5%。能源消耗最多的是用来发电，其次是汽车发动机的消耗，商业、住宅等公共设施的供热、取暖等也有一定的比重。

### （二）能量生产与环境污染

大多数能源是用于发电，目前多采用矿物燃料加热产生蒸汽来发电，即火力发电，核电站也是通过热能来发电的。无论哪种发电形式对环境均产生热污染。另外，根据应用能源性质的不同，相应的会对环境产生不同性质的污染。

1. 电能生产与热污染

火力发电的简单原理是水被燃烧的矿物燃料加热成高温高压的蒸汽，进入汽轮机后，汽轮机受蒸汽作用而迅速转动，并带动与它同轴的发电机，从而产生电能，经变压器和高压输电线输出供应用户。其中从汽轮机出来的废热蒸汽经冷却器冷却后形成水，冷凝水用泵打回锅炉重复使用，而冷却器中的冷却水则增温外排，进入河流或其他水体，造成热污染。

2. 火力发电站对环境的影响

目前，火力发电主要是靠燃烧煤炭、石油或天然气等矿物燃料，煤和石油的燃烧是构成能源污染的主要来源。火力发电厂排出的污染物中，燃烧煤炭时主要是烟尘和二氧化硫，还有二氧化氮；在燃烧石油时主要是二氧化硫，其次是二氧化氮；在燃烧天然气时主要是二氧化氮。

3. 核能发电与环境

核能就是利用铀-235（或钚-239）等放射性元素的核，在中子轰击下发生裂变，并释放出核能，将水加热成蒸汽，驱动汽轮机——发电机组运转，产生电能。进行核裂变反应的反应堆，就是核电站的“锅炉”，它的优点是无烟尘、无粉煤灰、无漏油等环境污染。它唯一使人担心的是存在放射性污染，特别是由反应堆产生的放射性废物要与环境隔离，不使其进入生态环境，才能认为是安全的。尽管核能的利用已很普遍，但核泄漏事故也是时有发生，例如影响比较大的前苏联切尔诺贝利核电站泄漏事故和2011年因地震引起的日本福岛核电站泄漏事故等。因此，核电站的安全性是非常重要的一个因素，人们在重新审视核电站的安全问题。

## （三）探索和开发新能源

随着经济的不断发展，能源的消耗量迅速增长，能源问题越来越成为经济发展中的突出问题。作为不可再生资源的煤和石油等能源，开发利用增大，地球储量急剧减少，同时这类能源还会带来严重的环境污染问题。因此，人们正在积极寻找各种办法和措施，大力探索和开发各种新能源。

1. 太阳能

热是能的一种形式，太阳光能使照射的物体发热，证明它具有能量。这种能量来自太阳的辐射，称之为“太阳辐射能”，它是地球的总能源，也是惟一极其庞大、既无污染又可再生的天然能源。据估计，太阳每秒钟放射的能量相当于$3.75\times10^{26}$w的能量。然而，仅有少量的能量到达地球大气的最高层，并且还有一部分加热空气和被大气反射而消耗掉。即使这样，每秒钟到达地面上的能量还高达$8.00\times10^{12}$kw，相当于$5.50\times10^{6}$t煤的能量。

2. 生物能源——沼气的利用

沼气是由生物能源转换得来，是甲烷、二氧化碳和氮气等的混合气体，具有较高的热值，可以做燃料烧饭、照明，也可以驱动内燃机和发电机。每$m^3$的沼气约相当于1.2kg煤或0.7kg汽油，可供3t卡车行驶2.8km，沼气燃烧后的产物是二氧化碳和水，不增加空气中有害物的组成，不留灰尘和废渣，不危害农作物和人体健康。因此，沼气对解决我国部分农村能源的消费问题，以及从保护环境、维持生态平衡等方面最具有现实意义。

3. 核聚变能

聚变反应不产生裂变碎片，所以其放射性问题不如裂变反应那样严重。由于氘—氚聚变反应的热利用率为50%～60%，因此它的热污染问题较其他任何发电方法少。核聚变能可能成为未来的新能源，至少在发电方面是这样。核聚变反应所需要的原料从本质上来说是不受限制的，而且引起的环境污染也较轻。但是，核聚变反应要发出大量的电力，达到实用阶段还须做长期的努力。

4. 地热能源

地热来源有三种形式，即干蒸汽、温蒸汽和热水，其中干蒸汽利用最好。温度超过150℃以上，属于高温地热田，可直接用于发电，但其数量也最少。目前世界上仅发现5个主要干蒸汽区，即美国加利福尼亚州的盖塞斯间歇泉区、意大利北部的拉德雷洛、新墨西哥州的克尔德拉，以及日本的两个地区。湿蒸汽田的储量大约是干蒸汽田的20倍，温度在90℃～150℃之间，属于中温地热田。1971年全世界地热发电站的总容量仅仅$8.00\times10^{5}$kw左右，比一个大型火力发电站的装机容量还要小一些，而到2010年，全球地热发电达到了$1.07\times10^{7}$kw。我国是一个地热资源十分丰富的国家，据不完全统计，现已查明的温泉和热水点已接近2 500处，并陆续有发现。我国地下热水资源几乎遍布全国各地，温泉群和温泉点温度大多在60℃以上，个别地方达100℃～140℃。此外，在西藏、云南和台湾等省都发现了地热湿气田。

5. 其他能源

氢能又叫氢燃料，主要是氢气，它是一种清洁能源。氢作燃料其优点很多，燃烧时发热量很大，相当于同重量含碳燃料的4倍，而且水可以作为氢的廉价原料来源，燃烧后的生成物又是水，可循环往复，对环境无污染，便于运输和储藏。目前，作为燃料（火箭发射燃料）在实际中应用的主要是液态氢。潮汐能是由于海岸潮汐的振荡流动产生的，它包括上升与下降的垂直运动和涨潮与退潮的水平运动。形成潮差最大的海湾、海峡和河口地区等流水的动力均可开发利用，用以发电；建筑水坝、围截盆地出口，可以造成海湾水位与外海水位之间的落差（潮差一般达10m以上即可发电），由于潮流振荡运动的产生，引起盆地中的水位时升时降，水流便可用于驱动涡轮机产生电力。风能是一种最古老的能源，在古代人们已开始利用做动力行船、抽水灌溉等，这些主要是将风能转换成机械能，但多次被各种新技术发明所取代。随着风能利用上一些技术问题的不断突破，从减少污染的角度出发，风能利用必有一个较大的发展。

## 二、矿产资源与环境

随着经济的不断发展，矿产资源的消费正在加剧。长期以来，人们从地球内部获得物质并加工制造成人们所需的各种设备，这些物质即人们所说的矿产资源。由于这些矿产资源的不断消耗而引起人们的关心，同时也带来一系列的环境污染问题。

### （一）矿产资源的消耗

一般将矿产资源视为不可更新的资源，分为金属矿物和非金属矿物。非金属矿物包括的种类十分广泛，按重量计最大量的一类是岩石、砂砾石、石膏和粘土类矿物，多做为建筑材料，来源较丰富，尚未感到短缺问题，非金属矿物中还包括含有氮、磷、钾三种元素的肥料矿物，对发展农业生产极为重要；金属矿物包括黑色金属及有色金属、稀有金属等。矿产资源消耗是一个国家富裕水平的指标，使用矿物资源必定会与生活水平相关。当前世界上每个人对矿产资源消耗存在巨大的差别，美国主要矿物的人均消耗量是世界其他发达国家平均消耗量的2倍，是不发达国家的几十倍之多，占世界人口30%的发达国家消耗的各种矿物大约占世界总消耗量的90%。

## （二）矿山开发与环境污染

矿山开采活动对环境的破坏，给人们直观的感觉是有大规模的露天采矿场、高大的废石堆、大面积的尾矿场、地下采矿造成大面积地表塌陷与开裂，以及巨大的采矿机械运输的噪声，但实质问题是矿藏资源开采对区域环境中水、空气、土壤和噪声的污染。

1. 水污染

主要由于采矿、选矿活动，使地表水或地下水含酸性、重金属和有毒元素，这种污染的矿山水统称为矿山污水。矿山污水危及矿区周围河道、土壤，甚至破坏整个水系，影响生活用水、工农业用水。当有毒元素、重金属侵入食物链时，会给人类带来潜在的威胁。

2. 空气污染

露天采矿及地下开采工作面的钻孔、爆破以及矿石、废石的装载运输过程中产生的粉尘，废石场废石（特别是煤矸石）的氧化和自然释放出的大量有害气体，废石风化形成的细粒物质和粉尘，以及尾矿风化物等，在干燥气候与大风作用会产生尘暴，这些都会造成区域环境的空气污染。

3. 土地破坏及复田土壤的污染

矿山开采，特别是露天开采造成大面积土地被破坏或占用。据统计，美国约有 $1.50\times10^4$ 个露天矿，每年破坏土地 $3.00\times10^4\mathrm{hm}^2$ 以上，在德国仅开采褐煤一项，每年就占地约 $2.10\times10^4\mathrm{hm}^2$ 万公顷。我国矿山开采破坏土地的总数尚未作详细的统计，根据初步掌握的资料，各类主要的露天矿山有1 000多个，多属于小型露天矿，对土地的破坏十分严重。近年来，在露天矿开采中注意了恢复破坏土地的工作，露天开采采取复田的措施，有的开辟成新的风景游览区，以降低对土地资源的消耗。

4. 地下开采造成地面塌陷及裂隙

地下采矿，当矿体采出后，其采场及坑道上部地层失去支撑，原有的地层内部平衡被破坏，岩石破裂、塌落，地表也随着下沉形成塌陷坑、裂缝，以及不易识别的变形等直接影响，破坏了周围的环境及工农业生产，甚至威胁人们的安全。

5. 海洋矿产资源开发的污染

开发矿藏产生的环境污染不只限在陆地上。目前世界石油产量的17%来自海底油田，而且这一比例还在迅速增长。油井的漏油、喷油以及石油运输和精炼过程中不可避免的跑、冒、滴、漏所造成的污染也将增加。另外，很快还要从海底开采其他许多矿物，特别是锰矿，从海底采掘矿物会给环境带来明显的危害。

## 三、土地资源与环境

土地是人类赖以生存的基础，是极其宝贵的自然资源之一。土地资源的利用是社会经济发展的立足之本，在可持续发展战略中，土地资源的可持续利用是其中最基本的核心内容之一。

1. 土地资源可持续利用

从经济学来看，根据《我们共同的未来》报告中对可持续发展的定义，土地资源可持续利用表述为“尽可能减少对人类生存所依赖的土地资源破坏与退化，维持一个不变或增加的资本贮量，旨在人类生活质量的长期改善，即在追求经济发展效益最大化的同时，维持和改善土地资源的生产条件和环境基础”。它强调的是，土地作为社会必不可少的生产资本，其贮量随着社会的发展进步不能减少，而应保持不变；从人口与土地关系角度出发，土地资源可持续利用是人口与土地关系的协调和共荣，即土地资源的生产能力和景观环境，要满足不断发展的人类生存、生产和社会活动的需要。

2. 土地资源可持续利用的实质

人类的生存发展，无一不与土地资源息息相关。一方面，土地资源在向人们提供生活物质、生活空间的同时，也在提供生产活动的原材料、生产活动场所；另一方面，人们的社会活动又反过来影响土地资源的存在状况、环境变化及土地的功能。人与土地之间不断地进行物质、能量和信息交流。就土地资源的供应而言，其能力大小受自然、经济和社会等因素影响，其中自然是基础，经济和社会是动力。自然因素通过经济和社会因素得以发挥，经济和社会因素则借助自然因素这个基础得到体现。所以，要实现土地资源的可持续利用，必须综合考虑自然、经济和社会各方面因素，不断提高土地资源的供应能力。

## 四、生物资源与自然保护

生物资源包括植物和动物资源两类。这些资源多是人类生活直接需要的食物来源，也是其他日用生活资料和生产资料的重要来源。但是，目前世界范围的生物资源破坏十分严重，森林面积日益缩减，动植物的物种减少、草原退化、渔业资源恢复缓慢等，人类面临众多的生态问题。在这里着重对森林资源的急剧缩减、草原退化和荒漠化、渔业资源的减产等问题进行讨论。

### （一）森林环境资源

森林资源的急剧减少，是人类面临的一个重大生态问题，给全球环境带来深刻影响。1862 年，世界森林面积为 $5.50\times10^9hm^2$；到 2010 年，世界森林面积只有 $4.00\times10^9hm^2$，而且分布很不均匀。在森林的破坏中，热带雨林的砍伐尤其令人不安。

1. 热带森林环境

目前，地球上的热带森林正面临有史以来最严重的砍伐和破坏。热带森林中有世界上最丰富的物种，美国癌症研究机构认为，至少有10种热带森林植物对癌症有疗效。在美国治疗癌症的两种药品就是用来自马达加斯加热带森林中的一种叫做“长春花”的植物制作的，这两种药在美国的年销售额为2亿美元。另外，科学家还发现至少3种热带森林植物可以用来治疗艾滋病。

2. 我国森林环境资源

我国目前有林地$1.95\times10^8hm^2$，森林覆盖率仅为20.36%，低于世界平均水平（世界平均覆盖率为22%）。按人口平均每人占有森林面积不足$0.145hm^2$，上述两项指标我国分别居第139位和134位。我国不仅森林资源少，而且分布不均匀，大量的森林都集中在东部和西部的个别地区。从林木总蓄积分布看，黑龙江、吉林两省占全国的32%，云南和四川占全国的25%，这四省已占全国的1/2以上。西北地区有的省森林覆盖率还不到3%。特别值得注意的是，一些地区的森林仍然遭到破坏，乱砍滥伐、毁林开荒和森林火灾等还在继续发展，必须采取措施予以制止。

3. 我国人工林地衰退现状与对策

人工林地力衰退是个世界性问题。地力衰退直接影响国土资源的有效利用和森林的可持续发展，以及构成严重的生态环境问题，已成为世界各国普遍关注的热点问题。我国人工林地面积达$6.17\times10^7hm^2$，为世界之最，但由于树种布局、栽培制度、群落结构、粗放经营和连作等原因，导致地力衰退，使我国人工林质量越来越差，林地平均每公顷蓄积量仅为$31.78m^3$（日本为$179m^3/hm^2$），而且目前产量还在下降。林地退化与林地消失成为制约我国林业发展的重要问题。人工林地衰退，不仅引起森林质量下降，同时造成严重的环境问题，突出的表现在森林病虫害日趋严重、森林土壤养分损失，以及水土流失加剧和生物多样性降低。

## （二）草原资源

我国草原约有$4.00\times10^8hm^2$，其中可利用面积为$3.10\times10^8hm^2$，是世界上草原面积较大、资源比较丰富的国家之一，草原总面积占世界第4位。但是，由于过去盲目毁草开荒、过度放牧及其他的不合理利用，以及鼠害、虫害等原因，使草原面积大大减少，草原严重退化、沙化和碱化。国务院发展研究中心在2009年发布的有关“国家草原项目效果评估与草原治理政策完善”的主题报告中指出：目前我国严重退化草原近$1.80\times10^8hm^2$，并以每年$2.00\times10^6hm^2$的速度继续扩张，天然草原面积每年减少约$6.50\times10^5hm^2\sim7.00\times10^5hm^2$，同时草原质量不断下降。约占草原总面积84.4%的西部和北方地区是我国草原退化最为严重的地区，退化草原已达草原总面积的75%以上，尤以沙化为主。锡林郭勒盟2006年退化、沙化草场面积已达$1.23 \times 10^7 hm^2$，占可利用草场面积由1984年的48.6%扩展到64%。从20世纪90年代至2002年间，浑善达克沙地流动沙丘面积每年增加$1.14 \times 10^7 hm^2$，锡林郭勒盟草原生态屏障的作用明显削弱，成为威胁华北地区生态安全的重要沙源地。甘南州及玛曲县90%以上的天然草原都不同程度地存在退化现象，全州重度、中度退化面积分别达$8.13 \times 10^5 hm^2$和$1.36 \times 10^6 hm^2$，分别占天然草场面积的30%和50%。堪称我国“条件最好草原之一”的呼伦贝尔草原，近年也出现不同程度的退化、沙化和盐渍化现象，2005年的调查结果显示，陈巴尔虎旗境内的草原退化、沙化、盐渍化面积达$7.13 \times 10^5 hm^2$，占全旗草原总面积的47%。事实说明，为了持续利用草原，更好地发展畜牧业和保护草原上的野生动物，必须合理利用和保护草原资源。

### （三）野生动植物资源

野生动植物资源指的是非人工种植、驯养的动植物。几乎所有的野生动植物都可以直接或间接的为人类所利用，是人类生产和生活不可缺少的宝贵资源。随着科学技术的进步，生产力的发展，人们能够将许多野生的物种进行人工驯化、繁殖而培养成人工培养的动植物品种。野生动植物资源可为人类提供生产和生活所需的多种原料；丰富的野生动植物种源是培养新品种的源泉，也是生物科学研究不可缺少的基地；野生动植物资源是生态系统中不可缺少的组成部分。因此，保持野生物植物资源具有重要的意义，人们应积极维护自然界的野生动植物资源。我国幅员辽阔，自然条件多种多样，有丰富的野生动植物资源，仅高等植物就有3万多种，木本植物约7 000多种，陆栖脊椎动物、鸟类、兽类以及鱼类等均十分丰富，特别是世界珍贵的动植物，例如大熊猫、金丝猴、扬子鳄、白鳍豚、银杉、珙桐、银杏和金钱松等，这些丰富的动植物资源，是自然界给我们留下的宝贵财富，我们应该很好地爱惜它们。

## 第三节 生物多样性保护

生物多样性是指地球上存在多种生物类型，它们互相依赖又互相制约，使自然生态和食物链保持动态平衡和稳定，各种生物得以在不断变化的环境中生存和发展。生物多样性是地球上各种生物赖以长期存在、繁衍和昌盛的基础和社会财富的源泉。生物多样性包括基因（遗传资源）多样性、物种多样性、生态系统多样性和景观多样性四个层次。保护生物多样性就是要保护生态系统和自然环境，维持和恢复各物种在自然环境中有生命力的群体，保护各种遗传资源。但是，由于人类活动的扩展和对大自然的过度开发，许多物种已经灭绝或正面临灭绝的危险。

## 一、生物圈

地球上的生物在地球物质循环和能量交换过程中起特殊重要的作用。生物圈是指地球上有生命活动的领域及其居住环境的整体。生命分布的上限可达15km～20km高空，海底有机质可达到10km深处。陆地上在美国密西西比地区7.5km深的钻孔中发现生活细菌，但绝大部分生物生存于陆地上和海面之下约100m的范围。生物圈的形成是生物界和水圈、大气圈及岩石圈（土圈）长期相互作用的结果。作为地球一个外层的生物圈，它之所以存在，是因为具备了下列的三个条件：可获得充足的太阳能；有可被生物利用的大量液态水，几乎所有的生物体都含有大量的水分，没有水就没有生命；生物圈内有适宜生命活动的温度条件。生物圈提供生命物质所需要的营养物质，包括氧气、二氧化碳以及氮、碳、钾、钙、铁、硫等矿质营养元素，它们是生命物质的组成，并参加到各种生理过程中去。

此外，还有许多环境条件（如风、水的含盐浓度等）也对生物产生影响作用，可总称为生态条件。在最适宜的条件下，生命活动促进能量的流动和物质循环，并引起生命活动发生种种变化。生物要从环境中取得必需的能量和物质，就要适应环境，而环境因生物活动发生变化，又反过来推动生物的适应性。生物与生态条件这种交互作用促进了整个生物界持续不断的进化。构成生物圈的生物，包括人类在内的所有动物、植物和微生物不断地与环境进行物质与能量交换。从地球上各种生命的历史来说，人类的生命史比较短暂，在人类出现农业生产以前，人类活动对生物圈的影响是微不足道的。

## 二、生物多样性

生物多样性就是地球上所有生物体和生态环境的丰富性和变异性。它包括物种多样性、遗传多样性、生态系统多样性和景观多样性四个层次，是生物在长期的环境适应中逐渐形成的一种生物生存策略。

### （一）生物多样性的意义

生物多样性是人类持续发展的自然基础。生物多样性中，生态系统多样性维持着系统中基本能量和物质运动过程，保证物种的正常发育与进化过程以及与其环境间的生态学过程，从而保护物种在原生环境条件下的生存能力和遗传变异度。因此，生态系统多样性是物种多样性和遗传多样生存的保证。

1. 物种多样性是人类基本生存需求的基础

人类的基本生存需求直接依赖于农、林、牧、渔业活动所获取的动植物资源。自1万年前农业兴起之后，人类就一直不断获取自然界的动植物资源，来满足人类对食物、燃料和药材等基本生存需求。现代工业中很大一部分原料直接或间接来源于野生动植物，而且很多野生动物还是人类食物的主要对象。

2. 遗传多样性是增加生物生产量和改善生物品质的源泉

除直接利用野生动植物、微生物外，人类也利用传统的育种技术和现代基因工程，不断培育新品种，淘汰旧品种，扩展农作物的适应范围，其结果是大大提高了作物的生产力，丰富了农作物的遗传多样性。1972年斯德哥尔摩人类环境会议就已强调："维持动植物的资源对全球粮食保证和人民生活需求有重大意义。"

3. 生态系统多样性是维持生态系统功能必不可少的条件

不同生物或群落通过占据生态系统的不同生态位，采取不同的能量利用方式，以及食物链网的相互关联维持生态系统的基本能量流动和物质循环。因此，生物多样性的丰富度直接影响生态系统的能量利用效率、物质循环过程和方向、生物生产力、系统缓冲与恢复能力等。同时，生态系统多样性在维持地球表层的水平衡、调节微气候、保护土壤免受侵蚀和退化，以及控制沙漠化等方面也起着重要的作用。

4. 景观多样性是指不同类型的景观多样化和变异性

景观是一个大尺度的宏观系统，是由相互作用的景观要素组成，具有高度空间异质性的区域。景观要素是组成景观的基本单元，相当于一个生态系统。依形状的差异，景观要素可分为嵌块体、廊道和基质。由于能量、物质和物种在不同的景观要素中呈异质分布，而且这些景观要素在大小、形状、数目、类型和外貌上又会发生变化，这就形成了景观在空间结构上的高度异质性。景观功能是指生态客体，即物种、能量和物质在景观要素之间的流动。景观异质性可降低稀有内部种的丰富度，增加需要两个或两个以上景观要素边缘种的丰富度。自然干扰、人类活动和植被的演替或波动是景观发生动态变化的主要原因。20世纪70年代以来，森林的大规模破坏造成的生境片段化、森林面积的锐减，以及结构单一的人工和半人工生态系统大面积出现，严重地影响景观的变化过程，形成极为多样的变化模式，其结果是虽然增加了景观的多样性，但却给生物多样性的保护造成严重的障碍。

## （二）中国生物多样性现状

我国国土辽阔，气候多样，地貌丰富，河流纵横，湖泊遍布，东部和南部还有广阔的海域，复杂的自然地理条件为各种生物及生态系统类型的形成与发展提供了多种生境。森林、草原、荒漠、农田、湿地和海洋，是构成我国生态系统的主要种类。我国的森林生态系统可分为寒温带针叶林、温带针阔叶混交林、暖温带落叶阔叶林和针叶林、亚热带常绿阔叶林和针叶林、热带季雨林和雨林；我国的草原生态系统可分为温带草原、高寒草原和荒漠区山地草原三大类。荒漠是发育在降水稀少、强度蒸发、极度干旱生境下稀疏的生态系统类型，主要分布在我国的西北部，约占国土面积的1/5，其中沙漠与戈壁的面积约$1.00\times10^6km^2$；农田生态系统主要分布于我国东南部，类型复杂，有30多种粮食作物、200多种蔬菜和300多种果树，同时茶园、桑园、橡胶园等也是重要的农田生态系统；湿地生态系统主要包括湖泊、河流和沼泽，湖泊很多，以面积在$50km^2$以上的大中型湖泊为主，水生生物种类繁多，沼泽总面积约$1.40\times10^7km^2$，种类丰富的水禽在这些湿地上越冬、繁殖和栖息；我国的海域跨越3个温度带，海岸滩涂和大陆架面积广阔，有海岸滩涂、海岸湿地、河口、海岛和大洋等生态系统。

中国物种多样性与生态系统多样性有直接关系。尽管从20世纪三四十年代我国的科学家已经开始对动物、高等植物和低等植物进行考察，但整个生物种类至今远未查清。就无脊椎动物和隐花植物而言，目前定名发表的种仅占实际存在种的一小部分。1980年以来，仅发表昆虫的新种和被子植物的新种就各有500种。据统计，我国已记录的主要生物物种总数约$8.30\times10^4$种，其中不包括仍不甚了解的土壤生物和尚未充分认识的昆虫（$1.00\times10^5$种以上）的大部分。我国海域已记录的海洋生物物种超过1.3万种，约占世界海洋生物总数的1/4以上。

遗传多样性或基因多样性是生物多样性的重要组分，物种是由许多具有丰富遗传变异的种群组成，从而使其具有大量基因型。我国拥有极为丰富的物种，是世界上遗传多样性最丰富的国家之一。物种的生存力与其遗传多样性成正比，小的分离的残遗种群比具有丰富遗传多样性的种群更易于濒危或灭绝。当一个物种被发现已经濒危的时候，其遗传多样性已大量地丧失，存活的机会已经减少，而拯救免其灭绝为时已晚。生物多样性是一种非常脆弱的资源。

物种多样性高度丰富，物种特有性高，生物区系起源古老，经济物种多，是我国生物多样性的显著特点。从植物区系的种类数目看，中国仅次于马来西亚、巴西，居世界第三位，许多古老种类为我国特有；中国陆栖脊椎动物约2 340种，占世界总种数的10%；中国鸟类占世界总种数的13%。中国拥有大量特有的物种和遗传物种，这些特有物种的分布往往局限在很小的特定生境中，而这种特有的现象在研究了解动物区系和植物区系的特征和形成方面，以及保护生物多样性和持续利用的优先领域方面具有特殊的意义。

中国的经济物种异常丰富，有 3 000 多种重要的野生经济植物、大量的经济动物资源和多种具有经济价值的微生物，这些生物资源对我国的经济发展和人民生活具有无法替代的作用。

## 三、生物多样性的丧失

随着世界农业、医药和工业中生物资源的利用日甚，全球生物多样性正以空前的速度丧失，生物多样性的急剧降低，已威胁人类生存与发展的基础。

### （一）生物多样性全球性锐减

全球每年约有 $1.50 \times 10^7 hm^2$ 的热带森林被砍伐。热带森林生态系统是地球上生物多样性最集中的地区，占陆地表面 7% 的热带森林赋存着地球上一半的生物体。科学家估计，在未来 30 年里大约有 5% ~10% 的热带森林物种面临灭绝的威胁，24 万种植物中大约有 6 万种将灭绝，脊椎动物和昆虫的灭绝比例可能更高。在过去的 400 多年间，地球上约有 2% 的哺乳动物、1.2% 鸟类灭绝，另有 10% 的哺乳动物处于濒危境地。全世界已有 492 种遗传特征不同的种群正处于危机之中。全世界以热带雨林生态系统的基因损失量最大，同时遗传多样性的丧失直接危及农业的发展。总之，生物多样性的丧失必然减少生物圈中的生态关联，使生命支持系统的重要组成部分——生态系统的功能（承载力、恢复力和抗干扰能力）失衡，物质循环过程受阻，进而间接影响全球气候变化，恶化人类生存环境，限制人类生存与发展的选择机会。

### （二）中国生物多样性面临严重威胁

人类活动使生态系统不断破坏和恶化，已成为中国目前最严重的环境问题之一。生态受破坏的形式主要表现在森林减少、草原退化、农田土地沙化与退化、水土流失、沿海水质恶化、赤潮发生频繁、经济资源锐减和自然灾害加剧等方面。森林是陆地生态系统中分布范围最广、生物总量最大的植被类型。我国森林资源长期受到乱砍滥伐、毁林开荒及森林病虫害的破坏，森林特别是天然森林面积大幅度下降。

我国占总面积 1/3 左右的草原地带，近 20 年来，产草量下降近半。尤其是北方半干旱地区的草场，产草量原本不高，加之超载放牧、毁草开荒及鼠害的影响，退化极为严重。在草原破坏、风沙加强的威胁下，北方沙漠化进程已经加快，沙漠面积大幅度增加。

我国的水域生态系统也受到了相当严重的破坏。近 30 多年来，海岸湿地已被围垦 $7.00 \times 10^6 hm^2$，加上自然淤积成陆和人工填海造陆，给垦区附近广大水域的海洋生物资源造成深远的影响。我国南部海岩的红树林在 20 世纪 50 年代

初有 $5.00 \times 10^4 hm^2$，由于几十年大面积围垦毁林，目前仅剩 $2.00 \times 10^4 hm^2$，且部分已退化成半红树林和次生疏林。海南省 1 600km 的海岸线曾有 1/4 岸段分布珊瑚礁，礁区海洋生物资源丰富，近 10 近来，由于当地居民采礁烧制石灰、制作工艺品，导致全岛沿岸 80% 的珊瑚礁资源被破坏，有些岸段则濒临绝迹。淡水生态系统由于兴建大型水利、电力工程及围湖造田而严重破坏。长江流域大量湖区湿地已转变为农田，据鄂、湘、赣、皖四省统计，共围垦 $1.13 \times 10^6 hm^2$ 湖区湿地，“千湖之省”湖北，目前只有湖泊 326 个，湖面由 $8.33 \times 10^5 hm^2$ 锐减到 $2.37 \times 10^5 hm^2$。淡水生态系统的破坏，不仅缩小了湿地和水生物种生境，同时带来洪水调节能力下降、堵塞某些重要经济鱼类回游通道等问题。

虽然中国具有高度丰富的物种多样性，但由于人口快速增长和经济高速发展，增大了对资源及生态环境的需求，致使许多动物和植物严重濒危。据统计，我国目前大约有 398 种脊椎动物濒危，占总数的 7.7%；高等植物濒危或临近濒危的物种数估计已达到 4 000 种 ~5 000 种，占总数的近 20%。

我国动物和植物灭绝情况按已有资料统计，犀牛、麋鹿、高鼻羚羊、白臀叶猴，以及植物中的崖柏、雁荡润楠、喜雨草等，已经消失了几十年甚至几个世纪，其中高鼻羚羊被普遍认为是在 20 世纪 50 年代后在新疆灭绝的。我国目前濒危的主要动物物种有东北虎、华南虎、云豹、大熊猫、叶猴类、多种长臂猿、儒艮、坡鹿、白鳍豚等。许多水域中，不仅某些经济价值高和敏感的物种在逐步缩减甚至消失，而且对虾、海蟹、带鱼、大小黄鱼等主要经济鱼种的可捕捞量也迅速缩减。

中国的栽培植物遗传资源也面临严重威胁。由于经济高速发展，各农业区的生态环境遭受了不同程序的破坏，许多古老名贵品种因优良品种的推广而绝迹。山东省的黄河三角洲和黑龙江省的三江平原过去遍地野生大豆，现在只有零星分布；上海郊区 1959 年有蔬菜品种 318 个，20 世纪 90 年代只剩下 178 个，其他城市也多有类似情况。在动物遗传资源方面，优良的九斤黄鸡、定县猪已经绝灭，北京油鸡数量锐减，特有的海南峰牛、上海荡脚牛也已很难找到。

### （三）生物多样性破坏的三大主因

#### 1. 人　口

中国的人口不仅绝对数量大，而且地理分布不均衡。我国东南部人口密集，西北部人口稀疏。内蒙古、宁夏、新疆、西藏、甘肃、青海 6 省区人口平均密度仅为 14 人/$km^2$，而其余地区人口平均密度约为 142 人/$km^2$。因此，中国的人口对生物多样性的影响是巨大的，是造成生境破坏的主要原因。

#### 2. 资源掠夺性利用

滥捕乱猎在中国有些地区十分严重。例如，从 20 世纪 50 年代就开始对猕猴进行大量捕捉，加之其栖息地不断缩小，使中国猕猴的种群数量减少，至今尚未得到恢复。此外，羚羊、野生鹿及其他可用作裘皮的动物、鱼类等资源，由于过量狩猎、捕捞，种群数量大量减少甚至灭绝。我国海域主要经济鱼类资源20世纪60年代初已出现衰退现象，70年代开始过度捕捞，引起各海区沿岸与近海的底层和近底层传统经济鱼类资源持续衰退。在淡水湖泊，这种现象更为严重。过度采挖野生经济植物是过度利用的另一种形式，近几年在内蒙古、新疆和甘肃等地大量地挖掘甘草，使其分布面积大量减少，例如新疆巴楚县1967年调查甘草面积有$4.00\times10^4hm^2$，现已有半数被挖尽。我国特有的许多珍贵食用和药用真菌，例如冬虫夏草、灵芝、竹荪和庐山石耳等由于长期的人工采摘，已有濒临灭绝的危险。

3. 环境污染

环境污染可以说给许多生物的生存带来灭顶之灾。城乡工农业污水大量排入水域，大气污染物，特别是酸雨的危害，重金属以及长期滞留的农药残毒富集于环境，使许多水陆生物因生境恶化而濒危。据统计，我国已受工业废弃物明显污染的农田面积达$1.00\times10^7hm^2$，约占农田总面积的10%，受农田化学物污染的面积也达$1.00\times10^7hm^2$，两项相加造成总的经济损失约150亿元以上。我国的湖泊及一些主要河流已被工业废水严重污染，这是水生动物大量消亡的主要原因。至于海洋，特别是近海的海岸污染也是物种减少的重要因素。

## 四、生物多样性保护战略

地球上动物、植物和微生物彼此之间相互作用，以及与其生存的自然环境相互作用，形成了地球上丰富的生物多样性，它是生命支持系统最重要的组成部分，维持生态系统的平衡，是人类基本生存以及实现持续发展必不可少的基础。生物多样性锐减，成为人类可持续发展的严重障碍，已成为当前国际社会普遍关注的焦点问题之一。

1. 我国生物多样性保护现状

我国于1956年在鼎湖山建立了第一个保护区。现在全国已建立2 349个保护区，总面积达$1.50\times10^6km^2$，占国土面积的15%。此外，还有208个国家级风景名胜区和2 458个森林公园，其中许多在生物多样性保护中起着重要的作用。

我国的自然保护区根据保护目标的不同分成3类，即生态系统保护区、野生生物物种保护区、自然遗迹或文化遗产保护区。前两类保护区与保护生物多样性密切相关。自然保护区根据其重要意义和批准机关级别，分为国家级、省（直辖市、自治区）级、市（地、州、盟）级和县（旗）级。目前，我国有国家级自然保护区300多个。其中，吉林长白山、四川卧龙、贵州梵净山、湖北神农架、福建武夷山、新疆博格达峰、广东鼎湖山、内蒙古锡林郭勒和江苏盐城等28处加入了国际生物圈保护区网；黑龙江扎龙、吉林向海、湖南东洞庭湖、江西鄱阳湖、青海鸟岛和海南东寨港6处被列为国际重要湿地。

2. 保护生物多样性是人类共同责任

近几十年来，国际社会日益关注生物多样性的保护，1987年联合国通过决议，确定由联合国环境规划署组织制定一项旨在保护世界生物多样性的法律文书，即后来的《生物多样性公约》。1992年6月，在巴西里约热内卢召开的联合国环境与发展会议上通过了该公约，李鹏代表中国政府在《生物多样性公约》上签字。1992年11月，全国人大常委会第28次会议批准中国加入该公约，1993年11月，该公约正式实施。中国是世界上生物多样性最丰富的国家之一，因此保护好中国生物多样性具有重要的国际意义。

**思考题与实践活动**

1. 如何运用生态学原理进行环境保护？试举例说明。
2. 从环境保护角度如何看待资源开发与保护？
3. 生物多样性的价值如何评价？其在环境保护中的重大意义体现在哪些方面？
4. 生态与人类生存生活和生产密切相关，你认为怎样才能增强人们保护生态环境的意识？人们应该具有哪些具体的生态保护思想与行动？
5. 你了解哪些非污染生态问题？当前生物多样性热点地区有哪些？人类活动对生态带来哪些压力？
6. 选择学校或家乡周边的某个湿地（湿地公园或保护区），组织或参与至少一次湿地保护宣传活动。

# 第三章　大气环境科学与污染控制

随着现代工业、交通运输业和城市建设的发展，大气污染已经成为国内外影响最大的公害之一。目前主要的大气污染物是由于燃烧化石燃料产生的烟尘、二氧化碳和硫化物，以及汽车尾气排放的一氧化碳、碳氢化合物和氮氧化物。本章阐述大气污染控制基本理论，包括大气污染物的来源、分类、危害、综合防治措施，以及燃烧过程中控制大气污染物、颗粒污染物的控制技术基础、除尘装置、气态污染物的控制技术基础和综合防治技术等。

## 第一节　大气污染与危害

大气中的有害气体和污染物达到一定浓度时，就会对人类和环境带来巨大灾难。大气污染对人体健康的伤害是多方面的，且极为严重。大气污染将导致生物中毒，减缓生物的正常发育，降低生物对病虫害的抗御能力，同时还通过酸雨形式杀死土壤微生物，使土壤酸化，降低土壤肥力，危害农作物和森林。此外，大气污染对仪器、设备和建筑物等，都有腐蚀作用。大气污染对全球大气环境的影响表现为三个方面，即臭氧层破坏、酸雨腐蚀和全球气候变暖。

### 一、大气结构与组成

大气是地球的“外衣”，厚厚地包裹在地球的外表面，厚度约 1 000km ~ 1 400km，随地球旋转，通常叫大气圈。

#### （一）大气结构

根据大气圈中大气温度垂直分布的特点，在结构上可将大气圈分为五个气层。

1. 对流层

对流层是大气圈中最接近地面的一层，平均厚度约为 12km，集中了大气总质量 75% 的空气和几乎全部的水蒸气量，是天气变化最复杂的层次。该大气层具有两个显著特点：

（1）气温随高度增加而降低。对流层的大气不能直接吸收太阳辐射的能量，但能吸收地面反射的能量而使大气增温，因而靠近地面的大气温度高，远离地面的大气温度低，高度每增加100m，气温约下降0.65℃。

（2）空气具有强烈的对流运动。近地层大气接受地面的热辐射后温度升高，与高空冷空气发生垂直方向的对流，构成对流层空气的强烈对流运动。对流层中气象条件复杂，既有形成污染物易于扩散的条件，又会出现污染物不易扩散的条件。人类活动排放的污染物主要聚集在对流层，大气污染主要也是在这一层发生，因而对流层的状况对人类生活影响最大，与人类关系最密切，是我们研究的主要对象。

2. 平流层

对流层层顶之上的大气为平流层，其上界伸展到约55km处。平流层内温度垂直分布的特点是大气温度随高度的增加而升高。这一方面是由于它受地面辐射影响小；另一方面是由于该层含有臭氧，存在臭氧层，臭氧层可直接吸收太阳的紫外线辐射，造成气温升高。臭氧层的存在对地面免受太阳紫外辐射和宇宙辐射起着很好的防护作用，否则地面上所有的生命将会由于这种强烈的辐射而致死。近年来，由于地面向大气排放氯氟烃化合物过多，局部臭氧层被销蚀成洞，太阳及宇宙辐射可直接穿过“臭氧空洞”，给地球上的生物造成危害。若这种情况继续下去，其后果将是极为严重的，因此保护臭氧层是当今世界面临的紧迫任务之一。

3. 中间层

由平流层顶至85km高处范围内的大气称为中间层。由于该层中没有臭氧这一类可直接吸收太阳辐射能量的组分，因此其温度垂直分布的特点是气温随高度的增加而迅速降低，其顶部气温可低于零下83.15℃。中间层底部的空气通过热传导接受平流层传递的热量，因而温度最高。这种温度分布下高上低的特点，使得中间层空气再次出现强烈的垂直对流运动。

4. 暖　层

暖层位于85km~800km的高度之间。这一层空气密度很小，气体在宇宙射线作用下处于电离状态，又称为电离层。由于电离后的氧能强烈地吸收太阳的短波辐射，使空气迅速升温，因此在这一层中，气温的分布是随高度的增加而增加，其顶部可达476.85℃~1 226.85℃。同时，电离层能反射无线电波，对远距离通讯极为重要。

5. 散逸层

暖层层顶以上的大气，统称为散逸层，也称为外层大气。该层大气极为稀薄，气温高，分子运动速度快。某些高速运动的粒子能克服地球引力的作用而逃逸到太空中去，所以称其为散逸层。

### （二）大气组成

大气是一种多种气体和水蒸气组成的混合物，由恒定气体、可变气体和不定气体组成。

恒定气体在地球上任何地方的体积分数几乎是不变的；可变气体的含量往往随各地季节、天气变化和人类活动的状况而变化；不定气体包括自然灾害和人为原因造成的大气污染物及有毒气体，后者是人类保护大气和防治大气污染的主要对象。各种气体在整个大气中的组成见表 3－1。

表 3－1 大气组成

| 空气成分 | 恒定气体 | | | 可变气体 | | |
|---|---|---|---|---|---|---|
| | 氮气 | 氧气 | 稀有气体 | 二氧化碳 | 尘埃和其他气体 | 水蒸气 |
| 含量（%） | 78 | 21 | 0.9 | 0.03 | 0.03 | - |

洁净的空气对人类的生存和生活都极为重要。人需要吸取新鲜的空气来维持生命，一个成年人每天呼吸三万次左右，吸入的空气量为 $12m^3$～$16m^3$，常温时一个大气压下空气的密度是 $1.29kg/m^3$，也就是15.48kg～20.64kg，相当于每天食物量的 10 倍、饮水量的 5 倍。在地球上，没有空气就不可能存在生命有机体，人类就根本不可能进行正常的生活和生产。在地球上，人可以十几天不吃食物，但如果没有空气，人就会立刻死去。因此，保护地球上的大气，就是保护人类生存的物质基础。

## 二、大气污染物及来源

在大气中，大气外来污染物的存在并最终构成大气污染是有一定条件的。按照国际标准化组织作出的定义，大气污染通常是指由于人类活动和自然过程引起某种物质进入大气中，呈现出足够的浓度，达到足够的时间并因此危害人体的舒适、健康和福利，或危害环境的现象。该定义指明了造成大气污染的原因是人类的活动和自然过程。人类活动包括人类的生活活动和生产活动两个方面，而生产活动是造成大气污染的主要原因。自然过程则包括火山活动、山林火灾、海啸、土壤和岩石的风化以及大气圈的空气运动等内容。上述所说的原因导致一些非自然大气组分，如硫氧化物、氮氧化物等进入大气，或使一些组分的含量大大超过自然大气中该组分的含量，例如碳氧化物、颗粒物等。

按污染的范围，大气污染可分为四类：局部地区，例如某个工厂烟囱排气所造成的直接影响；区域性，例如工矿区或其附近地区的污染，或整个城市的大气污染；广域性，指更广泛地区、更广大地域的大气污染，在大城市及大工业带可能出现这种污染，最主要的污染是酸雨；全球性，指跨国界乃至涉及整个地球大气层的污染，例如温室效应、臭氧层破坏等。

### （一）大气污染物

大气污染物即引起大气污染的物质，可分为天然污染物和人为污染物两大类。引起公害的往往是人为污染物，主要来源于燃料燃烧和大规模的工矿企业。依照污染物存在的形态，大气污染物分为颗粒污染物与气态污染物。

1. 颗粒污染物

大气中危害最大、最严重的污染物，包括固体颗粒和液滴。其中，固体颗粒污染物按颗粒粒径可分为降尘（粒径大于10Ÿ，如尘粒、粉尘）和飘尘（粒径小于10Ÿ，如粉尘、烟尘）。

2. 气态污染物

以气体形态进入大气的污染物称为气态污染物。气态污染物种类极多，按其对我国大气环境的危害大小，有五种类型的气态污染物是主要污染物。

（1）含硫化合物。主要指二氧化硫、三氧化硫和硫化氢等，其中以二氧化硫的数量最大，危害也最大，是影响大气质量最主要的气态污染物。

（2）含氮化合物。含氮化合物种类很多，其中最主要的是一氧化氮、二氧化氮、氨等。大气中氮氧化合物的含量取决于自然界氮循环过程，人类活动排放的一氧化氮约占10%。

（3）碳氧化合物。污染大气的碳氧化合物主要是一氧化碳和二氧化碳，来源于含碳燃料的不完全燃烧。近年来，许多城市交通干线两侧一氧化碳超标严重。例如，北京市三环路内30条街道路中心和人行道大气中一氧化碳均100%超标；上海市15个交通路口一氧化碳浓度比对照点高6倍，超过国家三级标准；天津市区主要交通干线一氧化碳超标几倍至十几倍；长沙市干道中心点一氧化碳超标4倍，年超标率为40%。

（4）碳氢化合物。主要是指有机废气。随着石油化工行业的迅猛发展，有机废气中许多组分已构成了对大气的污染，例如烃、醇、酮、酯、胺等。

（5）卤素化合物。对大气构成污染的卤素化合物，主要是含氯化合物及含氟化合物，例如氯化氢、氟化氢、四氟化硅等。

另外，依照与污染源的关系，又可分为一次污染物与二次污染物。若大气污染物是从污染源直接排出的原始物质，进入大气后其性质没有发生变化，则称其为一次污染物；若由污染源排出的一次污染物与大气中原有成分，或几种一次污染物之间，发生了一系列的化学变化或光化学反应，形成与原污染物性质不同的新污染物，则形成的新污染物称为二次污染物。汽车、工厂等以石油为能源排入大气的一次污染物，在太阳光的作用下发生光化学反应，参与光化学反应的一次和二次污染物的混合物，形成的烟雾称为光化学烟雾，也称洛杉矾型烟雾。以煤为原料，排入大气中的烟尘、二氧化硫与水蒸气混合并发生化学反应生成的烟雾，称为硫酸烟雾，也称伦敦型烟雾。

### （三）大气污染物的来源

造成大气污染的污染物，从产生源来看，主要来自以下几个方面：

1. 能源使用

随着我国经济的快速增长以及人民生活水平的提高，能源需求量不断上升。以煤炭、生物能（农业和林业的产物、从农业、林业和食品生产加工业中产生的植物性废料、未处理过的木材废料和软木废料等，是一种可再生的非化石燃料）和石油产品为主的能源消耗是大气污染物的主要来源。燃烧排气中的污染物组分与能源消费结构有密切关系。发达国家能源以石油为主，大气污染物主要是一氧化碳、二氧化碳、氮氧化物和有机化合物；我国能源以煤为主，主要大气污染物是颗粒物和二氧化硫。

2. 工农业生产

化工厂、石油炼制厂、钢铁厂、焦化厂、水泥厂等各种类型的工业企业，在原材料及产品的运输、粉碎以及由各种原料制成成品的过程中，都会有大量的污染物排入大气中，由于工艺、流程、原材料及操作管理条件和水平的不同，所排放污染物的种类、数量、组成、性质等差异很大。这类污染物主要有粉尘、碳氢化合物、含硫化合物、含氮化合物以及卤素化合物等多种污染物。

农业生产过程对大气的污染主要来自农药和化肥的使用。有些有机氯农药如 DDT，施用后在水中能在水面悬浮，并同水分子一起蒸发进入大气；氮肥在施用后，可直接从土壤表面挥发成气体进入大气；有机氮或无机氮进入土壤内的氮肥，在土壤微生物作用下可转化为氮氧化物进入大气，从而增加了大气中氮氧化物的含量。此外，稻田释放的甲烷也会对大气造成污染。

3. 交通运输

近年来，我国机动车的数量大幅度增长，交通运输带来的车辆行驶扬尘和汽车尾气已是城市大气污染的一个重要来源，也是二次污染物的主要来源。有关研究结果表明，北京、上海等大城市机动车排放的污染物已占大气污染负荷的 60% 以上，其中排放的一氧化碳对大气污染的分担率达到 80%，氮氧化物达到 40%，这表明我国特大城市的大气污染正由第一代煤烟型污染向第二代汽车型污染转变。大气污染物的上述几个来源，具体到不同的国家，由于燃料结构、生产水平、生产规模以及生产管理方法等不同，污染物的主要来源方向也不相同。根据对烟尘、二氧化硫、氮氧化物和一氧化碳四种主要污染物的统计表明，我国大气污染物主要来源于燃料燃烧，其次是工农业生产与交通运输，它们所占的比例分别为 70%、20% 和 10%。我国的燃料构成是以燃煤为主，煤炭消耗约占能源消费的70%。

## 三、大气污染的危害

大气污染的危害是多方面的，主要包括对人的伤害、危害生物生存和发育、物体腐蚀、对全球大气环境的影响等。

1. 对人的伤害

大气被污染后，由于污染物质的来源、性质、浓度和持续时间不同，污染地区的气象条件、地理环境等的差别，甚至人的年龄、健康状况的不同，对人产生的危害也不同。

大气中有害物质主要通过下述三个途径侵入人体造成危害：通过人的直接呼吸而进入人体；附着在食物或溶于水，随饮水、饮食而侵入人体；通过接触或刺激皮肤而进入人体，尤其是脂溶性物质更易从皮肤渗入人体。其中，通过呼吸而侵入人体是主要的途径，危害也最大。大气污染对人体的影响，首先是感觉上受到影响，随后在生理上显示出可逆性反应，再进一步就出现急性危害的症状（如表3－2所示）。大气污染对人的危害大致可分为急性中毒、慢性中毒、致癌三种。

**表3－2　几种大气污染物对人体的危害**

| 大气污染物名称 | 对人体的影响 |
|---|---|
| 二氧化硫 | 视程减少，流泪，眼睛有炎症，闻到有异味，胸闷，呼吸道有炎症，呼吸困难，肺水肿，迅速窒息死亡 |
| 硫化氢 | 恶臭难闻，恶心、呕吐，影响人体呼吸、血液循环、内分泌、消化和神经系统，昏迷，中毒死亡 |
| 氮氧化物 | 闻到有异味，支气管炎、气管炎，肺水肿、肺气肿，呼吸困难，直至死亡 |
| 粉尘 | 伤害眼睛，慢性气管炎、死亡率增加，能见度降低，交通事故增多 |
| 光化学烟雾 | 眼睛红痛，视力减弱，头疼、胸痛、全身疼痛，麻痹，肺水肿，严重的在1小时内死亡 |
| 碳氢化合物 | 皮肤和肝脏损害，致癌死亡 |
| 一氧化碳 | 头晕、头疼，贫血、心肌损伤，中枢神经麻痹、呼吸困难，严重的在1小时内死亡 |
| 氟和氟化氢 | 强烈刺激眼睛、鼻腔和呼吸道，引起气管炎、肺水肿、氟骨症和斑釉齿 |
| 氯气和氯化氢 | 刺激眼睛、上呼吸道，严重时引起中毒性肺水肿 |
| 铅 | 神经衰弱，腹部不适，便秘、贫血，记忆力下降 |

2. 危害生物生存和发育

大气污染物通过三条途径危害生物的生存和发育：一是使生物中毒或枯竭

死亡，二是减缓生物的正常发育，三是降低生物对病虫害的抗御能力。植物在生长期中长期接触大气的污染，会损伤叶面，减弱光合作用，伤害内部结构，使其枯萎，直至死亡。各种有害气体中，二氧化硫、氯气和氟化氢等对植物的危害最大。大气污染物对动物的损害，主要是呼吸道感染和食用被大气污染的食物，其中以砷、氟、铅、钼等的危害最大。大气污染使动物体质变弱，甚至死亡。大气污染还通过酸雨形式杀死土壤微生物，使土壤酸化，降低土壤肥力，危害农作物和森林。

3. 物体腐蚀

大气污染物对仪器、设备和建筑物等都有腐蚀作用，例如金属建筑物出现的锈斑、古代文物的严重风化等。

4. 粉尘危害

扬沙、沙尘暴与浮尘都是由于本地或附近尘沙被风吹起造成的。其共同特点是能见度明显下降，天空混浊，一片黄色。扬沙天气影响的能见度在1km~10km；沙尘暴能见度小于1km。浮尘是由于远地或本地产生沙尘暴或扬沙后，尘沙等细粒浮游空中而形成的，俗称“落黄沙”，出现时远方物体呈土黄色，太阳呈苍白色或淡黄色，能见度小于10km，大致出现在冷空气过境前后。

5. 对全球大气环境的影响

大气污染发展至今已超越国界，其危害遍及全球。对全球大气的影响表现为三个方面，即酸雨、全球气候变暖和臭氧层破坏。

## 第二节　大气污染物转化及其影响因素

污染物排放到大气后将发生一系列的物理和化学过程，主要是指污染物在大气中的扩散（稀释）、沉降，以及污染物和污染物之间、污染物与大气中其他物质之间发生化学反应。这些物理和化学过程综合的结果使得污染物的浓度发生改变，化学反应产生许多新的化学物质，可能使污染的危害性减弱，也有可能使污染的危害性加剧。同时，由于大气本身的特殊性（如空间容量、雷电、物质组成等），造成污染物在大气中变化过程的独特性。

### 一、大气层光化学特性

大气环境中的污染物能否进行光化学反应，要取决于污染物本身的性质。在大气层中，必须吸收太阳光中一定波长的光，一般是可见光或紫外光，使其发生初期反应的物质，才能在大气中引起光化学反应。

污染物质在大气环境中，受阳光辐射，吸收光子而使物质分子处于某种电子激发态，从而引起与其他物质发生化学反应。太阳光辐射按其波长性质可以分为许多区，其中包括可见光区波长 $\lambda = 380nm \sim 760nm$，波长 $\lambda = 760nm \sim 2\,000nm$的近红外区，波长 $\lambda > 2\,000nm$ 的远红外区，波长 $\lambda < 380nm$ 的紫外光区。不同波长的光具有不同的能量，根据普朗克定律表示：$\Delta\varepsilon = h\upsilon = hc/\lambda$，波长越短，能量越高，反之则越低。

要使激发物质增强活性，就必须具有较大能量的波长。紫外光具有的能量在460.46J/mol以上，能使氧分子分解为氧原子。太阳光中的紫外光经过平流层时，90%以上被臭氧层所吸收。所以，到达地面的紫外光很少，多为可见光，而可见光具有的能量只为146.5J/mol～460.5J/mol，它不能使 $O_2$ 分子的O＝O键断裂（O＝O 键断裂需要498J/mol的能量），却可使其他一些吸光物质分子的键发生断裂（如二氧化氮分子的 N－O 键断裂只需要221.86J/mol 的能量）。在可见光区和紫外区，可吸收光子的物质与非吸收光子的物质见表3－3。被污染的大气中，存在吸光物质，并可在大气中引起光学反应，也就是指在大气中原子、分子、自由基或离子吸收光子的反应。

**表3－3　化合物的吸光性质（波长300nm～700nm区域）**

| 光学特性 | 吸光物质 | 非吸光物质 |
| --- | --- | --- |
| 代表性物质 | 氧 | 氮 |
| | 臭氧 | 水蒸气 |
| | 二氧化氮 | 一氧化碳 |
| | 二氧化硫 | 二氧化碳 |
| | 醛类化合物 | 一氧化氮 |
| | 酮类化合物 | 三氧化硫和硫酸 |
| | 过氧化物 | 烃类化合物 |
| | 硝基化合物 | 醇类化合物 |
| | 硝酸与烷基硝酸 | 有机酸类化合物 |
| | 亚硝酸和烷基亚硝酸 | - |
| | 酰基氮化物、酰基过氮化物 | - |

## 二、硫酸烟雾

二氧化硫是大气中最普遍的酸性污染物，在大气中比较稳定。在洁净的大气中氧化很慢，但在污染大气中，氧化速度迅速提高，为清洁空气中氧化速度的10倍～100倍。二氧化硫可氧化成硫酸雾或硫酸盐气溶胶，是环境酸化的重要前驱物。在污染大气中，通过复杂的物理过程和化学反应形成烟雾，烟雾是固液混合态气溶胶。通过它的迁移转化，可远距离输送或被雨水冲刷，抵达地面，造成土壤、水体酸化，影响植物、水生生物的生长，给人类生产和生活造成危害。

### （一）二氧化硫氧化作用

二氧化硫在大气中发生氧化作用，有两个途径，即触媒氧化作用和光氧化作用。

1. 二氧化硫的触媒氧化作用

二氧化硫在空气中经过粉尘中铁、锰等触媒作用形成硫酸的过程，称为二氧化硫的触媒氧化过程。这个过程在阴云密布、湿度大、粉尘含量高的大气中容易进行，多发生在颗粒物表面。

首先，二氧化硫溶解在水滴中：

$$SO_2 + H_2O \rightarrow H^+ + HSO_3^-$$

其次，在铁、锰的硫酸盐和氧化物的触媒下，亚硫酸氧化为硫酸：

$$2HSO_3^- + 2H^+ + O_2 \xrightarrow{Fe、Mn} 2H_2SO_4$$

上边两式合并，则为

$$2SO_2 + 2H_2O + O_2 \xrightarrow{Fe、Mn} 2H_2SO_4$$

上述反应是可逆的，二氧化硫的氧化速率与二氧化硫向粉尘扩散的快慢有关，二氧化硫在水中的溶解度与触媒剂的种类、大气湿度以及大气中氮的含量有关。

2. 二氧化硫的光氧化作用

二氧化硫进入大气中，在光的作用下，可氧化为三氧化硫。三氧化硫与水结合可形成硫酸气溶胶。当大气相对湿度在10%以上、太阳直射时，二氧化硫形成硫酸的有效系数为0.000 000 28$s^{-1}$。随着大气湿度的增加，二氧化硫光氧化速率也迅速提高。如果有碳氢化合物和氮氧化物同时存在时，二氧化硫转变成三氧化硫的速率会大大提高。在清洁大气中，二氧化硫的氧化速率为每小时0.023%～1.0%，当有碳氢化合物和氮氧化物时，二氧化硫氧化速率可高达每小时48%～294%。

二氧化硫在低层大气中比较稳定，不发生光解作用，分解为SO与O。因为硫与氧间键能比较大，约为564.3J/mol，只有在紫外线照射下才能引起二氧化硫的光解。

二氧化硫在大气中有两个大于290nm的吸收光谱，一个在290nm处，一个在380nm处。当二氧化硫在大气中吸收不同光波时，可形成不同激发态的二氧化硫。二氧化硫在可见光作用下，可吸收光量子，形成激发态二氧化硫，然后与氧分子化合形成三氧化硫，后者再与水结合形成硫酸。

$$SO_2 + h\upsilon \rightarrow SO_2^{*}$$

$$SO_2^{*} + O_2 \rightarrow SO_3 + [O]$$

$$SO_3 + H_2O \rightarrow H_2SO_4$$

当被污染了的大气中有碳氢化合物、氮氧化合物等物质存在时，二氧化硫的光氧化速率大大超过在洁净空气中的光化学反应速率，可超过数十倍以上。

由三氧化硫进一步形成硫酸及硫酸盐气溶胶过程如下：

$$SO_3 \xrightarrow{H_2O} H_2SO_4 \xrightarrow{H_2O} (H_2SO_4)_M \cdot (H_2O)_N$$

### （二）硫酸气溶胶形成过程

硫酸气溶胶形成包括物理和化学两个过程：

1. 物理过程

大气中许多污染物质，特别是二次污染物，大多是在气溶胶形成过程中形成的。气溶胶形成的物理机制，包括成核、凝结、吸水、吸附和碰并等作用。这些作用决定于原始微粒的物理性质，例如单位体积中微粒个数（数量浓度）、颗粒大小的分配、光学性质、沉降性质等。各种不同大小微粒在大气中运动，相互结合，形成气溶胶的胶核，这就是成核作用。成核作用有两种，包括均质成核作用和非均质成核作用。

均质成核作用是指同一种物质的分子在气相中相互碰并形成微粒，并结合成为胶核。例如，硫酸与水结合成为胶核，其过程可概括为如图 3－1。非均质成核作用是指外来微粒存在于气相中，起着成核作用，例如粉尘、盐分、孢子、花粉等。将各种气体、液体吸附在表面，形成气溶胶，例如硫酸烟雾、光化学烟雾等。

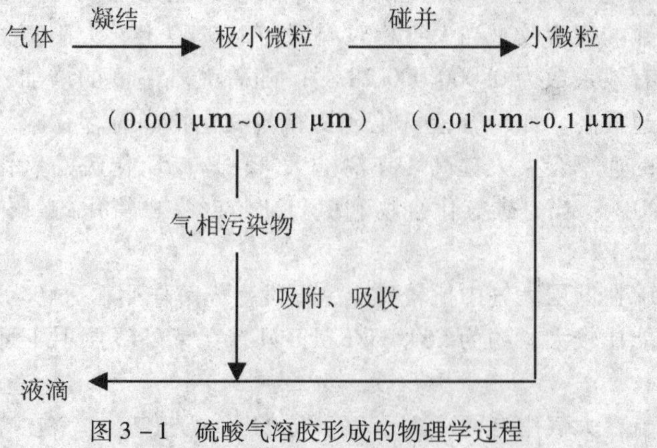


图 3－1　硫酸气溶胶形成的物理学过程

2. 化学过程

在硫酸气溶胶中含有大量的硫酸盐，其中以硫酸铵为主。在微粒上吸附氨和二氧化硫，以及水气和氧气等，会发生如下反应：

$NH_3$（气）$+SO_2 \rightarrow NH_3 \cdot SO_2$（气）$\rightarrow NH_3 \cdot SO_2$（固、黄色）

$NH_3 \cdot SO_2$（气）$+NH_3 \rightarrow (NH_3)_2 \cdot SO_2$（固、白色）

$(NH_3)_2 \cdot SO_2$（固）$+1/2O_2 \rightarrow NH_4 \cdot SO_3 \cdot NH_2$（固）

$NH_4 \cdot SO_3 \cdot NH_2$（固）$+H_2O$（气）$\rightarrow (NH_3)_2SO_4$（固）

硫酸气溶胶形成过程中，如遇大气中有机化合物，硫酸与有机化合物作用，可形成有机硫微粒，例如 $(C_3H_4S_2O_3)_{3n}$ 和 $(C_5H_8SO)_n$ 等。

## 三、光化学烟雾

氮氧化物、一氧化碳、碳氢化合物等都是大气中常见的污染物。它们在阳光作用下，可发生光化学作用，形成光化学烟雾。光化学反应过程的一次污染物与二次污染物混合物，其中有气体污染物，也有气溶胶。此类污染现象，除了美国洛杉矶污染事件外，在日本、加拿大、法国、澳大利亚等国的大城市均发生过，20 世纪 70 年代，我国兰州西固石油化工区也出现过光化学烟雾。

1. 光化学反应

光化学反应主要有三个过程：臭氧生成；碳氢化合物氧化，自由基 OH 基等形成；过氧乙酰基硝酸酯系列（PAN）的生成。

2. 臭氧生成

在低层大气中，光化学作用是在可见光中进行的。光化学烟雾的形成过程，是从二氧化氮起动的，首先将 N－O 键断裂，新生成氧原子，其反应式是：

$$NO_2 \xrightarrow{h\nu} NO + [O]$$

这是一个关键性反应，在大气中可引起连锁反应，并与氧气结合形成臭氧：

$$O_2 + [O] \rightarrow O_3$$

臭氧是光化学烟雾中主要污染物之一，它是强氧化剂，又能分解，引起下列反应：

$$O_3 + NO \rightarrow NO_2 + O_2$$

这样使上述一系列反应形成“封闭”循环。在平流层中，臭氧是由紫外线引起分子态氧分裂而成。

3. 碳氢化合物氧化，自由基形成

自由基又称游基，即化合物分子中共价键在光、热等影响下，分裂而成的含有不成对价电子的原子或原子团。自由基形成是光化学反应中的重要过程。在它形成过程中，一氧化碳、氮氧化物、碳氢化合物都有重要作用。

（1）一氧化碳在光化学反应中的作用。亚硝酸光解可形成羟基自由基（OH），它是城市早晨污染大气中自由基的主要来源。亚硝酸是由氮氧化物相互作用而成：

$$NO + NO_2 + H_2O \rightarrow 2HNO_2$$

$$HNO_2 \xrightarrow{hv} NO + OH$$

一氧化碳是城市污染气体中含量最高的组分，它与羟基自由基反应，可引起系列反应：

$$CO + OH \rightarrow CO_2 + H$$

$$H + O_2 \rightarrow HO_2$$

$$HO_2 + NO \rightarrow OH + NO_2$$

$$HO_2 + HO_2 \rightarrow H_2O_2 + O_2$$

$$H_2O_2 \xrightarrow{hv} 2OH$$

从上列反应可看出，一氧化碳在光化学烟雾形成中起着重要作用，一氧化碳引起的系列反应中，促使自由基不断形成。在光化学反应中，自由基相当活泼，这样使光化学作用不断活化，不断进行；一氧化氮转变为二氧化氮，不仅不消耗分子态臭氧，而且为臭氧形成提供原料的二氧化氮，这样臭氧不断形成和积累，为光化学烟雾形成开了通道。

（2）碳氢化合物在光化学反应中的作用。在含有氮氧化合物、一氧化碳、水和空气的系统中，经辐射形成臭氧，均为无机反应。当有碳氢化合物参与时，会加速光化学作用的进行，同时使反应复杂化，形成如过氧乙酰硝酸酯等有机强氧化剂。

4. 碳氢化合物在污染空气中的氧化

碳氢化合物与原子氧、自由基、臭氧等光化学产物发生的氧化作用，属于二级反应，也可以说是大气光化学作用的第二阶段。碳氢化合物与〔O〕的氧化反应，例如与烯烃反应，这些自由基的形成，促使光化学烟雾中出现的反应更为活跃。

碳氢化合物与羟基的氧化反应：

$$CH_3CH = CH_2 + OH\cdot \longrightarrow CH_3CHCH_2OH \text{ 或 } CH_3CHOHCH_2$$

此类反应中，羟基自由基是光化学烟雾的有机部分反应的引发剂，即

OH· + “反应的”碳氢化合物⟶最初产物

碳氢化合物与臭氧的氧化反应：

$$O_3 + R_1R_2C = CR_3R_4 \longrightarrow R_1R_2C = O + R_2R_4COO$$

式中 $R_1$、$R_2$、$R_3$、$R_4$ 为碳氢化合物（或氢）自由基片段。其初步形成物再发生第二次分解，成为低碳的碳氢化合物、醛、酮和一氧化碳、二氧化碳及水等。

自由基的反应。碳氢化合物氧化反应中产生一系列自由基：

R·为烷基自由基；

RCO·为酰基自由基；

RO·为烷氧基自由基（包括 OH·）；

ROO·为过氧烷基自由基（包括 $HO_2$·）；

RCOO·为酰化自由基。

上述几类自由基在大气中与氧气、一氧化氮、二氧化氮等发生多种反应，形成光化学烟雾的“核心”反应。

与 $O_2$ 反应，生成醛类：

$$RO\cdot + O_2 \rightarrow R'CHO + HO_2$$

与 NO 反应，生成烷基亚硝酸酯：

$$RO\cdot + NO \rightarrow RONO$$

与 $NO_2$ 反应，生成过氧乙酰硝酸酯：

$$ROO\cdot + NO_2 \rightarrow RNO_2 + O_2$$

$$ROONO_2$$

$$RCOO_2\cdot + NO_2 \rightarrow RCOO_2NO_2 \text{ (PAN)}$$

自由基复合反应：

$$ROO\cdot + ROO\cdot \rightarrow R'CHO + R'CH_2OH + O_2$$

$$ROOR + O_2$$

5. 光化学烟雾的形成

根据光化学反应的规律，光化学烟雾的形成与二氧化氮的光分解有直接关系，而二氧化氮的光分解必须有 290nm~430nm 波长光辐射作用才有可能。因此，纬度的高低、季节变化、日照变化都影响光化学烟雾的形成。一般纬度大于60°的地区，由于入射角较小，光线通过大气层时受大气微粒的散射作用，使小于430nm 波长的光很难到达地面，所以不易发生光化学烟雾。夏季太阳入射角比冬天大，所以夏天发生光化学烟雾的可能性比冬天大。一天当中，尤其是夏天中午前后，光线最强时，出现光化学烟雾的可能性较大。此外，在晴朗、高温、低湿和有逆温而风力不大时，有利于污染物的积累，易产生光化学烟雾。因此，在副热带高压控制地区的夏季和早秋季节，常成为光化学烟雾发生的有利时节。

光化学烟雾形成和大气中二氧化氮、一氧化碳、碳氢化合物等污染物存在分不开，所以在以石油为动力燃料的工厂、汽车排气等污染源的存在是光化学烟雾形成的前提条件。因此，当前一些发达国家的城市大气污染，光化学烟雾已经成为大气污染的主要环境问题。

## 四、影响大气污染的气象因素

产生大气污染的三个要素是污染源、大气状态和受体。大气污染的三个过程是污染物排放、大气相互作用和对接受体的影响。大气污染可看作是污染源排放出的污染物、对污染物起着稀释扩散作用的大气，以及承受污染的物体三者相互关联所产生的一种效应。大气污染程度，除了污染物本身的性质、排放量、污染源距离、污染途径等之外，还主要靠大气的流动，以及与周围空气混合稀释的程度。在自然条件下，风、雨、云、雾、大气稳定度以及特殊的逆温层等气象条件，都对大气污染有一定的影响，其中风和温度层结是影响污染物扩散的主要气象因素。影响大气扩散能力的主要因素有两个方面：一为气象动力因子，例如风、湍流；一为热力学因子，即温度层结等。

1. 风和湍流

一般把空气的水平运动称为风。风在不同时刻有相应的风向和风速，污染物排入大气，在风的作用下沿着风向运动。因此，风对污染物在大气中的第一个作用仅是输送作用。要了解污染物去向，首先要识别风向，污染区总是在污染源的下风向。风的第二个作用，是对污染物具有冲淡稀释的作用。风速时大时小，有阵性，并在主导风向的左右、上下出现无规则的摆动，风的这种无规则的阵性和摆动叫做大气湍流。所谓大气湍流，指的是大气中无规则的、三维的小尺度运动，表现为气流的速度和方向随着时间和空间位置的不同呈随机变化，并由此引起温度、湿度以及污染物质浓度等气象属性随机涨落。湍流运动的结果使气体各部分得到充分混合，因此进入大气的污染物，由于湍流混合的作用，逐渐分散稀释。这种因湍流混合而使气体分散稀释的过程称为大气扩散。近地层大气湍流的形成和它的强度受两种因素决定：

（1）机械或动力作用引起的湍流，叫机械湍流。机械湍流主要决定于风速分布和地面粗糙度，当空气流过粗糙的地表面时，将随地面的起伏而抬L或下沉，于是产生垂直方向湍流，风速越大，机械湍流越强。

（2）热力因素。这是由于大气的垂直方向温度变化引起的湍流，亦称为热力湍流。热力湍流主要由大气垂直稳定度引起，大气污染物的扩散主要靠大气湍流的作用。

温度层结就是垂直方向的温度梯度。温度层结决定大气稳定度，影响大气湍流的强弱，稳定的层结造成湍流抑制，扩散不畅，而无稳定层结时，则热力湍流得到加强，扩散强烈。因此，气温的垂直分布（温度层结）与空气污染有十分密切的联系。

近地面大气层中气温垂直分布。气温随高度递减，这种情况一般出现在晴朗的白天，风速不大时；气温随高度逆增，这种现象一般出现在少云、无风的夜晚；气温基本不随高度变化，这种情况一般出现于多云天或阴天，风速比较大的情况下。白天，由于云层反射到达地面的太阳辐射减少，地面增温不厉害；夜间，又因云的存在，大大加强大气的逆辐射，有效辐射减弱，地面冷却不厉害。因此，有云时，气温随高度变化不明显。风速较大时，气流上下交换激烈，空气混合较好，也形成气温随高度变化不明显。

气温随高度的变化通常以气温垂直递减率 $\upsilon$ 表示。气温垂直递减率 $\upsilon$ 是指在垂直于地球表面方向上，每升高 100m 气温的变化值。对于标准大气来说，整个对流层的气温垂直递减率 $\upsilon$ 值平均为每 100m 降低 0.65℃，但实际上，近地面低层大气的气温垂直变化比标准大气状况要复杂得多。由于气象条件不同，气温垂直递减率可大于零、等于零或小于零。大于零表示气温随高度的增加而降低；等于零表示气温不随高度而变化（或叫等温层）；小于零表示气温随高度增加而增加。

2. 逆　温

气温垂直递减率小于零时，大气层的温度分布与标准大气情况下气温分布相反时称为温度逆增，简称逆温。出现递温的大气层叫逆温层，逆温层的下限，称逆温高度，上下限的温度差，称为逆温强度。根据逆温层出现的高度不同，分为接地逆温层与上层逆温层。根据逆温层发生的原因，可分为辐射逆温、湍流逆温、沉降逆温、锋面逆温和地形逆温等。

（1）辐射逆温。由地面长波辐射冷却而形成的。一般是在晴朗无风的夜晚，逆温时的临界风速大约是 2.5m/s。层结厚度可从几十到几百米，多出现在冬季冷高压控制下。

（2）湍流逆温。由低层空气的湍流混合而形成。逆温离地面的高度依赖于湍流混合层的厚度，通常在 1 500m 以下，其厚度一般为数十米。

（3）下沉逆温。由于空气下沉压缩增温而形成。即当上层空气下沉时，落入高压气团中，因受压而变热，使上层气温高于下层的气温。

（4）锋面逆温。

（5）地形逆温。由局部地区的地理条件特点而形成，例如在盆地和山谷中，晚上稠密寒冷的空气沿山坡流聚在山谷中，上层虽有热气流通过，也不会影响山谷中滞止的冷气团，因此山谷中便形成了上温下冷的逆温层。这种状况有时可保持一整天之久，不到阳光直射山谷或热风劲吹不会消失。所以，建设在山谷中的工业城市，空气污染问题特别严重，著名的马斯河谷和多诺拉公害事件都是因此而发生。

（6）其他如海岸逆温、平流逆温等。

3. 大气稳定度

大气稳定度与气温垂直递减率 $r$ 和干绝热递减率 $rd$ 有密切关系，即大气是否稳定，垂直运动是加大还是减小，取决于气温垂直递减率与干绝热递减率的对比。在物理上，把与外界没有热量交换的系统状态变化称为绝热变化，状态变化所经历的过程称为绝热过程。在绝热过程中系统的状态变化及对外作功是靠系统的内能变化来达到的。大气中作垂直运动的气团，因向外膨胀或受外界压力所引起的温度变化，要比和外界交换能量所起的温度变化大得多，因此被视为绝热变化。理论和实践都证明，对一个干燥或未饱和的湿空气团，在大气中绝热，每上升 100m 要降温 0.98℃，气团在大气中下降 100m，气团升温 0.98℃，通常可近似取 1℃，而这个数值与周围温度无关。气团绝热每上升 100m、气温下降 1℃，称为气温的干绝热递减率，用 $rd$（1℃/100m）表示。

4. 大气稳定度与大气污染

大气稳定度与大气污染有着密切关系。为了能直观地说明大气稳定度对污染物扩散的影响，可举一个高架源连续排放烟云的例子说明。高架源烟云有不同形态，通常有如下几种类型：翻卷型（波浪型）、锥型、扇型（长带型、平展型）、屋脊型（上升型）、漫烟型（熏烟型）。云、雾等影响太阳的辐射，它的存在总效果是减小气温高度的变化，影响大气的稳定度。雾像一顶盖子，促使空气污染的加剧，而各种形式的降水，特别是降雨，能有效地吸收、淋洗空气中的各种污染物，大雨之后空气格外新鲜，就是这个道理。影响污染物的扩散、稀释有关的气象因素都不是单一起作用，这些因素都受到整个大气运动的制约。大气运动的结果可以影响地表辐射的效果，导致温度的垂直变化和风的强弱，影响大气扩散稀释能力。

## 第三节　大气污染控制技术

大气污染已经成为全球极为关注的环境热点问题。大气污染物的主要来源是工业活动。控制这些污染物的产生量和排放量是大气污染控制的主要任务。废气或烟尘的处理与净化过程中广泛使用物理方法（如扩散稀释、沉淀、离心、阻隔、吸收）、化学方法（如燃烧、催化氧化）、物理化学方法（如吸附）和生化方法（如生物滤池对废气的净化）等。

### 一、大气污染控制技术

大气污染控制技术包括消烟除尘技术、脱硫技术、汽车废气净化技术和工业有害气体控制技术等。

1. 消烟除尘技术

粉尘与烟气主要来源于燃烧设备和工业生产工艺。从废气中回收颗粒污染物的过程称为除尘。实现上述过程的设备装置称为除尘器。对烟粉尘的净化控制，主要是四类技术，详见表 3－4。

**表 3－4　烟尘的净化控制技术**

| 技术名称 | 技术机理 | 典型装置 | 除尘效率 | 广泛应用领域 |
|---|---|---|---|---|
| 机械除尘 | 包括重力、惯性力和离心力等质量力原理 | 重力沉降室、惯性除尘器、旋风除尘器等 | ≤90% | 小型设备、低烟气量的粉尘处理或预处理 |
| 过滤除尘 | 捕集原理 | 布袋除尘器、过滤除尘器 | ≥95% | 工业生产有害粉尘的处理 |
| 吸收除尘 | 吸收原理 | 吸收洗涤塔 | ≥95% | 工业生产有害粉尘的处理 |
| 静电除尘 | 电场原理 | 静电除尘器 | ≥98% | 大型燃煤设备、其他工业设备 |

2. 脱硫技术

二氧化硫是造成酸雨的主要污染物，它来源于矿物燃料（如煤、石油）的燃烧和工业生产工艺（如炼铝、炼油等），其中主要是工业燃煤过程中的排放。

（1）燃煤脱硫。燃煤的脱硫技术大致可分为煤燃烧前脱硫、煤燃烧中脱硫和烟气脱硫等三类技术，表 3－5 列出了有关燃煤的主要脱硫技术。

**表 3－5　燃煤的主要脱硫技术**

| | | 技术名称 | 脱硫效率 |
|---|---|---|---|
| 燃烧前 | | 煤炭洗选技术 | 40% ~60% |
| | | 煤气化技术 | 85% 以上 |
| | | 水煤浆技术 | 50% |
| 燃烧中 | | 型煤加工技术 | 50% |
| | | 流化床燃烧技术（CFBC） | 70% |
| 烟气脱硫 | 湿法 | 石灰石（石灰）—石膏法 | 95% 以上 |
| | | 简易石灰石（石灰）—石膏法 | 70% ~80% |
| | | 海水脱硫工艺 | 60% ~70% |
| | | 烟气磷铵复肥法 | 50% ~80% |
| | | 碳酸钠、碳酸镁和氨做吸收剂工艺 | 60% ~80% |
| | 半干法 | 喷雾干燥法 | 70% ~95% |
| | 干法 | 吸收剂喷射法 | 50% ~70% |
| | 电子法 | 电子束辐照技术 | 50% ~70% |
| | 其他 | 脱硫除尘一体化技术 | 40% ~70% |

煤炭洗选技术是一种比较成熟的燃烧前脱硫技术。它是一种采用物理、化学或生物方法除去或减少煤中所含的硫分、灰分的洁净煤技术。煤炭经洗选后不仅可以脱除一定的灰分和硫分，同时热值也有所提高，平均而言，其热值将

提高10%以上，洗后煤与原煤相比，节煤率约为10%。我国高硫煤产区中，煤中有机硫成分都较高，很难用煤炭洗选的方法达到有效控制二氧化硫排放的目的。目前，由于技术水平和发展速度的限制，燃用洗选煤只能作为削减二氧化硫排放的一个手段，单靠它尚不能满足火电厂环境保护的需要。我国煤炭的入洗量约 $2.80\times10^4$t，占全国原煤产量的1/5。城镇民用煤基本上是采用型煤加工技术制成的型煤，工业用型煤只占工业总用煤量的0.05%。

烟气脱硫是目前大型燃煤燃油设备广泛使用的脱硫方式。石灰石（石灰）—石膏法工艺是目前使用最广泛的烟气脱硫技术。

（2）燃油和生产工艺脱硫。主要包括废气净化和回收利用两种技术。废气净化技术是用洗涤塔或反应器使含硫气体与吸收剂进行混合，使之发生化学反应，达到除硫的目的。回收利用技术是用回收装置将气体中达到一定浓度的硫分离回收，制成工业产品。

（3）脱硫的根本出路是改变能源结构。目前，对于硫或二氧化硫的控制技术主要还是后处理技术。显然，解决问题的根本途径是改变能源的结构，大量采用清洁能源，例如太阳能、地热能、风能等。由于这些能源受气候、科技发展水平和经济状况的影响极大，因此在全球范围广泛应用清洁能源，在相当一个时期内还不可能实现。我国的能源主要是煤，在今后相当长的时期内，我国的能源仍将是以煤为主。对于燃煤脱硫技术的开发研究，对我国具有很重要的意义。

3. 汽车废气净化技术

汽车发动机排放的废气中含有一氧化碳、碳氢化合物、一氧化氮、醛、有机铅化合物、无机铅等多种有害物，是造成光化学烟雾污染事故的罪魁祸首。人类在经历了多次光化学烟雾污染事故以后，才开始重视研究汽车废气的控制技术。控制汽车尾气中有害物排放浓度的方法有两种：一种方法是改进发动机的燃烧方式，使污染物的产生量减少，称为机内净化；另一种方法是利用装置在发动机外部的净化设备，对排出的废气进行净化治理，称为机外净化。从发展方向上说，机内净化是根本解决问题的途径，也是今后应重点研究的方向。

（1）机外净化技术。机外净化技术主要有两种，即尾气净化技术和节油器技术。尾气净化是在排气消声处加入载有可与尾气污染物进行反应物质的填料，使尾气得到净化。这种装置大多采用催化反应机理，经历一段净化、二段净化和三段净化三个阶段。总体上讲，这种装置的净化效果不是很稳定，如果安装和使用不当，容易带来汽车动力性能下降、油耗增高的问题。节油器技术是在发动机汽化器处安装一个控制阀片，根据汽车的工况不同，对汽化器的燃油与空气的供给进行补充调整，使燃油能够在燃烧室充分燃烧。向燃油中加添加剂，其作用机理是使燃油充分燃烧，达到节油和净化的目的。节油器技术的节油效果为2%～10%，净化效果不是很突出。

（2）机内净化技术。机内净化技术是在发动机的工艺结构设计上入手，保证燃料能够在机内尽可能的燃烧完全。这种技术的研究主要集中在：改变燃料的供给方式，采用燃油喷射系统；点火系统的电子化设计，燃油喷射电子点火系统的应用，使发动机的性能前进了一大步，也使尾气的排放状态有了明显改善。

（3）能源替代技术。主要是改变汽车使用的能源，采用污染小或清洁的能源来替代燃油。由于受到动力性、技术保障、能源来源以及经济发展等方面的影响，这类技术大多处于研制或试用阶段。从发展前景看，在21世纪，这类技术会得到广泛的推广使用。

4. 工业有害气体控制技术

工业有害气体控制技术主要是三种，即洗涤吸收技术、催化燃烧技术和回收再利用技术。

洗涤吸收技术的机理是用特定的洗涤液对有害气体进行洗涤，使气体中的有害物被吸收在洗涤液中，或与洗涤液中的特定物质进行化学反应，然后再对洗涤液进行相应的处理，达到收集、转化有害物的目的，应用装置主要是废气洗涤塔。

催化燃烧技术的机理是让有害废气通过催化装置，在高温下，有害物质被燃烧、热解、转化，其典型装置有催化燃烧器、催化热解炉。

回收再利用技术的机理是让有害气体通过特定的装置，将其中的可再生利用的物质进行分离、提纯或化学转化，使之成为原料或产品，同时使废气得到净化，例如冷凝技术、吸附富集技术，典型的应用装置有冷凝塔（器）、吸附富集器等。

5. 氯氟烃和卤族化合物类物质的控制

氯氟烃和卤族化合物类物质是一种无色、无味、在常温下即气化的物质。它的广泛使用，已经破坏了大气中的臭氧层。目前，尚没有良好的技术来修复由于它的排放所造成的破坏。主要措施是削减氯氟烃的使用量，直至停止使用。为此，各国都在进行积极的工作，在替代品的研究开发上，已取得了很大的进展。

根据1989年1月1日生效的《关于消耗臭氧层物质的蒙特利尔议定书》及有关修正文件的规定，在21世纪初，全球将停止使用受控氯氟烃（受控是一种指标，目前《蒙特利尔议定书》规定的95种受控物质包括：氟氯碳、哈龙、四氯化碳、三氯乙烷、氟溴烃、氟氯烃和甲基溴等）和卤族化合物类物质。中国作为发展中国家，有多于发达国家10年的宽限期，但最终还是要停止生产和使用消耗臭氧层物质。为此，中国政府于1993年制定了《中国消耗臭氧层物质逐步淘汰国家方案》，并于同年将此方案报送联合国及有关国际机构。

中国实施削减氯氟烃并最终停止生产与使用 ODS 的技术手段主要有：

（1）氯氟烃生产结构的调整，即在不增加氯氟烃总生产能力的基础上，将氯氟烃的分散生产变成集中生产，为最终转产创造有利条件。

（2）建立替代品生产体系。几年来，在这方面我国已经取得了积极的进展，无氟冰箱已经问世，在发泡材料生产领域，用丁烷、戊烷和二氧化碳与氟氯烃－22混合物替代氯氟烃的使用。

（3）停止非必要场所 ODS 的使用。例如，消防中，在一些不必要使用哈龙灭火器的场所，用干粉灭火器等代替。

（4）回收循环使用技术。在停止生产与使用 ODS 期限前，采用回收循环使用，可减少 ODS 的生产量。

## 二、大气污染综合防治

所谓大气污染综合整治是指从区域（或城市）大气环境整体出发，针对该地域内的大气污染问题（如污染类型、程度、范围等），再根据对大气环境质量的要求，以改善大气环境质量为目标，抓住主要问题，综合运用各种措施，组合、优化确定大气污染综合整治方案。

### 1. 污染综合防治原则

以源头开始控制为主，并实行全过程控制，推行清洁生产，是解决大气环境质量问题的根本。推行清洁生产，即在生产全过程中，利用适宜资源，减少能耗，提高能源和生产原料的利用率，最大限度地减少污染物排放量。这样不但降低生产成本，而且可以最大限度地避免因排放废物带来的风险和降低处理、处置费用。因此，以源头控制为主，推行清洁生产、实施全过程控制是大气污染综合防治的重要原则。

污染物排入环境中，因大气、水等环境要素的扩散稀释、氧化还原和生物降解等作用，其毒性和浓度自然降低的现象称为环境自净。实践证明，利用大气的自净能力，可以减轻污染的危害。合理利用大气自净能力，既可保护环境，又可节约环境污染治理投资，但自然净化受环境量的限制，超过这个限度，就会使环境质量下降。因此，就单个污染源的治理来讲，应坚持合理利用大气自净能力与人为措施相结合的原则，组成不同方案，然后择其最优或较优者。

分散治理就是对分散的污染源分别控制，这对减少污染物的排放是有利的，但必须与综合防治相结合，才能有效地改善环境质量，区域污染综合防治必须以污染控制为主。污染源分散治理是基础，集中控制是主体，如此污染综合防治以尽可能少的投入获取尽可能大的效益，达到改善环境质量的目的。例如，锅炉改造、消烟除尘，要与能源结构调整、集中供热等措施相结合，才能充分显示出大气污染防治的环境效益和经济、社会效益。

按功能区实行总量控制是指在保持功能区环境目标值（环境质量符合功能区要求）的前提下，所能允许的某种污染物的最大排污总量。环境功能区的环境质量主要取决于区域的污染物排放总量，而不是单个污染源的排放浓度是否达标。如果某一功能区大气污染源的密度大，即使单个污染源都达标排放，整个功能区的污染物排放总量仍会超过环境容量。污染物的排放总量是决定一个区域环境质量的根本问题，因此大气污染控制不能只着眼于单个污染源的排放是否达标，而应从功能区的环境容量出发，控制进入功能区的污染物总量，实施污染物排放浓度控制与污染物排放总量控制相结合的原则。

2. 城市大气污染综合整治

大气环境污染与城市性质、产业结构、经济社会发展目标、城市布局等密切相关。大气污染控制涉及社会各个方面，例如城市发展规划、产业结构调整、能源消费结构的优化、城市环境功能区划、城市基础设施建设和管理，工业布局和污染控制、交通污染治理、创建卫生城市、城市绿化等。所以，必须在政府统一领导下，各政府部门和社会各方面参与实行城市大气环境综合治理。调整能源消费结构，例如一次能源消费结构调整，在我国能源消费结构比中，提高优质能源油、气及二次能源电的比例，以油代煤、以气代煤、以电代煤，逐步替代直接用原煤的工艺。在一次能源转化为二次能源的过程中，改变一次能源消费构成，燃用低硫煤，发展和推广工业型煤。改善工业布局，调整产业结构，继续做好节能工作，降低城区能耗。根据城市总体规划调整工业布局，在城区大力发展高附加值的高新技术产业和新型的支柱产业，对污染较严重的耗能大户，控制其发展规模，实行污染物排放总量控制。对工业发展区工业企业的发展规模、工艺技术及能源需求进行综合规划，在发展区建立集中供热、热电联产厂，提高能源利用率。

汽车不仅是消耗能源资源的无底洞，还是造成大气污染的移动污染源。使用汽油的机动车排放的污染物主要有碳氢化合物、一氧化碳和氮氧化物。我国城市大气中的有害气体大多来自机动车的排放污染，其所占比例为碳氢化合物 73.5%、一氧化碳 63.4%、氮氧化物 37%。控制措施主要是通过继续完善配套法规的建设；制定更加严格的排放标准；控制新污染源（包括新建、扩建、改建的污染源，简称为新污染源）的排放；加强对在用车排气污染监控和治理，落实汽油无铅化工作，推广使用清洁燃料汽车；制定税收政策，引导有利于污染控制的机动车生产和消费；制定有利于防治汽车排气污染的交通管理政策等。

扬尘是指沉降于地面后由于各种原因（如刮风、车辆行驶）重新被扬起于空气中的灰尘，或是由于进行各种施工散布于空气中的灰尘。由于城市人口密集、居住集中，而扬尘高度一般均在呼吸带高度范围内，因此影响面大，对人的生活干扰具有更明显的危害性。对扬尘可采取如下一些措施进行防治：

（1）减少裸露土地。裸露的土地遇风就会扬尘，因此应做到“黄土不露天”。通过绿化、保湿等固土方式，达到美化环境、减少扬尘的目的。

（2）施工防护。城市扬尘很大一部分来自建筑施工，因此对施工过程的扬尘防护是解决城市扬尘污染的有效措施。

（3）城市整体的防风、防尘。为了减少地面的浮尘量就应尽量减少城市的降尘量，除需尽量减少含尘气体排放外，还应通过城市整体规划的防风绿化措施减少由其他地方吹来的灰尘数量。

城市绿化系统是城市生态系统的重要组成部分，完善的城市绿化系统不仅可以美化环境，而且对改善城市大气质量有不可低估的作用。完善的城市绿化系统可以调节水循环和“碳—氧”循环，调节城市小气候；可以防风沙、滞尘、降低地面扬尘；可以使空气增湿、降温，缓解“城市热岛”效应。

大气污染物主要来自于各种类型的污染源，必须强化对大气污染源的监控。污染源监控的目标有控制污染源，污染物的排放必须达到国家或地方规定的浓度标准，在污染物排放浓度达标基础上的污染物排放总量控制。容量总量控制，即环境容量允许的污染物排放总量控制。首先应建立城市烟尘控制区，按城市划分的功能区实行总量控制，并实施大气污染物排放许可证制度。采取有力措施，切实加强环境执法力度，加强公众和新闻媒体的监督作用。同时，加强环保部门能力建设，强化环境监督管理。

开展空气污染周报或日报工作是强化城市大气环境质量管理的重要措施之一。1997 年，国家环保局根据国务院环委会三届十次会议的要求，开始组织全国环境保护重点城市开展空气质量周报。开展城市空气污染周报工作，公布空气污染指数，是为了反映我国城市大气环境状况，提高群众环境保护意识，并使我国的环境保护工作尽快与国际接轨的重要战略步骤。自 2000 年 6 月 5 日起，通过中央电视台等新闻媒体发布了 47 个重点城市的空气质量日报，同时全国有 55 个城市通过当地电视台等媒体发布本市各区域的空气质量日报。

**思考题与实践活动**

1. 你是否了解室内空气污染的来源和主要污染物？

2. 从大气环境保护角度，如何看待温室效应、光化学烟雾、酸雨以及大气污染导致的肺癌等热点问题？

3. 臭氧的价值如何客观评价？南极上空出现臭氧空洞现象对人类的效应体现在哪些方面？

4. 大气与人类生活和生产紧密相关，你知道有哪些相关大气污染的职业病？有人建议应该征收“呼吸税”，为个人呼吸排放二氧化碳埋单，你的看法？

5. 你是否遭遇过空气污染问题？你会如何说服他人降低或消除空气污染？当前有哪些措施可以控制大气污染？

6. 调查一下你所在城市的汽车造成的空气污染（如程度、主要污染物、贡献率等），形成调研报告，向有关部门反应或相关市民进行宣传教育。

# 第四章 水与海洋环境保护

水是关系人类生存和社会发展的基本物质条件，是一种有限、无可替代的宝贵资源，也是实现经济社会可持续发展的重要保证。本章论述世界水资源现状，分析水体污染的类型，依据污染物质或能量（热污染）所造成的各类型环境问题以及不同的治理措施，将水体污染类型分为病原体污染、需氧物质污染、植物营养物质污染、石油污染、有毒化学物质污染、盐污染、热污染和放射性污染等，提出水污染处理技术，例如物理法、化学法、物理化学法、生物处理法和生态处理法等。尤其需要指出的是海洋环境，作为人类生活和生产不可缺少的物质和能量的源泉，与人类之间的相互影响将日益增大。

## 第一节 水资源现状

水环境的污染日趋加重，加上水的利用不合理与用水的浪费，世界正面临着水的危机，并威胁人类的生存和发展。1992 年 12 月 22 日，联合国大会通过 47/193 号决议，1993 年开始将 3 月 22 日定为世界水日，提醒公众重视水资源问题。2000 年 3 月 22 日，在荷兰海牙举行的第二届世界水论坛及部长级会议上通过了《海牙宣言》，呼吁世界各国尽快采取行动，合理利用和保护好水资源，并确定目标、战略和实施进度。因此，合理开发利用和保护水资源，节约用水，是 21 世纪人类面临的重要课题之一。

### 一、地球水资源分布

水资源通常是指供人们直接用于生产和生活的地表水和地下水源。地球总面积的 2/3 是水面，地球上水的总储量约有 $1.40 \times 10^9 km^3$，其中约 97% 为咸水，不能直接为人类利用，而淡水总量仅为 $3.50 \times 10^7 km^3$。这些不足地球总水量 3% 的淡水中，近 70% 是以冰川和永久积雪形式存在于极地和高山上，难以为人类利用；30% 的地下淡水中 2/3 深埋于在地下深处；能直接取用的江河、湖泊淡水仅占淡水总量的 0.27%（如表 4－1 所示）。可见，供人类直接利用的淡水资源是十分有限。

**表 4－1　地球上水资源的分布**

| 水资源存在状态 | 水量总体积（$\times 10^4 km^3$） | 占所有水量% | 淡水量体积（$\times 10^4 km^3$） | 占总淡水量% |
|---|---|---|---|---|
| 海洋水 | 133 800 | 96.54 | – | – |
| 地下水 | 2 340 | 1.69 | – | – |
| 其中：地下咸水 | 1 287 | 0.94 | – | – |
| 地下淡水 | 1 053 | 0.75 | 1 053 | 30.064 |
| 土壤水 | 1.7 | 0.001 | 1.7 | 0.049 |
| 冰川与永久积雪 | 2 406 | 1.74 | 2 406 | 68.694 |
| 永冻土底水 | 30 | 0.022 | 30 | 0.856 |
| 湖泊水 | 17.6 | 0.013 | – | – |
| 其中：咸水 | 8.5 | 0.006 | – | – |
| 淡水 | 9.1 | 0.007 | 9.1 | 0.26 |
| 沼泽水 | 1.1 | 0.000 8 | 1.1 | 0.031 |
| 河川水 | 0.2 | 0.000 2 | 0.2 | 0.006 |
| 生物水 | 0.1 | 0.000 1 | 0.1 | 0.003 |
| 大气水 | 1.3 | 0.001 | 1.3 | 0.037 |
| 总计 | 138 597.5 | 100 | 3 502.5 | 100 |

## 二、中国水资源及利用

通常人们将全球陆地入海径流总量作为理论上的水资源总量。世界各地自然条件不同，降水和径流相差也很大。世界各大洲年平均降水量和年平均径流量情况见表 4－2。其中，年降水量以大洋洲（不包括澳大利亚）诸岛最多，其次是南美洲，这些地区大部分位于赤道气候区内，水循环十分活跃，降水量和径流量均为全球平均值的两倍以上。欧洲、亚洲和北美洲与世界平均水平相接近，而非洲大陆是世界上最为干燥的地区之一，虽然其降水量与实际平均值相接近，但由于沙漠面积大，蒸发强烈，径流量仅为 151mm。相比之下大洋洲的

**表 4－2　全球各大洲年降水和年径流状况**

| | 面积（$\times 10^4 m^3$） | 年降水量（mm） | 年径流量（mm） | 径流系数 |
|---|---|---|---|---|
| 亚洲 | 4 347.5 | 741 | 332 | 0.45 |
| 非洲 | 3 012.0 | 740 | 151 | 0.20 |
| 北美洲 | 2 420.0 | 756 | 339 | 0.45 |
| 南美洲 | 1 780.0 | 1 596 | 661 | 0.41 |
| 南极洲 | 1 398.0 | 165 | 165 | 1.00 |
| 欧洲 | 1 050.0 | 790 | 306 | 0.39 |
| 澳洲 | 761.5 | 456 | 39 | 0.09 |
| 大洋洲（诸岛） | 133.5 | 2 704 | 1 566 | 0.58 |
| 全球陆地 | 14 902.5 | 798 | 314 | 0.39 |

澳大利亚最为干燥，与降水量 761mm 相对，其径流量仅为 39mm。

1. 我国水资源现状

我国目前有 400 多个城市缺水，其中 100 多个城市严重缺水。这不仅影响居民的正常生活用水，而且制约着经济建设发展。据有关资料，目前全国城市日缺水量为 $1.60 \times 10^6 m^3$，影响工业产值约 1 200 亿元。我国平均降水量为 $6.19 \times 10^{12} m^3$，平均降水深 648.4mm，年均河川径流量 $2.71 \times 10^{12} m^3$，合径流深 284mm。我国地表水年径流量约 $2.61 \times 10^{12} m^3$，地下水储量约 $8.80 \times 10^{11} m^3$，冰山每年融水量约 $5.63 \times 10^{10} m^3$，扣除三者重叠部分，我国总的水资源约有 $2.80 \times 10^{12} m^3$，居世界第六位（前五位依次为巴西、俄罗斯、加拿大、美国、印度尼西亚）。我国江河众多，全国大小河流总长达 $4.20 \times 10^5 km$，流域面积在 $100km^2$ 以上的河流有 5 万多条，$1\ 000km^2$ 以上的约有 1 500 多条。受气候和地形的影响，河流分布很不均匀，绝大部分河流分布在我国的东部湿润、多雨的季风区，西北内陆气候干燥、少雨，河流很少（如表 4－3 所示）。

**表 4－3　中国七大江河基本情况**

| 水文参数 | 松花江 | 辽河 | 海河 | 黄河 | 淮河 | 长江 | 珠江 |
|---|---|---|---|---|---|---|---|
| 流域面积（$\times 10^4 km^2$） | 55.7 | 22.9 | 26.4 | 75.2 | 26.9 | 180.9 | 44.4 |
| 河长（km） | 2 308 | 1 390 | 1 090 | 5 456 | 1 000 | 6 300 | 2 214 |
| 年均降水深（mm） | 527 | 473 | 559 | 475 | 889 | 1 070 | 1 469 |
| 年均径流量亿（$m^3$） | 762 | 148 | 228 | 658 | 622 | 9 513 | 3 338 |

据有关资料，中国也是一个多湖泊的国家。我国 $1km^2$ 以上的湖泊有 2 300 多个，总面积 $7.10 \times 10^4 km^2$，约占国土面积的 0.8%；湖水总储量约为 $7.09 \times 10^{11} m^3$，

其中淡水量占31.9%。中国主要湖泊基本情况见表4－4。我国是世界上中低纬度山岳冰川最多的国家之一，共有冰川43 000余条，主要分布在西藏、新疆、青海、甘肃、四川和云南等六省区。据有关统计资料表明，中国冰川总面积约为$5.87\times10^4km^2$，约相当于全球冰川覆盖面积$1.62\times10^7km^2$的0.36%。中国冰川储量约$5.13\times10^{12}m^3$，占亚洲冰川总量的一半以上。

**表4－4　中国主要湖泊基本情况**

| 湖名 | 湖面高程（m） | 面积（$km^2$） | 最大水深（m） | 容积（$\times10^8m^3$） | 类型 |
|---|---|---|---|---|---|
| 鄱阳湖 | 21 | 3 583 | 16.0 | 248.9 | 淡水 |
| 洞庭湖 | 33 | 2 740 | 30.8 | 178.0 | 淡水 |
| 太湖 | 3 | 2 420 | 4.8 | 48.7 | 淡水 |
| 洪泽湖 | 13 | 2 069 | 5.5 | 31.3 | 淡水 |
| 巢湖 | 10 | 820 | 5.0 | 36.0 | 淡水 |
| 青海湖 | 3 196 | 4 635 | 28.7 | 854.4 | 咸水 |
| 鄂陵湖 | 4 269 | 611 | 30.7 | 107.6 | 淡水 |
| 扎陵湖 | 4 293 | 526 | 13.1 | 46.7 | 淡水 |
| 呼伦湖 | 545 | 2 315 | 8.0 | 131.3 | 咸水 |
| 博斯腾湖 | 1 048 | 1 019 | 15.7 | 99.0 | 咸水 |
| 赛里木湖 | 2 071 | 464 | – | 232.0 | 咸水 |
| 玛旁雍错 | 4 587 | 412 | – | 202.7 | 咸水 |
| 贝尔湖 | – | 608 | – | 54.8 | 淡水 |
| 抚仙湖 | 1 875 | 217 | – | 173.5 | 淡水 |

2. 我国水资源特点

水资源总量较丰富，人均拥有量少。我国平均年降水量为$2.82\times10^{12}m^3$，其中河川径流约占96.4%，低于巴西、俄罗斯、加拿大、美国和印度尼西亚，约占全球径流量的5.85%，居世界第六位。平均径流284mm，是世界平均值的90%，居世界第七位。我国人口众多，按13亿人口计算，平均每人每年占有的河川径流量2 086$m^3$，不足世界的1/4，分别是美国人均占有量的1/6，俄罗斯的1/8，巴西的1/9和加拿大的1/58，列世界88位。可见，我国水资源总量并不少，但人均水量并不丰富。

水资源时空分布不均。降水是我国河川径流的主要补给来源，全国降水量的44%转化为径流，平均径流284mm，而我国降水量受海陆分布和地形等因素的影响，在地区上分布很不平衡，年降水量和径流深都由东南沿海向西北内陆递减。东南沿海径流为1 200mm，而西北干旱地区小于5mm，甚至等于零。水资源的地区分布与人口和耕地的分布很不适应，南方耕地面积只占全国的35.9%，但水资源却占总量的81%，人均水资源约为全国平均的1.6倍，亩均水量为全国平均的2.3倍。北方黄、淮、海、辽四大流域的耕地多、人口密，淡水资源量只有全国的19%，人均占有水量只有全国平均的18%左右，亩均水量仅为全国均值的15%。由于受季风气候的强烈影响，我国降水和径流的年内分配很不均匀，年际变化大，少水年和多水年持续出现，旱涝灾害频繁，平均每三年发生一次较严重的水旱灾害。

3. 我国水资源开发利用现状

1998年，各流域地表水控制利用率（地表水供水量占地表水资源量的百分比）、水资源总量利用消耗率（用水消耗量占水资源总量的百分比）海河和黄河的利用程度最高，其次是内陆河、淮河、松花江和辽河，以及珠江、长江、东南诸河和西南诸河的利用程度低。我国水资源开发利用，一方面随着工农业生产的发展和人口的增加，全国总用水量不断增加，1980年全国用水$4.44\times10^{11}m^3$，人均用水$450m^3$，2001年增加到$5.57\times10^{11}m^3$，人均用水$436m^3$，从1980年以来用水增长了$1.13\times10^{11}m^3$，年增长率1.04%；另一方面，用水结构发生了变化，农业用水所占的比重下降，工业和生活用水比重增大。我国水资源利用在地区上存在着明显的差别，一般情况是水资源相对比较丰富的南方用水多于水资源贫乏的北方和西北内陆地区。

## 三、水资源的循环更新

地球表面的水在太阳辐射能和地心引力的相互作用下，不断地蒸发和蒸腾到大气中，并在空气中形成云，在大气环流的作用下输送到不同的地域，再以降水或降雪等形式回到海洋或陆地的表面。这些降水，一部分渗入地下，成为土壤水或地下水；一部分形成地表径流汇入江、河、湖、海，再经蒸发进入大气圈；一部分直接蒸发或经植物吸收而蒸腾进入大气。通过水循环，水资源得到不断的更新。水循环的主要作用表现在三个方面：水是所有营养物质的介质，营养物质的循环和水循化不可分割地联系在一起；水对物质是很好的溶剂，在生态系统中起着能量传递和利用的作用。

1. 水循环类型

水循环系统是多环节的庞大动态系统，自然界中的水是通过多种路线实现其循环和相变的。其范围可由地表向上伸展至大气对流层顶以上，地表向下可及的深度平均约1 000m。全球性的水循环称为大循环，由海洋、陆地和一系列大小区域的水循环所组成。水循环按其发生的空间又可以分为海洋水循环、陆地水循环（包括内陆水循环）。因此，水循环的尺度大至全球，小至局部地区。从时间上划分，可以是长时期的，也可以是短时段的。相应的，研究水循环时，其区域可大至全球、某一流域，也可小至某一地域内的土壤或地下含水层内的水循环，同时时间可长可短。

水循环分为大循环和小循环。从海洋蒸发出来的水蒸气，被气流带到陆地上空，凝结为雨、雪、雹等落到地面，一部分被蒸发返回大气，其余部分成为地面径流或地下径流等，最终回归海洋。这种海洋和陆地之间水的往复运动过程，称为水的大循环，而在局部地区（陆地或海洋内部）进行的水循环称为水的小循环。环境中水的循环是大小循环交织在一起的，并在全球范围内和在地球上各个地区内不停地进行着，使地球上各种形式的水以不同的周期或速度更新。水的这种循环复原特性，可以用水的交替周期表示。由于各种形式水的储蓄形式不一致，各种水的交换周期也不一致。

2. 水循环的形成和影响因素

形成水循环的内因是水在通常环境条件下气态、液态、固态易于转化的特性，外因是太阳辐射和重力作用，其为水循环提供了水的物理状态变化和运动的能量。地球上的水分布广泛，储量巨大，是水循环的物质基础。

影响水循环的自然因素主要有气象条件（如大气环流、风向、风速、温度、湿度等）和地理条件（如地形、地质、土壤、植被等），人为因素对水循环也有直接或间接的影响。人类活动不断改变着自然环境，越来越强烈地影响水循环的过程。人类构筑水库，开凿运河，以及大量开发利用地下水等，改变了水的原来径流路线，引起水的分布和水的运动状况的变化。农业的发展，森林的破坏，引起蒸发、径流、下渗等过程的变化，城市和工矿区的大气污染和热岛效应也可改变本地区的水循环状况。环境中许多物质的交换和运动依靠水循环来实现。陆地上每年有 $3.60\times10^{13}m^3$ 的水流入海洋，这些水把约 36 亿吨的可溶解物质带入海洋。

3. 中国水量平衡

水量平衡指在足够长的时期里全球范围的总蒸发量等于总降水量。与世界大陆相比，中国年降水量偏低，但年径流系数高，这是中国多山地形和季风气候影响所致。中国水量平衡要素组成的重要界线是 1 200mm 年降水量。年降水量大于 1 200mm 的地区，径流量大于蒸散发量；反之，蒸散发量大于径流量。中国除东南部分地区外，绝大多数地区都是蒸散发量大于径流量，越向西北差值越大。水量平衡要素的相互关系还表明在径流量大于蒸发量的地区，径流与降水的相关性很高，蒸散发对水量平衡的组成影响甚小。在径流量小于蒸发量的地区，蒸散发量则依降水而变化。另外，中国平原区的水量平衡均为径流量小于蒸发量，说明水循环过程以垂直方向的水量交换为主。

## 第二节　水污染科学

日趋加剧的水污染，已对人类的生存安全构成重大威胁，成为人类健康、经济和社会可持续发展的重大障碍。据世界权威机构调查，在发展中国家，各类疾病有80%是因为饮用了不卫生的水而传播的，每年因饮用不卫生水至少造成全球2 000万人死亡，因此水污染被称作“世界头号杀手”。水污染主要由人类活动产生的污染物而造成，它包括工业污染源、农业污染源和生活污染源三大部分。

### 一、天然水物质组成与性质

在自然界中，完全纯净的水是不存在的。天然水在循环过程中不断与环境中的各种物质相接触，并且或多或少地溶解它们，所以天然水实际上是一种溶液，而且是成分极其复杂的溶液。

#### （一）天然水的组成

通过分析，发现天然水中含有的物质几乎包括元素周期表中所有的化学元素。现仅将天然水中的溶质成分概略地分成以下几类：

1. 主要离子

$K^+$、$Na^+$、$Ca_2{}^+$、$Mg_2{}^+$、$HCO_3{}^-$、$NO_3{}^-$、$Cl^-$和$SO_4{}^{2-}$为天然水中常见的八大离子，占天然水中离子总量的95%～99%。水中这些主要离子的多少，常用来作为表征水体主要化学特征性指标，如表4－5所示。

**表4－5　天然水中存在的主要离子**

| 水质性状 | 代表离子 |
| --- | --- |
| 硬度 | $Ca^{2+}$、$Mg^{2+}$ |
| 酸 | $H^+$ |
| 碱金属 | $Na^+$、$K^+$ |
| 碱度 | $HCO_3{}^-$、$CO_3{}^{2-}$、$OH^-$ |
| 酸根 | $SO_4{}^{2-}$、$Cl^-$、$NO_3{}^-$ |

2. 溶解性气体

水中溶解的主要气体有氮气、氧气、二氧化碳、硫化氢；微量气体有甲烷、氢气、氦等。

3. 微量元素

水中微量元素主要有碘、溴、铁、铜、镍、钛、铅、锌、锰等。

4. 生源物质

水中生源物质主要有 $NH_4^+$、$NO_2^-$、$NO_3^-$、$HPO_4^{2-}$、$PO_4^{3-}$。

5. 胶　体

水中胶体主要有 $SiO_2 \cdot nH_2O$、$Fe(OH)_2 \cdot nH_2O$、$Al_2O_3 \cdot nH_2O$，以及腐殖质等。

6. 悬浮物质

水中悬浮物质主要有铝硅酸盐颗粒、砂粒、粘土、细菌、藻类及原生动物等。

## (二) 天然水的性质

1. 碳酸平衡

二氧化碳在水中形成酸，可与岩石中的碱性物质发生反应，并可通过沉淀反应变为沉积物而从水中除去。在水和生物体之间的生物化学交换中，二氧化碳占有独特的地位，溶解的碳酸盐化合态与岩石圈、大气圈进行均相、多相的酸碱反应和交换反应，对于调节天然水的 pH 起着重要作用。水体中存在着 $CO_2$、$H_2CO_3$、$HCO_3^-$ 和 $CO_3^{2-}$ 等四种化合态，常把二氧化碳和碳酸合并为 $H_2CO_3^*$。因此，水中 $H_2CO_3^* - HCO_3^- - CO_3^{2-}$ 体系可用下面的反应表示：

$$CO_2 + H_2O \rightleftharpoons H_2CO_3^*$$

$$H_2CO_3^* \rightleftharpoons HCO_3^- + H^+$$

$$HCO_3^- \rightleftharpoons CO_3^{2-} + H^+$$

2. 天然水中的碱度和酸度

碱度是指水中能与强酸发生中和作用的全部物质，即能接受质子 $H^+$ 的物质总量。组成水中碱度的物质可以归纳为三类：强碱，例如氢氧化钠、氢氧化钙等，在溶液中全部电离生成 $OH^-$ 离子；弱碱，例如氨、苯基等，在水中部分发生反应生成 $OH^-$ 离子；强碱弱酸盐，例如各种碳酸盐、重碳酸盐、硅酸盐、磷酸盐、硫化物和腐殖酸盐等，它们水解时生成 $OH^-$ 或者直接接受质子 $H^+$。弱碱及强碱弱酸盐在中和过程中继续产生 $OH^-$ 离子，直到全部中和完毕。

和碱相反，酸度是指水中能与强碱发生中和作用的全部物质，即放出 $H^+$ 或经过水解能产生 $H^+$ 物质的总量。组成水中酸度的物质也可归纳为三类：强酸，例如盐酸、硫酸、硝酸等；弱酸，例如二氧化碳、碳酸、硫化氢、蛋白质以及各种有机酸类；强酸弱碱盐，例如氯化铁、硫酸铝等。

3. 天然水体的缓冲能力

天然水体的 pH 值一般在 6 ~ 9 之间，而且对某一水体，其 pH 几乎保持不变，这表明天然水体具有一定的缓冲能力，是一个缓冲体系。一般认为，各种碳酸化合物是控制水体 pH 值的主要因素，并使水体具有缓冲作用。最近研究表明，水体与周围环境之间发生的多种物理、化学和生物化学反应，对水体的

pH 值也有重要的作用，但无论如何，碳酸化合物仍是水体缓冲作用的重要因素。因而，人们时常根据它的存在情况来估算水体的缓冲能力。

## 二、水体污染及主要水质指标

水体污染是指污染物进入水体，引起水质恶化，使水的使用价值降低的现象。水污染一般指水中污染物的数量超过水体自净能力，污染物浓度达到破坏水原有用途的程度。水污染有自然污染和人为污染，当前对水体危害较大的是人为污染。

通常用水质指标来衡量水质的好坏或水体被污染的程度。水质指标项目繁多，可以分为三大类：物理性水质指标，包括温度、色度、嗅味、浑浊度、悬浮固体等；化学性水质指标，如 pH、溶解氧、COD、BOD、氨氮、总磷、重金属、氰化物、多环芳烃和各种农药等；生物学水质指标，包括细菌总数、总大肠菌群数等。具体含义如下：

（1）COD，即化学需氧量。指用化学氧化剂（重铬酸钾或高锰酸钾）氧化水中有机污染物时所需的氧量，以每 L 水消耗氧的毫克数表示。COD 越大表明水中有机污染物浓度越高。我国《污水综合排放标准》中规定的一级排放标准的 COD 浓度限值为 100mg/L，一般城市生活废水的 COD 浓度为 300 mg/L ~ 400mg/L，而工业废水的 COD 浓度可达 100 000mg/L。此外，国际上通常以 TOC（总有机碳）来表示废水中有机污染物浓度。

（2）BOD，即生化需氧量。表示在有氧条件下，好氧微生物氧化分解单位体积水中有机物所消耗的游离氧的数量。与 COD 相似，BOD 越大表示水中能被微生物消化降解的有机物浓度越高。由于微生物不能降解所有的有机物，故一般废水 BOD 浓度小于 COD 浓度。

（3）pH 值。pH 值是反映水酸碱性强弱的重要指标，我国《污水综合排放标准》中规定的最高允许排放浓度一级标准 pH 值为 6 ~ 9。

（4）色度。表示废水颜色深浅的指标。

（5）DO，即水中氧溶解的量。该指标也是判断水质好坏或污染程度的重要指标。水中的溶解氧是水生生物和微生物生存的基本条件，一般 DO 低于 4mg/L 时鱼类就会窒息死亡。DO 值越大，水体自净能力越强。

（6）SS，即悬浮物。指水中呈固体状的不溶解物质。

（7）细菌污染指标。通常以单位体积水中大肠菌群数表示。

（8）有毒物质指标，指水中重金属（如汞、隔、铅、铬、铜、锌、镍等）、农药（如六六六、DDT 等）和其他有毒有害物质（如砷、氰化物、氟化物、挥发性酚和石油类等）的浓度。

## 三、水体污染源与污染特点

水体污染源主要有工业污染源、生活污染源、农业灌溉污水、城市垃圾、工业废渣渗滤液、交通运输废水和大气污染物等。

### （一）主要污染源

1. 工业污染源

工业废水是水体最重要的污染源和环境保护的主要防治对象。在工业生产过程中排出的废水、污水、废液等统称工业废水。废水主要指工业用冷却水；污水是指与产品直接接触、受污染较严重的废水；废液是指在生产工艺中流出的废液。工业污染源如按工业的行业来分，则有采矿废水、石油工业废水、化工、纺织印染废水和食品工业废水等。工业废水由于受产品、原料、药剂、工艺流程、设备构造和操作条件等多种因素的综合影响，因而具有量大面广、含污染物多、成分复杂、在水中不易净化、处理较困难的特点，而且各类废水都有各自不同的特点。

2. 生活污染源

生活污水是指人类消费活动产生的污水，主要是日常生活中各种洗涤水，包括厨房、浴室、厕所等场所排出的污水和污物。生活污水中99%以上是水，污染物不到1%，且多为无毒物质。所以，生活污水的特点是浑浊，含大量有机物且无毒，大量合成洗涤剂，多种微生物如细菌、病毒和原生物病原菌等。

3. 农业灌溉污水

农业灌溉污水是指由于农业生产而产生的水污染源。例如，降水形成的径流和渗流，把土壤中的氮、磷和农药带入水体；由牧场、养殖场、农副产品加工厂的有机废物排入水体，它们都可以使水体的水质恶化，造成河流、水库、湖泊等水体污染甚至富营养化。农业污染源的特点是面广、分散、难于治理。

4. 城市垃圾和工业废渣渗滤液

垃圾和废渣倾入水中或堆积在水域附近，经水的溶解或浸渍作用，使垃圾和废渣中有毒有害成分进入水中。

5. 交通运输废水

船舶运输过程中产生的含油废水。

6. 大气污染物

大气中污染物种类很多，可以直接降落或溶于雨雪后降落进入水体。

### （二）污染特点

（1）各类工业与大型企业密集在城市，排入城区河段的污染物数量极大，故一般流经城市的河流污染都很严重。

（2）海洋污染，其中以石油污染最为突出。

（3）污染物种类越来越多，其中毒物、剧毒物、长期残留物特别令人关注。

（4）陆地水体中，河流流速大，稀释与自净能力强，污染较轻，较易恢复；湖泊交换能力弱，污染物能长期停留，易使水质恶化和引起富营养化；地下水遭受工业废水和城市污水污染日益严重，而且一旦污染，不易恢复，甚至不能恢复。

（5）农田排水和地表径流等非点污染源造成的水污染比较普遍。

## 四、水污染类型及危害

天然水是溶有多种元素和化合物的一种混合溶液，其中有天然的和人工合成的物质、无机物和有机物。在正常情况下，水中元素和化合物含量很低，不致影响水的使用，但人类不断地向水中排放废弃物和污水，使污染水体的化学物质愈来愈多。据估计，水中化学物质种类达 100 多万种。

1. 化学水污染

化学污染物是当今世界性水污染中最大的一类污染物，水中化学污染物可分为无机物和有机物两大类，每一类又可分为若干小类，见表 4－6。

**表 4－6　化学水污染物分类表**

| 污染物类型 | 特征污染物 |
| --- | --- |
| 非金属有毒物 | 氰化物、氟化物、硫化物、砷化物 |
| 重金属 | 汞、镉、铬、铅、铜、锌 |
| 放射性物质 | 铀－235、锶－90、铯－137、钚－239 |
| 酸碱盐类 | 硫酸、硝酸、盐酸、磷酸、氢氧化钠（钙）、无机盐 |
| 致色物质 | 铁盐、锰盐、色素、染料、腐殖质 |
| 致臭物质 | 氨、硫化物、酚、胺类、硫醇 |
| 植物营养物质 | 硝态氮、亚硝态氮、氨氮硝态氮、亚硝态氮、氨氮 |
| 需氧有机物质 | 碳水化合物、蛋白质、油脂、动植物尸体 |
| 易分解有机毒物 | 酚、苯、醇、有机磷农药 |
| 难分解有机毒物 | 有机磷农药、洗涤剂等 |
| 油类 | 石油及其制品 |

化学水污染是由于水域接纳工业废水、农田排水和生活污水所致。冶金、机电、电镀、造纸、制革、石油、农药、化肥、食品、印染和选矿等工业废水所含的污染物种类多、毒性强，是化学水污染的主要来源；农田排水中大量的农药、化肥和农作物的残枝败叶，生活污水中的很多需氧有机物，也是造成化

学水污染的原因。化学水污染造成的危害：需氧有机物使水中溶解氧大幅度下降；剧毒物质（如氰化物、砷化物、农药等）使水生物慢性中毒或急性中毒；汞、铜、铅等重金属，不仅能使生物发生急性中毒，而且能在水体中沉积成为次生污染源，易在生物体内累积，造成慢性中毒（如甲基汞引起水俣病，镉引起痛痛病）；砷、铬、镍、铰、苯胺、多环芳香烃和卤代烃等有致突变、致畸、致癌作用；致色物、致臭物和油类使水体失去旅游、观光和疗养价值（参见物理水污染）；有机氯农药、多氯联苯等有机氯化合物能毒死幼鱼和虾类，或在成鱼体内累积，使繁殖力衰减，影响胚胎发育和鱼苗成活率。这些化合物经过食物链逐级被富集，威胁居于营养级顶端生物的生存（某些鸟类因此趋于灭绝）。

2. 热污染

热污染是水温异常升高的一种污染现象。天然水水温随季节、天气和气温而变化，而当水温超过33℃ ~35℃时，大多数水生物不能生存。水体急剧升温，常是热污染引起的，水体热污染主要来自工业冷却水。首先是动力工业，其次是冶金、化工、造纸、纺织和机械制造等工业，将热水排入水体，使水温上升，水质恶化。根据美国统计，动力工业冷却水排放量占全国工业的冷却水总排放量的80%以上。一个装机$1.00\times10^6$kw的火电厂，冷却水排放量约为$30m^3/s$ ~ $50m^3/s$；装机相同的核电站，排水量较火电厂约增加50%；年产$3.00\times10^5$t的合成氨厂，每小时约排出$2.20\times10^4m^3$的冷却水。

水体增温显著地改变了水生物的习性、活动规律和代谢强度，从而影响水生物的分布和生长繁殖。增温幅度过大和升温过快，对水生物有致命的危险，加速了水生态系统的演替或破坏。硅藻在20℃的水中为优势种；水温32℃时，绿藻为优势种；37℃时，只有蓝藻才能生长，鱼类种群也有类似变化。对狭温性鱼类来说，在10℃ ~15℃时，冷水性鱼类为优势种群；超过20℃时，温水性鱼类为优势种群；当水温为25℃ ~30℃时，热水性鱼类为优势种群。水温超过33℃ ~35℃时，绝大多数鱼类不能生存。升温促使某些生物提前或推迟发育，导致以此为食的其他生物因得不到充足食料而死亡，食物链中断可能使生态系统组成发生变化，甚至破坏。

水体升温加速了水域底泥中有机物的降解和营养元素的循环，藻类因而过度生长繁殖，导致水体富营养化，有机物降解又加速水中溶解氧消耗。某些有毒物质的毒性随水温上升而加强，例如水温升高10℃，氰化物毒性就增强一倍，而生物对毒物的抗性，则随水温的上升而下降。水体热污染的防治要根据水体热容量和技术经济条件，制定热排放标准；加强各工矿企业之间的余热利用；对高温冷却水要取降温措施，使受纳水体水温达到排放标准。

3. 生物水污染

生物水污染是有害生物进入水体或某些水生物繁殖过程引起的一种水污染

现象。水体生物污染是由于水体接纳了医院、畜牧场、屠宰场和生物制品厂等污水以及城市污水和地表径流而引起的。这些污水含有大量的病原微生物（如病原菌、病毒和霉菌）、寄生虫或卵等。其中，病原微生物水污染危害的历史最久，至今仍威胁着人类健康。病原微生物数量大、来源多、分布广；病原微生物在水中存活时间长短与微生物种类、水质、水温、pH 等环境因素有关，在水中存活时间长的，人畜感染几率大；有些病原微生物不仅在生物体内（包括水生生物），而且在水中也能繁殖；有些病原微生物抗药性很强，一般水处理和加氯消毒的效果不佳。

钩端螺旋体、病毒、寄生虫及卵等常与病原菌共存而污染水体。钩端螺旋体来源于带菌宿主——猪和鼠类的尿液，它以水为媒介，经破损的皮肤或黏膜进入人体，引起血性钩端螺旋体病。此外，水中常见病毒还有脊髓灰质炎病毒、柯萨基病毒、腺病毒、肠道病毒和肝炎病毒等。世界各地广泛传播的传染性肝炎，主要是水体受污染后所引起的。水中柯萨基病毒和人肠细胞病变为幼儿病毒侵入人体后，在咽部和肠道黏膜细胞内繁殖，进入血液形成病毒血症，可引起脊髓灰质炎、无菌性脑膜炎等疾病。常见寄生虫有阿米巴、麦地那龙线虫、血吸虫、鞭毛虫和蛔虫等，这些寄生虫通过卵或幼虫直接或经中间宿主侵入人体，使人患寄生虫病，其卵和幼虫在水中可以长期生存。传播疾病的昆虫，例如蚊、蚋、舌蝇等，其生活史中某一阶段必须在水中度过，它们传播多种疾病（如疟疾、尾丝虫病等），对人类健康危害很大。此外，某些藻类在水中营养元素（如氮、磷等）过剩时，会大量繁殖，改变水体感官特征，使水体带霉烂气味，严重时可危及鱼类等生存。大坝、水库等水利工程的兴建，使原来流动的水体成为静水水体，消落区和较浅的淹没区可能成为传播疾病的昆虫幼虫和某些寄生虫中间宿主的适宜生存繁殖场所。

4. 次生污染

次生污染是积累于悬浮物和底质中的污染物质重新引起水污染的现象。河流的流量和流速增大，泛起底质，使原来沉积在底质中的污染物质再次进入水中，重新污染水体。水体温度发生变化，破坏污染物质在水悬浮物和水底质界面的动态吸附平衡，发生解吸作用，使污染物质重新进入水中。水体中汞、铅等重金属污染物和多氯联苯、有机氯农药等难以降解的有机污染物，大部分因静电吸引、离子交换和络合等作用被吸附于悬浮物和底质的表面，发生一系列复杂的物理、化学、生物反应（微生物和腐殖质在反应过程中起着重要作用），引起次生污染。例如，重金属汞在微生物作用下，因烷基化作用转变为甲基汞和二甲基汞等有机金属化合物，毒性剧增，易在生物体内积累，危害人体健康。次生水污染是一种较为复杂的污染现象，往往对环境和人体健康产生很大影响。

5. 水体富营养化

水体富营养化是由于氮、磷等植物营养物的排入引起水体中藻类大量繁殖的现象。在湖泊、水库、河口和港湾等水流较缓的区域，最容易发生水体富营养化现象。在湖泊、水库等淡水区域，水体富营养化主要表现为绿藻和蓝藻的大量生长，称为水华现象；在河口、海湾等区域的水体富营养化会导致红藻等藻类的大量繁殖，出现赤潮现象。氮、磷是藻类繁殖所需各种成分中的限制性因素，因此水体中氮、磷含量的高低与水体富营养化程度有密切的关系。一般来说，无机氮和总磷分别超过 300mg/m$^3$ 和 20mg/m$^3$ 就认为水体处于富营养化状态。对于引发水体富营养化而言，磷的作用远大于氮的作用，水体中磷的浓度不很高时就可以引起水体的富营养化。由于藻类的大量繁殖，一方面占据水体空间、阻塞水道，影响鱼类活动；另一方面藻类的呼吸作用和死亡藻类的分解，使水体中溶解氧含量大大降低，直接影响鱼类的生存。沉于水底的死亡藻类在缺氧状态下分解（腐化）使水体变黑、变臭。水体富营养化的防治是水环境保护中的重要问题，受到国内外的重视。水体富营养化主要防治的方法有：对废水作深度处理，控制氮、磷的排放；禁用含磷洗涤剂；打捞藻类；人工曝气；疏浚底泥；引水（不含营养物）稀释；使用化学药剂或引入病毒杀藻类等。

## 五、自然水体自净作用

水体自净作用是指受到污染的各种水体，在水体本身和污染物自身的物理、化学、生物等方面的作用下，使水中污染物浓度自然降低的过程。水体自净作用，一方面往往需要一定的时间、一定范围的水域和适当的水文条件，另一方面亦与污染物性质、浓度以及排放方式等有关。

一般来说，水体自净过程包括稀释、混合、沉淀、挥发、中和、氧化还原、化合分解、吸附凝聚等物理、化学和生物化学过程，其中以物理和生物化学过程为主。从控制水体污染角度来看，水体对污染物的稀释、水体中溶解氧的变化规律是水体自净的主要问题。

### （一）水体自净过程

水体自净过程和机制可包括三个方面，但它们常常是同时发生，而又互相影响。

1. 物理自净过程

物理自净过程是指污染物进入水体后，只改变其物理形状、空间位置，而不改变其化学性质，不参与生物作用。例如，污染物在水中发生的混合、稀释、扩散、挥发和沉淀等过程，通过上述过程，可使水中污染物的浓度降低，使水体得到一定的净化。

2. 化学自净过程

水体化学自净过程是指污染物在水体中以简单或复杂的离子、分子状态迁移，并发生化学性质或形态、价态上的转化，使水质发生化学性质的变化，但未参与生物作用。例如，酸碱中和、氧化还原、分解—化合、吸附—解吸和胶溶—凝聚等过程。这些过程能改变污染物在水体中的迁移能力、毒性大小，亦能改变水环境的化学反应条件。当这些能力与条件都使受污水体向污染减轻方向发展，则称之为化学自净作用。

3. 生物自净过程

水体生物自净过程是指水体中的污染物经生物吸收、降解作用使污染物消失或浓度降低的过程。例如，污染物的生物分解、生物转化和生物富集作用等。水体生物自净作用也被称为狭义的自净作用，主要是指悬浮和溶解于水中的有机污染物在微生物的作用下，发生氧化分解过程。在水体自净中，生物化学过程占主要地位。其作用的机理是需氧微生物在溶解氧存在时将水中有机污染物氧化分解为简单的无机物，例如二氧化碳、水、硝酸和磷酸盐等。

### （二）生物降解

降解是指较高分子量的有机物在分解过程中减小分子量，最后变为简单的无机物的过程。有机物在水中的降解过程是通过化学氧化、光化学氧化和生物化学氧化来实现的，其中生物氧化在有机物降解中起着主要作用。

1. 碳水化合物的降解

微生物首先在细胞膜外通过水解使碳水化合物从多糖转化为二糖后，才能透入细胞膜内。在细胞外部或内部，二糖再水解而成为单糖，单糖首先转化为丙酮酸，这即所谓糖酵解过程。其后在有氧条件下，丙酮酸最终氧化为水和二氧化碳，而在无氧条件下，丙酮酸的氧化不能进行到底，最终产物是各种酸、醇、酮等，这样的过程称为发酵。

2. 脂肪和油类的降解

这类物质较碳水化合物难降解。降解时首先在细胞外发生水解，生成甘油和相应的各种脂肪酸。甘油进一步降解为丙酮酸，在有氧条件下完全氧化生成水和二氧化碳，在无氧条件下发酵生成各种有机酸。脂肪酸的降解是首先生成醋酸，有氧条件则继续完全氧化，无氧条件下发酵生成各种有机酸。

3. 含氮有机物的降解

含氮有机物除碳、氢、氧外，还含有氮、硫、磷等元素，其生物降解难于不含氮的有机物，其产物污染较重。蛋白质降解的过程是先水解生成氨基酸，然后再分解成各种有机酸和氨，有机酸有氧时会完全氧化为水和二氧化碳，无氧时则发酵。氨在消化细菌的作用下，再进一步分解为亚硝酸盐、硝酸盐，给水体带来新的污染，例如富营养化问题。

碳水化合物、脂肪、蛋白质在降解后期都生成低级有机酸类，在无氧条件下进行酸性发酵，这时最终产物未能完全氧化而停留在酸、醇、酮等化合物状态。此时，若 pH 值过低，可使细菌中断生命活动，生物降解不能进行；若条件适宜，可进一步发生甲烷发酵，最终生成甲烷。

### （三）水体溶解氧平衡

耗氧有机物对水体造成的危害，主要表现在其降解过程中需消耗水中的溶解氧，而其降解产物如氮、磷等可同时引起水体富营养化，破坏水体的氧平衡。这种现象既可出现在湖泊、水库和海湾等富营养化水体，又可发生在有机污染河流的枯水季节。对有机物污染的河流来讲，溶解氧下垂曲线是河流中存在的耗氧作用和复氧作用的综合反映，它对评价河流的污染状况具有重要意义。

河流中的耗氧作用主要是耗氧有机物降解时耗氧，还包括水生生物的呼吸、底泥厌气分解产生的有机酸和还原性气体释放到水中及废水中，以及还原性物质等引起水体耗氧。河流的复氧作用主要是大气复氧，其次是水生植物（藻类）的光合作用产氧。当污水未流入河流前，河水中的大气复氧量与水中生物的耗氧量近似相等，溶解氧处于饱和状态。当河流接纳了耗氧有机物后，微生物对其氧化分解需消耗大量的氧，使得大气复氧来不及补充，水中溶解氧含量下降，这时水中的耗氧速度大于复氧速度。随着水中有机物减少，耗氧量减少，水中复氧量相应增加，此时水中耗氧速度等于复氧速度，氧垂曲线出现最低点，称该点为临界点。其后，因有机物大为减少，耗氧速度小于复氧速度，氧垂曲线逐渐上升。

## 第三节　水污染处理技术

废水处理相当复杂，处理方法的选择，必须根据废水的水质和体积、排放的接纳水体或水的用途来考虑。同时，还要考虑废水处理过程中产生的污泥、残渣的处理利用和可能产生的二次污染问题，以及絮凝剂的回收利用等。废水处理方法一般有物理法、化学法以及生物法等。根据不同净化要求，城市污水处理步骤可划分为一级、二级和三级处理。近代，水质控制的重点，从防传染疾病，到需氧污染物的控制，目前发展到防治水体富营养化的处理及废水净化回收重复利用方面来，做到废水资源化。某些专门的工业废水按要求需进行单项治理，例如含酚废水、含氰废水、含油废水及各种有毒重金属废水等，以防止对天然水体造成污染。

## 一、水处理

废水处理就是把有害污染物从废水中分离出来，进行无害化处理，或者直接在废水中将有害物转化为无害物，使废水得以净化。废水的处理方法大致可分为物理法、化学法、物理化学法、生物法和生态处理法等。在实际应用过程中，往往是将两种或两种以上的处理方法结合起来处理某种特定的废水，使其达到排放的标准。废水处理方法的选择，必须根据废水的水质、数量和排放的标准等具体情况来考虑。

另外，按照处理程度，废水处理方法可分为三级：一级处理是去除废水中的漂浮物、悬浮物和其他固体物，调节废水的pH值，减轻废水后续处理工艺的负荷，一般经过一级处理后，悬浮物固体的去除率为70% ~80%，而$BOD_5$的去除率为25% ~40%左右，但废水的净化程度不高，一般达不到排放标准；对于二级处理来说，一级处理就是预处理，二级处理可以大幅度地去除废水中的悬浮物、有机污染物和部分金属污染物，长期以来，将生物处理作为污水二级处理的主体工艺，一般通过二级处理后，废水中的$BOD_5$可去除80% ~90%，废水基本具备排放标准的要求，但还有部分微生物不能降解的有机物、氮、磷、病原体及一些无机盐等尚不能除去；三级处理又称深度处理，它是将二级处理未能去除的部分污染物进一步净化处理，常用超滤、活性炭吸附、离子交换、电渗析等，根据三级处理的水的具体去向和用途，其处理流程和组成单元有所不同，由于三级处理的基建费和运行费用较为昂贵，目前仅适用于严重缺水的地区。

### （一）物理处理法

物理处理法是利用物理的方法，将废水中的油类、悬浮物以及其他固体颗粒分离出来，通常作为预处理和后处理方法与其他方法配合使用。废水的物理处理方法主要可分为两类，即过滤（如格栅、筛网和过滤等）与分离（如沉淀、上浮等），这里主要介绍过滤、沉淀、气浮和离心分离法。

1. 过　滤

过滤是利用具有孔隙的过滤介质如筛网、石英砂层等，截留水中的悬浮物从而使水获得澄清的工艺过程。它不仅可以降低水中的悬浮物，而且还可以将水中有机物、细菌及病毒随着悬浮物的降低而被大量去除。

2. 沉　淀

利用水中悬浮颗粒与水的密度差，在重力作用下使密度大于水的颗粒下沉分离出来。沉淀法一般只适于去除20μm ~100μm以上的颗粒，胶体不能用沉淀法去除，需经混凝处理后，使颗粒尺寸变大，才具有下沉速度。生产上用于污水沉淀处理的设施称为沉淀池，根据池内水流的方向不同，沉淀池的形式可以分为五种，即平流式、竖流式、辐流式、斜管式和斜板式。

3. 气　浮

将空气或溶有空气的水通入废水中形成微小的气泡，废水悬浮物粘附于气泡，并上升至水面而分离。为了提高气浮的效果，一般需向废水中加入一定量的混凝剂，使废水中的大分子和胶体污染物形成絮状体而被去除。

4. 离心分离

利用废水高速旋转产生的离心力，将废水中的悬浮颗粒分离出来。用于废水处理中的离心分离设备有离心机、水力旋流器和旋流池等。该法主要用于分离含比重较大的固体颗粒的废水，例如轧钢废水等。

### （二）化学处理法

化学处理法是向废水中投加某种化学物质，通过化学反应使废水中的污染物转化为无害的物质，或形成沉淀来分离、回收废水中的某些污染物质。主要的方法有中和法、混凝法、化学沉淀法和氧化还原法等。

1. 中和法

很多工业废水往往含酸性或碱性物质。根据我国《污水综合排放标准》，排放废水的 pH 值应在 6～9 之间。凡是废水含有酸或碱，从而使 pH 值超出规定范围的都应加以处理。酸性废水一般可采用加入碱性废水、石灰乳或液碱（氢氧化钠），废水通过由石灰石或白云石构成的过滤层等中和方法处理。碱性废水可以采用向碱性废水中鼓入烟道气，向碱性废水中投入酸性废水等中和方法处理。

2. 化学混凝法

化学混凝是向废水中加入混凝剂，使水中的大分子污染物、微小悬浮物和胶体杂质通过凝聚成大颗粒悬浮物而分离去除的过程。混凝法广泛用于化工、印染、制药和食品等行业的废水处理。目前常用的混凝剂有无机铝盐（如硫酸铝、明矾和聚合氯化铝等）、无机铁盐（如硫酸亚铁、硫酸铁和三氯化铁等）、有机高分子混凝剂（如聚丙烯酰胺）和天然高分子物质（如壳聚糖等）。

3. 化学沉淀法

向废水中投加某些化学药剂，使其与废水中的污染物发生化学反应，形成难溶的沉淀物的方法称为化学沉淀法。该法常用于含重金属、氰化物等废水（如电镀废水）的处理。按沉淀剂的不同，化学沉淀法可分为氢氧化物沉淀法、硫化物沉淀法、碳酸盐沉淀法和铁氧体沉淀法等。

4. 氧化还原法

向废水中加入氧化、还原剂，将废水中的有毒有色污染物转变为低毒无色物质的过程。氧化法主要用于废水中的 $CN^-$、$S^{2-}$ 及造成色度、嗅、味、BOD 及 COD 的有机物，也可氧化某些金属离子如 $Fe^{2+}$，以利于后续的操作。氧化法还可用于消灭导致生物污染的致病微生物。在废水处理中，常用的氧化剂有空气、氧气、臭氧、氯、次氯酸钠、漂白粉和过氧化氢等。还原法主要用于含六价铬废水的处理。在废水处理中常用的还原剂有亚硫酸钠、硫代硫酸钠和铁屑等。

### （三）物理化学处理法

物理化学处理法就是利用吸附、离子交换、膜分离技术和萃取等方法处理废水。

1. 吸附法

吸附法是利用多孔固体物质作为吸附剂，以吸附废水中污染物的方法。吸附法主要用于废水的脱色、除臭和去除重金属离子、可溶性有机物等深度处理。常用的吸附剂有活性炭、硅藻土、砂渣、炉渣和粉煤灰等，其中以活性炭最为常用。

2. 离子交换法

离子交换法就是利用离子交换树脂与水中离子进行交换功能，去除废水中的金属或有机物离子。这一处理方法在废水处理领域中已变得日益重要。

3. 膜分离法

膜分离法是利用特殊的膜来分离去除或回收水中的污染物，通常有电渗析法、反渗透法和超滤法等。离子膜（电渗析膜）只允许阳离子或阴离子通过；反渗透膜和超滤膜在外加压力作用下只允许水分子通过。该法常用于污水处理和海水淡化。

4. 萃取法

利用不溶于水的有机溶剂萃取污水中的污染物，然后利用溶剂与水的密度差，将溶剂分离出来，再通过蒸馏回收再生溶剂。该法容易产生二次污染，仅用于特殊废水的处理。

### （四）生物处理法

生物处理法就是通过人工培养水中的微生物，利用其新陈代谢的功能，消化、降解或吸收废水中各种溶解的污染物（主要是有机污染物）。该法由于其操作成本低而获得广泛的应用。根据所培养的微生物种类，可分为好氧生物处理和厌氧生物处理两大类。

1. 好氧生物处理

好氧生物法需要利用鼓风机等设备不断地向废水中通入空气（称为曝气），

给水中微生物提供足够的氧气。常用的好氧生物处理法有活性污泥法和生物膜法两种。

(1) 活性污泥法。通过连续曝气等人工培养措施，使水中的好氧微生物不断繁殖形成絮凝体——活性污泥。活性污泥悬浮在水中，使废水得以净化，也称悬浮生长法。活性污泥法是水体生物自净作用的人工化，是处理城市生活污水最广泛使用的方法。

(2) 生物膜法。利用附着于填料（如碎石、煤渣、化学纤维和竹笼等）表面的微生物膜不断消化降解水中的污染物。由于微生物是固定在填料表面，生物膜法又称固定生长法，是一种被广泛采用的生物处理方法。生物膜法的主要设施是生物滤池、生物转盘、生物接触氧化池和生物流化床等。

2. 厌氧生物处理

厌氧生物处理即在无氧条件下，利用兼性菌和厌氧菌降解有机污染物，分解的主要产物为甲烷。厌氧生物处理主要用于处理浓度较高的有机废水，为进一步好氧生物处理打下基础。

普遍用于生活废水处理的化粪池就是典型的厌氧生物处理设施。我国农村广泛采用的沼气池也是利用厌氧生物处理的原理，以粪便、稻秆等为原料生产沼气。

### (五) 生态处理法

生态处理系统主要有两种，即水体净化法和土壤净化法。前者包括氧化塘和养殖塘，后者包括人工湿地和土地渗滤，水田灌溉则属于两者之间。水体净化法的净化过程和机理与人工条件下的活性污泥法相似，土壤净化法的净化过程和机理则与人工条件下的生物膜法相似。

1. 氧化塘

氧化塘又名稳定塘或生物塘，其对污水的净化过程与自然水体的自净过程相似，是一种利用天然净化能力处理污水的生物处理设施。稳定塘的分类常按塘内的微生物类型、供氧方式和功能等进行划分，可分为好氧塘、兼氧塘和厌氧塘。如按利用情况进行分类，则分为单纯处理塘和兼作利用塘。兼作利用塘可以在塘内养殖青饲料、藻类、海带、藕及鱼等，因而又称养殖塘。

(1) 好氧塘。好氧塘的深度较浅，阳光能透至塘底，全部塘水都含有溶解氧，溶解氧主要是由水表面和藻类供给，好氧微生物起净化污水作用。

(2) 兼性塘（兼氧塘）。兼性塘的深度较大（1m ~ 2m），上层为好氧区，藻类的光合作用和大气复氧作用使其有较高的溶解氧，由好氧微生物起净化污水作用；中间层的溶解氧逐渐减少，称兼性区（过渡区），由兼性微生物起净化作用；下层塘水无溶解氧，称厌氧区，沉淀污泥在塘底进行厌氧分解。一般废水塘中阳光的射进深度不超过0.4m～0.5m，大量藻类生长，溶解氧高，有机物分解快，属高速氧化区。

（3）厌氧塘。厌氧塘的塘深在2m以上，有机负荷高，全部塘水均无溶解氧，呈厌氧状态，由厌氧微生物起净化作用，净化速度慢，污水在塘内停留时间长。

除上述几种常见的稳定塘以外，还有曝气塘（采用人工充气供氧，塘深在2米以上）、深度处理塘（有机污染物浓度低，一般 $BOD_5 \leqslant 30mg/L$）、水生植物塘（种植水葫芦、水花生等）、生态塘（塘内养鱼、鸭、鹅）等也正在被广泛研究、开发和应用。

2. 养鱼塘

养鱼塘为专门饲养鱼类的养殖塘。有机物为浮游生物提供养料，浮游生物又为鱼类提供食料。通常氧化塘要经历4级～5级，第一、二级用以降低 $BOD_5$，第三、四级养殖浮游生物，第五级养鱼。养殖以浮游生物为食料的鱼类，例如鲢鱼、鲤鱼和黄骨鱼等，鱼种合理搭配，养殖密度为9 000尾/$hm^2$～22 500尾/$hm^2$。

3. 人工湿地

人工湿地主要用于小城镇、村镇的污水处理。人工湿地为工程筑造的湿地，筑有围堤，为保证污水有良好的水力流态和较大体积的利用率，采用适宜的形状和尺寸及进水、出水和布水系统。其中，种植芦苇等沼生植物，主要通过土壤、微生物、植物所组成的系统对废水完成一系列净化过程，既达到废水处理的目的，又可利用废水中的营养物质。人工湿地运行简单，处理效果良好，不仅能去除COD、BOD等有机物，而且能除磷脱氮和去除重金属等，同时人工湿地可以推广应用于雨水处理。此外，人工湿地也可以用于许多工业废水如化工、石油化工、纸浆、纺织印染等的处理。

4. 土地渗滤

污水土地处理是在污水农田灌溉的基础上发展起来的，是在人工调控下利用土壤—微生物—植物组成的生态系统使污水中的污染物净化的处理方法。在污染物得以净化的同时，水中的营养物质和水分也得以循环利用。因此，土地渗滤处理是使污水资源化、无害化和稳定化的处理利用系统。土地渗滤系统可分为慢速渗滤系统、快速渗滤系统和地表漫流系统。慢速渗滤系统适用于渗水性良好的土壤、砂质土壤及蒸发量小、气候湿润的地区；快速渗滤系统适用于渗透性非常良好的土壤，例如砂土、砾石性砂土、砂质垆坶等；地表漫流系统适用于渗透性低的黏土或亚黏土，地面最佳坡度为2%～8%。采用何种灌溉方法取决于土壤性质、作物类型、气象和地形。

## 二、污泥处理与处置技术

污泥处理与处置问题是污水处理过程中产生的新问题。首先，污泥中含有大量的有害有毒物质，例如寄生虫卵、病原微生物、细菌、合成有机物及重金属离子等，它将对周围环境产生不利影响；其次，污泥量大，其数量约占处理水量的0.3%～0.5%左右（体积），如进行深度处理，污泥量还可能增加0.5倍～1.0倍。对于一个污水处理厂而言，它的全部基建费用中，用于处理污泥的约占20%～50%，甚至70%。所以，污泥处理与处置是污水处理系统重要组成部分，必须予以充分重视。只有对这些污泥进行及时处理和处置，才能确保污水处理效果，防止二次污染；使容易腐化发臭的有机物得到稳定处理；使有毒有害物质得到妥善处理或利用；使有用物质得到综合利用，变害为利。总之，污泥处理和处置的目的是减量、稳定、无害化及综合利用。

### （一）污泥的来源与特性

污泥可分为：

（1）初次沉淀污泥。来自初次沉淀池，其性质随废水的成分而异。

（2）腐殖污泥。来自生物膜法后二次沉淀池的污泥称腐殖污泥。

（3）剩余活性污泥。来自活性污泥法后二次沉淀池的污泥称剩余活性污泥。

（4）消化污泥。生污泥（初次沉淀污泥、腐殖污泥、剩余活性污泥）经厌氧消化处理后产生的污泥称为消化污泥。

（5）化学污泥。用混凝、化学沉淀等化学方法处理废水所产生的污泥称为化学污泥。

### （二）污泥的特性表征指标

（1）污泥含水率。污泥中所含水分的重量与污泥总重量之比称为污泥含水率。污泥含水率一般都很高，密度接近于水，污泥含水率对污泥特性有重要影响。不同污泥含水率差别很大。

（2）挥发性固体（或称灼烧减重）和灰分（或称灼烧残渣）。挥发性固体近似等于有机物含量；灰分表示无机物含量。

（3）污泥的相对密度。污泥的相对密度等于污泥重量与同体积的水重量之比值。

### （三）污泥处理

1. 浓　缩

将污泥浓缩以减少体积，对于减少后续处理过程如消化、脱水、干化和焚烧等的负担都是非常有利的。污泥中所含水分大致分为四类：颗粒间的空隙水，约占总水分的70%；毛细水，即颗粒间毛细管内的水，约占20%；污泥颗粒表面吸附水和颗粒内部水（包括细胞内部水），约占10%。降低含水率的方法有：浓缩法，用于降低污泥中的空隙水，因空隙水所占比例最大，故浓缩是减容的主要方法；自然干化法和机械脱水法，主要脱除毛细水；干燥与焚烧法，主要脱除吸附水与内部水。污泥浓缩的技术界限大致为：活性污泥含水率可降至97%~98%，初次沉淀污泥可降至85%~90%。污泥浓缩可分为重力浓缩、气浮浓缩和离心浓缩。

2. 污泥稳定与调理

影响污泥浓缩和脱水性能的因素主要是颗粒的大小、表面电荷水合的程度以及颗粒间的相互作用。其中，污泥颗粒的大小是影响污泥脱水性能最重要的因素，因为污泥颗粒越小，颗粒的比表面积将越大（按指数规律增大），这意味着更高的水合程度和对过滤（脱水）的更大阻力及改变污泥脱水性能要更多的化学药剂。污泥中颗粒大多数是相互排斥而不是相互吸引的。首先，由于水合作用，有一层或几层水附于颗粒表面而阻碍了颗粒相互结合。其次，污泥颗粒一般都带负电荷，相互之间表现为排斥，造成了稳定的分散状态。

污泥调理就是要克服水合作用和电性排斥作用，增大污泥颗粒的尺寸，使污泥易于过滤或浓缩，其途径有：脱稳、凝聚。脱稳依靠在污泥中加入合成有机聚合物、无机盐等混凝剂，使颗粒的表面性质改变并凝聚起来，由于要投加化学药剂，从而增加运行费用；改善污泥颗粒间的结构，减少过滤阻力，使不堵塞过滤介质（滤布），无机沉淀物或一定的填充料可以起这方面的作用。污泥经调理能增大颗粒的尺寸，中和电性能使吸附水释放出来，这些都有助于污泥浓缩和改善脱水性能。此外，经调理后的污泥，在浓缩时污泥颗粒流失减少，并可以使固体负荷率提高。最常用的调理方法有化学调理和热处理，此外还有冷冻法和辐射法等。为减少调理的化学药品用量，还可采用物理洗涤——淘洗法。

3. 脱水与压缩

污泥脱水的主要方法有真空过滤法、压滤法、离心法和自然干化法。其中：前面三种采用的是机械脱水，本质上都属于过滤脱水的范畴，其原理基本相同，都是利用过滤介质两面的压力差作为推动力，使水分强制通过过滤介质，固体颗粒被截留在介质上，达到脱水的目的；真空过滤法，其压差是通过在过滤介质的一面造成负压而产生；压滤法，压差产生于在过滤介质一面加压；离心法，压差是以离心力作为推动力。

## （四）污泥处置与利用

1. 焚　烧

焚烧是一种常用的污泥最终处置方法，它可破坏全部有机质，杀死一切病原体，并最大限度地减少污泥体积。当污泥自身的燃烧热值很高，或城市卫生要求高，或污泥有毒物质含量高，不能被利用时，可采用焚烧处理。污泥在焚烧前，应先进行脱水处理以减少负荷和能耗。焚烧在焚烧炉内进行，首先借助辅助燃料引火，使焚烧炉内温度L至燃点以上，然后使得污泥自燃，所产生的废气和炉灰，再分别进行处理。焚烧所需热量，主要靠污泥含有的有机物燃烧，污泥的燃烧热值不足以使污泥自燃，则需补充辅助燃料。

2. 填　埋

污泥可单独填埋或与其他废弃固体物（如城市垃圾）一起填埋。填埋场地应符合一定的设计规范。其中需注意的是：

（1）填埋场地的渗沥水属高浓度有机污水，污染非常强，必须加以收集进行处理，以防止对地下水和地表水的污染。

（2）应注意填埋场地的卫生，防止鼠类和蚊蝇等的孳生，并防止臭味向外扩散。

（3）若焚烧灰的挥发分在15%以下时进行不分层填埋，其他情况均需进行分层填埋。生污泥进行填埋时，污泥层的厚度应≤0.5m，其上面铺砂土层厚0.5m，交替进行填埋，并设置通气装置；消化污泥进行填埋时，污泥层厚度应≤3m，其上面铺砂土层厚0.5m，交替进行填埋。

（4）如在海边进行填埋时，需严格遵守有关法规的要求。

3. 投　海

沿海地区，可考虑把污泥投海，投海污泥最好是经过消化处理的污泥，而且投海地点必须远离海岸。投海的方法可用管道输送或船运，前者比较经济。污泥投海，在国外有成功的经验也有造成严重污染的教训，因此必须非常谨慎。按英国的经验，污泥（包括生污泥、消化污泥）投海区应离海岸10km以外，深25m，潮流水量为污泥量的500倍~1 000倍。这样由于海水的自净与稀释作用，可使海区不受污染。

4. 综合利用

（1）在农业上应用。污泥中含有植物所需要的营养成分和有机物，因此污泥应用在农业上是最佳的最终处置办法。污泥的肥效主要取决于污泥的组成和性质。以生活污水的污泥为例，含氮量为2%~6%，含磷量1%~4%，含钾量为0.2%~0.4%。从肥料的三要素来分析污泥的肥效，主要是利用其氮肥，其次是磷肥，钾肥的利用价值较小。污泥的氮、磷含量都比一般农家肥高，而且污泥中含有的硼、锰、锌等微量元素，对农业增产有重要作用，可以说污泥是一种优质的有机肥料。但是，污泥中含有的病菌、寄生虫、病原体及重金属离子，如直接用作肥料，会对植物有危害作用并进入食物链影响其他生物，而且不利于土壤吸收养分。因此，在把污泥用作农田肥料前，应首先进行稳定化处理，使病菌、寄生虫和病原体等死亡或减少，稳定有机物和减少臭气。此外，对于重金属离子的含量，必须符合于我国农业部制定的《农用污泥中污染物控制标准》（GB4284－84）的要求。较常用的处理方法是堆肥。堆肥是利用嗜热微生物，使污泥中的有机物和水分好氧分解，能达到腐化稳定有机物、杀死病原体、破坏污泥中恶臭成分和脱水的目的。堆肥的缺点是在天气不好时，过程缓慢，且会产主臭气。

（2）建筑材料利用。污泥可用作制砖与制纤维板材两种建筑材料，还可用于铺路。污泥制砖可采用干化污泥直接制砖，也可采用污泥焚烧灰制砖。制成的污泥砖强度与红砖基本相同。对制砖粘土的化学成分有一定要求，当用干化污泥直接制砖时，由于干化污泥组成与制砖粘土有一定差异，应对污泥的成分作适当调整，使其成分与制砖粘土的化学成分相当，而焚烧灰的化学成分与制砖粘土的化学成分比较接近，因此利用污泥焚烧灰制砖，只需加入适量的粘土与硅砂即可。污泥制纤维板材，主要是利用蛋白质的变性作用，即活性污泥中所含粗蛋白（有机物）与球蛋白（酶）在碱性条件下加热、干燥，加压后会发生一系列的物理、化学性质的改变，从而制成活性污泥树脂（又称蛋白胶），再与经过漂白、脱脂处理的废纤维（可利用棉、毛纺厂的下脚料）一起压制成板材，即生化纤维板。

（3）污泥气利用。污泥发酵产生的污泥气既可用作燃料，又可作为化工原料，因此是污泥综合利用中十分重要的方面。它的成分随污泥的性质而异，一般含甲烷在50%～60%以上，消化池所产生污泥气能完全燃烧，保存运输方便，无二次污染，是一种理想的燃料。污泥气发热量一般为5 000kcal/$m^3$～6 000 kcal/$m^3$，当它用作锅炉燃料时，每立方米气体就相当于1kg煤，也可利用污泥气发电，每立方米污泥气约可发电1.25kw·h。污泥气在化学工业中也有广阔的利用前途，污泥气的主要成分是甲烷和二氧化碳，将污泥气净化，除去二氧化碳，即可得到甲烷，以甲烷为原料可制成多种化学品。

## 三、水环境保护对策

长期以来，我国的水污染防治主要是以健全法制和加强环境道德教育为主，辅以一定的经济处罚。现在我国水污染防治由分散治理为主转向集中控制与分散治理相结合，由末端治理为主转向全过程控制、清洁生产，由单一的浓度控制转向浓度控制与总量控制相结合，由区域管理为主转向区域管理与流域管理相结合的指导思想的转变。

### （一）水污染防治原则

1. 转变经济增长方式，提高资源利用率与水污染治理相结合

从“人类—环境”系统和“经济—环境”系统来分析，人类的发展活动，特别是经济再生产过程是矛盾的主要方面。人类生态系统中水循环有两个方面，一方面是自然水循环，另一方面是社会用水循环（工农业生产用水和生活用水）。在循环过程中要保证安全用水界限，并尽可能不降低水的质量，就只有对经济再生产过程进行调节和控制，包括转变经济增长方式，调整经济结构，特别是要调整工业结构和改善工业布局，以及推行清洁生产等。当前调控手段和方法还很难做到完全不产生污染、不排放污染物，所以还需要有污染治理措施，两者相结合。

2. 合理利用环境的自净能力与人为措施相结合

排海工程、排江工程、优化排污口的分布都是合理利用水环境自净能力的措施，但要从整体出发进行系统分析，土地处理系统，排江、排涝工程，一级或二级污水处理，氧化塘等各种措施要优化组合。

3. 污染源分散治理与区域污染集中控制相结合

污水综合排放标准规定的第一类污染物必须使污染源分散治理、达标排放，对于小型工业企业可以采用污染治理社会化的方法解决。对于其他污染物应以集中控制为主，提高污染治理效益，将两者结合起来。

4. 生态工程与环境工程相结合

利用生物治理技术，设计合理的工业链和合理的工业用水循环等都是有效的生态工程，但要与环境工程相结合才能发挥更大的作用。

5. 技术措施要与管理措施相结合

在规划、评价的基础上选定技术方案可以避免盲目性。技术方案实施后要加强管理，才能使技术措施正常运行，获得良好的效益。

### （二）水污染防治措施

1. 法律措施

2008 年，全国人大对《水污染防治法》进行了修订。修订后的《水污染防治法》为我国进一步加强对水污染防治工作的监督管理和强化执法奠定了坚实的法律基础。

2. 行政措施

（1）达标排放。国务院规定到 2000 年底，全国所有工业污染源都要做到达标排放，否则就要采取关、停、并、转等措施。对企业治污提出时限要求，并按此进行监督检查，大大提高了企业治污的责任感和紧迫性，增强了地方各级

政府的责任感和监督力度，推动了企业的清洁生产和产业结构调整。达标排放管理的一个重要考虑因素是各流域水资源利用和水量特点。在国家标准基础上，各地结合当地社会经济发展和生态环境保护对水资源与水环境质量的要求，考虑水体实际纳污能力，制定具体的分流域甚至分河流的污染排放水质标准。对于社会经济产业结构比较落后、污染严重而且治理难度较大的流域，应分阶段制定达标排放计划，以最终实现水体变清，保障水资源可持续利用。

（2）总量控制。我国许多河流和湖泊的污染已十分严重，污染物排放量已大大超过水环境的承载能力，而这些地区的经济和人口都还在发展，为实现这些区域环境与经济的协调发展，必须对污染物排放总量进行控制。实施“总量控制”有利于产业结构优化和布局的合理化，有利于推动经济增长方式的转变，有利于促进资源节约、技术进步和治理污染，是实现我国跨世纪环境目标的重要举措。总量控制要宏观总量控制和微观控制相结合，排污总量控制和河道径流量控制相结合。对于水资源利用过度，河道径流受到过度影响的河流应制定最小基流保护方案，其重要的手段是对水利工程的调节和调度，确保河道天然径流过程不受过度的影响，保证一定的坝下泄流量，改变传统的建设一个水库，截断一条河流的错误做法。

3. 经济措施

城市排水设施及污水处理厂的建设和运营管理采取国家补助、地方筹措、企业合理负担的原则，多渠道解决建设资金来源。贯彻执行排水许可、增容许可和排污收费制度。污水处理市场化，在收取水费的同时收取水污染处理费。污水处理厂实行企业化经营，按成本核定收费标准。城市排水设施及污水处理项目的设计、施工必须以公开招标的方式进行，形成公平合理的竞争市场，择优选取竞标者，确定合理价格，提高工程设计、施工质量，保证工期。

4. 技术措施

清污分流，市政管网雨污分流，减少污水量。推广应用清洁生产工艺和清洁产品，将污染消除在生产过程中。采用清洁生产将污染物消除在生产过程中，消除对水环境的污染，把水污染防治的重点从末端治理转向源头控制。加快城市污水处理厂的建设和现有城市污水处理工艺的改进。随着城市人口的增加和居民生活水平的提高，城市供水量和污水排放量也在不断增加，而城市污水处理率也在不断提高。就全国来说，城市生活污水排放量已达到全国污水排放总量的62.87%左右，很多大城市及沿海城市甚至接近80%，同时我国的城市污水处理率也达到77.4%。

## 第四节 海洋环境保护

地球的面积中，70%是水面，其中海洋占据97.5%。随着社会经济的发展，人口的不断增长，在生产和生活过程中产生的废弃物也越来越多。这些废弃物绝大部分最终直接或间接地进入海洋。当这些废物和污水的排放量达到一定的限度，海洋便受到污染。例如，海洋油污染、海洋重金属污染、海洋热污染和海洋放射性污染等，受到污染的海域，会造成损害海洋生物、危害人类健康、妨碍人类的海洋生产活动、损害海水使用质量、造成优美环境的破坏等。

### 一、我国的海洋资源

中国近海海域分为四大海区，即渤海、黄海、东海和南海，总面积达$4.73\times10^6km^2$，其中渤海、黄海、东海面积为$1.23\times10^6km^2$，南海为$3.50\times10^6km^2$，它们南北相连，面积为$500m^2$以上的海岛6 900余个，大陆海岸线约$1.80\times10^4km$，岛屿岸线长约$1.40\times10^4km$。

海洋环境是指地球上连成一片的海和洋的总水域，包括海水、溶解和悬浮于水中的物质、海底沉积物和生活在海洋中的生物。海洋资源指海洋动力、海洋生物、海底矿产和海水化学资源等的总称。

1. 海洋动力资源

海洋动力资源极为丰富，主要为海洋能和风能，例如利用潮汐、波浪、洋流和温差发电等。

2. 生物资源

中国近海蕴藏着丰富的海洋生物资源。近海渔场总面积为$2.81\times10^6km^2$，占渤、黄、东、南四海区总面积的79%，相当于全国耕地面积的2倍多。海洋生物资源包括海洋动物、植物、微生物三类，中国近海海洋生物有3 000多种，其中鱼类1 694种，甲壳类940多种，头足类92类，其他300多种。全国浅海滩涂资源面积$1.45\times10^5km^2$，共拥有生物资源2 257种，其中重要的养殖生物资源238种。

3. 矿产资源

中国海域矿产资源丰富，在海底拥有丰富的石油和天然气资源、锰结核、各种砂矿等，还拥有可观的滨海煤田和油页岩、钴结壳等矿藏。此外，在海岸地区还有种类繁多的金属矿和非金属矿，例如金刚石矿、明矾石矿、叶蜡石矿、滑石矿、菱镁矿、石墨矿、铜铅锌矿、钨铜矿、高岭土矿和地下卤水矿等。

4. 海水化学资源

海水化学资源包括从海水中提取淡水和各种化学元素。

另外，与人类生产、流通、生活等密切相关的海洋资源还有港口资源和旅游资源。港口是水陆交通运输的基地，港口的建设与发展，必然带动商业、外贸和工业的发展。全国宜建港的海湾不多，特别是那些适宜建深水大港的岸段是非常宝贵的资源，应倍加爱护，合理地开发利用。中国沿海已开发利用的港口有上海港、广州港、黄埔港、天津港、营口港、丹东港、镇海港、温州港、福州港、汕头港和防城港等。中国海洋旅游资源丰富，具有“滩、海、景、特、稀、古”六大特色。据初步调查，全国有海滨旅游景点 1 500 多处，滨海沙滩 100 多处。主要的景观分为海岸景观、岛屿景观、奇特景观（如海市蜃楼、涌潮景点、震迹景点等）、生态景观（如红树林、热带雨林等）、海底景观（如白虎头海礁海区、玳瑁洲海域等）和山岳景观（如琅山、普陀山、太姥山等）。

## 二、我国海洋环境污染现状

近年来，人类的多种活动加剧了海洋环境的恶化，特别是近岸海域污染加重。

1. 海水环境质量

2010 年，我国远海海域全部达到清洁海域水质标准；近海大部分海域符合清洁海域水质标准；海水中的主要污染物是无机氮、活性磷酸盐和石油类。严重污染海域主要分布在长江口、珠江口、杭州湾和部分大中城市近海海域。

2. 海区海水环境质量

渤海污染程度较重，未达到清洁海域水质标准的面积约为 $3.20\times10^4km^2$，主要污染物是无机氮、磷酸盐、铅和汞。黄海水质状况总体良好，轻度污染海域面积约为 $600km^2$，中度污染和严重污染海域面积有所减少，主要污染物为无机氮、磷酸盐和铅。东海近岸海域污染仍然严重，但污染范围有所减小，主要污染区域仍然集中在长江口和杭州湾海域，主要污染物是无机氮、磷酸盐和铅。南海水质状况总体良好，但近岸污染海域面积略有增加，未达到清洁海域水质

标准的面积约为 $2.50\times10^4km^2$，其中轻度污染、中度污染和严重污染海域面积分别为 $1\ 800km^2$、$2\ 100km^2$ 和 $3\ 100km^2$，主要污染物是无机氮、磷酸盐和铅。

3. 海洋生物质量

对沿海 11 个省、自治区、直辖市沿岸 96 个地点的 30 多种海洋贝类（如牡蛎、贻贝、文蛤、菲律宾蛤仔、扇贝、缢蛏等）体内污染物含量的监测结果表明，2010 年我国近岸海域海洋生物仍然承受较大的环境压力，部分监测地点的个别贝类体内仍然残留砷、镉、铅和石油烃等有害物质。崇明、鳌江、南澳等监测点的个别贝类体内石油烃含量较高；乳山口、崔屯等监测点的个别贝类体内砷含量较高；薛家岛、东海岛等监测点的个别贝类体内镉含量较高；红岛、福宁湾、大鹏湾等监测点的个别贝类体内铅含量较高；雷州湾、键跳等监测点的个别贝类体内大肠菌群含量较高。

东沙的扁玉螺、镇海的毛蚶、南麂的紫贻贝、大亚湾的野生翡翠贻贝、大鹏湾的翡翠贻贝、防城港的文蛤、海口的锦蛤和莺歌海的樱蛤体内检出了腹泻性贝毒；东沙的扁玉螺、大鹏湾的翡翠贻贝及深圳湾的长牡蛎体内都检出了麻痹性贝毒。

4. 主要河流的入海污染物

2010 年，经由全国 66 条主要河流入海的污染物量（如表 4－7 所示）分别为：$COD_{Cr}$ $1.65\times10^7t$，氨氮（以氮计）$6.07\times10^5t$，总磷（以磷计）$2.92\times10^5t$，石油类 $8.50\times10^4t$，重金属 $4.20\times10^4t$（其中铜 4 159t、铅 2 812t、锌 $3.43\times10^4t$、镉 191t、汞 77t)，砷 4 226 吨。其中，长江入海径流量比上年增大 25%，所携带的 $COD_{Cr}$、氨氮和总磷等污染物入海量分别增加 59%、290% 和 26%。

5. 全国近岸海域的底质现状

据不完全统计，全国近岸海域海底中的汞含量均值范围为 0.10mg/kg ~ 0.60mg/kg，最大值出现在浙江省近岸海域；底质中铜的含量均值范围为 2.68mg/kg ~ 17.23mg/kg，最大值出现在天津近岸海域；底质中砷的含量均值范围是 1.73mg/kg ~ 10.60mg/kg，最大值出现在广西近岸海域；底质中铅的含量均值范围是 9.4mg/kg ~ 22.93mg/kg，最大值出现在广西近岸海域；底质中铬在辽宁、山东两省均值的含量范围为 2.61mg/kg ~ 35.88mg/kg，最大值出现在山东省近岸海域；底质中石油类的含量均值范围为 0.37mg/kg ~ 177.9mg/kg，最大值出现在天津近岸海域。

**表4－7　2010年部分河流携带入海的污染物量（吨）**

| 河流名称 | 氨氮 | 总磷 | 化学需氧量 | 石油类 | 重金属 | 砷 |
|---|---|---|---|---|---|---|
| 长江 | 10 783 668 | 405 098 | 214 411 | 52 638 | 31 064 | 2 636 |
| 钱塘江 | 992 427 | 30 115 | 11 453 | 2 445 | 801 | 38 |
| 珠江 | 632 016 | 45 007 | 21 801 | 14 045 | 2 934 | 926 |
| 闽江 | 614 807 | 19 674 | 4 658 | 1 341 | 725 | 95 |
| 黄河 | 549 032 | 12 492 | 1 587 | 5 849 | 692 | 30 |
| 椒江 | 205 377 | 6 502 | 665 | 412 | 227 | 14 |
| 甬江 | 121 345 | 9 150 | 889 | 706 | 69 | 3 |
| 南流江 | 111 779 | 814 | 2 695 | 406 | 184 | 12 |
| 小清河 | 113 367 | 252 | 128 | 500 | 655 | 5 |
| 防城江 | 91 677 | 479 | – | 96 | 51 | 4 |
| 钦江 | 45 045 | 1 531 | 2 565 | 121 | 116 | 3 |
| 敖江 | 42 453 | 342 | 246 | 206 | 51 | 0. 7 |
| 射阳河 | 40 106 | 1 490 | 183 | – | 128 | 5 |
| 大风江 | 37 546 | 744 | 1 160 | 111 | 75 | 2 |
| 深圳河 | 34 215 | 4 192 | 371 | 60 | 60 | 1 |
| 木兰溪 | 21 153 | 2 176 | 1 561 | 29 | 228 | 5 |
| 晋江 | 15 320 | 736 | 331 | 114 | 84 | 2 |
| 双台子河 | 13 444 | 415 | 2 128 | 217 | 72 | 12 |
| 霍童溪 | 12 010 | 147 | 34 | 31 | 41 | 3 |
| 龙江 | 8 050 | 1 117 | 242 | 9. 1 | 22 | 0. 2 |
| 大沽河 | 5 413 | 116 | 19 | 33 | 7. 6 | 0. 3 |
| 碧流河 | 1 228 | 9 | 1 | 2 | 0. 1 | 0. 1 |
| 小计 | 14 491 478 | 542 598 | 267 128 | 79 | 38 | 3 797 |
| 比上年增 | 33% | 155% | 38% | 54% | 28% | 7% |

海洋底质是反映海水污染程度的一项内容，海底沉积物主要来自海水中的溶解性物质。全国至今尚未制定出底质标准，现行国家海水水质标准中仅对海洋底质提出了一些原则性的要求，而以往工作多采用一些非正式的临时标准，做出参考性描述。从这五省市不完全的底质监测资料可以看出，整体上看底质污染状况尚不太重。如果用1979—1981年渤黄海监测数据的评价方法，超标的只有铅（天津、辽宁和山东）、汞（天津和浙江）、砷（广西），其他均在标准之内。但是，局部河口海湾或排污口附近海域底质污染较重。据海洋局海洋环境监测中心对锦州湾、大连湾、员当湖（厦门西海域）湛江港、马栏河口、上海南区和西区排污口及大鹏湾等八个重点河口、排污口附近海域底质统计表明，在这些测点上，底质的重金属污染相当严重。其中，湛江港的铜、铅、锌、镉、汞超标，葫芦岛锌厂的汞、铅、锌、镉超标很高。

## 三、海洋环境污染种类

造成海洋污染的原因是船舶排放的废油、海上石油开采造成的漏油、船舶事故的溢油和陆上城市的工业废水、固体废弃物和生活垃圾等。海洋环境污染是一种完全由人类活动造成的海洋灾害。污染海洋的物质众多，从形态上分有废水、废渣和废气。根据污染物的性质和毒性，以及对海洋环境造成危害的方式，大致可以把污染物的种类分为以下几类：

（1）石油及其产品。包括原油和从原油中分馏出来的溶剂油、汽油、煤油、柴油、润滑油、石蜡和沥青等，以及经过裂化、催化而成的各种产品。目前每年排入海洋的石油污染物约 $1.00\times10^7$t，主要是由工业生产，包括海上油井管道泄漏、油轮事故和船舶排污等造成的，特别是一些突发性的事故，一次泄漏的石油量可达 $1.00\times10^5$t 以上。这种情况出现以后，大片海水被油膜覆盖，使海洋生物大量死亡，严重影响海产品的价值，以及其他海上活动。

（2）重金属和酸碱。包括汞、铜、锌、钴、镉和铬等重金属，砷、硫和磷等非金属，以及各种酸和碱。由人类活动而进入海洋的汞，每年可达万吨，已大大超过全世界每年生产约 9 000t 汞的记录，这是因为煤、石油等在燃烧过程中，会使其中含有的微量汞释放出来，逸散到大气中，最终归入海洋，估计全球在这方面污染海洋的汞每年约 4 000t。镉的年产量约 $1.50\times10^4$t，据调查镉对海洋的污染量远大于汞。随着工农业的发展，通过各种途径进入海洋的某些重金属和非金属，以及酸碱等的量，呈增长趋势，加速了对海洋的污染。

（3）农药。包括有农业上大量使用含有汞、铜和有机氯等成分的除草剂、灭虫剂，以及工业上应用的多氯联苯等。这一类农药具有很强的毒性，进入海洋经海洋生物体的富集作用，通过食物链进入人体，产生的危害性就更大，每年因此中毒的人数多达 10 万人以上，人类所患的一些新型的癌症与此也有密切关系。

（4）有机物质和营养盐类。这类物质比较繁杂，包括工业排出的纤维素、糠醛、油脂；生活污水的粪便、洗涤剂和食物残渣，以及化肥的残液等。这些物质进入海洋，造成海水的富营养化，促使某些生物急剧繁殖，大量消耗海水中的氧气，形成赤潮，继而引起大批鱼虾贝类的死亡。

（5）放射性核素。是由核武器试验、核工业和核动力设施释放出来的人工放射性物质，主要是锶－90、铯－137 等半衰期为 30 年左右的同位素。据估计，目前进入海洋中的放射性物质总量为 $2.00\times10^8$Ci～$6.00\times10^8$Ci，这个量的绝对值是相当大的，由于海洋水体庞大，在海水中的分布极不均匀，在较强放射性水域中，海洋生物通过体表吸附或通过食物进入消化系统，并逐渐积累在器官中，通过食物链作用传递给人类。

（6）固体废物。主要是工业和城市垃圾、船舶废弃物、工程渣土和疏浚物等。据估计，全世界每年产生各类固体废弃物约百亿吨，若1%进入海洋，其量也达亿吨。这些固体废弃物严重损害近岸海域的水生资源和破坏沿岸景观。

（7）废热。工业排出的热废水造成海洋的热污染，在局部海域，如有比原正常水温高出4℃以上的热废水常年流入时，就会产生热污染，将破坏生态平衡和减少水中溶解氧。

## 四、海洋污染生态学

由于海洋的特殊性，海洋污染与大气污染、陆地污染有很大不同，有其突出的特点。首先，是污染源广。除人类在海洋的活动外，人类在陆地和其他活动方面所产生的各种污染物，也将通过江河径流入海或通过大气扩散和雨雪等降水过程，最终都将汇入海洋。其次，是持续性强。海洋是地球上地势最低的区域，它不可能像大气和江河那样，通过一次暴雨或一个汛期使污染得以减轻，甚至消除。一旦污染物进入海洋后，很难再转移出去，不能溶解和不易分解的物质在海洋中越积越多，它们可以通过生物的浓缩作用和食物链传递，对人类造成潜在威胁。再者，是扩散范围广。全球海洋是相互连通的一个整体，一个海域出现的污染，往往会扩散到周边海域，甚至扩大到邻近大洋，有的后期效应还会波及全球。最后，是防治难、危害大。海洋污染有很长的积累过程，不易及时发现，一旦形成污染，需要长期治理才能消除影响，且治理费用较大，造成的危害会波及各个方面，特别是对人体产生的毒害更是难以彻底清除干净。

1. 海洋环境污染的危害

（1）人类活动产生的大部分废物和污染物最终都进入了海洋，海洋污染越来越严重。目前，每年都有数十亿吨的淤泥、污水、工业垃圾和化工废物等直接流入海洋，河流每年也将近百亿吨的淤泥和废物带入沿海水域。

（2）近海环境污染对水产资源的不良影响。随着沿海地区人口增长，工农业及海上运输业的发展，造成近海环境污染，使海洋水产资源受到不同程度的影响和损害。

（3）赤潮灾害。赤潮又叫红潮，是海洋表层红藻等浮游生物暴发性繁殖引起水色异常和水质恶化的一种现象。近海海域，藻类浮游生物因水质变化和养分提高而大量繁殖，在阳光照射下呈现大片红色。因主要生物种类不同，还可能出现褐色、黑色、黄色等。导致藻类疯狂增殖的基本条件包括海水的富营养化，微量元素的存在，适当的温度、盐度、光照和海流等。赤潮发生的季节多在春末夏初。赤潮发生的海域多在海湾及湖泊水流缓慢、更新期长的水体中。造成赤潮出现有两个因素：一是海洋污染。主要的污染源有船舶排放的废油，海上石油开采造成漏油，船舶事故的溢油，陆上未经处理的工业废水和生活污水，富含营养盐的农田、养殖场的排水、陆地垃圾等。二是没有节制的网箱养鱼、滩涂开发和围海养殖等。例如，珠海桂山岛灾前有2 800个网箱，全都密密麻麻地聚集在一个人工修造的半封闭式港湾里，而该岛2 000多人的生活污水又全都未经处理便直接排入这个港湾，加之水流不畅，污水无法净化。因而人、鱼吃喝的残余物质便长期积聚在港湾里，造成海水的富营养化，当赤潮袭来时，这里当然就成为海藻疯狂增殖的理想场所。

综上所述，海水富营养化是赤潮发生的物质基础和首要条件，水文气象和海水理化因子的变化是赤潮发生的重要原因，20℃～30℃是赤潮发生的适宜温度范围。科学家发现，一周内水温突然升高大于2℃是赤潮发生的先兆；海水的化学因子如盐度变化也是促使赤潮生物大量繁殖的原因之一；海水养殖的自身污染亦是诱发赤潮的因素之一。

（4）海域环境污染对人体健康的影响。海洋环境污染对人体健康的影响，主要是污染物通过食物链迁移、转化、富集进入人体，直接危害人体健康。食用带石油味的鱼虾后，轻者恶心，重者呕吐、腹泻。据调查，沿海渔民头发中汞、砷、铅和镉等的含量均高于相应地区的农民，其中以汞最为显著。

（5）海洋环境污染对旅游资源的影响。石油污染严重损害了滨海旅游资源。滨海城市的一些海水浴场发现了油污染，大肠菌群数超标和富营养化使海水浴场的水质降低，已达不到国家规定的海水浴场的水质标准，对在海水浴场游泳的人群必将造成不良影响。

2. 海域生态破坏的损害

海域生态破坏的损害主要有捕捞过度导致渔业资源衰退，滩涂不合理开发及乱砍滥伐红树林造成的不良后果。

（1）过度捕捞对渔业资源的损害。近海捕捞强度超过水产资源再生能力，这对渔业生产是一个很严重的问题。由于长期滥捕，主要经济鱼类资源衰退，有的已遭到严重破坏。

（2）滩涂不合理开发造成的不良影响。滩涂是沿海地区的重要资源，应合理开发利用，但有些地区从局部利益出发，违反客观规律，盲目围垦开发，造成了不良甚至严重的后果。有些地方在围海造田中，盲目围垦历来用于养殖的浅海滩涂，导致水产资源衰退。另有一些地方盲目围垦，造成港湾淤积，影响航运，例如广东牛田洋围垦后，汕头港入海航道水深变浅，影响了航运。

（3）乱砍滥伐红树林造成的不良后果。在南方海岸泥滩里生长着一种植物——红树。当人们挥舞着刀斧时，可看见红树流的是“血”，因为红树含有大量单宁，而单宁遇铁变为血色。红树林是一类富有特色的植物群落，它生长在淤泥深厚的热带、亚热带海滩上。全世界40多种红树林家族中，我国就占有24种，分布于福建、台湾、广东及海南省部分沿海泥滩地区。大规模砍伐和人类其他经济活动的破坏，世界上天然大面积红树林已为数不多。

我国海洋环境保护综合防治的主要内容为海洋环境调查评价、近岸海域环境功能区划、海域环境保护战略目标及总量控制目标、海洋污染防治对策和海洋生态环境保护对策。

海洋环境管理的主要措施有健全环境法制，强化环境管理；强化海洋环境质量监控；加强海洋自然保护区管理。近年来，海洋生态环境污染加剧，近海海域生态环境日趋恶化，严重的海洋污染事件有增无减，依法治理和保护海洋环境任务紧迫。目前，我国的海洋环境保护法律体系已初步形成，相继制定了《专属经济区和大陆架法》、《海洋环境保护法》等法规。这些法律、法规以及中国参加和缔结的有关国际公约基本构成了中国海洋环境保护的法律体系，为合理开发和利用海洋资源，防止海洋环境污染，促进海洋环境保护提供了有效的法律保障。同时，还富有成效地开展了海洋环境保护的海事司法，奠定了中国海洋环境保护法律体制的基础。近年来，中国加入了《联合国海洋法公约》及其1994年执行协议等近30多个有关海洋污染防治和海洋生态保护方面的国际公约，并相继制定了《海洋环境保护法》、《防止船舶污染海域管理条例》等专项法律、法规，通过《海商法》、《民法通则》、《民事诉讼法》和《海事诉讼特别程序法》等法律对造成海洋污染损害的民事责任及诉讼程序也做出了具体规定。

**思考题与实践活动**

1. 当前水环境面临的问题有哪些？
2. 废水或污水处理措施的分类？当前生物处理方法的发展趋势？
3. 简述地表水监测项目及其分析方法？海洋环境例如何监测和保护？
4. 司法机关对水污染事故案件进行有效追诉与审判的瓶颈主要有哪些？目前，我国有哪些有关水环境保护的法律，你是否了解？
5. 如何科学辨别水污染问题？现实生活中你会采取哪些措施降低或消除水污染？饮水卫生的标准是什么？
6. 深入调查某个水环境污染事件，分析其导致的健康危害有哪些，如何进行预警，设计成环境教育视频文件，对人们进行宣传教育。

# 第五章　土壤污染与农业环境保护

土壤污染是全球三大环境要素（大气、水体和土壤）污染问题之一，也是全世界普遍关注和研究的主要环境问题。土壤污染主要来源于工业和城市的废水及固体废物、大气中污染物（如二氧化硫、氮氧化物、颗粒物等），通过沉降和降水落到地面的沉降物，以及农药、化肥和牲畜的排泄物等。化肥对提高农作物的产量具有重要作用，但不合理使用会带来很多环境问题，例如重金属元素、有毒有机物和放射性物质以及土壤酸化、水域氮和磷含量升高、氮化物和硫化物气体（如一氧化二氮、氨气和硫化氢等）排放等。农药是农业生产中与病、虫、杂草等有害物质作斗争的有力武器，但农药本身就是有毒物质，在杀灭病害的同时也带来了对自然环境的污染和对人体健康的危害。

## 第一节　土壤与土壤污染

土壤是自然环境要素的重要组成之一，它是处于岩石圈最外面一层疏松的部分，具有支持植物和微生物生长繁殖的能力，称为土壤圈。土壤圈是处于大气圈、岩石圈、水圈和生物圈之间的过渡地带，是联系有机界和无机界的中心环节。它与地球的直径相比，只不过相当于一张薄纸，但它是农业生产的基础，是人类生活一项极其宝贵的自然资源。土壤还具有同化和代谢外界进入土壤的物质的能力，所以土壤是保护环境的重要净化剂。土壤环境化学就是研究和掌握污染物在土壤中的分布、迁移、转化与归趋的规律，为防治土壤污染奠定理论基础。

### 一、土壤概述

土壤是一个重要的环境要素，是复杂的多阶层环境系统的一个子系统。它具有独特的组成成分、结构和功能，不仅与其他圈层之间进行物质和能量的交换，而且对环境的自净能力和容量有着重大贡献。土壤圈处在与岩石圈、生物圈、水圈和大气圈密切相互依存和相互作用之中，是自然地理环境要素紧密交接的地带，是连结自然要素的枢纽，是无机界和有机界结合的中心环节，因而土壤系统成为自然要素中物质和能量迁移转化最复杂而又频繁的场所。

土壤是提供人类资源和人类排放各种废弃物的场所。土壤的特性控制着化学物质进入食物链的数量和速率，当进入土壤系统的各种物质数量超过了它本身所能承受的能力时，就会破坏土壤系统原有的平衡，引起土壤系统成分、结构和功能的变化，发生土壤污染，而土壤系统污染物质向环境的输出，又使水体、大气和生物进一步受到污染。

### （一）土壤组成

土壤是由固体、液体和气体三相共同组成的多相体系。土壤溶质的种类和含量导致土壤溶液组成成分和浓度的变化，并影响土壤溶液和土壤的性质。土壤固相包括土壤矿物质和土壤有机质。土壤矿物质占土壤的绝大部分，约占土壤固体总质量的90%以上；土壤有机质约占固体总重量的1%～10%，一般在可耕性土壤中约占5%，且绝大部分在土壤表层。土壤液相是指土壤中水分及其水溶物。土壤有无数孔隙充满空气，即土壤气相，典型土壤约有35%的体积是充满空气的孔隙。

### （二）土壤的物理性质

1. 土壤水分

土壤水分是土壤重要的组成部分，主要来源于大气降水、灌溉和地下水。水进入土壤以后，由于土壤颗粒表面的吸附力和微细孔隙的毛细管力，可将一部分水保持住，但不同土壤保持水分的能力不同。砂土由于土质疏松、孔隙大，水分容易渗漏流失；粘土土质细密、孔隙小，水分不容易渗漏流失。气候条件对土壤水分含量影响也很大。

（1）吸湿水。单位体积土壤具有的土壤颗粒表面积很大，因而具有很强的吸附力，能将周围环境中水汽分子吸附于自身表面，这种束缚在土粒表面的水分即吸湿水。

（2）毛管水。土壤颗粒间细小的空隙可视为毛管，土壤中薄膜水达到最大后，多余的水分是由毛管力吸持在土壤的细小孔隙中，称为毛管水。

（3）重力水。毛管力随着毛管直径增大而减小。土壤中较大直径的孔隙为非毛管孔隙。若土壤的含水量超过了土壤的田间持水量，多余的水分不能被毛管力吸持，在重力作用下将沿着非毛管孔隙下渗，这部分土壤水称为重力水。

（4）膜状水。当吸湿水达到最大数量后，土粒已无足够力量吸附空气中活动力较强的水汽分子，只能吸持周围环境中处于液态的水分子。有这种吸着力吸持的水分使吸湿水外面的薄膜逐渐加厚，形成连续的水膜，故称为膜状水。

土壤水分并非纯水，实际上是土壤中各种成分和污染物溶解形成的溶液，即土壤溶液。因此，土壤水分既是植物养分的主要来源，也是进入土壤的各种污染物向其他环境圈层（如水圈、生物圈等）迁移的媒介。土壤溶液是土壤与环境间物质交换的载体，是物质迁移与运动的基础，也是植物根系获取养分最基本的途径。由于土壤溶液与土壤固相构成了一个动态平衡体系，因此土壤溶液的组成在一定程度上反映了发生在土壤中的各种反应。

2. 土壤空气

土壤空气组成与大气基本相似，主要成分都是氮气、氧气和二氧化碳。其差异主要表现在：

（1）土壤空气存在于相互隔离的土壤空孔隙中，是一个不连续的体系。

（2）在氧气和二氧化碳含量上有很大的差异。土壤空气中二氧化碳含量比大气中高得多，大气中二氧化碳含量为0.02%～0.03%，而土壤空气中二氧化碳含量一般为0.15%～0.65%，甚至高达5%，这主要是因为生物呼吸作用和有机物分解产生。氧的含量低于大气，而水蒸气的含量比大气中高得多。

（3）土壤空气中还含有少量还原性气体，例如甲烷、硫化氢、氢气和氨气等。如果是被污染的土壤，其空气中还可能存在污染物。

## （三）土壤化学性质

1. 土壤酸碱度

土壤酸碱度也称为土壤反应，即土壤呈酸性或碱性的反应，它影响所有土壤化学反应和过程，对物质的迁移和转化（沉淀、堆积）起着重要作用。土壤酸碱度的直接决定因素是土壤溶液中的 $H^+$ 或 $OH^-$ 离子的浓度，但它是由多种因素形成的。主要是土壤溶液中的二氧化碳、各种有机酸（如胡敏酸、硅酸盐类等）和部分离解的酸性盐与碱性盐的含量，以及碳酸盐的数量和种类。土壤酸碱度决定化学元素的迁移能力，大多数化学元素在强酸环境中形成易溶化合物，例如方解石、白云石等在酸性环境中强烈地溶解，三价铁、三氧化二铝在强酸溶液中易溶解。

土壤溶液 pH 值对于控制氢氧化物在溶液中的沉淀有重要意义。从金属氢氧化物沉淀规律看，$Co^{3+}$、$Cr^{3+}$、$Bi^{3+}$、$Sn^{4+}$、$Th^{4+}$、$Zr^{4+}$、$Ti^{4+}$、$Sb^{3+}$、$Sc^{3+}$ 仅出现于强酸性溶液中，这些阳离子很容易因 pH 稍微增高就从溶液中沉淀出来，故迁移能力很弱，而 $Ni^{2+}$、$Co^{2+}$、$Zn^{2+}$、$Mn^{2+}$、$Ag^{2+}$、$Cd^{2+}$、$Pb^{2+}$、$V^{3+}$、$La^{3+}$ 则在 pH 等于 8 时的弱碱性溶液中也能大量存在，加之它们本身在溶液中的含量很少，即使 pH 值明显变化或加入沉淀剂后，其氢氧化物也不沉淀，因此 pH 及其迁移影响不大。

氢氧化物的沉淀作用发生在一定的 pH 范围内，例如三价铁的氢氧化物在 pH 为 3～5 时产生沉淀，二价铁的氢氧化物在 pH 等于 5.5～7.5 时沉淀，而铅、锌、锰、镁的氢氧化物产生沉淀的 pH 分别为 4～6、6～7、8.5～10、10.5～11。

从上可见，以土壤 pH 值作为金属迁移因素来评价时，必须结合元素的氢氧化物溶解度、克拉克值及其在溶液中的含量。土壤的酸碱度对物质的迁移，即化学流动性的作用是很复杂的，它决定于许多因素的结合。

2. 土壤的缓冲性

土壤具有一定的抵抗（缓冲）土壤溶液中 $H^+$ 或 $OH^-$ 离子浓度改变的能力，称为土壤的缓冲性。土壤的缓冲性能，是土壤的重要性质之一，它对土壤中物质的迁移起间接影响。由于缓冲性能使土壤环境的酸碱度变化不大，故物质的迁移转化也处于相对稳定状况。土壤具有缓冲作用的原因：

（1）土壤含有多种弱酸及其弱酸强碱的盐类，它们在土壤中构成一个良好的缓冲系统，故对酸碱具有缓冲作用。例如，碳酸和碳酸钠即为一个缓冲系统。

$$Na_2CO_3 \longleftrightarrow 2Na^+ + CO_3^{2-} \quad ①$$

$$H_2CO_3 \longleftrightarrow H^+ + HCO_3^- \quad ②$$

当加入少量酸时，$H^+$ 增加，可与①式中的 $CO_3^{2-}$ 生成碳酸，使土壤酸度不会发生急剧变化。同样，加入少量碱时，$OH^-$ 增多，可与②式中的 $H^+$ 作用生成水，这样土壤的碱度亦不会发生急剧变化。

（2）土壤中存在两性物质。无论是溶液态还是胶体态的两（电）性物质都具有缓冲性，例如溶解态的氨基酸等分子中同时存在羧基和胺基。土壤的胶粒几乎都具有两电性，较显著的是三氧化物的胶体。

土壤吸收性复合体的缓冲作用。土壤吸收性复合体吸收了很多代换性阳离子，对酸能起缓冲作用，代换性 $H^+$、$Al^+$ 则对碱能起缓冲作用。

酸性土壤中存在的 $Al^+$ 离子有缓冲作用。由于 $Al^+$ 周围有六个水分子围绕，当加入碱时，$OH^-$ 增多，$Al^+$ 周围水分子会离解 $H^+$ 而中和了 $OH^-$ 使 pH 值不致发生迅速变化。

3. 土壤的氧化还原性质

土壤的氧化还原作用在土壤化学反应和生物化学反应中占极重要地位。在土壤溶液中存在许多氧化还原系统，其中主要是溶解的氧和微生物分泌的氧化态和还原态物质，其次是各种金属的氧化与还原态盐（包括铁、锰、钛和铜）以及有机物质分解产物等。在土壤溶液的众多氧化还原体系中，其氧化还原电位决定于存在量最多的系统，通常条件下土壤中的氧化还原电位决定于土壤的通气状况，只有在通气不良、缺氧的情况下才决定于上述各种氧化还原系统。氧化还原反应的实质是原子的电子得失过程。

$$\text{氧化剂} + ne \longleftrightarrow \text{还原剂}$$

其氧化还原电位 Eh 同样可采用 Nernst 方程进行计算

$$Eh = Eo + \frac{0.0591}{n}\lg\frac{[H]}{[H_2]}$$

故土壤的氧化还原电位在不同的 pH 值下是有变化的，Eh 随 pH 的增大而降低。氧化还原反应是元素迁移过程中一类重要的化学反应。氧化还原电位变化，将使土壤溶液中水溶性重金属形态发生变化，从而影响重金属在土壤中的迁移和对植物的有效性。例如，土壤的 pH 值及氧化还原条件对镉存在形态的影响，水溶性镉随土壤的氧化还原电位的增大和 pH 值的减少而增大，由于在低氧化还原条件下镉形成难溶的硫化镉，而在较高的氧化还原电位时，可以形成硫酸镉，使镉对植物的有效性增大。

4. 土壤的吸收性

土壤的吸收性指土壤具有吸收和截留一些物质的能力。根据 K. K 盖德洛伊茨的意见，将土壤吸收作用的方式分为下列五种：机械吸收作用、物理吸收作用、化学吸收作用、物理化学吸收作用和生物吸收作用。由于土壤的吸收性涉及许多的化学、生物化学过程及胶体的许多性质，都概括到“吸收性”这一命题中，难以说明，比较牵强，但土壤的吸收性无疑对元素的迁移、保存等有重要意义。

5. 土壤胶体性质

土壤胶体是指土壤中颗粒直径小于 1μm ~ 2μm，具有胶体性质的微粒。土壤是一种多类胶体微粒共存的分散体系，是土壤形成过程中的产物，它包括各类粘土矿物微粒（铝硅酸盐类），也包含腐殖质、蛋白质等有机高分子，还包含铝、铁、锰、硅等水合氧化物等无机高分子，同时土壤中也有形形色色的天然产物及人为污染物综合构成复杂的胶体分散系。一个胶体分散体系具有很多性质，例如表面性质、电学性质、光学性质及动力学性质等，其中表面性质和电学性质对土壤的吸收性能影响最大，它影响物质在土壤中的迁移和转化。

## 二、土壤污染

土壤污染是指人类活动产生的物质（污染物），通过多种途径进入土壤，其数量和速度超过了土壤容纳的能力和土壤净化的速度，因而使土壤的性质、组成及性状等发生变化，使污染物质的积累过程逐渐占据优势，破坏土壤的自然动态平衡，导致土壤自然功能失调，土壤质量恶化，影响作物的生长发育，以致造成产量和质量的下降，并可通过食物链引起对生物和人类的直接危害，甚至形成对有机生命的超地方性危害。

1. 土壤污染源

土壤污染的发生特征是与土壤所处的地位和功能相联系的。首先，土壤是农业生产的劳动对象，为了从土壤中索取更多的生物量并提高其质量，人们向土壤施入农药、化肥并进行灌溉，与此同时也使污染物质进入了土壤；其次，土壤历来作为废弃物的处理场所，废弃物的倾倒使大量污染物质进入土壤；最后，大气或水体中的污染物质在迁移转化中进入土壤，而使土壤受到污染。上述污染是由于人类活动使污染物进入土壤造成的，称为人为污染源。其污染物主要来自工业和城市的废水和固体废物、农药和化肥、牲畜排泄物、生物残体和大气沉降物等。此外，造成土壤污染的还有自然污染源，在自然界中某些矿床或物质的富集中心周围，经常形成自然扩散晕，而使附近土壤中某些物质的含量超出土壤正常含量范围，而造成土壤的污染。

2. 土壤污染物质的种类

土壤污染十分复杂，污染类型多，污染物的种类也极为繁多，既有化学污染，也有物理污染、生物污染和放射污染等，其中以土壤的化学污染最为普遍、严重和复杂。土壤的化学污染物质主要分为无机污染物和有机污染物两大类：

（1）无机污染物。土壤中的无机污染物包括对生物有危害作用的元素和化合物，主要是重金属、放射性物质、营养物质和其他无机物质等。重金属（包括类金属），例如汞、镉、铬、铅、砷、铜、锌、钴、镍、硒等；放射性物质主要指铯、锶、铀等；营养物质主要指氮、磷、硫、硼等；其他物质主要指氟、酸、碱、盐等。

（2）有机污染物。土壤中主要的有机污染物是化学农药，化学农药的种类繁多，目前大量使用的农药约50余种，主要有有机氯类、有机磷类、氨基甲酸酯类、苯氧羧酸类和苯酰胺类等，而酚、多环芳烃、多氯联苯、甲烷和油类等也是土壤中常见的有机污染物。

此外，还有生物类如肠细菌、炭疽杆菌、蠕虫类等入侵土壤，并大量繁衍，对人体健康或土壤生态系统均会产生不良影响。

## 三、土壤污染主要发生途径

污染物质可以通过多种途径进入土壤，其主要发生类型可归纳为以下四种：

1. 大气污染型

污染物质来源于被污染的大气，其污染特点是以大气污染源为中心呈环状或带状分布，长轴沿主风向伸长。污染的面积、程度和扩散的距离，取决于污染物质的种类、性质、排放量、排放形式及风力大小等。大气污染型的土壤污染特征是污染物质主要集中在土壤表层，其主要污染物是大气中二氧化硫、氮氧化物和颗粒物等，它们通过沉降和降水而降落地面。由于大气中的二氧化硫等酸性氧化物使雨水酸度增加，从而引起土壤酸化，破坏土壤的结构、肥力及生态系统的平衡。大气中各种飘尘中含有重金属、非金属等有毒有害物质及放射性散落物等多种物质，它们会造成土壤的多种污染。例如，渡口市大气中的钒、钛等物质可随飘尘和降尘远落在数千米至数十千米的土壤中；大气污染物以氟为主的包头市，在距市中心半径近百千米地区土壤表层的氟含量仍达

400ppm ~ 600ppm。

2. 水污染型

城乡工矿企业废水和生活污水，未经处理、不实行清污分流，就直接排放，使水系和农田（土壤）遭到污染，特别是在水源不足的地区，引用污水灌溉，常使土壤受到重金属、无机盐、有机物和病原体的污染。目前，污灌面积约330万公顷，尽管污灌使生物生长获得了水分和部分营养物质，但也使大量污染物质进入土壤，并影响作物、蔬菜的质量。污灌土壤的污灌物质一般集中于土壤表层，随着污灌时间的延长，污染物质可由上部土体向下部土体扩散和迁移，达到地下水深度。水污染型的污染特点是沿河流或干支渠呈枝形片状分布。

3. 固体废弃物污染型

工厂的尾矿废渣、污泥和城市垃圾等直接或间接影响土壤。据不完全统计，全国75个城市，历年积累的工业废渣尾矿已达 $7.20\times10^{10}$ t左右，这些废渣堆放不仅占用了大片土地，更为严重的是污染了附近土壤和水体。例如，锦州某工厂含铬废渣中的 $Cr^{6+}$ 渗入地下，使范围达 $70km^2$ 的地下水和土壤遭到污染；包头市堆放的废渣已占地约 $2\,000km^2$，并以每年增地 $1.20km^2$ 的速度扩大，这些废渣中含有大量的有毒物质，特别是氟含量高，在其附近地区土壤不仅遭到废渣粉尘的直接覆盖，而且在雨季还会使淋洗出的大量可溶性氟等有毒物质进入土壤，使土壤中的含氟量高达 $1.00\times10^4$ ppm，引起粮食、蔬菜、水体的污染，直接危害人畜的健康。

4. 农业污染型

污染物主要来自施入土壤的化肥和农药，其污染程度与化肥、农药的数量、种类、利用方式及耕作制度等有关。有些农药（如有机氯杀虫剂）在土壤中长期残留，并可在生物体内富集。氮、磷等化学肥料，凡未被植物吸收利用和未被根层土壤吸附固定的养分都在根层以下积累或转入地下水，成为潜在的环境污染物。残留在土壤中的农药和氮、磷等化合物在地面径流或土壤风蚀时，就会向其他地方转移，扩大土壤的污染范围。

## 四、土壤污染净化与防治

土壤净化是指进入土壤的物质，通过稀释和扩散可以降低其浓度，或者被转化为不溶性化合物而沉淀，或者被胶体较牢固地吸附，从而暂时脱离生物小循环及食物链，或者通过生物和化学降解作用转化为无毒或毒性小的物质，甚至成为营养物质，或经挥发和淋溶从土体中迁移至大气和水体，所有这些现象都可以理解为土壤的净化过程，但土壤的净化主要是指生物和化学的降解作用。土壤净化能力的强弱取决于土壤性质及组成的综合作用，与化学物质本身的组成和特性有关，同时还受气候及其他环境条件的影响。土壤的净化功能（土壤

—植物系统的净化功能）主要由下列要素构成：绿色植物根系的吸收、转化、降解和生物合成作用；土壤中细菌、真菌和放线菌等微生物区系的降解、转化和生物固定作用；土壤的有机、无机胶体及复合胶体的吸收、络合和沉淀作用；土壤的离子交换作用；土壤和植物的机械阻留作用；土壤气体的扩散作用等。对于不同的污染物，土壤—植物系统的净化机理、能力和过程是不同的。例如，在温暖的植物生长季节，对生物可降解的有机污染物来说，上述要素中的前三项起主要作用；对无机盐类、营养元素及重金属等污染物，则以生物作用或离子交换作用等起重要作用；对那些易挥发或者可以转化为气态的污染物，则以最后一项起主导作用。对于土壤污染，必须贯彻“预防为主，防治结合”的环境保护方针。

1. 弄清楚土壤污染的来源

一般情况下土壤污染主要来自灌溉水、固体废弃物的农业利用以及大气沉降物，因此改进水质和大气污染，坚持灌溉水质标准、农用污泥标准和其他环境标准并设立防治土壤污染的法规和监督体制等是防止土壤污染最重要的措施。

2. 合理施用化肥和农药

禁止或限制使用剧毒、高残留性农药，大力发展高效、低毒、低残留农药，发展生物防治措施。例如，禁止使用虽是低残留，但急性、毒性大的农药如有机磷制剂中的1059和1605；禁止使用高残留的有机氯农药；根据农药特性，合理施用，制订使用农药的安全间隔期。采用综合防治措施，既要防治病虫害对农作物的威胁，又要做到高效、经济的把农药对环境和人体健康的影响限制在最低程度。同时，为保证农业增产，合理施用化学肥料是必需的，但施用过量会造成土壤或地下水的污染。

3. 增加土壤容量和提高土壤净化能力

增加土壤有机质含量、砂掺粘改良砂性土壤，以增加和改善土壤胶体的种类和数量，增加土壤对有害物质的吸附能力和吸附量，从而减少污染物在土壤中的活性。发现、分离和培养新的微生物品种，以增强生物降解作用，是提高土壤净化能力极为重要的一环。

4. 建立监测系统网络

定期对辖区土壤环境质量进行检查，建立系统的档案资料。要规定优先检测的土壤污染物和检测标准的方法，可参照有关国际组织的建议和我国国情来编制土壤环境污染目标，按照优先次序进行调查、研究及实施对策。

5. 改良污染土壤

已经污染了的土壤可根据实际情况进行改良：

（1）改变耕作和管理制度。例如，二苯醚在嫌气条件下稳定，被其污染的土壤可采用耕翻、晒垡等措施来加速分解；利用元素在不同氧化还原状态下的稳定性差异，受汞和砷污染的土壤可种植旱作，受铬污染的土壤可种植水稻。

（2）施加改良剂。主要目的是加速有机物的分解和使重金属固定在土壤中，例如添加有机质可加速土壤中农药的降解，减少农药的残留量；铁盐可使 As（III）氧化成 As（V）而吸附于土壤上，从而减少了 As 对水稻的毒害；施用石灰可减少一些重金属的危害。

（3）采用农业生态工程措施。在污染土壤中繁育非食用的种子、种经济作物或种树，从而减少污染物进入食物链的途径，或利用某些特定的动植物和微生物较快地吸走、降解土壤中的污染物质，而达到净化土壤的目的。

（4）工程治理。利用物理（机械）、物理化学原理治理污染土壤，主要有客土、换土、去表土法，隔离法，清洗法，热处理，电化法等。

## 第二节 土壤主要污染物环境转化

环境土壤学是研究人类活动引起的土壤环境质量变化，以及这种变化对人体健康、社会经济、生态系统结构和功能的影响；探索调节、控制和改善土壤环境质量的途径和方法。从生产的角度看，土壤能为绿色植物提供肥力（水分和养料）；从保护环境的角度看，土壤具有同化和代谢进入土壤中污染物的能力，因而是人类不可缺少的自然资源。环境土壤学是环境问题出现以后在土壤学基础上发展起来的新兴学科，是环境地学的一个分支。

### 一、重金属的土壤化学行为

土壤重金属污染是指由于人类活动将金属加入到土壤中，致使土壤中重金属含量明显高于原有含量，并造成生态环境质量恶化的现象。重金属是指比重等于或大于5.0的金属，例如铁、锰、铜、锌等，其中砷是一种准金属，但由于其化学性质和环境行为与重金属多有相似之处，故在讨论重金属时往往包括砷，有的则直接将其包括在重金属范围内。由于土壤中铁和锰含量较高，因而一般认为它们不是土壤污染元素，但在强还原条件下，铁和锰引起的毒害也应引起足够的重视。土壤一旦遭受重金属污染就很难恢复，因而应特别关注镉、汞、铬、铅、镍、锌、铜等对土壤的污染。

1. 重金属在土壤溶液中的形态

除钼之外，所有金属主要以阳离子形态存在于溶液中。铬可以 $CrO_4^{2-}$ 的形式进入土壤，但不能以此高氧化态的形式长时间保留，它将迅速被还原为阳离子 $Cr^{3+}$。重金属以水化形式 $M^{n+}$ 存在于水溶液中，但在土壤溶液中它们将水解形成羟基化合物 $M(OH)^{(n+1)+}$。这些羟基化合物中，有一些将成为二聚体或多聚体，而铁和铬的这种多聚化合物可以认为是沉淀金属氧化物的中间体。土壤溶液含有另外的有机和无机阴离子，它们能与重金属离子形成络合物，它们与多配位有机官能团形成的螯合物非常稳定，在这种情况下，金属将以阴离子的形态存在。一般来说，大约有90%的铜和锰，50%的锌和25%的钴可能以有机官能团的阴离子络合物而存在。

2. 重金属在土壤溶液中的含量

单个重金属在溶液中的总量通常很低，一些土壤溶液中的含量为（μg/cm³）：钴0.005，铜0.008，锌0.015，锰0.06。在土壤溶液中钼的浓度为0.002μg/cm³～0.008μg/cm³；Fe的浓度为0.02μg/cm³～0.28μg/cm³。在美国加利福尼亚68个土壤饱和提取液中，铬、汞、镍和铅的浓度均小于0.01μg/cm³。由于金属很少存在于土壤溶液中，因此它们在土壤中不大容易迁移，例如在澳大利亚墨尔本的一个下水农场，用生活污水灌溉70年，在土壤排水中也只含有很微量的重金属。

3. 固相沉淀

土壤溶液中金属离子的浓度有可能为纯固相的金属沉淀所控制。有证据表明，在石灰性土壤中，碳酸钙可能控制着溶液中镉的浓度，而在酸性土壤中的浓度远远低于由碳酸镉或氢氧化镉的浓度积所预测的值。土壤溶液中 $Cu^{2+}$、$Zn^{2+}$、$Mn^{2+}$ 的浓度亦低于这些元素的碳酸盐或氢氧化物的溶度积所预测的值。这些基于溶度积原理进行的研究曾否定了某些纯固相化合物作为控制土壤溶液中一些金属离子浓度的因子，这一结果并不意外，因为在大部分土壤中，离子浓度没有高到足以超过溶度积而形成纯固相。

4. 无机胶体吸附

在痕量浓度下，沉淀不是控制土壤浓度的因子，而是其他过程起着重要的作用，使得土壤溶液中金属阳离子的浓度极低。这些过程包括土壤固相组分的交换吸附、静电吸附，以及专性吸附。

（1）交换吸附。在通常情况下，土壤无机胶体都带负电荷，因此在其表面上一定吸附很多阳离子，例如 $H^+$、$Al^{3+}$、$Ca^{2+}$、$Mg^{2+}$ 等，这些吸附的阳离子主要集中在胶粒表面的扩散层范围内，束缚不够紧密，容易被代换或被降解吸附，称为交换吸附。离子对粘粒表面吸附位的竞争性与离子浓度、电价、离子径和水合离子径等因素有关。重金属阳离子多数为二价（如镉、铅、铜、锌等），在通常情况下，对吸附的竞争性大于土壤中通常存在的 $Ca^{2+}$、$Mg^{2+}$、$NH_4^+$ 等离子，较易被吸附，其交换方式如下：

$$\text{粘粒}-Ca + M^{2+} \rightarrow \text{粘粒}-M^{2+} + Ca^{2+}$$

但在酸性土壤中，由于对吸附位竞争力较强的某些阳离子浓度较高，例如 $H^+$、$Fe^{3+}$、$Fe^{2+}$、$Al^{3+}$ 等，外源重金属阳离子趋向游离，增加了活性。

（2）专性吸附。目前，多数人认为专性吸附的定义是在有常量（或大量）

浓度的碱土金属或碱金属阳离子存在时，土壤对痕量浓度（二者浓度一般相差3～4个数量级以上）的重金属阳离子的吸附作用，称之为专性吸附。大量研究证明，土壤重金属富集在铁、锰、铝、硅等氧化物中，用这些氧化物或氢氧化物可选择吸附溶液中的微量重金属离子，甚至在溶液酸度处于该区化合物的电荷零点pH值以下，即吸附剂为正电荷条件下，也有显著量的金属阳离子被吸附。土壤pH超过5.5时，重金属被吸附量显著增加，增加的吸附量多数不被同等离子强度的$Na^+$、$NH_4^+$等阳离子所代换。因此，有观点认为专性吸附并不是胶体扩散层中发生的代换现象，而是发生在内海姆荷兹层的键合，除非降低体系的pH值，否则较难被取代。由于专性吸附较牢固，可以减少重金属对植物的有效性，对决定土壤容量的意义很大。在重金属浓度很低的情况下，专性吸附量的比例较大。一般认为，当土壤pH值大于6.5时，土壤重金属含量低于土壤阳离子代换容量（CEC）5%不表现污染危害。

此外，硼、砷、钼、硒、铬（VI）等在土壤中均常以多价含氧酸根存在，其与无机胶体的作用一般也不属于交换吸附。通常在适宜条件下与土壤氧化物配位壳中的配位体（$-OH$，$-OH_2$等）发生置换反应，该吸附反应也是在内海姆荷兹层中进行，在一定的pH下不能被离子强度相同的$Cl^-$、$NO^{3-}$等置换，被称为是阴离子专性吸附。

5. 与土壤有机质的反应

胶态有机质对重金属离子有很强的亲和势，所以对添加重金属的保持能力往往与有机质含量具有良好的相关性。有机质可以提供阳离子交换反应位，但它对阳离子的强亲和势是由于有机质的基团或官能团与金属离子形成了螯合物和（或）络合物，这些官能团包括羧基、醇羟基、烯醇羟基以及不同类型的羰基（$C=O$）结构。一般说来，络合物的稳定性随着pH的增加而增加，这是由于增加了功能团的电离作用。$Cu^{2+}$在一个pH很广的范围内都能形成非常稳定的化合物，其他一些金属的络合物稳定顺序为：

$$Fe^{2+} > Pb^{2+} > Ni^{2+} > Co^{2+} > Mn^{2+} > Zn^{2+}$$

但并不是所有的有机物与重金属的络合作用都能增加重金属的吸附，大量的研究都表明，土壤有机物腐解产生的小分子有机酸或有机络合剂，都可与重金属作用形成可溶性物质，提高土壤溶液中重金属浓度。另外，有机络合剂与重金属之间的络合强度以及络合剂与吸附表面之间的结合强度直接影响重金属在土壤中的活度。例如，在$Cu^{2+}$、吡啶羧酸、无定形氧化铁体系中，吡啶羧酸本身虽被吸附，但它的吸附强度弱于它与$Cu^{2+}$之间的络合强度，因而优先与$Cu^{2+}$形成络合物，同时形成的络合物比$Cu^{2+}$本身更不利于被无定形氧化铁吸附，因而它的存在大大降低了$Cu^{2+}$的吸附。

6. 与无机络合剂作用

土壤中除存在许多腐殖酸、有机酸等有机络合剂外，还存在许多无机配位体，例如 $Cl^-$、$SO_4^{2-}$、$NH_{4+}$、$CO_3^{2-}$等络合物，对带负电的吸附表面（如大部分的层状铝硅酸盐矿物表面和有机胶体表面），络合作用降低了吸附表面对重金属的吸附强度，甚至还可能产生负吸附，因而重金属离子的吸附量降低，但对带正电的吸附表面，例如铁、铝氧化物（体系 pH 值在电荷零点以下时），络合作用会降低重金属离子的正电性而增加吸附。

7. 土壤微生物的固定和活化

土壤中微生物的种类和数量都是相当大的，它在重金属的归宿中也起着不可忽视的作用。有实验表明，镉与微生物体或它们的代谢产物络合能固定 Cd，并影响它们的生物有效性。有些菌还通过生物转化作用或生理代谢活动使金属由高毒状态变为低毒状态。关于微生物对土壤溶液重金属离子的影响主要可归纳为以下几方面：

（1）胞外络合作用。一些微生物如动胶菌、蓝细菌、硫酸盐还原菌以及某些藻类，能够产生胞外聚合物如多糖、糖蛋白、脂多糖等，具有大量的阴离子基团，与金属离子结合；某些微生物产生的代谢产物，例如柠檬酸是一种有效的金属螯合剂，草酸则与金属形成不溶性草酸盐沉淀。

（2）胞外沉淀作用。在厌氧条件下，硫酸盐还原菌及其他微生物产生的硫化氢与金属离子作用，形成不溶性的硫化物沉淀。

（3）金属的微生物转化。微生物能够通过氧化还原、甲基化和去甲基化作用转化重金属。大量的研究表明，微生物对重金属的抗性在很多情况下是由细胞中染色体的遗传物质——质粒或转座子抗性基因决定的。由抗性基因编码的金属解毒酶催化高毒性金属转化成为低毒状态。细菌、放线菌及某些真菌中的汞还原酶催化下列反应：

$$Hg^{2+} \xrightarrow[\text{汞还原酶}]{NAD(P)H \rightarrow NAD(P)^+} Hg^0$$

形成的产物 $Hg^0$从生长环境中挥发出去或以沉淀方式存在。有机汞化合物首先被有机汞裂解酶降解成为 $Hg^{2+}$和相应的有机基团，离子汞随后被上述汞还原酶还原成元素汞。汞及其他金属如铅、硒、碲、砷、锡、锑等能被微生物甲基化。硒的甲基化产物毒性降低，但汞的甲基化产物则是剧毒的；$Cr^{6+}$能被细菌中的铬酸还原酶还原成为 $Cr^{3+}$，高毒的 $As^{3+}$可被微生物中的砷酸盐氧化酶氧化成为 $As^{5+}$，更易于被 $Fe^{3+}$沉淀。

8. 土壤根际富集和降毒

根际微区是一个只有 0.1mm ~4mm 左右的区域，在该区域中，由于植物根系的存在，从而在物理、化学、生物特征方面产生有异于土体的现象，显著影响重金属在土壤中的活性和生物有效性。

（1）根际氧化还原屏障的形成。许多重金属元素的溶解度是由氧化还原状态决定的，还原态铁、锰（$Fe^{2+}$、$Mn^{2+}$）比其氧化态（$Fe^{3+}$、$Mn^{4+}$）的溶解度高，因此当生长于还原性基质上的植株根际产生氧化态微环境时，土体中还原态离子穿越氧化区到达根表，游离金属离子的活度由于被氧化成溶解度很低的氧化态而明显下降，从而降低其毒害能力。反之，生长于氧化性基质上的植株根际，由于根系和根际微生物呼吸耗氧，根系分泌物中含有还原性物质，根际一般低于土体 50mV ~ 100mV，土壤的还原条件将会影响变价金属元素的活性和有效性，例如 Cr（VI）的还原去除、微生物的固定等。有研究表明，细菌细胞壁和原生质膜的阴离子能结合溶液中的镉，但在好氧条件下又会释放回溶液中，而在还原条件下则不发生镉的迁移。

（2）根际 pH 屏障的形成。植物可能通过形成根际 pH 屏障来限制重金属离子进入原生质。重金属的溶解度往往依赖于 pH 值的变化，当 pH 升高时形成水解产物，pH 降低时溶解度增加。因此，植物维持相对中性的根际 pH 能有效地降低重金属离子的浓度，改变这些有害金属在土壤溶液中的形态。Shuman 等对耐铝性作物的研究发现，Atlas66 对铝的耐受是由于其根际产生高 pH，使 $Al^{3+}$ 呈羟基铝聚合物而沉淀。

（3）根系分泌物的络合作用。有许多实验表明，重金属的胁迫会导致根系分泌物大量释放，可溶性分泌物，例如单糖、有机酸、氨基酸等，活化元素的作用突出，它们或通过改变根际 pH 值和氧化还原状况，或通过螯合作用和还原作用来增加元素的溶解性和移动性，不溶性化合物，例如多糖、脱落的细胞、组织、挥发性化合物等则在抵御重金属的毒害中起着重要的作用。

## 二、农药在土壤环境中的迁移转化

农药是人工合成的有机或无机化学物质，目前世界上每年的农药产量（以有效成分计）约 $5.50 \times 10^6$t（我国农药产量约 $1.90 \times 10^6$t）。在我国，农药的使用量很大，平均每公顷使用农药量为 1.5kg 左右。由于农药和化肥的使用是农牧业大量增产的重要手段，而且在未来的长时间内，农业的生命力在一定程度上仍将依赖农药的广泛使用。但是，应该看到，日益增加的农药等化学品通过生产、运输、储存、使用（人为地大量撒在土壤和大气中）和废弃等不同环节大量进入环境和生态系统，因此农药在环境中的迁移、转化以及在土壤中的持留，对生物及人类的危害，都将是人们关注的问题。

### 1. 农药在土壤中的行为

土壤对化学农药的吸附作用，可以降低农药的溶解度和生理活性，在一定程度上表现为土壤对有毒物质的净化效能。同时，土壤对农药的吸附，主要是离子交换吸附，而这种吸附不稳定，吸附的农药可能被土壤溶液中的其他离子交换出来而恢复原来的活性，土壤可再次遭受污染。化学农药在土壤中的降解，以微生物的降解作用最为主要，是对农药最彻底的净化。挥发和迁移作用虽然可以促进土壤本身的净化，但却扩大和加深其他环境要素的污染，而农药在土壤中的残留，则是土壤被农药污染的具体表现，残留农药可被粮食、蔬菜作物吸收而使之遭受污染，并通过牲畜浓缩富集，进而危害人体健康。农药在土壤中的行为受多种因素的影响，其中农药本身的物理化学性质、土壤性质以及环境因素对农药在环境中的迁移、转化及降解有着巨大的影响。

2. 农药的水、气迁移作用

存在于土壤液相和气相的农药，可以通过挥发、移动、扩散等途径在土壤中运行或排出土体，也可被作物吸收。

各种农药挥发作用的大小，主要决定于农药本身的溶解度及蒸气压，也与土壤的温度、湿度等有关。农药在土壤中的移动形式以蒸气扩散为主，水扩散形式是次要的。据研究，蒸气扩散的速度比水中扩散的速度要大一万倍，即农药在土壤溶液中的扩散是很慢的（除水移动外）。例如，六六六在耕层土壤中因挥发而损失的量高达50%，当气温增高或物质挥发性较高时，农药进入大气的量更多，蒸发的农药和气溶胶随气流被带到很远的地方，因此对大气来说，农药的蒸气扩散是一个不可忽视的污染源。

3. 农药的吸附作用

土壤 pH 值对农药的吸附有很大影响，在不同 pH 条件下农药离解成有机阳离子或有机阴离子，而为带负电或带正电的土壤胶体吸附。对于易水解的农药，土壤湿度有很大的意义，即湿度对农药吸附有一定影响。

总之，化学农药在土壤环境中的吸附作用降低了农药的活性，减少了农药的水淋湿作用，减缓了农药的挥发。但是，吸附作用是暂时、可逆的过程，一旦吸附条件被破坏，农药又可解析出来而进入土壤溶液中，导致土壤受到农药的再污染。

4. 农药在土壤中的降解作用

农药在土壤中的降解，包括光化学降解、化学降解和微生物降解等。

（1）光化学降解。指土壤表面接受太阳辐射能和紫外线光谱等能流而引起农药的分解作用。由于农药分子吸收光能，使分子具有过剩的能量，而呈“激发状态”。这种过剩的能量可以通过荧光或热等形式释放出来，使化合物回到原来状态，但是这些能量也可产生光化学反应，使农药分子发生光分解、光氧化、光水解或光异构化，其中光分解反应是其中最重要的一种。由紫外线产生的能量足以使农药分子结构中碳—碳键和碳—氢键发生断裂，引起农药分子结构的转化，这可能是农药转化或消失的一个重要途径，例如杀草快光解生成盐酸甲铵，对硫磷经光解形成对氧磷、对硝基酚和硫已基对硫磷等。但是，紫外光难于穿透土壤，因此光化学降解对落到土壤表面与土壤结合的农药的作用，可能是相当重要的，而对土表以下的农药作用较小。

（2）化学降解。化学降解以水解和氧化最为重要，水解是最重要的反应过程之一。有人研究了有机磷水解反应，认为土壤 pH 和吸附是影响水解反应的重要因素，二嗪农在土壤中具有较强的水解作用，而且水解作用受到吸附催化。二嗪农的降解反应例如下：

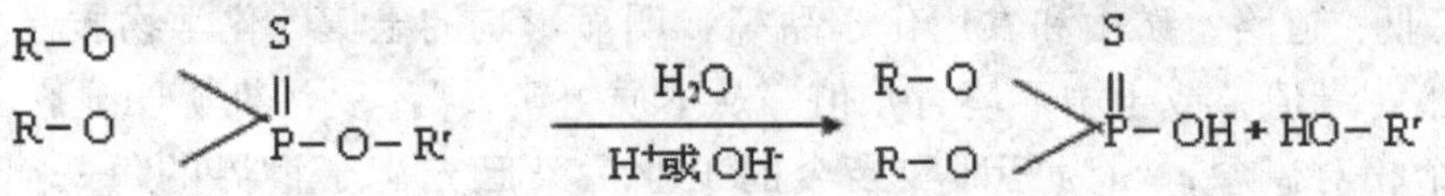

（3）微生物降解。土壤中微生物（包括细菌、霉菌、放线菌等）对有机农药的降解起着重要的作用。在国外已有文献报道，假单胞菌对于4ppm 的对硫磷只要 20h 即可全部降解；我国专家实验证明，辛硫磷在含有多种微生物的自然土壤中迅速降解，二周后消退 75%，38d 可全部降解，而在无菌的土壤中，38d 后仅有 1/4 消失，同时土壤微生物也会利用这些农药和能源进行降解作用。由于菌属不同，破坏化学物质的速度也不同，土壤中微生物对有机农药的生物化学作用主要有脱氯作用、氧化还原作用、脱烷基作用、水解作用和环裂解作用等。

5. 化学农药在土壤中的残留

进入土壤中的化学农药经过上述迁移、转化途径，或降解、转移到其他介质，或以吸着降毒态存在，因此其在土壤中的存在状态也不是恒定不变的。特别是不同类型的农药其降解速度和难易程度不同，直接制约着农药在土壤中的存留时间。农药在土壤中的存留时间常用两种概念来表示，即半衰期和残留期。所谓半衰期指施入土壤中的农药因降解等原因使其浓度减少一半所需要的时间；残留量指土壤中的农药因降解等原因含量减少而残留在土壤中的数量，单位是 mg/kg 土壤，残留量 $R$ 可用下式表示：

$$R = C_0 e^{-kt}$$

式中：$C_0$表示农药在土壤中初始含量；t 表示农药在土壤中的衰减时间；k 表示常数。

从上式可以看出，连续使用农药，使农药在土壤中累积不断增加，但不会无限增加，达到一定值后趋于平衡。实际上，由于影响农药在土壤中残留的因素很多，故农药在土壤中含量变化实际上不像上述计算那么简单。许多学者对农药在土壤中的残留特性进行了测定，多数结果认为，有机氯类农药在土壤中残留期最长，一般都有数年之久；其次是均二氮苯类，取代脲类和苯氧乙酸类除草剂，残留期一般在数月至一年左右；有机磷和氨基甲酸酯类杀虫剂以及一般杀菌剂的残留时间一般只有几天或几周时间，土壤中很少有累积，但也有少数的有机磷农药在土壤中残留期较长，例如二嗪农的残留期可达数月之久。

## 三、土壤背景值与土壤环境容量

土壤是受自然过程和人为影响的一类成分含量复杂的物质。它含有差不多所有的天然元素，并在水、气、热、生物和微生物多因子共同作用下，不断发生各种化学反应，因此土壤中可检出多种化学物质。不受各种污染源（如工业、道路、矿山和农用化学品等）明显影响的土壤，化学物质检出量称为土壤背景值，或土壤环境背景值。从本质上讲，“不受污染源明显影响”只是一个相对概念，因为已证实当今的工业污染已充满了世界的每一个角落，即使是农用化学物质的污染也是在世界范围内扩散的，例如在南极冰层中可以发现有机氯农药的积累。因此，土壤背景值也是相对的，“零污染”土壤样本是不存在的。

土壤环境容量（或称土壤负载容量）是指一定环境单元、一定时限内遵循环境质量标准，即保证农产品质量和生物学质量，同时也不使环境污染时，土壤所能容纳污染物的最大负荷量。不同土壤其环境容量是不同的，同一土壤对不同污染物的容量也是不同的，这就涉及土壤的净化能力问题。

（1）土壤是一个多相的疏松多孔体系。污染物质在土壤中可进行挥发、稀释、扩散和浓集，最后移出土体之外。这一过程显然是与土壤温度和含水量的变化、土壤质地和结构，以及层次构型相关。

（2）土壤是一个胶体体系。对于某些可呈离子态的污染物质，例如重金属、化学农药进入土壤后，土壤胶体的吸附作用可以大大改变其有效含量，成为土壤污染物，特别是重金属自净和富集的关键因子。

（3）土壤是一个络合—螯合体系。土壤中有许多天然的有机和无机配位体，例如土壤腐殖质、土壤微生物分解有机残体过程中产生的各种有机物质或分泌物，例如酶等。也有人工合成的污染物质的有机配位体，例如农药和其他有机污染物质。土壤中几乎所有的金属离子都有形成络合物和螯合物的能力，但从形成的络合物或螯合物的稳定性看，各离子间的差异较大。因而，土壤中络合—螯合过程的存在，显著影响污染物质在土壤中的迁移转化及其环境效应。

（4）土壤是一个氧化还原体系。其氧化还原作用影响有机物质分解的速度和强度，也影响有机和无机物质存在的状态（可溶性和不溶性），从而影响它们的迁移转化。这也是一个关系到土壤污染物质迁移转化的重要的土壤环境条件，特别是对某些变价元素，例如铁、锰、硫、砷、汞、铬和钒等尤为重要。

（5）土壤是一个化学体系。土壤中的化合物或进入土壤的污染物质，还直接受到土壤中化学平衡（溶解和沉淀）过程的控制，在重金属和磷的迁移转化中，化学平衡过程扮演着重要的角色。

（6）土壤是一个生物体系。土壤微生物是土壤生物的主体。土壤微生物在土壤有机质的转化过程（有机质的分解和合成）中起着巨大的作用。土壤对有机污染物质之所以具有强大的自净能力，即生物降解作用，主要是因为有种类繁多、数量巨大的土壤微生物存在。土壤微生物除参与有机质的转化外，还积极参与其他土壤过程。此外，土壤动物在有机污染物的分解转化中也起着一定作用。

## 第三节　农业化学物环境污染与防治

化肥对土壤和环境影响，除了受化肥中所含的重金属、放射性元素的影响外，化肥施用通过反馈过程对土壤环境以及水、气环境也发生深远的影响。这些影响主要是土壤的性质变化、水环境的富营养化，以及土壤气体对大气圈的影响。农药通过食物进入人体，在人体脂肪、人乳和血液中都能检出有机氯农药。有机氯农药具有神经毒性，慢性中毒时，会引起疲倦、头痛、食欲不振的肝肾损害。此外，一些农药有致癌、致畸和诱变作用，农药对人体健康的影响不容忽视。塑料类高分子有机物性质稳定、耐酸碱，不易被微生物所分解，农用塑膜残片进入土壤后，使土壤物理性质变劣，不利于农作物生长。

### 一、化肥对土壤环境的污染

由于原料、矿石本身的杂质以及生产工艺流程的污染，化肥中常常含有不等量的副成分，或者说杂质，包括重金属元素、有毒有机化合物及放射性物质，施入土壤后会发生一定程度的积累，形成土壤的潜在污染。长期施用化肥可能本身就构成农业环境的污染。

#### （一）化肥对土壤和环境的影响

1. 化肥的重金属元素污染

重金属元素是肥料中报道最多的污染物质。表5－1是我国磷肥中重金属含量情况。可见，磷肥中含有较多的有害重金属，其中砷的污染较严重。氮、钾肥料中重金属含量较低，但我国尚无较有说服力的资料。对复合肥也缺乏研究，其中重金属元素主要来源于母肥料及加工流程中杂质。

表 5-1　我国某些磷肥中重金属元素含量

| 取样地点 | 肥　料 | 重金属元素含量（mg/kg） | | | | | | |
|---|---|---|---|---|---|---|---|---|
| | | 砷 | 镉 | 铬 | 铅 | 锶 | 铜 | 锌 |
| 山东德州 | 普钙 | 51.3 | 1.4 | 464 | 170.4 | 330 | 60.6 | 215.3 |
| 北京通县 | 普钙 | 36.4 | 1.9 | 39.9 | 124.1 | 267 | 61.4 | 253.2 |
| 云南 | 磷矿粉 | 25.0 | 3.8 | 47.3 | 242.1 | 464.5 | 54.2 | 225.3 |
| 浙江义乌 | 钙镁磷肥 | 6.2 | – | 1057.2 | – | 414.9 | 63.2 | 169.4 |
| 湖南 | 铬渣磷肥 | 67.7 | – | 5144 | – | 189.5 | 48.0 | 768.8 |

我国磷肥的含镉量在0.1mg/kg～2.93mg/kg，其中普钙平均含镉量0.75mg/kg±0.65mg/kg，钙镁磷肥0.11mg/kg±0.03mg/kg，低于国际上大多数国家生产的磷肥（瑞典磷肥除外）。我国耕地缺磷面积约有$1.00\times10^8$km$^2$，20世纪90年代初磷肥年消费量$4.50\times10^6$t（五氧化二磷）以下。以普钙占75%，钙镁磷肥占25%计算，则随磷肥进入土壤的镉量在18t以下，每公顷缺磷地施入镉0.2g，而我国土壤镉的环境背景值含量在0.0038g/m$^2$～0.075g/m$^2$，不足以引起严重的镉污染问题。若达到每公顷施$P_2O_5$量150kg的水平，则每公顷施入镉也仅为0.6g左右。因此，除了施用磷肥较大的经济作物外，我国生产的磷肥基本上是可靠的。但是，肥料中铬、铅元素以及砷元素含量较高，且土壤的环境容量（铬、砷）又较低，可能会引起土壤中铬、砷的较快积累，硝酸铵、磷肥铵、复合肥中砷可达50mg/kg～60mg/kg。在今后肥料发展中必须加以研究和控制。

2. 施用化肥对土壤性质的影响

长期施用化肥对土壤的酸度有较大影响。过磷酸钙、硫酸铵、氯化铵，甚至氯化钾都属生理酸性肥料，即植物吸收肥料中养分离子后土壤$H^+$增多，但受土壤性质（如水分性质、旱地或水田、土壤反应等）和耕地制度的影响，许多耕地土壤的酸化与生理酸性肥料的长期施用有关。

3. 化肥施用与水环境富营养化

在目前的农业技术水平和农作物栽培制度下，化肥的利用率在30%～40%。我国有约$3.33\times10^6$hm$^2$水稻田，灌溉面积约$4.67\times10^6$hm$^2$。化学氮肥对水体环境的影响主要是氮肥淋失引起。根据奚振邦等研究，水稻田中$NH_4^+$－N淋失率在10%～80%间，在北方小麦、玉米旱地中，$NO_3^-$－N淋失率在10%～70%。随施肥量的增加，淋失量也增大，氮肥和钾肥以径流流失为主。南方稻田中水稻生长季节$NH_4^+$－N浓度达20mg/L～200mg/L，因此农业中的N、K在南方主要为$NH_4^+$、$K^+$进入水系，在北方主要以$NO_3^-$进入水系，污染水环境。近十几年来，我国河流、湖泊中$NH_4^+$－N、$NO_2^-$－N和$NO_3^-$－N浓度不断升高，有些已严重超标。

据调查，我国饮用水有60%的水源总氮超标。世界卫生组织规定，饮用水中$NO_3^-$ – N低于11.3mg/L为安全水质，11.3mg/L～22.6mg/L为欠佳水质，高于22.6mg/L为不安全水质，超过45mg/L为极限浓度，当饮用水中$NO_3^-$ – N含量为40mg/L～50mg/L时，就会发生血红素病，危及人类生命。可见，化肥淋失引起的水环境问题是十分严重的。水中氮、磷增加会使水体富营养化，水体富营养化与农业中肥料流失有重要的联系，我国的滇池、西湖以及一些小水库、池塘均有富营养化的发生。

4. 化肥对农产品的污染

化肥引起农产品污染主要是蔬菜的硝酸盐污染，是肥料氮过量施用的结果。受硝酸盐污染的蔬菜主要是叶菜类和概菜类。冀宏杰等对北京市和外地在京出售蔬菜1 256个样品的硝酸盐含量调查表明，各类蔬菜中硝酸盐的含量为叶菜类＞根菜类＞瓜果＞豆类＞茄果类＞葱蒜类、薯芋类和芽菜类。硝酸盐平均含量超过1 000mg/kg（鲜重，下同）的蔬菜有小白菜、小油菜、菠菜、芹菜、茼莱、莴笋、伏白菜、甘蓝、大白菜、生菜和小萝卜，超过2 000mg/kg的蔬菜有小白菜、小油菜、菠菜、芹菜、茼蒿和小萝卜。根据世界卫生组织和联合国粮农组织1973年规定的人体硝酸盐日允许摄入的前提下，以每人每天摄入0.5kg蔬菜计，蔬菜的硝酸盐含量不应超过432mg/kg。考虑到硝酸盐的其他来源，例如肉制品、饮用水等，从食用安全来说，蔬菜的硝酸盐含量应降低。因此，有人提出直接食用蔬菜硝酸盐含量不应超过350mg/kg，对熟食可以放宽至1 000mg/kg。即使如此，市场上出售的部分叶菜类和根菜类蔬菜中硝酸盐含量仍然偏高。

## （二）化肥土壤和环境污染的控制

鉴于世界上农业的高投入、高产出，并已出现破坏地力、影响环境的现象，国际上掀起了以低投入、重有机，将化肥、农药的施用保持较低的水平，保障食品安全和环境安全为中心的持续农业运动，并在1992年联合国环境与发展会上发表了《21世纪议程》。我国人口多，耕地少，森林、草地和水等资源相对贫乏，农业尚以保障人民食物、纤维供给为目的，因而我国持续农业的主要内容将是以尽量少的化肥、农药投入，尽量小的环境破坏来保持尽量高的农产品产量及保证食物品质，即高产低耗、高效优质的农业。在这种情况下，化肥的施用仍是农业发展的要素，控制化肥的环境效应重点放在化肥施用效果上。

1. 调整肥料结构、减低化肥使用量

肥料结构不平衡，是造成肥效当季利用率低的主要原因之一。我国施用的化肥结构氮∶五氧化二磷∶氧化钾为1∶(0.26～0.37)∶(0.059～0.16)。这种比例结构，可以认为是氮肥过多，也可认为缺磷少钾，我国的实情是两者都存在。

如要配置合理，需要政府安排生产，或进口调剂。目前，我国每年花费数十亿美元进口化肥，仍难填平补齐，自己生产又受矿物资源限制，所以结构改善很慢。合理的结构虽因作物和土壤肥力条件各异，但通过各地肥效试验，氮：五氧化二磷：氧化钾应在 1：(0.4～0.6)：(0.3～0.5) 之间。只有提供合适的供货结构，才有缓解偏施氮肥的物质条件。

化肥的合理结构，还包含适量的微量元素平衡。我国土壤有区域性的微量元素缺乏症，例如有 3 300$km^2$ 缺硼，4 500$km^2$ 缺锌，4 500$km^2$ 缺钼，缺硫的面积也很大，而缺微量元素同样影响氮的吸收。

2. 大力普及平衡施肥，减少施肥用量

平衡施肥需在测土的基础上按作物需要配方，再按作物吸收的特点施肥，并不是仅靠化肥的配置结构所能奏效的。因此，它需要社会有良好的技术服务，使用者有良好科技素质相结合。现阶段，我国只能在极少数地区实现，大部分地区未能向农民提供定量配方，不少地区则是买到什么肥就用什么肥。同时，农民最喜欢尿素等氮肥，而政府所提供的氮肥又占到 80%，导致农民偏施氮肥，造成肥效降低，化肥用量增加。

3. 合理的有机无机肥结构

施有机肥，不仅能改良土壤结构，提高作物的抗逆能力，同时还能补充土壤的钾、磷和优质氮源，例如植物可直接利用的氨基酸。

4. 科学的施肥技术，减少化肥的损失

施肥技术不当，表现在轻视底肥，重视追肥，撒施和追肥期不当，是形成化肥损失、肥效降低的重要原因。采用深施技术是避免化肥损失的关键。据河南省测定，深施碳酸铵，氮的利用率可提高约 15%。农业部统计，在保持作物产量相同的情况下，深施技术节肥效果也很明显。例如，种玉米可节省碳酸铵 0.017$kg/km^2$，或节省尿素 0.006$kg/km^2$；种小麦可节省碳酸铵 0.018$kg/km^2$，或节约尿素 0.0065$kg/km^2$。实践证明，化肥深施对减少化肥用量作用很大。

5. 合理的灌溉技术，减少化肥流失

灌溉技术的优劣与化肥流失关系很大。我国的灌溉技术以传统的地面漫灌为主，并在向管道灌溉、滴水灌溉等节水灌溉技术过渡。其中，水的利用率与化肥的流失率高度相关，地面漫灌引起土壤化肥流失的量是惊人的。

6. 适当调整种植业结构，充分利用豆科作物的固氮肥源，减少化肥使用量

中国现代农业丢掉了谷豆轮作的传统，导致绿肥面积减少和豆科作物种植面积的减少。豆科作物固氮能力很强，据试验，一茬大豆可固氮 0.018$kg/km^2$～0.035$kg/km^2$，豆科绿肥与根瘤菌共生氮更多。此外，绿肥可增加土壤有机质，转化石灰性磷为有效磷，活化和富集某些微量元素，对建立土壤养分库作用很大。

## 二、农药对土壤环境的污染

农药污染土壤的主要途径有以下几个方面：将农药直接施入土壤或以拌种、浸种等形式施入土壤；向作物喷施农药时，农药直接落到地面上或附着在作物上，经风吹雨淋落入土壤中；大气中悬浮的农药颗粒或以气态形式存在的农药经雨水溶解和淋失，最后落到地面上；死亡动植物残体或灌溉污水将农药带入土壤。

### （一）农药对土壤的污染

1. 农药在土壤中的迁移转化

土壤中的农药进行着一系列的消解过程。

（1）土壤对农药的吸附作用。进入土壤的农药通过物理吸附、化学吸附、氢键结合和配位结合等形式吸附在颗粒表面。土壤吸附农药后，其有效浓度降低。由于吸附作用一般不能改变农药的化学结构，吸附只能在一定程度上起到净化作用和缓冲毒性的作用。当被吸附的农药被置换或释放出来后，往往又能恢复其原有的生物毒性。土壤的有机质含量及各种粘土矿物的组成对农药的吸附作用有决定性影响，有机质含量高，土壤的吸附能力就强。土壤有机胶体和粘土矿物的吸附能力大小顺序是：有机胶体 > 蒙脱石 > 伊利石 > 绿泥石 > 高岭石。残留于土壤中的某些农药含有带正电的氨基，也有一些农药在土壤溶液中离解成有机阳离子形式，它们能被土壤中带负电的胶体吸附。土壤的 pH 值由于可以改变某些农药的带电性，因而也能影响土壤对农药的吸附作用，例如 2，4 – D在 pH 值为 3 ~ 4 的条件下离解成有机阳离子，能被带负电的土壤胶体所吸附，在 pH 值为 6 ~ 7 的条件下，它解离成有机阴离子，能被带正电的胶体吸附。土壤对农药的吸附还与农药本身的性质密切相关，农药脂溶性强，就容易被土壤吸附。如果两种农药的溶解特性相近，分子量大的农药容易被土壤吸附。

（2）植物对农药的吸收与代谢。根冠和叶面是农药进入植物体内的主要部位。农作物对农药的吸收规律是块根类作物比茎叶类作物吸收得多；农药水溶性越大，作物越容易吸收；农药脂溶性越强，越容易在油料作物和谷类作物籽实中富集。

（3）土壤中有机农药的代谢与降解。农药多是人工合成的，不论其稳定性有多强，均能在各种化学和生物作用下逐渐分解。降解速度快，在环境中残留时间短，称为低残留农药，相反称为高残留农药。降解的过程主要有光化学降解、化学降解和生物降解。

光化学降解。指土壤表面接受太阳辐射和紫外线能量而引起农药的分解作用。农药吸收光能后可产生化学反应，使农药分子发生光解、光氧化、光水解和异构化等，并使农药分子结构中的碳碳键发生断裂，这是农药转化和消失的一个主要途径。例如，杀草快光解生成盐酸甲胺，有机磷杀虫剂对硫磷经光解生成对氧磷、对硝基酚和硫乙基对硫磷。这些光解产物有些比原化合物毒性降低，也有些则转化为毒性更大的氧化产物，例如对氧磷比对硫磷毒性高，但这些光解产物在环境中仍在不断地分解。

化学降解。主要是水解和氧化作用。许多有机磷农药进入土壤后，可进行水解，有机磷所特有的加碱水解过程，能导致农药解毒。例如，马拉硫磷和丁烯磷能进行碱水解，而二嗪磷则进行酸水解，这种降解与微生物无关。水解强度随温度升高、土壤水分增加和 pH 值降低而加强。许多含硫和氯农药在土壤中可以进行氧化，例如对硫磷氧化为对氧磷，艾氏剂通过氧化作用变为狄氏剂，DDT 在土壤中可以还原为 DDD，以及杀草强的分解等。

生物降解。微生物分解是土壤中农药降解的主要途径，可使毒性很强的农药分解为二氧化碳和水。凡影响土壤微生物正常活动的因素，例如温度、水分、有机质含量、Eh、pH 等都影响微生物对农药降解，农药本身的性质如含—OH、—COOH、—$NH_2$及—$NO_2$等基团的农药易于被降解，有机磷、除草剂、苯脲类、脂肪酸类和氨基甲酸酯类易于被微生物迅速降解，农药通过脱氧、脱烷基水解、氧化还原、苯环破裂等反应使化学结构发生变化，有些农药经微生物降解就失去毒性，例如对硫磷，只要几天毒性就基本消失。有些农药本身毒性不大，但分解产物毒性很大，例如 2，4，5－T 除草剂在微生物降解后产生 2，4，5－三氯酚，进一步形成二恶英。因此，在评价一种农药是否对环境有污染时，不仅要看其本身的毒性，而且还应注意其代谢产物是否有潜在的危害。

（4）农药在土壤中挥发扩散和迁移。农药落入土壤被吸附、降解、残留的同时，还通过挥发、扩散、淋溶等作用移动或逸入空气或水体中去，或被生物吸附迁出土体之外，进而对大气、水体及生态系统造成危害。农药由于蒸汽运动可分布在整个土壤剖面，最后通过蒸发而逸入大气，其挥发速度与土壤条件、农药性质有关。研究表明，农药挥发速度与土壤吸附性呈负相关，有机质含量低的土壤，农药的挥发就大。水分对农药挥发也有重要作用，农药在潮湿土壤中挥发得快，水分能加强农药的挥发。同样，土壤温度对其也有作，土壤温度升高，其挥发加快。农药本身的性质起着更大的作用，例如土壤熏蒸剂、除草剂和杀虫剂等，挥发性强，其挥发损失就更大。一些水溶性强的农药缔结成溶液、悬液或乳液可在土壤剖面流动，但受土壤吸附性影响。一些农药使用量过大，通过长期淋溶可能被淋到土体以外污染水源，有时可使一些难溶农药因土壤侵蚀进入水体造成水体污染。农药的挥发、迁移、淋洗从某种意义上讲是土壤的净化过程，但也是生态系统其他要素的二次污染。

2. 农药在土壤中的残留毒性

(1) 有机氯农药。有机氯农药因其性质比较稳定，且脂溶性大，易在生物体脂肪中积累。现将几个主要品种有机氯农药施入土壤1年后的残留率列表如5-2。

表5-2　有机氯农药的土壤残留率

| 名称 | 滴滴涕 | 狄氏剂 | 林丹 | 氯丹 |
|---|---|---|---|---|
| 1年后土壤中残留率/% | 88 | 75 | 60 | 55 |

(2) 有机磷农药。有机磷农药在土壤中的稳定性可用有机磷在土壤中的半衰期（有机磷化合物减少一半所需要的时间）表示。常用的几种有机磷农药在土壤中的半衰期如表5-3。

表5-3　常见的几种有机磷农药在土壤中的半衰期

| 名称 | 半衰期（d） | 名称 | 半衰期（d） | 名称 | 半衰期（d） |
|---|---|---|---|---|---|
| 甲拌磷 | 2 | 甲基对硫磷 | 45 | 敌百虫 | 140 |
| 敌敌畏 | 17 | 内吸磷 | 54 | 三硫磷 | 170 |
| 甲基内吸磷 | 26 | 二嗪农 | 6~184 | 对硫磷 | 180 |
| 氯硫磷 | 36 | 乐果 | 122 | 乙拌磷 | 290 |

## (二) 农药对生态系统的污染

1. 农药对植物的污染

田间施用的农药能够渗到作物的根、茎、叶和籽粒中，且作物对农药的吸收与其特性和土壤性质有关。多数有机磷农药由于水溶性强，比较容易被作物吸收，例如甲拌磷、乙拌磷、内吸磷等，都可以在几天或几个星期内被作物吸收。一般地说，农药的溶解度越大就越容易被作物吸收，作物种类不同其吸收率也不同。豆类的吸收率较高，块根类比茎叶作物吸收率高，油料作物对脂溶性农药吸收率高。土壤性质不同对农药的吸收率也不同，沙土中农药最易被作物吸收，而有机质含量高的土壤，农药不易被作物吸收。由于作物对农药的吸收富集以及通过食物链的传递，使许多农、畜、禽产品中农药残留量过高。

2. 农药对动物的污染

(1) 对昆虫的影响。农药对昆虫的影响主要表现在以下几个方面：

昆虫种类下降。许多杀虫剂具有广谱杀虫活性，施用后使生物多样性减退。

杀害天敌。由于药剂杀死了害虫的天敌，使自然界害虫与天敌之间的平衡打破，害虫反而更加猖獗。

害虫产生抗药性。由于长期大量使用农药，使害虫对药剂的抵抗能力增加，或害虫产生新的抗性品种，需加大施药量。

威胁蜜蜂的安全。有时蜜蜂直接接触药剂而死，有时吸食毒的花蜜或水而造成死亡，用飞机喷药最大的危害是蜜蜂将含有农药的花粉带回蜂房，使整群蜜蜂死亡。

使家蚕受害。在水稻和桑树混栽区，喷洒农药防治害虫污染附近桑树，使家蚕严重受害。

（2）对水生动物的影响。对水生动物的影响包括对鱼类、两栖类和其他水生生物的影响。

对鱼类的影响。施入田间的农药经淋洗等途径进入水体，由于农药用量过大或农药对鱼毒性较强，会造成鱼类死亡，或由食物链引起农药对鱼类的污染，农药在鱼体中浓缩，除通过食物链外，呼吸作用也是一个重要的途径。一般情况下，淡水鱼类对农药的累积比海水鱼类高，沿海和内地鱼类农药残留比外海鱼类高。

对两栖类的影响。稻田中生活着大量的蛙类，多数是在喷药后吞食有毒昆虫而中毒，也有蝌蚪被进入水体的农药毒死。

对其他水生生物的影响。农药也会影响到其他水生生物，例如虾、蟹、蛤、牡蛎、贝和螺等，不过在虾、螺、贝、蟹体内有机氯农药的含量均比鱼体中少。水生生物对农药也有回避现象，即当水体中农药浓度高至一定范围时，水生生物会游离，游向无农药污染或低浓度水域中去。鱼类这一特点十分突出，农药污染会因引起鱼群洄游途径的改变而影响捕捞。

（3）对飞禽的影响。取食含有农药的作籽料粒和无脊椎小动物、鱼类等的飞禽，农药在其体内积累。欧美各国多年来对野生鸟类和哺乳动物体内的农药残留量进行了检测，检出率达 50% 以上。一些农药能够转移到卵蛋中，例如 DDE 可引起蛋壳变薄，易于破损，严重影响鸟类的繁殖。

3. 农药对食物的污染和对人类的影响

农药对人类的影响首先表现在对使用农药的人们的直接毒害。每年由于使用农药不符合安全操作规则而中毒的人数相当多，据不完全统计，平均每年有 10 万人中毒，1 万人左右死亡。其次是农药对食品的污染，主要是有机氯农药由于其残留期长，可进入植物体以及食物链中，引起粮、菜、水果、肉、蛋、奶和水产品等污染。

## （三）农药污染的控制措施

1. 利用害虫综合防治系统减少农药的施入量

综合防治是以生态学为基础的害虫治理方法中一种较新的方式，是一种把所有可用的方法综合到统一的规划中的害虫治理方法。生物防治是其重要组成部分，一些生物主要是真菌、细菌、病菌、线虫等可使昆虫致病死亡，有些昆虫则以其他昆虫为食，利用这些生物防治，加上合理使用农药可使综合防治收到良好的效果。

2. 农药的安全合理使用

首先，要对症下药，农药的使用品种和剂量因防治对象不同应有所不同。例如，对不同口器的害虫选择不同的药剂；根据害虫对一些农药的抗药性合理选择药剂；考虑某些害虫对某种药剂有特殊反应而选择药剂；考虑某些害虫对某种药剂有特殊反应而选择药剂等。其次，是适时、适量用药，应在害虫发育阶段抵抗力量最弱和接触药剂最多的时间施用农药，同时根据不同作物、不同生长期和不同药剂选择最佳施入剂量。

3. 制定农产品允许残留量标准

制定农药每日容许摄入量（ADI），并根据人们饮食习惯，制订出各种作物与食品中农药最大残留允许量。计算时一般采用下面公式：

$$N = AB/FD$$

式中：N——食品中某农药允许残留量；

A——ADI；

B——平均体重；

F——每日食物总量；

D——食物系数。

4. 制定施药安全间隔期

根据农药在农作物上允许残留量，制定某一农药在某种作物收获前最后一次施药日期，使作物上的农药残留量不超过规定残留标准。安全间隔期的使用，可提高合理使用农药的效果，同时收获的农产品符合国家农药残留容许量标准，对减轻食品由于受农药污染带给人体的危害、保障人类身体健康起到积极良好的作用。

5. 采用合理耕作制度，消除农药污染

农作物种类不同，对各种农药的吸收率也不同。在污染较重地区，一定时间内不宜种植易吸收农药的作物，代之以栽培果树、菜类等少吸收农药的作物品种，减少农药的污染。此外，在不同土壤耕作条件下，农药在土壤中的残留情况也不相同，例如在有机氯农药污染较重地区，采用水旱轮作的方式是减轻土壤污染的一项可行途径。

6. 开发新农药

高效、低毒、低残留农药是农药新品种主要发展方向，例如优良的有机磷杀虫剂辛硫磷、氨基甲酸酯类杀虫剂呋喃丹和拟除虫菊酯等农药，可取代六六六、滴滴涕等对土壤污染大的农药品种。

## 三、废塑料制品对土壤环境的污染

目前，城市近郊区和农村广泛使用聚烯烃类塑料薄膜，用于提高农田土壤环境的温度保持湿度和农田生产季节提早（早春）或推迟（晚秋），以便能高效地进行农田生产。聚烯烃类农膜以其质轻、透光、保温、保墒性能好，不仅在我国北方，即使在年均气温及湿度较高的地方（南方），也被广泛应用于旱稻、棉花、西瓜地覆膜育秧和冬季暖棚蔬菜生产中。20 世纪 80 年代中期，我国农田仅地膜覆盖面积已达 $1.50 \times 10^6 km^2$ 以上。随着农膜老化、破碎和回收不净，在农田中的残留量很大，被农民称之为“白灾”。例如，湖北省农田棚膜平均残留量为 0.000 31kg/m$^2$，残留率为 1.3%，地膜残留量为 0.001 1kg/m$^2$，残留率为 12.3%；北京市郊蔬菜、花生地农膜残留量为 0.004 5kg/m$^2$ ~ 0.005 9kg/m$^2$，残留率达 40% ~70%。如果加上来自城市垃圾中的塑料废品（主要为日用品及食品塑料膜包装袋），情况更为严重。

### （一）废塑料制品及其对农田环境的污染

农田残膜的影响范围较宽，主要有以下几方面：

1. 对作物的影响

由于农田残膜含有毒性很强的聚氯乙烯，对于作物种子萌芽和种子幼苗生长有损害作用。不利于作物根系的深扎和对土壤水分、养分的吸收，造成弱苗、死苗、倒伏和减产。据各地调查和田间大量试验表明，作物减产幅度随地膜使用年限和残留量的增加而增大。一般情况下，粮食作物中小麦减产 7% ~20%、玉米 15% ~20%、大豆 5% ~10%、蔬菜作物 5% ~40%。生育期短的蔬菜减产幅度小于生育期长的品种。

2. 对土壤的物理性质影响

从黑龙江省所做的残留地膜对土壤性质的影响实验结果可以看出，残留地膜对土壤容重、土壤含水量、土壤孔隙度等都有显著的影响，对土壤埂度影响不大（见表 5 -4）。表中 A 区残留地膜量为 0.14kg/m$^2$，B 区残留地膜量为 0.28kg/m$^2$，C 区残留地膜量为 0.84kg/m$^2$，对照区没有残留地膜。

**表 5 -4　残留地膜对土壤物理性质的影响**

| 分　区 | 含水量（%） | 容量（g/cm$^2$） | 孔隙度（%） |
|---|---|---|---|
| A 区 | 18.9 | 1.14 | 55.8 |
| B 区 | 18.9 | 1.18 | 54.3 |
| C 区 | 19.4 | 1.21 | 53.7 |
| 对照 | 19.3 | 1.14 | 56.0 |

残留地膜可使土壤容重和相对密度增加，土壤含水量和孔隙度减少。废旧地膜聚集在土壤耕作层的表层，能阻碍土壤毛管水和自然水的渗透，影响土壤的吸湿性。此外，还使土壤耕性变差，大量的地膜残留在土壤中不利于土壤耕翻。

3. 在其他方面的危害

残留地膜碎片会随农作物的秸秆和饲料进入农家，牛、羊、马等家畜误食残膜碎片后，可导致肠胃功能失调，膘情下跌，严重时会引起厌食和进食困难，导致死亡。近年来，各地牛、羊、马由于误食塑料残膜导致死亡的现象时有发生。有些地方将残留膜碎片焚烧，产生有害气体污染大气环境，造成二次污染。农田中部分残膜被风吹到田边、地角、水沟、池塘、河流中，有的挂在树枝上，由此造成“白色污染”。

## （二）塑料薄膜的化学组成、毒性及微生物降解性

1. 组　成

塑料薄膜大多是烯烃类的高分子（分子量 $10^4 \sim 10^6$）聚合物，除塑料本体组分外，尚含抗氧化剂、紫外稳定剂、阻燃剂和增塑剂等多种添加剂，其中增塑剂含量及比例仅次于塑料本身。增塑剂类型及品种繁多，大多为疏水油状物（天然或再加工的植物油、有机酸酯和氧代烃类等），其中烷基链含碳数不同的各类酞酸酯（PAEs）约占2/3。

2. 毒　性

酞酸酯除主要作增塑剂外，还少量用于香料、涂料、化妆品、油漆等化工生产中，因此是环境中常见的有机污染物。我国北京等城市和地区空气、地面水体和土壤中检出多种酞酸酯。据研究，高浓度邻苯二甲酸二正丁酯对土壤脲酶有一定激活效果，但对蔗糖酶有较强抑制效应，胡萝卜块根、白菜茎叶、大豆及水稻籽实中均可自土壤中富集邻苯二甲酸二正丁酯。人食用酞酸酯超标的食品后，酞酸酯转化为酞酸酯后易引起肝肿大、致畸。西方国家已将其列为环境中优先控制的有机污染，我国环境监测总站提出的58种优先控制有毒有机物中也包括这种酞酸酯。

3. 微生物的降解性能

烯烃类塑料薄膜离聚分子和酞酸酯增塑剂分子仅以氢键和范德华引力连结而成，彼此保留各自独立的化学性质，加之环境中仍有不依附于塑料本体而存在的酞酸酯，因此其在环境中的存在、表现性质和微生物对其降解性能均是不同的。

研究表明，大多数烯烃类高聚物不易被微生物分解，且耐酸碱腐蚀，在环境中残留性极强。但是，聚烯烃（如聚乙烯）类塑料经紫外线辐射或热解氧化

后，可发生有利中间产物生成和生化降解的变化。实验表明，光解或热解后的产物分子量可降至10 000以下（原来塑料薄膜的分子量为$10^4$ ~ $10^6$），抗张强度明显降低，变脆、易碎，因而表面积增大。

近年来，城市垃圾组成中废除塑料制品占总量的比例不断增长，如果对这部分废塑料分拣、回收不彻底，与其他成分一起运往农村作为肥料，将对土壤产生不良影响。此外，各类农用塑料薄膜作为大棚、地膜覆盖物被广泛应用，如果管理、回收不善，大量残膜废片散落田间，会造成农田“白色”污染。

### （三）农田中废塑料制品污染的防治

从价格和经营体制上优化和改善对废塑料制品的回收与管理，淘汰不合格的超薄型膜，并建立生产粒状塑料的加工厂；研制可控光解和热分解（50℃ ~60℃）等农膜新品种，以代替现用高压农膜，减轻农田残留负担；尽量使用分子量小，生物毒性低且相对易降解的塑料增塑剂，并加强其生化降解性能和农业环境影响的研究；建立农用塑料产品的管理和监督体系，防止不合格的伪劣产品在市场上流通；建立、健全有关法律、法规，加强宣传教育，把治理“白色污染”纳入法制轨道。

## 第四节　农田氮磷生态污染

点源污染是指废水通过排水管道等途径直接进入受纳水体引起的污染。与点源污染相对，非点源污染为“污染物以广域的、分散的、微量的形式进入到地表水及地下水体”。非点源污染最主要的影响就是使水体富营养化、水质变差，从而影响生产、生活、社会与经济的发展。肥料施入农田后，施入土壤中的化肥除被作物吸收一部分进入生物圈循环外，另一部分经过淋溶、挥发等途径进入水圈和大气圈，在向环境迁移的过程中带来了一系列环境问题，其中由肥料中氮磷引起的污染被称为农田氮磷污染。

### 一、农田氮磷污染问题

一个半世纪以来，世界农业生产得以迅速发展的重要因素之一就是化肥施用量的不断增长。例如，从1943 – 1963年的20年间，美国耕地面积减少了1/3，粮食的单位面积产量却增加了1倍，而同一时期的化肥使用量却增加了30倍。新中国成立前，我国基本上不使用化肥，1949年全国化肥施用纯养分为$1.30\times10^4$t（N），20世纪60年代为$6.60\times10^5$t ~ $3.51\times10^6$t，70年代后期化肥的用量急剧上升，1975年为$5.37\times10^6$t，1980年为$1.27\times10^7$t，20世纪80年代至90年代，化肥的用量每年都有增加（表5 – 5），2010年化肥使用量为$5.46\times10^7$t。

表 5－5　我国不同年份化肥使用量

| 年份 | 氮肥（折纯，$\times10^4$t） | 磷肥（折纯，$\times10^4$t） | 钾肥（折纯，$\times10^4$t） | 复合肥（折纯，$\times10^4$t） | 总量（氮＋五氧化二磷＋氧化钾，$\times10^4$t） |
|---|---|---|---|---|---|
| 1955 | 22.22 | 2.1 | 0.1 | – | 24.4 |
| 1960 | 46.5 | 15.6 | 4.1 | – | 66.2 |
| 1965 | 133.1 | 60.8 | 0.3 | – | 194.2 |
| 1970 | 249.7 | 99.1 | 2.4 | – | 351.2 |
| 1975 | 364.3 | 159.5 | 13.1 | – | 536.9 |
| 1980 | 934.2 | 273.3 | 34.6 | 27.3 | 1 269.4 |
| 1985 | 1 204.9 | 310.9 | 80.4 | 179.6 | 1 775.8 |
| 1990 | 1 638.4 | 462.4 | 147.9 | 341.6 | 2 590.3 |
| 1995 | 2 021.9 | 632.4 | 268.5 | 670.8 | 3 593.6 |
| 1996 | – | – | – | 3 828 | – |
| 2001 | – | – | – | 4 124 | – |

1980－1995 年氮肥增加了 $1.09\times10^6$t，增幅为 116.4%；磷肥增加了 $3.59\times10^6$t，增幅为 131.4%；钾肥用量少，但其增加幅度较大，达 676.0%。氮磷钾化肥在 1994 年的应用比例为氮：五氧化二磷：氧化钾＝1：0.38：0.21。化肥使用量 1969 年为 0.005 2kg/$m^2$（标肥），1975 年为 0.027kg/$m^2$（标肥），1982 年为 0.075kg/$m^2$（标肥），1994 年在发达地区为 0.016kg/$m^2$～0.20kg/$m^2$（标肥），2008 年为 0.033 6kg/$m^2$。目前，化肥养分投入量已占到农田养分总投入量的 2/3 以上，使用量居世界第一位。每公顷播种面积化肥平均使用量在世界上处于中等水平，低于欧洲和日本，但高于世界平均水平的 0.009 9kg/$m^2$。粮食产量随着化肥用量的增加而增加，若不考虑其他因素，则增产效果 60% 来源于化肥。

我国肥料利用率并不高，其中化学氮肥的当季利用率约为 30%～40%，磷肥约为 10%～20%，钾肥约为 35%～50%。如此使用大量的化肥带来了一系列环境问题，包括对大气化学的影响、淡水系统的酸化以及水体的富营养化等。氮素的气态损失和淋溶损失严重影响生态环境，威胁着人类的身体健康。例如，人们食用富含硝态氮的食物后，硝态氮在人体内被还原成亚硝态氮而迅速进入血液，并将血红蛋白中的二价铁氧化成三价铁，形成无法转运氧的高铁血红蛋白导致出现高铁血红蛋白症。同时，亚硝态氮可与各种胺类化合物反应，生成亚硝基胺和次生胺，两者皆为致癌物。反硝化作用产生的一氧化二氮不仅是一种重要的温室气体，而且还会破坏臭氧层，增加到达地表的紫外线。农田土壤中大量的氮磷向封闭或半封闭性的湖泊、水库、河流、河口、海湾迁移使这些水域发生富营养化。农田土壤中大量的氮磷向地下渗透，导致地下水中硝酸盐浓度超标。

据国外相关文献报道，在英格兰和威尔士128个湖泊中69%的水中磷素含量为0.1mg/L。1995年，美国49个州地表水和地下水农业非点源污染调查表明，已有27个州的湖泊受到农业面源污染的严重压力。在丹麦和北爱尔兰的监测湖泊中发现，减少城市点源的磷素输入只能使湖水中的磷素含量略有降低。长期过量施用化肥不仅使地面水体富营养化，而且导致地下水和饮用水硝酸盐污染。据太湖流域调查，苏、浙、沪两省一市16个县内76个饮用井水硝态氮和亚硝态氮的超标率（地下水质量标准为硝态氮≤20mg/L，亚硝态氮≤0.02mg/L）已分别达38.2%和57.9%。杭州市郊农村井水硝酸盐氮含量为35.6mg/L，最高达175mg/L，超标率为49.7%。人体摄入的硝酸盐主要来自蔬菜地施肥，由于盲目施肥，中国一些大城市蔬菜硝酸盐和亚硝酸盐的含量偏高，有的高达3 000mg/kg~4 000mg/kg。对宁波市蔬菜调查表明，鄞州区氮肥用量为731kg/$hm^2$，蔬菜中硝酸盐含量高达4 930mg/kg。单纯地追求高投入、高产出，过量施用化肥氮导致蔬菜中硝酸盐含量过高，形成对人体健康的潜在危害。任祖淦等人研究提出，蔬菜氮素用量以0.03kg/$m^2$为临界值，若超量，蔬菜硝酸盐累积有超标污染的危害。

## 二、农田氮磷的来源

肥料是指人们用以调节植物营养与培肥土壤的一类化学物质，包括有机肥料和化学肥料（又称无机肥料，简称化肥）两大类。化学肥料是一类农作物生长发育所必需或有益的元素，经过化学合成、加工等工艺过程制造的肥料。农田氮磷的来源主要是化肥和有机肥两种。

### （一）化　肥

根据氮、磷、钾三大营养元素的含量，化学肥料可分为单质肥料和复合肥料。单质肥料是指只含有氮、磷、钾三大营养元素中一种养分的肥料，包括尿素、碳酸氢铵、氯化钾、硫酸钾、过磷酸钙等。复合肥料是指同时含有氮、磷、钾三大营养元素中两种或两种以上的肥料。按所含营养元素的成分，化学肥料又分为氮肥、磷肥、钾肥、镁肥、钙肥、硫肥和微量元素肥料（微肥）。按状态，化学肥料分为固体肥料、液体肥料。

#### 1. 氮　肥

为实现作物高产的目标，20世纪80年代以来，氮肥的施用量迅速增长，是我国使用量最大的一类化学肥料。这是因为目前我国多数作物上肥料的效应，仍然以氮肥为最高。氮肥主要是碳酸氢铵，占60%左右，尿素占35%，硫酸铵、硝酸铵和硝酸钾所占比例较小。在使用方法上，碳酸氢铵（俗称碳铵）一般作基肥深施，尿素作追肥深施覆土或用包膜尿素等，以减少氮的挥发损失。

（1）速效肥料。速效氮肥包括铵态氮肥、硝态氮肥和酰铵态氮肥。

铵态氮肥。目前，铵态氮肥有碳铵、氯化铵、硫酸铵和液氨。我国目前常用的是碳铵、少量的氯化铵和硫酸铵，国外有的用液氨。铵态氮肥施入土壤之后，容易被土壤无机胶体吸附或固定，与硝态氮肥相比，移动性较小，淋溶损失少，肥效长缓。它们可以氧化成为硝酸盐或被微生物转化成有机氮；在碱性和钙质土壤中容易发生挥发损失。高浓度的氨能导致植物中毒死亡，尤其是在作物的幼苗阶段，对高浓度的氨最敏感。作物过量吸收铵态氮，对 $Ca^{2+}$、$Mg^{2+}$、$K^{+}$等的吸收产生抑制作用，在施用铵态氮肥时，应避免一次大量施入，尤其是蔬菜、果树和糖料植物，以免引起营养失调。

硝态氮肥。硝态氮肥施入土壤后，不被土壤胶体吸附或固定，与铵态氮肥相比较，移动性大，容易淋溶损失，肥效较为迅速。它们能被土壤微生物还原成为氨（硝酸盐还原作用）或反硝化成气态氮。本身无毒，过量吸收无害；主动吸收，促进植物吸收钙、镁、钾等阳离子。目前，我国主要施用的硝态氮肥为硝酸铵，占农用氮肥的8%左右，超过硫铵和氯化铵的用量。

酰铵态氮肥。酰铵态氮肥施入土壤之后以分子形态存在，与土壤胶体形成氢键吸附后，在土壤中移动缓慢，淋溶损失少；经脲酶的水解作用产生铵盐；肥效比铵态氮和硝态氮迟缓；容易吸收，适宜叶面追肥；对钙、镁、钾等其他阳离子的吸收无明显影响。常用的酰铵态氮肥只有尿素一种，含氮46%，是目前含氮量最高的固体氮肥。尿素呈白色针状或柱状结晶，吸湿性很强，为了防止吸潮，农用尿素常制成圆形小颗粒，外涂一层疏水物质。

（2）缓效氮肥。又称缓释氮肥、长效氮肥，是水溶性氮肥经过缓溶处理，发挥常用氮肥速溶效特性的一类氮素肥料。目前常见的缓效氮肥主要有以下几种类型：

微溶化合物。微溶化合物包括金属磷酸铵和微溶性有机氮化合物。金属磷酸铵显示微水溶性，但氮素的含量较低，其中磷酸铵镁中氮含量只有8%。微溶性有机氮化合物有尿醛缩合物、亚异丁二脲、亚丁烯二脲和草酰铵等。脲醛缩合物包括甲醛缩脲、乙醛缩脲，由尿素加甲醛或乙醛缩合而成，氮含量为29%～40%，施入土壤后，在微生物作用下，微溶性的有机氮化合物含氮量较高，施用后氮素的利用率较普通氮肥高，但由于成本高，实际很少用于农田生产。

包膜肥料。包膜肥料又称控释肥料，即在氮肥或氮磷钾复合肥外包一层膜，以减缓或控制养分释放的一种肥料。我国采用包膜的肥料有钙肥、镁肥、磷肥等，这类肥料中氮含量主要取决于被包裹的肥料成分。常见的肥料品种有硫衣尿素、长效碳铵、涂层氮肥等。

此外，还有添加硝化抑制剂的氮素肥料，通过减缓硝化作用来减少肥料中的氮素损失，并非缓释肥料。

2. 磷　肥

磷是动植物生长必需的营养元素。长期以来磷素的投入一直被认为是维持动植物产品产量的重要手段，但磷素的大量应用也产生许多环境问题。近年来的研究表明，磷是水体产生富营养化的限制因素，如果磷素未达到一定含量，仅有氮、碳等元素不会引起水体富营养化。

在土壤—作物系统中，作物根系不断吸收土壤中的磷营养以供地上部分及自身生长的需求，作物收获后，靠落到土壤中的茎叶、留在土壤中的根系或加入土壤中磷肥的溶解与释放来维持磷的循环。一方面，进入土壤的磷因吸附、沉淀或微生物固持而降低有效性；另一方面，因微生物或根系分泌物的作用而得以活化。这是土壤磷素循环的两个主要过程，但是由于土壤地表径流、侵蚀、磷素渗漏等原因，从农田输出的磷素对河流、湖泊水体营养化构成威胁。长期大量地施用磷肥，常导致耕层土壤处于富磷状态，在降雨冲刷和农田排水的情况下就会加速磷向水体的迁移。水体中磷素的充足供应，使得藻类快速生长，打破水生生态系统的平衡，促使水体向富营养化方向发展。据估计，全世界每年大约有 $3.00\times10^{6}$t ~ $4.00\times10^{6}$t 五氧化二磷从土壤迁移到水体中。

磷肥按其中所含磷酸盐溶解度的不同可以分为三种类型，即水溶性磷肥、弱酸溶性（或可溶性）磷肥和难溶性磷肥。磷肥的主要品种为过磷酸钙，占70%左右，其次是钙镁磷肥及高浓度的磷酸盐。

（1）水溶性磷肥。主要成分能溶于水的磷肥称为水溶性磷肥，其中的磷易被植物吸收利用，肥效快，是速效磷肥。

过磷酸钙。过磷酸钙又称过磷酸石灰，简称普钙，是我国目前生产最多的一种化学磷肥，它是由磷矿粉用酸处理而制成的。过磷酸钙的主要成分是水溶性磷酸二氢钙和难溶于水的磷酸钙，两者分别占肥料质量的30% ~ 50% 和40%，成品中有效磷（五氧化二磷）的质量分数为12% ~ 20%，另外还有2% ~ 4%的硫酸铁、硫酸铝，3.5% ~ 5.0%的游离酸（主要为磷酸和硫酸）等。过磷酸钙为深灰色、灰白色或淡黄色等粉状物，呈酸性反应，具有腐蚀性。当过磷酸钙吸湿后，除易结块外，其中的磷酸二氢钙还会与硫酸铁、铝等杂质发生化学反应形成溶解度低的铁、铝磷酸盐，这种作用通常称为磷酸的退化作用。温度愈高，磷酸退化愈快，因此在贮运过程中要注意防潮。

重过磷酸钙。重过磷酸钙是由硫酸处理磷矿粉制得磷酸，再以磷酸和磷矿粉作用后制得的。重过磷酸钙是一种高浓度的磷肥，含五氧化二磷在40% ~ 50%之间，因其含磷量是普通过磷酸钙的双倍或三倍，故又称双料或三料过磷酸钙。主要成分是磷酸二氢钙（不含石膏），含有4%～8%的游离磷酸，具有较强的吸湿性和腐蚀性，呈深灰色颗粒或粉末状。由于不含硫酸铁、铝盐，故吸湿后，不会发生磷酸的退化作用。

（2）弱酸溶性磷肥。能够溶于2%的柠檬酸或中性柠檬酸铵溶液的磷肥称为可溶性磷肥或称弱酸溶性磷肥。这一类磷肥包括钙镁磷肥、钢渣磷肥、脱氟磷肥、沉淀磷肥和偏磷酸钙等，其肥效较水溶性磷肥慢。

（3）难溶性磷肥。难溶性磷肥有磷矿粉、鸟粪磷矿粉和骨粉等，它们所含的磷酸盐大部分只溶于强酸中，肥效迟缓而稳长，属于迟效性磷肥。

磷矿粉。磷矿粉是由天然磷灰石直接磨成粉末制造而成的。磷矿粉生产加工简单，可以充分利用我国丰富的中、低品位磷矿就地开采、加工，利用作肥料。自然界的磷酸盐矿物，有95%以上属于磷灰石矿物，主要以氟磷灰石为主，原生的氟磷灰石结构致密，极难溶于水，中性至微碱性。磷矿粉中磷酸盐矿物的种类因矿源而异，主要包括差劲基磷灰石、氯磷灰石和碳酸磷灰石等。此外，磷灰石中还含有石灰、石英等矿物和黏土、有机质等。磷矿粉作为磷肥施用的可能性和相对有效性与其物理和化学性质直接相关。只有次生沉积的磷灰石，尤其是溶洞型磷矿生产的磷灰石呈多孔的泡沫疏松体，晶形模糊，单体微小（$<0.5\mu m$），直接施用的效果较高，所以适宜作磷矿粉肥直接施用。磷矿粉中有效磷量和可溶率，可以衡量磷酸盐的可给性和直接施用的肥料价值，可溶率达成15%以上的磷矿粉，才可以直接作肥料施用，如果全磷量较高，而可溶率低于5%时，只能作加工磷肥的原料。

骨粉。骨粉是由动物的骨骼经粉碎磨细并通过规定筛选的粉末而制成。其主要成分是磷酸三钙，占骨粉的58%～62%，脂肪和骨胶占26%～30%。此外，还含有1%～2%的磷酸三镁、6%～7%的碳酸钙、2%的氟化钙、4%～5%的氮（存在于骨素中）。由于骨骼中含有较多的脂肪，需采用脱脂处理除去其脂肪，以提高磷的有效性。骨粉肥效缓慢，易作基肥，可先与有机肥料堆积发酵后施用。对于生长较长的作物或酸性土壤，效果较好，且夏季施用骨粉的肥效比冬季快。在水田施用时，未经发酵的蒸制骨粉要先排干水后再施用，否则骨粉漂浮水面，影响其肥效。

## （二）有机肥

### 1. 我国有机肥料资源概况

利用有机肥料参与农业生态系统的养分循环、再利用和培肥土壤是中国农业特色之一，有机肥料是农村利用各种有机物质，就地取材、积制的自然肥料的总称，又称农家肥料，主要来自农村和城市可用作肥料的有机物。包括人畜粪尿、作物秸秆、绿肥等，它是我国传统农业的物质基础。有机肥料除能提供作物养分、维持地力外，在提高作物品质、培肥地力等方面是化学肥料无法代替的。

有机肥料是农业中养分的再循环和再利用部分，因此随着化肥施用量增加和作物收获物增多，有机肥料的数量也有所增加。据估算，1949 年我国农业生产中投入的养分，几乎全部是有机肥料提供的，其量为 $4.28\times10^6$t，化肥仅提供了 6 000t。至 1990 年，由有机肥料提供的养分已增加到 $1.50\times10^7$t，虽然由于化肥投入量大量增加，有机肥料投入的养分所占的比例显著降低，但仍占养分总投入量的 36.7%，其中钾甚至占 77%。此外，有机肥料还提供了大部分的硼、锰、锌、钼等微量元素。

有机化料一般可分八类：粪尿肥，包括人粪尿、家畜粪尿、禽粪；堆沤肥类，包括堆肥、沤肥、秸秆还田及沼气发酵肥等；绿肥类，按来源分有野绿肥和栽培绿肥，按植物学分有豆科绿肥和非豆科绿肥，按栽培季节分为早春、夏季和冬季绿肥，按生长年限分为一年生和多年生绿肥，按栽培方式分为单作、套作、混播和插种绿肥等，按用途和利用方式分，有专用绿肥（如稻田绿肥、棉田绿肥、桑果茶园绿肥）、兼用绿肥（如粮肥兼用、菜肥兼用等）；饼肥类，包括大豆饼、花生饼、菜籽饼和茶籽饼等；泥炭类，又称草炭，含有较多的腐殖酸，可用于制造腐殖酸铵、硝基腐殖酸铵和腐殖酸钠等腐殖酸肥料；泥土类，包括塘泥、湖泥、河泥、老墙土、熏土和坑土；城镇废弃物类，包括生活污水、工业污水、屠宰场废弃物、垃圾和各种有机废弃物等；杂肥类，包括皮屑、蹄角、海肥和蚕粪等。

2. 几种主要有机肥的利用现状

（1）秸秆。我国的秸秆资源非常丰富，每年约有 $1.80\times10^7$t，秸秆干物重每年就有 $5.00\times10^7$t 以上，并有茎叶等鲜料约 $1.00\times10^8$t。按平均含氮 5g/kg，五氧化二磷 2g/kg，氧化钾 15g/kg 计算，我国每年仅秸秆一项就可提供 $2.50\times10^6$t 氮，$1.00\times10^6$t 磷，$7.50\times10^6$t 钾素。

（2）动物粪便。动物粪便是一种优质的有机肥料，其资源也很丰富。我国一年的家畜粪尿约有 $2.04\times10^8$t，其中含氮素 $1.06\times10^7$t、五氧化二磷 $3.37\times10^6$t、氧化钾 $1.34\times10^7$t，这些动物粪尿配合垫圈物料，可以沤制出大量的优质厩肥。

（3）绿肥。绿肥也是我国有机肥资源的一大门类，品种资源十分丰富，我国常用的绿肥种类在 30 种左右。1987 年，收集、整理有价值的绿肥品种资源有 617 份，绿肥的常年种植面积约 $1.00\times10^{10}m^2\sim6.00\times10^{10}m^2$，提供的养分约占全国总养分的 3%~5%。绿肥在土壤中腐烂、分解较快，供肥能力增，增产效益显著，是一种来源广、数量多、肥效高且成本低的优质有机肥。

（4）城市垃圾。我国城市垃圾年排放量约 $8.20\times10^7$t，从处理有机垃圾、粪便中制取有机肥，是我国传统的积肥技术，也是当今各国研究城市垃圾资源化技术及应用的重要方法。

（5）污水污泥。污水灌溉和污泥农用技术是有机肥料的另一领域。

## 三、农田氮磷污染的生态环境效应

### （一）氮磷污染与水体富营养化

水体富营养化通常是指湖泊、水库和海湾等封闭性或半封闭性的水体，以及某些滞留（流速<1m/s）在河流水内的氮磷等营养元素的富集，导致某些特征性藻类（主要是蓝藻、绿藻等）的异常增殖，致使水体透明度下降，溶解氧降低，水生生物随之大批死亡，水味变得腥臭难闻。水体富营养化的危害为蓝藻、绿藻类大量繁殖，浮游动植物与细菌等数量剧增，异味的有机物质产生，pH 值上升，深层溶解氧降低等。近年来，我国沿海频频发生赤潮，既污染水体环境，也给海洋渔业、水产业、旅游业带来巨大损失。水质富营养化，不但是困扰发达国家的水污染问题之一，也是发展中国家面临的现实环境问题。湖泊、水库的水质富营养化问题，近年来尤为突出，表现以下特点：

1. 富营养化的普遍性

近年来，世界各国普遍重视湖泊环境的演变，来自联合国环境规划署的一项水体富营养化调查结果表明（表 5－6），在全球范围内 30%～40% 的湖泊和水库遭受不同程度影响。

**表 5－6　世界湖泊和水库营养化状况**

| 地区或国家 | 贫营养（%） | 中营养（%） | 富营养（%） | 抽样水体个数 |
|---|---|---|---|---|
| OECD＋加拿大 | 47 | 16 | 36 | 230 |
| OECD＋加拿大＋其他国家 | 30 | 35 | 35 | 335 |
| 加拿大 | 73 | 15 | 12 | 129 |
| 美国 | 1 | 23 | 76 | 493 |
| 意大利 | 29 | 28 | 43 | 65 |
| 德国 | 8 | 38 | 54 | 72 |
| 波罗的海沿岸国家 | 15 | 38 | 47 | 130 |
| 日本＋其他国家 | 25 | 39 | 36 | 36 |
| 中国 | 44 | 32 | 24 | 34 |
| 11 个 PAHO 国家 | 24 | 20 | 56 | 25 |
| 南非 | 30 | 41 | 28 | 32 |

注：1. 此表引自联合国规划署关于“水体富营养化”调查研究。
2. OECD 指经济合作与发展组织。
3. PAHO 泛指美洲卫生组织国家。

目前，欧洲湖泊面临的最大问题是湖泊富营养化问题，在统计的 96 个湖泊中有 80% 的湖泊不同程度受到氮磷的污染，呈现出富营养化状态。美国国家环境保护局在 20 世纪 70 年代中期对 547 个湖泊的水体开展了水质监测。结果表明，其中处于富营养状态占70%左右，中营养状态占17.8%，贫营养状态仅有4.5%。虽然我国迄今还没有进行全面系统的湖泊水质监测，缺乏完整的湖泊水质数据，但从调查的34个有代表性的湖泊和水库水质的分析结果来看，处于富营养化状态的占24%，处于中营养转向富营养化状态的共占32%，处于分营养状态仅占44%（表5-7）。

**表5-7　2009年我国部分水库富营养化评价结果**

| 营养状况 | 小型水库 | | | | 中型水库 | | | | 大型水库 | | | |
|---|---|---|---|---|---|---|---|---|---|---|---|---|
| | 贫 | 中 | 富 | 合计 | 贫 | 中 | 富 | 合计 | 贫 | 中 | 富 | 合计 |
| 水库数（个） | 2 | 3 | 6 | 11 | 13 | 21 | 38 | 72 | 23 | 16 | 13 | 52 |
| 占总数比例（%） | 1.48 | 2.22 | 4.44 | 8.15 | 9.63 | 15.56 | 28.15 | 53.33 | 17.04 | 11.85 | 9.63 | 38.52 |
| 库容（$10^8 m^3$） | 0.000 3 | 0.115 5 | 0.355 | 0.471 | 3.689 | 5.371 2 | 10.216 8 | 19.28 | 247.471 | 640.522 | 515.393 | 1 403.3 |
| 占总库容比例（%） | 0.000 02 | 0.081 | 0.025 | 0.033 | 0.259 | 0.377 | 0.718 | 1.35 | 17.386 | 45.009 | 36.216 | 98.609 |

据监测，我国大淡水湖泊和城市湖泊的主要污染指标为总氮、总磷、高锰酸钾指数和生物需氧量；大型水库主要污染指标为总磷、总氧和挥发酚；近岸海域的污染表现为无机氮和无机磷，其中无机磷超标率分别是渤海16%、黄海47%、东海81%、南海38%等。

2. 富营养化的地域性

来自联合国环境规划署一项水体富营养化调查结果表明，各地区湖泊和水库受影响的情况相差悬殊。世界上大部分的大型湖泊未受影响，水质良好，例如贝加尔湖、苏必利湖、马拉维湖、坦噶尼喀湖、大熊湖、大奴湖等；在气候干燥地区，水体富营养化情况相对严重，例如西班牙800座水库中，至少有1/3是处于重富营养化状态，在南美、南非、墨西哥及其他一些地方都有水库严重富营养化的报道，加拿大湖泊众多，发生富营养化的湖泊主要集中在加拿大南部人口稠密地区，其大部分湖泊（约3/4）处于贫营养状态。

20世纪80年代对湖泊（水库）水体富营养化调查结果表明，在中国东部地区，调查湖泊大多数已进入富营养化状态（如巢湖、太湖、洪泽湖、南四湖等），少数水库处于富营养化边缘，众多的城市湖泊已达严重富营养化（如南京玄武湖、杭州西湖、九江甘棠湖、广州的东山湖、武汉的墨水湖等），形成了一个宽带状分布，如表5-7。

3. 水体富营养化近年来表现出恶化趋势

近20年来，我国湖泊富营养化发展速度相当快。多年以来的调查结果表明，富营养化湖泊数占调查湖泊的比例由20世纪70年代末的41%发展到80年代后期61%，至90年代后期又上升到77%，我国湖泊富营养化的发展趋势十分严峻。在26个国家重点监控湖泊中，水质一般较差，低于《地面水环境质量标准》（GB3838－2002）Ⅴ类标准，氮磷污染较高，相当一部分湖泊还发生了“水华”灾害。我国的水域环境富营养化近年来显现加速恶化的趋势，太湖、巢湖、滇池尤其明显。

## （二）水体富营养化的成因分析

引起水体富营养化关键作用的元素是氮和磷。研究表明，对于湖泊、水库等封闭性水域，当水体内无机态氮含量大于0.2mg/L，$PO_4^{3-}$浓度达到0.02mg/L时，就有可能引起藻化现象的发生。我国的地面水环境质量标准（GB3838－2002）规定，为防止水质量富营养化，湖泊、水库等封闭性水域无机态磷为0.002mg/L（Ⅰ级水）、0.01mg/L（Ⅱ级水）、0.025mg/L（Ⅲ级水）、0.06mg/L（Ⅳ级水）和0.12mg/L（Ⅴ级水）。一般认为，当湖泊、水库、塘中的总磷浓度>0.025mg/L，全氮浓度达0.2～0.5mg/L以上即被视为富营养化水体。SARPEY认为，进入湖泊或受纳水体的河流中总磷量不超过0.05mg/L，湖泊或受纳水体中的总磷量不超过0.025mg/L，才能控制水体的富营养化。

据对我国25个湖泊的调查，水体全氮无一例外超过了富营养化指标，全磷只有2个湖泊（大理洱海和新疆博斯腾湖）低于0.02mg/L的临界指标，其余92%的湖泊皆超过了这个标准，比国际上一般标准高出10倍或10倍以上（表5－8）。

**表5－8　我国25个湖泊中全氮、全磷浓度（mg/L）及所占的比例**

| 项目 | 全氮 | | | | 全磷 | | | |
|---|---|---|---|---|---|---|---|---|
| | <0.2 | >0.1 | >2.0 | >5.0 | <0.02 | >0.1 | >0.2 | >0.5 |
| 湖泊个数 | 0 | 21 | 13 | 5 | 2 | 16 | 12 | 6 |
| 所占比例/% | 0 | 84 | 52 | 20 | 8 | 64 | 48 | 24 |

另外，我国22个湖泊调查表明，除1个属贫营养湖外，其余63.3%的湖泊是营养湖。例如，滇池、巢湖、甘棠湖（九江）、西湖、东湖、玄武湖、蘑菇湖（石河子）、于桥水库（天津）等早已是富营养湖泊，其中巢湖和太湖是两个水体营养化很典型的例子。

1. 巢　湖

从20世纪60至80年代，由于湖水的富营养化，导致湖内100多种水藻大量繁殖。巢湖目前主要受到氮磷营养盐与有机物的污染，总氮、总磷严重超标。2010年，巢湖西半湖水体总氮、总磷分别为4.14mg/L和0.310mg/L，超过Ⅲ类水标准3.14倍和5.2倍，劣于V类水标准。造成巢湖严重污染的原因，除了沿湖城市排放的大量工业废水和生活污水外，与农业非点源污染量越来越大也有很大关系。巢湖沿湖四周均是农田，是安徽省的重要产粮区，近年来农民施用化肥量平均每公顷1 200kg，比10年前增加8倍，因肥料结构和施肥方法不当造成化肥大量流失，成为巢湖水质总氮、总磷超标的重要原因。

2. 太　湖

目前，97%面积的水体已呈中、富营养化状态。富营养化使太湖近几年大面积暴发蓝藻，数次严重影响自来水厂取水。太湖水富营养化主要由沿湖的工农业排污引起。据研究，进入太湖的污染物中，总氮排放量最多的是太湖流域的农业非点源污染，总磷排放量最多的是来自城镇居民生活污水。苏南太湖流域是我国农业最发达的地区之一，农业集约化程度较高，是高投入、高产出区，全区面积仅占全国的0.4%，而化肥消费量占全国的1.3%。

水体中氮磷等营养物质的来源途径有如下几条：农业用水，城市生活污水及工业废水的排入，地面径流和地下水的渗漏，沉积物和底质的交换溶出等。因此，防止农业面源污染是控制水体富营养化的重中之重。

### （三）氮磷污染对农产品的影响

不合理施用氮肥导致农产品质量下降（尤其是蔬菜硝酸盐污染）已引起人们的重视。人体摄入的硝酸盐有80%以上来自所吃的蔬菜，过量的硝酸盐会导致高铁血蛋白症，婴幼儿对其尤为敏感。同时，硝酸盐在人体中还可以还原为亚硝酸盐，形成致癌物质亚硝胺等。

蔬菜是一种喜硝作物，影响蔬菜体内硝酸盐含量的因素很多，包括蔬菜种类、品种、氮肥的种类、施用量、施肥时间与其他因素的配合等。沈明珠等研究表明，不同种类的蔬菜，其可食部分中的硝酸盐含量差异很大。就硝酸盐平均含量而言，根菜类 > 薯芋类 > 绿叶类 > 白菜类 > 葱蒜类 > 豆类 > 瓜类 > 茄果类 > 多年生类 > 食用菌类。一般情况下，每千克干重蔬菜中硝酸盐可达数千毫克，根菜类含硝酸盐可高达2 000mg/kg左右，叶菜类一般为1 000mg/kg，茄果类含量较低，一般在几十到几百毫克每千克范围内，以根、茎和叶营养器官供食的菜类，均属于硝酸盐积累型，而以果实供食用的蔬菜，属于低富集型。不同品种间硝酸盐含量，供试蔬菜均表现有明显差异。例如，莴苣含硝酸盐高的品种与含硝酸盐低的品种之间相差20多倍，番茄果实硝酸盐含量品种之间相差也达16倍。

### （四）氮磷污染对人体健康的影响

硝酸盐本身对人体没有毒害，但在人体内经硝酸还原菌作用后被还原为亚硝酸盐，毒性加大，是硝酸盐毒性的11倍。这是因为亚硝酸盐可将血红蛋白中的二价铁转化为三价铁，使红细胞变性，血红蛋白不再有携带氧的能力，同时硝酸盐还可以与血红蛋白产生不可逆反应，形成硝基血红蛋白，这种物质同样不具备携带氧的能力，使人体出现窒息现象。

硝酸盐对人体的危害是因为进入人体的硝酸盐在机体的胃内可转化为亚硝酸盐，并且可与机体内的胺或酰胺形成亚硝酸基化合物，例如亚硝胺等，这种物质具有致癌、致畸变的特性，为强致癌物，同时可通过母体使胎儿致癌。国内外流行病学调查资料表明，亚硝胺与人类的食管癌症、鼻咽癌，胃癌、膀胱癌等肿瘤发病有关。此外，亚硝酸盐具有抗甲状腺素的功能。世界卫生组织规定食品（其中包括多种蔬菜）中硝酸盐的最大允许食量为300mg/kg鲜重，德国规定为250mg/kg鲜重。我国目前只对一些加工食品做了规定，在肉制品及肉类罐头中硝酸钠的使用量不得超过500mg/kg，亚硝酸钠不得超过150mg/kg；残留量以亚硝酸钠计，肉类罐头不得超过50mg/kg，肉制品不得超过30mg/kg；对其他食品中硝酸盐用亚硝酸盐的含量均无明确规定；对于饲料中硝酸盐含量在0.07%以下完全无害，0.2%是允许上限。美国卫生部对饮用水中硝酸盐氮含量做了相应规定，认定不得超过10mg/L。

**思考题与实践活动**

1. 土壤环境及其生物学意义？

2. 根据土壤污染特征，如何进行污染土壤的修复？

3. 简述土壤在地球表层环境系统中的地位和作用？

4. 农业环境保护应关注哪些方面？目前，我国“三农”发展进程中如何实施环境保护？

5. 你是否了解土壤退化？如何看待沙尘暴事件？地质灾害与土壤环境有关吗？

6. 制作某个土壤污染事件宣传图片展，在一定地区进行巡回展出，并现场对进行宣传教育。

# 第六章　固体废物处理及资源化

固体废物通常是指人类在生产和生活中丢弃的固体和泥状物质，包括从废水、废气中分离出来的固体颗粒。固体废物有多种分类方法，可以根据其性质、状态和来源进行分类。例如，按其化学性质可分为有机废物和无机废物；按其危害状况可分为有害废物和一般废物。欧美等许多国家按来源将其分为工业固体废物、矿业固体废物、城市固体废物、农业固体废物和放射性固体废物等五类。控制固体废物对环境污染和对人体健康危害的主要途径是实行对固体废物的资源化、无害化和减量化处理。固体废物处理技术涉及固体废物的预处理、物理法、化学法、生物法和最终处理等。

## 第一节　固体废物概述

固体废物是指人类在生产建设、日常生活和其他活动中产生污染环境的固态、半固态废弃物质。固体废物处理是指通过物理、化学、生物等方法，使固体废物转化为适于运输、贮存、资源化利用及最终处置的一种过程。固体废物的物理处理包括破碎、压缩、分选、过滤和离心等处理方式；化学处理包括焚烧、热解和中和等处理方法；生物处理包括好氧生物处理和厌氧生物处理等。固体废物处置是指最终处置或安全处置，是解决固体废物的最终归宿问题，例如堆置、填埋和深海投弃等。

### 一、固体废物的来源及分类

固体废物产生于人类的生产和消费活动中，主要来源于工矿业固体废物、农林业固体废物和城市垃圾等。

固体废物分类方法很多，按组成可分为有机废物和无机废物；按形态可分为固体（块状、粒状、粉状）和泥状（污泥）废物；按来源可分为工业废物、矿业废物、城市垃圾、农业废物和放射性废物；按其危害状况可分为有害废物和一般废物。一般来说，是按其来源分类。

1. 工业固体废物

工业固体废物就是从工矿企业生产过程中排放出来的废物，通常又叫废渣。

工业废渣主要包括：

（1）冶金废渣。金属冶炼过程中或冶炼后排出的所有残渣废物，例如高炉矿渣、钢渣、有色金属渣、粉尘、污泥和废屑等。

（2）采矿废渣。在各种矿石、煤炭的开采过程中产生的矿渣数量是极其庞大的，包括的范围很广，有矿山的剥离废渣、掘进废石和各种尾矿等。例如，每采1t原煤要排煤矸石0.2t左右，若包括掘进矸石，则平均产矸石1t。矿石在精选精矿粉后，剩余的废渣称为尾矿，每选1t精矿粉要产生0.5t～1.0t尾矿。我国每年排放的煤矸石达$1.10\times10^9$t，金属尾矿$1.00\times10^9$t。

（3）燃料废渣。主要是工业锅炉，特别是燃煤的火力发电厂排出大量粉煤灰和煤渣，每1万千瓦发电机组每年的灰渣量约为$9.00\times10^3$t～$1.00\times10^4$t。我国每年排放的粉煤灰和煤渣达$1.15\times10^9$t。

（4）化工废渣。化学工业生产中排出的工业废渣主要包括电石渣、碱渣、磷渣、盐泥、铬渣、废催化剂、绝热材料、废塑料和油泥等。这类废渣往往含大量的有毒物质，对环境的危害极大。我国每年排放的化工废渣达$1.70\times10^7$t。

（5）建材工业废渣。建材工业生产中排出的工业废渣有水泥、粘土、玻璃废渣、砂石、陶瓷和纤维废渣等。

在工业固体废物中，还包括机械工业的金属切削物、型砂等；食品工业的肉、骨、水果和蔬菜等废弃物；轻纺工业的布头、纤维和染料；建筑业的建筑废料等。

2. 农业固体废物

农作物收割、畜禽养殖和农产品加工过程中要排出大量的废弃物，主要是农作物秸秆和畜禽类粪便等。

3. 放射性固体废物

放射性固体废物包括核燃料生产、加工，同位素应用，核电站、核研究机构、医疗单位和放射性废物处理设施产生的废物。例如，污染的废旧设备、仪器、防护用品、废树脂、水处理污泥和蒸发残渣等。

4. 城市垃圾

这类固体废物主要是由居民生活及机关团体和其他公共设施（医院、公园、商店及市政部门）产生的固体废物，主要是废纸、厨房垃圾（如煤灰、食物残渣等）、废塑料、废电池、树叶、脏土、碎砖瓦和污水污泥等，这类固体废物与农业环境的关系较为密切。

5. 有害固体废物

有害固体废物，国际上称之为危险固体废物。这类废物泛指除放射性废物以外，具有毒性、易燃性、反应性、腐蚀性、爆炸性和传染性，因而可能对人类的生活环境产生危害的废物。基于环境保护的需要，许多国家将这部分废物单独列出加以管理。1983 年，联合国环境规划署已经将有害废物污染控制问题，列为全球重大的环境问题之一。

## 二、固体废物特点

固体废物特点是直接占用并具有一定空间、品种繁多、数量巨大、有固体外形的危险液体及气体废物等。

1. 直接占用并具有一定空间

固体废物除直接占用土地并具有一定空间，它对环境的污染主要通过水、大气或土壤进行。因此，固体废物既是污染水体、大气、土壤的“源头”，又是废水、废气处理的“终态物”。

2. 品种繁多、数量巨大

随着工业生产的发展和人类物质生活的提高，固体废物种类越来越多，数量也逐年增加。以城市垃圾为例，工业发达国家城市垃圾产生量大致以每年2% ~4% 的速度增长，欧盟国家生活垃圾平均增长率为3%，我国近几年的垃圾增长率每年约按 9% 以上的速度增加。

3. 有固体外形的危险液体及气体废物

液体和用容器装的气体，例如装在容器中的废酸、废碱或气体在法律上都称为危险废物，均列于危险废物的管理范畴之内。

## 三、固体废物对环境的危害

固体废物对环境的危害很大，表现在以下几个方面：

1. 侵占土地

固体废物不加利用时，需占地堆放。据估算，每堆积 $1.00 \times 10^4$t 渣，约需占地 677$m^2$。我国仅煤矸石一项积存量就达 $1.00 \times 10^9$t，侵占农田 3 333$hm^2$，随着生产的发展和消费的增长，城市垃圾消纳场地日益显得不足，垃圾占地的矛盾日益尖锐，给市政建设带来诸多不便。

2. 污染土壤

固体废物及其淋洗和渗滤液中所含的有害物质会改变土壤性质和土壤结构，并将对土壤中微生物的活动产生影响，破坏土壤内的生态平衡，甚至导致草木不生，例如我国内蒙古包头尾矿的堆积，使尾矿坝下游的全巴兔乡大片土地被污染，一个乡的居民被迫搬迁。固体废物中的有害物质进入土壤后，还可能在土壤中积累，例如我国西南某市郊因农田长期施用垃圾，土壤中的汞浓度已超过本底值 8 倍，铜、铅分别增加 87% 和 55%，这些有害成分的存在，不仅有碍植物根系的发育和生长，而且还会在植物有机体内积蓄，通过食物链危及人体健康。固体废物污染土壤，影响人体健康的典型事例是含镉废渣排入土壤引起的日本富山县痛痛病事件。

3. 污染水体

固体废物随天然降水或地表径流进入水体，或随风飘迁落入湖泊、河流，污染地面水，并随沥水渗透到土壤中，进入地下水，使地下水受到了污染，而废渣直接排入水体，造成更大的水体污染。例如，德国莱茵河地区的地下水因受废渣渗沥水污染，导致自来水厂有的关闭，有的减产。美国的 Love canal 事件是典型的固体废物污染地下水事件。同时，生活垃圾未经无害化处理任意堆放，也已造成许多城市地下水污染，例如贵阳市两个垃圾场使其附近的饮用水源大肠菌值超过国家标准 70 倍以上，为此市政府拨款 20 万元治理，并关闭了这两个堆放场。

4. 污染大气

一些有机固体废物在适宜的温度和湿度下被微生物分解，释放出有害气体；堆放的细微颗粒、粉尘的固体废物可随风飞扬，对大气造成了污染。据研究表明，当风力达四级以上时，粉煤灰或尾矿堆表层粒径 1cm ~ 1.5cm 的粉末将出现剥离，其飘扬高度可达 20mm ~ 50mm 以上。煤矸石自燃是固体废物污染大气的典型例子，辽宁、山东、江苏三省的矸石堆中，自燃起火散发大量二氧化硫的占三分之一多。此外，采用焚烧法处理固体废物已成为有些国家大气污染的主要污染源之一。据报道，美国几千座固体废物焚烧炉中有三分之二由于缺乏空气净化装置而污染大气，有的露天焚烧炉排出的粉尘在接近地面处的浓度达到 $0.56g/m^3$。

5. 影响环境卫生

工业废渣、城市垃圾堆放在城市的一些死角，以及随处乱仍的塑料瓶、塑料袋等，严重影响城市容貌和环境卫生，对人的健康构成潜在的威胁。

## 四、固体废物的管理

根据我国多年来的管理措施，并借鉴国外的经验，从以下两方面来做好我国的固体废物管理工作。

### （一）划分有害废物与非有害废物的种类与范围

目前，许多国家都对固体废物实施分类管理，并且都把有害废物作为重点，依据专门制定的法律和标准实施严格管理，通常采用以下两种方法：

1. 名录法

“名录法”是根据经验与实验，将有害废物的品名列成一览表，将非有害废物列成排除表，再由国家管理部门以立法形式予以公布。此法使人一目了然，方便使用。《控制危险废物越境转移及其处置巴赛尔公约》列出了“应加控制的废物类别”共45类，我国2008年8月1日实施的《国家危险废物名录》中共涉及47类废物，其中包括医药废物、医院临床废物、农药废物、含重金属废物、废酸、废碱和石棉废物等。

2. 鉴别法

“鉴别法”是在专门的立法中对有害废物的特性及其鉴别分析方法以“标准”的形式予以规制，依据鉴别分析方法，测定废物的特性，例如易燃性、腐蚀性、反应性、放射性、浸出毒性以及其他毒性等，进而判断其属于有害废物或非有害废物。目前我国已制定颁布的《危险废物鉴别标准》中，包括腐蚀性鉴别、急性毒性的初筛和浸出毒性鉴别三类。凡《国家危险废物名录》中所列废物类别高于鉴别标准的属危险废物，列入国家危险废物管理范围，低于鉴别标准的，不列入国家危险废物管理范围。

### （二）完善固体废物法和加大执法力度

建立固体废物管理法规是废物管理的主要方法，这已被世界上许多国家的经验所证实。美国的《资源保护和回收法》（RCR—A，1984）和《全面环境责任承担赔偿和义务法》（CERCLA，1986）是世界各国中比较全面的关于固体废物管理的法规。英国的《污染控制法》有专门的固体废物条款。日本的《废弃物处理和清扫法》对一般废弃物和产业废弃物（包括有害废物）的处理和处置都有明确的规定和严格要求，例如对生活垃圾都有明文规定。

## 五、固体废弃物的综合利用和资源化

冶金、电力、化工、建材和煤炭等工矿行业在国民经济中占重要地位，所产生的固体废物如冶金渣、粉煤灰、炉渣、化工渣、煤矸石和尾矿粉等，不仅数量大，而且还具有再利用的良好性能，受到国内处广泛重视。我国由于长期采用粗放型生产方式，单位产品的固体废物产生量较大。因此，固体废物的综合利用和资源化具有重要的现实意义。

20世纪70年代以来，将固体废物作为原材料和能源资源加以开发利用是得到迅速发展、最有效的处理和利用固体废物的方法，也可以视作一种最终处置。由于冶炼渣、粉煤灰、炉渣和煤矸石等化学成分及其他技术性质类似于多种天然资源，可在建筑材料、冶金原料、农用和回收能源方面找到广阔的利用途径。

1. 用作建筑材料

工业及民用建筑、道路、桥梁等土木工程每年耗用大量砂、石、土和水泥等材料。表6-1是可用于生产各种建筑材料的固体废物。

表 6－1　可用于生产建筑材料的固体废物

| 建材品种 | 主要可利用的固体废物类型 |
| --- | --- |
| 水泥：用于生料配料、混合材料、外掺剂等 | 相当于石灰成分的废石、铁或铜的尾矿粉，粉煤灰、锅炉渣、高炉渣、煤矸石，钢渣、铜渣、铅渣、镍渣、赤泥、硫酸渣、铬渣，油母页岩渣、碎砖瓦、水泥窑灰、废石膏、电石渣、铁合金渣等 |
| 砖瓦：烧制、蒸制或高压蒸制砖瓦 | 铁和铜尾矿粉、煤矸石、粉煤灰、锅炉渣、高炉渣、钢渣、铜渣、镍渣、赤泥、硫酸渣、电石渣等；铬渣、油母页岩渣等只能供烧制砖瓦 |
| 砌块、墙板及混凝土制品 | 废石膏、锅炉渣、高炉渣、电石渣、废石膏、铁合金水渣等 |
| 混凝土骨料：普通混凝土及轻质混凝土骨料 | 化学成分及体积固定的各种废石、自然或焙烧膨胀的煤矸石、粉煤灰陶粒，高炉重矿渣、膨胀矿渣、膨珠、水渣、铜渣、膨胀镍渣、赤泥陶粒、烧胀页岩、锅炉渣、碎砖、铁合金水渣等 |
| 道路材料：用于垫层、路基、结构层、面层 | 化学成分及体积固定的废石、铁和铜尾矿粉、自燃后的煤矸石、粉煤灰、锅炉渣、高炉渣、钢、铜、铅、镍、锌渣、赤泥、废石膏、电石渣等 |
| 铸石及微晶玻璃 | 类似玄武岩、辉绿岩的废石、煤矸石、粉煤灰、高炉渣、铜渣、镍渣、铬渣、铁合金渣等 |
| 保温材料 | 高炉渣棉及其制品，高炉水渣、粉煤灰及其微珠等 |
| 其他材料 | 高炉渣可作耐热混凝土骨料、陶瓷及搪瓷原料，粉煤灰作塑料填料，铬渣作玻璃着色剂等 |

2. 用作冶炼金属的原料

在某些废石、尾矿和废渣中常常含有一定量的有用金属元素或冶炼金属所需的辅助成分，将其作为冶金原料，不仅可解决这些固体废物对环境的危害，而且还可收到良好的经济效益。如表 6－2 是可用于冶炼、回收相应金属的固体废物。

表 6－2　可用于冶炼和回收金属的固体废物

| 冶炼和回收金属 | 固体废物类型 |
| --- | --- |
| 作炼铁原料 | 废钢铁、钢渣、钢铁尘泥、含铁量高的硫酸渣、铅锌渣、铜镍渣等 |
| 作炼铁熔剂 | 转炉钢渣、平炉和电炉还原渣等 |
| 磁选回收铁 | 煤矸石、粉煤灰、钢铁渣等 |
| 回收有色金属 | 铜、铅、锌、镍渣和粉煤灰等 |
| 回收金、锗、银、铟 | 煤矸石、粉煤灰、铅锌渣等 |
| 回收汞 | 盐泥、含汞废水污泥等 |

3. 回收能源

从含有可燃质的煤矸石、粉煤灰和炉渣中回收有用的能源，也是处理和利用固体废物的一种方法。煤矸石的热值大约为800J/kg～8 000J/kg，在粉煤灰和锅炉渣中常含有10%以上的未燃尽炭，可从中直接回收炭或用以和粘土混合烧制砖瓦，既可节省粘土，又节省能源。某些有机废物可通过一定的配料制取沼气回收能源。

4. 用作农肥、改良土壤

固体废物常含有一定量促进植物生长的肥分和微量元素，并具有改良土壤结构的作用，例如钢铁渣、粉煤灰和自燃后的煤矸石所含硅、钙等成分，可增强植物的抗倒伏能力，起硅钙肥的作用；钢渣中的石灰可对酸性土壤起中和作用，磷起磷肥作用；含有铁、镁、钾、锰、铜等元素和钴、钼等微量元素的废渣，可促进植物茁壮成长；粉煤灰形似土壤，透气性好，它不仅对酸性土壤、粘性土壤和盐碱地有改良作用，而且还可以提高土壤上层的表面温度，起到保墒、促熟和保肥作用。

## 第二节　固体废物处理与处置技术

固体废弃物处理通常是指通过物理、化学、生物和物化方法把固体废物转化为适于运输、贮存、利用或处置的过程，固体废弃物处理的目标是无害化、减量化和资源化。目前采用的主要方法包括压实、破碎、分选、固化、焚烧和生物处理等。对于因技术原因或其他原因无法利用或处理的固态废弃物，是终态固体废弃物。终态固体废弃物的处置，是控制固体废弃物污染的末端环节，是解决固体废弃物的归宿问题。处置的目的和技术要求是使固体废弃物在环境中最大限度地与生物圈隔离，避免或减少其中的污染组成对环境的污染与危害。终态固体废弃物可分为海洋处置和陆地处置两大类。

### 一、控制固体废物污染的技术政策

我国固体废物污染控制工作起步较晚，开始于20世纪80年代初期。由于技术力量和经济力量有限，当时还不可能在较大的范围内实现“资源化”。因此，从“着手于眼前，放眼于未来”出发，我国于20世纪80年代中期提出了以“资源化”、“无害化”和“减量化”作为控制固体废物污染的技术政策，并确定以后较长一段时间内应以“无害化”为主。

将固体废物中可利用的那部分材料充分回收利用是控制固体废物污染的最佳途径，但它需要较大的资金投入，并需有先进的技术作先导。我国固体废物处理利用的发展趋势必然是从“无害化”走向“资源化”，“资源化”是以“无害化”为前提的，“无害化”和“减量化”则应以“资源化”为条件，这是毫无疑问的。

1. 无害化

固体废物“无害化”处理的基本任务是将固体废物通过工程处理，达到不损害人体健康，不污染自然环境（包括原生环境与次生环境）。

目前，废物“无害化”处理工程已经发展成为一门崭新的工程技术。例如，垃圾的焚烧、卫生填埋、堆肥、粪便的厌氧发酵，有害废物的热处理和解毒处理等。其中，“高温快速堆肥处理工艺”、“高温厌氧发酵处理工艺”在我国都已达到实用程度，“厌氧发酵工艺”用于废物“无害化”处理工程的理论也已经基本成熟，具有我国特点的“粪便高温厌氧发酵处理工艺”，在国际上一直处于领先地位。

2. 减量化

固体废物“减量化”的基本任务是通过适宜的手段减少固体废物的数量和体积。这一任务的实现，需从两个方面着手，一是对固体废物进行处理利用，二是减少固体废物的产生。对固体废物进行处理利用，属于物质生产过程的末端，即通常人们所理解的“废弃物综合利用”，我们称之为“固体废物资源化”。例如，生活垃圾采用焚烧法处理后，体积可减小 80% ~90%，余烬便于运输和处置。固体废物采用压实、破碎等方法处理也可以达到减量、方便运输和处理处置的目的。

3. 资源化

固体废物“资源化”的基本任务是采取工艺措施从固体废物中回收有用的物质和能源，固体废物“资源化”是固体废物主要归宿。相对于自然资源来说，固体废物属于“二次资源”或“再生资源”范畴，虽然它一般不具有原使用价值，但是通过回收、加工等途径，可以获得新的使用价值。“资源化”应遵循的原则是：“资源化”技术是可行的；“资源化”的经济效益比较好，有较强的生命力；废物应尽可能在排放源就近利用，以节省废物在贮放、运输等过程的投资；“资源化”产品应当符合国家相应产品质量标准，具有一定的竞争力。

## 二、固体废物处理技术

固体废物处理和利用总的原则是先考虑减量化、资源化，以减少固体废物的产生量与排出量，后考虑适当处理以加速物质循环。不论前面处理得如何完善，总要残留部分物质，因此最终处置是不可少的。

### （一）减量化法

据粗略统计，目前我国矿物资源利用率仅 50% ~60%，能源利用率为

30%，大约有40%～50%没有发挥生产效益而变成废物，既污染环境，又浪费大量宝贵资源，其他行业也是如此。因此，加强技术改造，提高资源的利用效率，减少固体废物产生大有可为。减量化法一般有以下三种方法：

（1）通过改变产品设计，开发原材料消耗少、包装材料省的新产品，并改革工艺强化管理，减少浪费，以减少产品物质的单位耗量。

（2）提高产品质量，延长产品寿命，尽可能减少产品废弃的几率和更换次数。

（3）开发可多次重复使用的制品，使制成品循环使用以取代只能使用一次的制成品，例如包装食品的容器和瓶类。

### （二）资源化法

资源化法是通过各种方法从固体废物中回收或制取物质和能源，将废物转化为资源，即转化为同一产业部门或其他产业部门新的生产要素，同时达到保护环境的方法。其具体利用途径有以下几个方面：

（1）作工业原材料。例如，从尾矿和废金属渣中回收金属元素。南京矿务局等单位利用含铝量高、含铁量低的煤矸石制作铝铵钒、三氧化二铝、聚合铝和二氧化硅等产品，从剩余滤液中提取锗、镓、铀、钒和钼等稀有金属。

（2）回收能源。我国每年排放的煤矸石中，有$3.00\times10^7$t热值在6 276kJ/kg以上，可作沸腾炉燃料用于发电，每年可节约大量优质煤。鹤岗、本溪等地还用煤矸石制造煤气、回收能源。此外，还有垃圾填埋、焚烧回收能源及从有机废物分解回收燃料油、煤气及沼气等回收能源的方法。

（3）作土壤改良剂和肥料。实践证明，用粉煤灰改良土壤，对酸性土、粘性土和弱盐碱地都有良好效果，可使粮食增产10%～30%，对水果、蔬菜也有增产效果。德国研究了用铜矿渣粉作肥料进行盆栽和大田的铜肥肥效试验，结果表明，凡施用铜矿渣粉的都增产。许多试验和实践表明，硫铁矿渣内含有多种有色金属，可作为综合微量元素肥料，同样具有明显的效果。

（4）直接利用。例如，各种包装材料直接利用。

（5）作建筑材料。利用矿渣、炉渣和粉煤灰等，可制作水泥、砖和保温材料等各种建筑材料，也可作道路和地基的垫层材料。我国传统的墙体材料是粘土砖，每生产$1.00\times10^8$块砖需挖良地6.66$hm^2$，用煤$1.00\times10^4$t，而我国每年的砖产量达数千亿块，这对我国宝贵的耕地是一个不小的威胁，但是各种固体废物大部分可以在建筑材料生产方面找到用途，这对于保护土地资源，改善环境具有重要意义。

### （三）处理法

固体废物通过物理、化学、生物化学的方法，使其减容化、无害化、稳定化和安全化，以加速物质在环境中的再循环，减轻或消除环境污染。

1. 物理处理

物理处理是通过浓缩或相变化改变固体废物的结构，使之成为便于运输、贮存、利用或处置的形态。物理处理方法包括压实、破碎、分选、增稠、吸附和萃取等。物理处理往往作为回收固体废物中有用物质的重要手段加以采用。

2. 化学处理

化学处理是采用化学方法破坏固体废物中的有害成分从而达到无害化，或将其转变成为适于进一步处理、处置的形态。由于化学反应条件复杂，影响因素较多，故化学处理方法通常只用在所含成分单一或所含几种化学成分特性相似的废物处理方面，对于混合废物，化学处理可能达不到预期的目的。化学处理方法包括氧化、还原、中和、化学沉淀和化学溶出等。有些有害固体废物，经过化学处理还可能产生富含毒性成分的残渣，还须对残渣进行解毒处理或安全处置。

3. 生物处理

生物处理是利用微生物分解固体废物中可降解的有机物，从而达到无害化和综合利用。固体废物经过生物处理，在容积、形态、组成等方面，均发生重大变化，因而便于运输、贮存、利用和处置。生物处理方法包括好氧处理、厌氧处理、兼性厌氧处理。与化学处理方法相比，生物处理在经济上一般比较便宜，应用也相当普遍，但处理过程所需时间较长，处理效率有时不够稳定。

（1）堆肥化。它是依靠自然界广泛分布的细菌、放线菌和真菌等微生物，人为地促进可生物降解的有机物向稳定的腐殖质生物转化过程。堆肥化的产物称作堆肥，是一种具有改良土壤结构，增大土壤溶水性、减少无机氮流失、促进难溶磷转化为易溶磷、增加土壤缓冲能力，提高化学肥料的肥效等多种功效的廉价、优质土壤改良肥料。根据堆肥化过程中微生物对氧的需求关系可分为厌氧（气）堆肥与好氧（气）堆肥两种方法。其中，好氧堆肥因具有堆肥温度高、基质分解比较彻底、堆制周期短、异味小等优点而被广泛采用。按照堆肥方法的不同，好氧堆肥又可分为露天堆肥和快速堆肥两种方式。现代化堆肥生产通常由前处理、主发酵（一次发酵）、后发酵（二次发酵）、后处理、贮藏等五个工序组成。其中，主发酵是整个生产过程的关键，应控制好通风、温度、水分、碳氮比、碳磷比及 pH 值等发酵条件。

（2）沼气化。沼气化亦称厌氧发酵，是固体废物中的碳水化合物、蛋白质和脂肪等有机物在人为控制的温度、湿度、酸碱度的厌氧环境中经多种微生物的作用生成可燃气体的过程。该技术在城市下水污泥、农业固体废物和粪便处理中得到广泛应用。它不仅对固体废物起到稳定无害的作用，更重要的是可以生产一种便于贮存和有效利用的能源。据估计，我国农村每年产农作物秸秆5亿吨，若用其中的一半制取沼气，每年可生产沼气$5.00\times10^{10}m^3$ ~ $6.00\times10^{10}m^3$，除满足8亿农民生活用燃料之外，还可余$6.00\times10^{9}m^3$ ~ $1.00\times10^{10}m^3$。由此可见，沼气化技术是控制污染、改变农村能源结构的一条重要途径。

（3）废纤维素糖化技术。废纤维素糖化是利用酶水解技术使之转化成单体葡萄糖，然后可通过化学反应转化为化工原料或生化反应转化为单细胞蛋白或微生物蛋白。天然纤维素酶水解顺序如下：

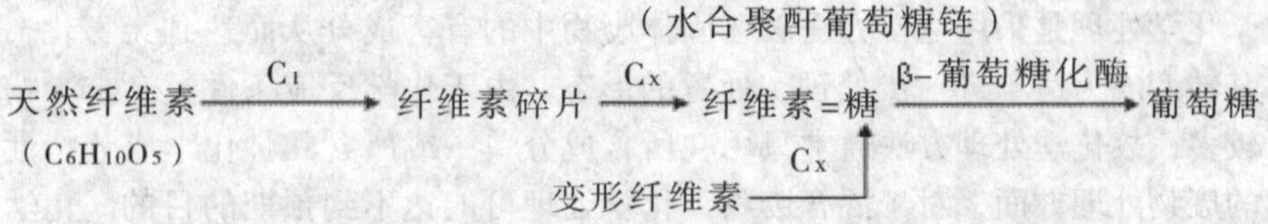


结晶度高的天然纤维素在纤维素酶$C_1$的作用下分解成纤维素碎片（降低聚合度），经纤维素酶$C_x$的进一步作用而分解成聚合度小的低糖类，最后靠β－葡萄糖化酶作用分解为葡萄糖。

据估算，世界纤维素年净产量约$1.00\times10^{11}t$，废纤维素资源化是一项十分重要的世界课题。日本、美国已成功地开发了废纤维糖化工艺流程，目前在技术上可行，经济效果还需论证。因此，开发成本低的处理方法，寻找更好的酶种，提高酶的单位生物分解能力，改善发酵工艺等问题有待进一步探索。

（4）废纤维素饲料化。该技术不需要糖化工序，而是将废纤维经微生物作用，直接生产单细胞蛋白或微生物蛋白。目前，废纤维素饲料化，生产单细胞蛋白质技术上是可行的，但在经济上要具有竞争性，仍有许多课题有待解决。

（5）细菌浸出。化能自养细菌将亚铁氧化为高铁、将硫及还原性硫化物氧化为硫酸从而取得能源，从空气中摄取二氧化碳、氧以及水中其他微量元素（如氮、磷等）合成细胞质。这类细菌可生长在简单的无机培养基中，并能耐受较高金属离子和氢离子浓度。利用化能自养菌这种独特生理特性，从矿物料中将某些金属溶解出来，然后从浸出液中提取金属的过程，通称为细菌浸出。该法主要用于处理铜的硫化物和一般氧化物为主的铜矿和铀矿废石，回收铜和铀，对锰、砷、镍、锌、钼及若干种稀有元素也有应用前景。目前，细菌浸出在国内外得到大规模工业应用。

4. 热处理

热处理是通过高温破坏和改变固体废物组成和结构，同时达到减容、无害化或综合利用的目的。热处理方法包括焚化、热解、湿式氧化以及焙烧、烧结等。

（1）焚烧处理。焚烧处理即在高温（800℃ ~1 000℃）下，通过燃烧，使固体废物中的可燃成分转化成惰性残渣，同时回收热能，这对处于能源危机的世界来说无疑有重要作用，也是近年来这项技术在发达国家得以广泛应用的原因。通过燃烧，可使固体废物进一步减容，城市垃圾经燃烧后可减小体积80% ~90%，重量降低75% ~80%，同时可以较彻底的消灭各种病原体，消除腐化源。相比之下，燃烧处理具有焚烧占地小；焚烧对垃圾处理彻底，残渣二次污染危险较小；焚烧操作是全天候的，不受天气影响；焚烧可安装在接近垃圾源的地方，节约运输费用；焚烧的适用面广，除城市垃圾以外的许多城市废物也可以采用焚烧方法进行净化。但是，燃烧处理也有明显缺陷。首先，仍然存在二次污染，燃烧仍然要排出灰渣、废气，特别是近年来出现的二恶英，其毒性比氰化物大一千倍；其次，是单位投资和处理运转成本较高；最后，就是对废物有一定要求，即要求其热值至少大于4 000kJ/kg。因此，对经济不发达国家来说，城市垃圾几乎都达不到此要求，故很难普遍推广使用。

燃烧一般要经历脱水、脱气、起燃、燃烧和熄灭等过程。控制此过程的因素主要有三个，即时间、温度和燃料以及空气混合的湍流混合程度（习惯称三T）。一般认为，燃烧时间与固体废物粒度的平方近似成正比，粒度越细，其与空气的接触面积愈大，燃烧进行就愈快，废物停留时间就越短。另外，燃烧中氧气浓度越高，燃烧速度和质量就愈高，因此必须使燃料中有足够的空气流动，燃料与空气的湍流混合度越高，对燃烧的进行越有利。

一般来讲，燃烧的工艺包括固体废物的贮存、预处理、进料系统、燃烧室、废气排放与污染控制、排渣、监控测试和能源回收等12大系统（如图6－1所示）。

（2）热解。热解是将有机物在无氧或缺氧条件下高温（500℃ ~1 000℃）加热，使之分解为气、液、固三类产物。气态的有氢、甲烷、碳氢化合物和一氧化碳等可燃气体；液态的有含甲醇、丙酮、醋酸、乙醛等成分的燃料油；固态的主要为固体碳。该法的主要优点是能够将废物中的有机物转化为便于贮存和运输的有用燃料，而且尾气排放量和残渣量较少，是一种低污染的处理与资源化技术。

（3）湿式氧化。湿式氧化法又称湿式燃烧法。它是指有机物料在有水介质存在的条件下，加以适当的温度和压力进行的快速氧化过程。有机物料应为流动状态，可以用泵加入湿式氧化系统。由于有机物的氧化过程是放热过程，所以反应一旦开始，就会在有机物氧化放出的热量作用下自动进行，而不需要投加辅助燃料。排放的尾气中主要含有二氧化碳、氮、过剩的氧气和其他气体，液相中包括残留的金属盐类和未完全反应的有机物。有机物的氧化程度取决于反应温度、压力和废物在反应器内的停留时间。增加温度和压力可以加快反应速度，提高COD的转化率，但温度最高不能超过水的临界温度。

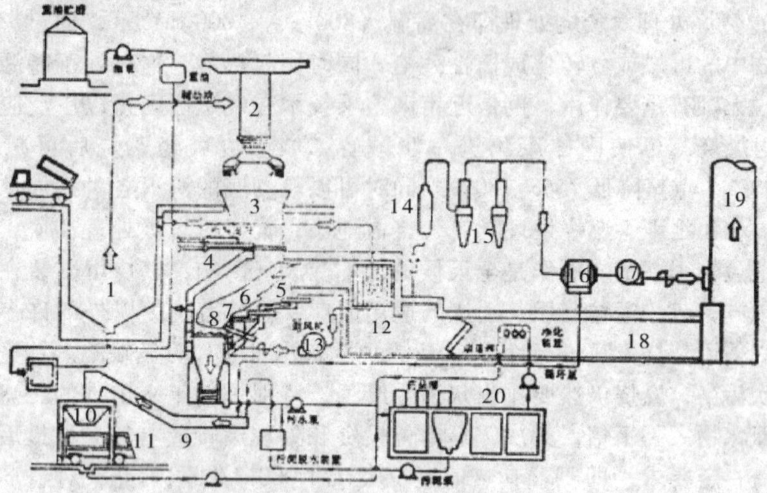


图 6－1　典型城市垃圾燃烧系统

1－垃圾坑；2－抓斗；3－加料斗；4－加料推杆；5－干燥炉栅；6－水平炉栅；7－圆型炉栅；8－摇动炉栅；9－出灰输送机；10－灰斗；11－运灰车；12－空气预热器；13－鼓风机；14－冷却塔；15－除尘器；16－除尘器；17－排风机；18－烟道；19－烟囱；20－污水处理槽

5. 微波处理

最新研究结果表明，微波技术在放射性废物处理、土壤去污、工业原油和污泥等的处理方面可以成功地应用。目前虽还只是处于实验室的研究阶段，但有关专家指出，微波技术在以后肯定能发挥其废物处理方面应有的潜力。

## 三、固体废物处置方法

固体废物处置是指最终处置或安全处置，是固体废物污染控制的末端环节，是解决固体废物的归宿问题。固体废物处置方法包括海洋处置和陆地处置两大类。

### （一）海洋处置

海洋处置主要分为海洋倾倒与远洋焚烧两种方法。近年来，随着人们对保护环境生态重要性认识的加深和总体环境意识的提高，海洋处置已受到越来越多的限制。

### （二）陆地处置

陆地处置包括土地耕作、工程库或贮留池贮存、土地填埋以及深井灌注几种，其中土地填埋法是一种最常用的方法。

1. 农　用

是利用表层土壤的离子交换、吸附、微生物降解以及渗滤水浸出、降解产物的挥发等综合作用机制处置固体废物的一种方法。该技术具有工艺简单、费用适宜、设备易于维护、对环境影响很小、能够改善土壤结构、增长肥效等优点，主要用于处置含盐量低、不含毒物、可生物降解的固体废物。例如，污泥和粉煤灰施用于农田作为一种处理方法已引起重视。生产实践和科学研究工作证明，施污泥、粉煤灰于农田可以肥田，起到改土和增产的作用。

2. 土地填埋处置

它是从传统的堆放和填地处置发展起来的一项最终处置技术。因其工艺简单、成本较低、适于处置多种类型的废物，目前已成为一种处置固体废物的主要方法。

土地填埋处置种类很多，采用的名称也不尽相同。按填埋地形特征可分为山间填埋、平地填埋、废矿坑填埋；按填埋场的状态可分为厌氧填埋、好氧填埋、准好氧填埋；按法律可分为卫生填埋和安全填埋等。随填埋种类的不同其填埋场构造和性能也有所不同。一般来说，填埋场主要包括废弃物坝、雨水集排水系统（含浸出液体集排水系统和浸出液处理系统）、释放气处理系统、入场管理设施、入场道路、环境监测系统、飞散防止设施、防灾设施、管理办公设施、隔离设施等。

土地卫生填埋适于处置一般固体废物。用卫生填埋来处置城市垃圾，不仅操作简单，施工方便，费用低廉，还可同时回收甲烷气体，目前在国内外被广泛采用。在进行卫生填埋场地选择、设计、建造、操作和封场过程中，应着重考虑防止浸出液的渗漏、降解气体的释出控制、臭味和病原菌的消除、场地的开发利用等几个主要问题。

（1）场地选择。场地选择一般要考虑容量、地形、土壤、水文、气候、交通、距离与风向、土地征用和废物开发利用等诸多问题。一般来讲，填埋场容量应满足 5a ~ 20a 的使用期。填埋地形要便于施工，避开洼地，地面泄水能力要强，要容易取得覆盖土壤，土壤要易压实，防渗能力强；地下水位应尽量低，距最下层填埋物至少 1.5m；避开高寒区，蒸发大于降水区最好；交通要方便，具有能在各种气候下运输的全天候公路，运输距离要适宜，运输及操作设备噪音要不影响附近居民的工作和休息；填埋场地应位于城市下风向，避免气味、灰尘飘飞对城市居民造成影响，最好选在荒芜的廉价地区。

（2）填埋方法的选择。常用的填埋方法有沟槽法、地面法、斜坡法和谷地法等。土地填埋法的操作灵活性较大，具体采用何种方法，可根据垃圾数量以及场地的自然条件确定。

（3）填埋场气体的控制。当固体废物（垃圾）进入填埋场后，由于微生物的生化降解作用会产生好氧与厌氧分解。填埋初期，由于废物中空气较多，垃圾中有机物开始进行好氧分解，产生二氧化碳、水、氨，这一阶段可持续数天，当填埋区氧被耗尽时，垃圾中有机物开始转入厌氧分解，产生甲烷、二氧化碳、氨、水和硫化氢等。因此，应对这些废气进行控制或收集利用，以避免二次污染。

(4) 浸出液的控制。填埋场浸出液一般源于降雨、地表径流、地下水涌出和废物本身水分。渗出液成分较复杂，其 COD 高达 40 000mg/L ~ 50 000mg/L，氨氮达 700mg/L ~ 800mg/L。浸出液属高浓度有机废水，若不加以控制必然对环境造成严重危害。常用的措施是设置防渗衬里，即在底部和侧面设置渗透系数小的粘土或沥青、橡胶、塑料隔层，并设置收集系统，由泵把浸出液抽到处理系统进行集中处理。此外，还应采用控制雨水、地表水流入的措施，减小浸出液的量。

3. 深井灌注处置

此法系指把液状废物注入到地下与饮用水和矿脉层隔开的可渗性岩层内。一般废物和有害废物都可采用深井灌注方法处置，但主要还是用来处置那些实践证明难于破坏、转化，不能采用其他方法处理或者采用其他方法费用昂贵的废物。深井灌注处置前，需使废物液化，形成真溶液或乳浊液。深井灌注处置系统的规划、设计、建造与操作主要分废物的预处理、场地的选择、井的钻探与施工，以及环境监测等几个阶段。

## 第三节　危险废物处理和处置技术

危险废物是指在操作、储存、运输、处理和处置不当时会对人体健康或环境带来重大威胁的废物，它具有毒性（含重金属的废物）、爆炸性（含硝酸铵、氯化铵等的废物）、易燃性（废油和废溶剂等）、腐蚀性（废酸和废碱）、化学反应性（含铬废物）、传染性（医院临床废物）、放射性（核反应废物）等一种或几种以上的危害特性。危险废物处理一般包括焚烧、固化、化学以及生物法等，处置可分为海洋和陆地处置。

### 一、危险废物的危害

危险废物对人体健康危害程度很大，表现在它们的短期和长期危险性上。短期危险性表现在危险废物通过摄入、吸入、皮肤接触、吸收和眼接触等引起的毒害，或发生燃烧、爆炸等突发性事件；长期危险性包括长期接触导致的人体中毒、致癌、致畸、致突变等。危险废物能引起或助长死亡率的上升或严重不可恢复的疾病；造成严重残疾；在操作、储存、运输、处理或其他管理不当时，会对人体健康或环境带来重大威胁。但是，由于对多数危险废物缺少毒性数据，因此对人体的毒害和致病原因尚有待进一步的研究。

## 二、危险废物的处理技术

危险废物的处理技术主要有焚烧法、固化法、化学法和生物法。

### （一）焚烧法

焚烧法是处理固体废物的重要方法之一，它能起到无害化、减量化、资源化的作用。对于有些危险废物，例如医院临床废物通过焚烧可以破坏其组成结构或杀灭病原菌，达到解毒、除害的目的，所以它们决不能和城市生活垃圾混在一起进行卫生填埋。

危险废物焚烧处理就其主要工艺过程来说，与城市垃圾和一般工业废物相近，但是也有很多差别，例如在焚烧要求、焚烧炉的设计，废气排放标准及操作管理等方面均比一般固体废物的焚烧处理要严格和复杂得多。

### （二）固化法

固化处理是将危险废物与固化剂（胶凝剂）混炼进行固化，使危险废物固定并封闭在固化体中，从而达到无害化、稳定化的过程。固化法在国外已应用多年，我国主要是用于处理放射性废物。固化方法是较为理想的有害废物无害化或少害化处理方法。一些环境专家认为，安全土地填埋场最好是接受处置经固化处理的有害废物（危险废物），因为这样可以大大减少浸出液对环境的污染。根据固化时所用固化剂种类的不同，此法分为下列几种：

1. 水泥固化

水泥固化是一种以水泥为固化基材的固化方法。水泥是一种无机胶结材料，水化反应后生成凝胶而形成坚硬的固化体，使危险废物被包封在固化体中不能泄出和溶出。水泥固化法由于水泥原料便宜易得，固化工艺和设备简单，固化体强度耐热性、耐久性均较好，适于安全填埋，有的产品可作路基或建筑物基础材料。水泥固化法对含高毒重金属废物的处理特别有效，且是最经济的。

2. 高分子树脂固化

高分子树脂固化是以高分子树脂为固化剂与危险废物按一定的配料比，并加入适量的催化剂和填料进行搅拌混合，使其聚合固化而将危险废物封闭起来。高分子树脂固化技术按所用树脂不同可分为热塑性树脂固化和热固性树脂固化两类。热塑性树脂有聚乙烯、聚氯乙烯树脂等，在常温下呈固态，高温时为熔融胶粘液体，将有害废物掺和包容其中，冷却后形成塑料固化体；热固性树脂有脲醛树脂和不饱和聚酯树脂等，脲醛树脂使用方便，固化速度快，常温或加热均能很快固化，固化体具有较好的耐水性、耐热性及耐腐蚀性能，价格较其他树脂便宜，缺点是耐老化性能差，而不饱和聚酯树脂可在常温、常压下固化成型，使用方便，适用于对有害废物和放射性废物的固化处理。

3. 沥青固化

沥青是一种热塑性固化基材。沥青固化法开始用于处理放射性废物，而后发展到处理工业上含有重金属的污泥，此法要求将废物脱水后，在高温下与沥青混合、冷却、固化。此种方法只适合于某些危险废物的处理，若废弃物中含有强氧化物质时（如次氯酸钠、高氯化物等），能与沥青等产生化学反应，则不能用沥青作为固化剂。与水泥固化相比，沥青固化法的原料成本比较高，只适于处理量少的剧毒废料。

4. 玻璃固化、陶瓷固化

利用制造陶瓷或玻璃的成熟技术，将废物在高温下煅烧成氧化物，再与加入的添加剂煅烧、熔融、烧结，成为硅酸盐岩石或玻璃体。这种凝固作用所产生的固化体性质极为稳定，可以很安全地抛弃并填埋于土地中，不会有污染现象产生。此法适用于具有非常危险性的化学废料及强放射性的物质，但此法处理成本较高。

### （三）化学法

化学法是一种利用危险废物的化学性质，通过 pH 控制、氧化还原电势控制以及沉淀等技术，使危险废物转化为无害的最终产物，达到稳定化的效果。

### （四）生物法

有不少危险废物可以通过生物降解来去除毒害，去除毒性后的废物可以被土壤和水体所接受。目前，生物法有活性污泥法、气化池法和氧化塘法等。

## 三、危险废物的最终处置

危险废物的最终处置有两种方法，即海洋处置和陆地处置。

1. 海洋处置

海洋处置就是利用海洋巨大的环境容量和自净能力，将固体废物消散在汪洋大海之中。据资料报道，20 世纪 60 年代以前，美国就是利用海洋来处置固体废物，包括对放射性废物的处置。海洋处置废物方法有两种，即海洋倾倒和远洋焚烧。

（1）海洋倾倒。海洋倾倒操作很简单，可以直接倾倒，也可以将废物进行预处理后再沉入海底。海洋倾倒要求选择合适的深海海域，且运输距离不要太远，又不会对人类生态环境造成影响。

（2）远洋焚烧。远洋焚烧能有效保护人类周围的大气环境，凡不能在陆地上焚烧的废物，采用远洋焚烧是一个较好的办法，但存在很多争议。

2. 陆地处置

危险废物的陆地处置方法可分为填埋处置和深井灌注处置，其中应用最多的是填埋处置技术。

（1）填埋处置。针对危险废物的土地填埋称为安全土地填埋，它与针对城市废物的卫生土地填埋的主要区别在于安全土地填埋场必须设置人造或天然衬里，下层土壤或与衬里相结合处的渗透率应小于 $10^{-8}$ cm/s，最下层的土地填埋场要位于该处地下水位之上等，称之为安全土地填埋，实际上就是改进的卫生土地填埋。

（2）深井灌注处置。深井灌注处置是指把液体废物注入到地下与饮用水和矿脉层隔开的可渗透性的岩层中。在某些情况下，它是处置某些有害废物的安全处置方法。适于深井灌注处置的废物可以是液体、气体或固体。深井处置的费用与生物处理的费用相近。对某些工业废物来说，深井灌注处置可能是对环境影响最小的切实可行方法。目前，美国每年大约有 $3.00 \times 10^7$ t 液体废物采用深井灌注处置，其中11%为有害废物。

## 第四节　城市垃圾的处理、处置和利用

城市垃圾包括城市居民的生活垃圾、企事业单位和机关团体的办公垃圾、商业网点经营活动的垃圾、医疗垃圾和市政维护管理的垃圾等。城市垃圾的处理、处置和利用方法主要有卫生填埋、焚烧和堆肥等。我国城市垃圾产生量大，无害化处置率低，为防止城市垃圾污染、保护环境和人体健康，处理、处置和利用城市垃圾具有重要意义。

### 一、城市垃圾的组成、分类和性质

城市垃圾的组成极为复杂，由于组成成分的不同对其性质有影响，从而也影响所采取的处理、处置和利用技术。

1. 城市垃圾的组成和分类

城市垃圾大体可分为无机物类和有机物类，属于无机物类的主要物质有灰渣、砖瓦、金属和玻璃等；属于有机物的主要物质有厨余、塑料、纸、织物和草木等。垃圾中各组分的含量与居民所处的阶层、生活水平和习惯等因素有关，表6－3为北京市不同功能地区的垃圾组成。

表 6－3 北京市不同功能地区的垃圾组成（%）

| 取样点 | 金属 | 玻璃 | 塑料 | 纸类 | 织物 | 草木 | 厨余 | 灰渣 | 砖瓦 | 含水率 |
|---|---|---|---|---|---|---|---|---|---|---|
| 普通住宅区 | 1.96 | 12.8 | 14.6 | 15.1 | 2.86 | 11.2 | 32.6 | 1.92 | 6.74 | 53.9 |
| 高级住宅区 | 8.75 | 18.4 | 15.6 | 35.1 | 4.16 | 1.48 | 16.3 | – | 0.22 | 33.2 |
| 学院区 | 7.18 | 25.2 | 12.7 | 17.6 | 4.64 | 13.6 | 11.7 | 10.1 | 0.79 | 36.2 |
| 商业区 | 6.69 | 11.5 | 18.5 | 38.5 | 6.24 | 12.5 | 2.65 | – | 0.31 | 34.6 |
| 大饭店 | 4.79 | 25.1 | 18.2 | 44.4 | 2.43 | 0.20 | 4.7 | – | 0.30 | 10.3 |
| 医院 | 1.25 | 26.1 | 14.1 | 38.9 | 3.55 | 1.04 | 13.3 | 1.71 | – | 39.4 |
| 公园 | 6.56 | 9.52 | 12.4 | 12.2 | 1.63 | 14.8 | 5.5 | 22.6 | 12.8 | 26.0 |

2. 城市垃圾的性质

城市垃圾的性质取决于其组成成分。对垃圾处理、处置和利用技术影响大的主要是垃圾的含水率、容重及热值。

（1）含水率。垃圾中的含水率不仅取决于垃圾的种类，而且还随季节的不同有所变化。垃圾的含水率用单位体积垃圾的含水量占垃圾（含水）总重量的分数表示，其计算式为：

$$含水率=\frac{W}{g}\times 100\%=\frac{g-g'}{g}\times 100\%$$

式中：g——单位体积垃圾的总重量；

g′——单位体积垃圾样品烘干后的重量；

W——单位体积垃圾的含水量；

（2）容重。垃圾容重系指单位体积垃圾的重量，垃圾容重是设计收集、清运和贮存垃圾容器以及处理垃圾构筑物的重要参数。其值与垃圾压缩方法及压缩程度有关，表 6－4 列出城市垃圾不同压缩情况的容重。

表 6－4 城市垃圾不同压缩情况的容重

| 垃圾 | 容重（$kg/m^3$） | | 备注 |
|---|---|---|---|
| | 范围 | 标准值 | |
| 未压缩的原始态垃圾 | 90～180 | 130 | 不包括炉灰 |
| 未压缩的园林废物 | 60～150 | 100 | – |
| 未压缩的炉灰灰土 | 650～830 | 740 | – |
| 运输车压缩后 | 180～440 | 300 | – |
| 填埋物正常压缩 | 360～500 | 440 | – |
| 填埋物良好压缩 | 600～700 | 600 | – |
| 加工后压缩成型 | 600～1 070 | 710 | 压力值 $<660t/m^2$ |
| 粉碎后未经压缩 | 120～270 | 200 | – |
| 粉碎后压缩 | 650～1 070 | 770 | 压力值 $<660t/m^2$ |

（3）垃圾的热值。垃圾的热值对选择焚烧技术极为重要，垃圾必须含有一定的热值才有焚烧的价值。垃圾的热值愈高，经济效益愈好。垃圾的热值取决于垃圾的组成成分，表 6－5 列出几种垃圾组成成分的热值。

**表 6－5　城市垃圾热值及元素分析典型值**

| 成分 | 烧后残渣（%） | | 热值（kJ/kg） | | 元素重量（%） | | | | |
|---|---|---|---|---|---|---|---|---|---|
| | 范围 | 典型值 | 范围 | 典型值 | 碳 | 氢 | 氧 | 氮 | 硫 |
| 食品垃圾 | 2～8 | 5 | 3 500～7 000 | 4 560 | 48.0 | 6.4 | 37.6 | 2.6 | 0.4 |
| 废纸 | 4～8 | 6 | 11 630～18 000 | 16 750 | 43.5 | 6.0 | 44.0 | 0.3 | 0.2 |
| 废纸板 | 3～6 | 5 | 14 000～17 400 | 16 300 | 44.0 | 1.9 | 44.6 | 0.3 | 0.2 |
| 废塑料 | 6～20 | 10 | 28 000～37 200 | 32 570 | 60.0 | 7.2 | 22.8 | – | – |
| 纤维品 | – | – | – | – | – | – | – | – | – |
| 废橡胶 | 2～4 | 2.5 | 15 000～18 000 | 17 450 | 55.0 | 2.6 | 31.2 | 4.6 | 0.15 |
| 废皮革 | 8～20 | 10 | 20 900～28 000 | 23 260 | 78.0 | 10.0 | – | 2.0 | – |
| 园林废物 | 8～20 | 10 | 15 000～19 770 | 17 450 | 60.0 | 8.0 | 11.6 | 10.0 | 0.4 |
| 废木料 | 2～6 | 1.5 | 2 320～18 000 | 6 510 | 47.8 | 6.0 | 38.0 | 3.4 | 0.3 |
| 碎玻璃 | 0.6～2 | 1.5 | 17 400～19 700 | 18 000 | 49.5 | 6.0 | 42.7 | 0.2 | 0.1 |
| 罐头盒 | 96～99 | 98 | 120～230 | 140 | – | – | – | – | – |
| 非铁金属 | 90～99 | 98 | 230～1 200 | 700 | – | – | – | – | – |
| 铁金属 | 90－99 | 96 | – | – | – | – | – | – | – |
| 炉灰砖等 | – | – | 230～1 200 | 700 | – | – | – | – | – |
| 城市固体 | 94～99 | 98 | 2 300～12 000 | 7 000 | – | – | – | – | – |
| 其他废物 | 60～80 | 70 | 9 300～12 800 | 10 500 | 26.3 | 3.0 | 2.0 | 0.5 | 0.2 |

## 二、城市垃圾的收集和运输

将分散的垃圾收集、运输到处理场所，是处理垃圾的第一步工序。这是一项繁重，花费大量人力、物力和财力的工作。据统计，收集、运输垃圾的费用约占处理费用的50%以上。

1. 垃圾的收集和运输工具

目前，各国用于收集城市垃圾的容器多数是用金属或塑料制成的垃圾筒、垃圾箱和塑料袋、纸袋等。运输垃圾的主要工具是汽车，垃圾的专用运输车车箱是密闭的，许多发达国家的垃圾运输车带有压缩垃圾或破碎垃圾的装置。靠近江河湖海的城市，多用船舶收运垃圾。美、日、瑞典、俄罗斯等国还有在住宅区建造管道式运输垃圾设施。

2. 垃圾收集、运输原则

垃圾的收集、输运应注意以下原则：收集、输运过程应密闭，以控制污染环境；最大限度地方便居民；尽量改善清洁工人的工作条件；造价及维护费用便宜，以利推广。

3. 垃圾的分类收集

近年来，国内外均在大力提倡将垃圾分类收集，以利于垃圾的利用和降低处理成本。不少发达国家实行电池以旧换新，并实行由居民将自家的废纸本、金属和塑料、玻璃容器等单独存放，供收运者定期收集。美国有的城市甚至将每月两次收运的日期印在月份牌上，以方便居民。西欧、北欧发达国家的许多城市在街头放置分类、分格的垃圾箱、筒，供行人使用。德国、瑞典甚至为分别收集白色和杂色玻璃而设置分别为白色和绿色的垃圾筒。

近年来，我国不少城市也在推行垃圾分类收集工作。某些城市设置的固定和流动废品收购站，对城市垃圾分类收集、输运和回收利用起到了积极作用。

## 三、城市垃圾的破碎和分选

垃圾破碎和分选是对垃圾处理利用过程的前预处理过程。

垃圾破碎的目的主要是改变垃圾的形状和大小，以适应进一步处理和利用的需要。经过破碎后的垃圾具有如下一些优点：可增大容重，减少容积，从而提高运输效率，降低运输费用；破碎后的细碎垃圾，有利于填埋处置时压实垃圾土层，加快复土还原工程的速度；破碎后的垃圾对垃圾分类有利，容易通过磁选等方法回收高品位金属；有利于用焚烧法处置垃圾，提高垃圾焚烧热效率。

垃圾破碎通常是采用颚式、锤式、滚压式、撕裂式和剪切式破碎机等进行破碎。当垃圾体积、形状过大，不能使用前述破碎机进行破碎时，一般要先对其进行切割解体，对大型金属垃圾块通常是采用气割法解体，例如国外有压轧兼破碎的大型压轧破碎机，用以破碎废汽车。

垃圾分选技术在城市垃圾预处理中占有十分重要的作用。由于垃圾中有许多可以作为资源利用的组分，有目的地分选出需要的资源，从而可达到充分利用垃圾的目的。

垃圾的分选方法有手工分选、风力分选、重力分选、筛分分选、浮选、光分选、静电分选和磁力分选等，表6－6列出各种分选方法的适用范围。

表 6－6　各种分选方法的适用范围

| 分选方法 | 预处理要求 | 分出的品种 | 功能 |
| --- | --- | --- | --- |
| 手工分选 | 无 | 纸/木材/金属 | - |
| 风力/重力 | 破碎 | 可燃物/金属 | - |
| 筛分 | 破碎 | 玻璃碎片 | - |
| 浮选 | 破碎/风力 | 玻璃碎片 | 轻（纸等可燃物）重（玻璃，金属等）分开，从重物中分离开 |
| 光选 | 破碎/风力 | 玻璃碎片 | - |
| 静电 | - | 玻璃碎片 | - |
| 磁力 | 破碎，湿洗 | 铁类 | - |

## 四、利用城市垃圾进行堆肥

所谓垃圾堆肥，是指垃圾中的可降解有机物借助于微生物发酵降解的作用，使垃圾转化成肥料的方法。在堆肥过程中，微生物以有机物作养料，在分解有机物的同时放出生物热，其温度可达 50℃～55℃。在堆肥腐熟过程中能杀死垃圾中的病原体和寄生虫卵，在形成一种含腐殖质较高的类似“土壤”中，完成垃圾的无害化。

### 1. 垃圾堆肥分类和堆肥过程

堆肥可分为厌氧发酵和好氧发酵堆肥两种。厌氧堆肥需要在隔绝空气的条件下，使厌氧微生物繁衍完成“厌氧发酵”；好氧堆肥需在良好的供气条件下完成“好氧发酵”。过去我国农村主要采用厌氧堆肥法，将植物秸秆、垃圾、畜粪等在露天堆垛，沤制数月后启用。这种方法占地面积大，堆置时间长且影响环境卫生。近年来，各地大多发展机械化或半机械化的好氧堆肥法，其工艺过程一般包括预处理、主发酵（一次发酵）、后发酵（二次发酵）、后处理和脱臭贮存等步骤。

### 2. 堆肥要素

影响堆肥品质的要素较多，主要的有以下几点：

（1）有机物含量。垃圾中有机物的含量是堆肥的基础条件。国外现代化堆肥厂要求垃圾的有机物含量大于60%，其中可降解有机物应占主要成分。我国大部分城市的垃圾中有机物含量虽然也在40%左右，但是塑料占了相当比重，而塑料不能被微生物降解，并且破坏土壤结构，所以减少垃圾中的塑料含量也是发展堆肥的重要课题。

（2）空气含量。厌氧堆肥过程中绝不能有氧气进入，而在好氧堆肥中，只有在适宜的空气量条件下，好氧菌才能充分繁殖，完成发酵过程。

（3）碳分。碳分是微生物活动的能源，一般以碳氮比为 30∶1～35∶1为适宜。碳氮比大于40:1，有机物分解慢，堆肥时间长；碳氮比小于30:1堆肥中可消耗的碳分不足，施入农田后会降低肥效。

（4）水分。水分以含50%为好，如果水量低于20%，有机物降解就会停止；水量高于50%，水会堵塞堆肥中的孔隙和减少好氧堆肥中的空气含量，并产生臭气，影响堆肥效果和环境卫生。

（5）pH。pH是堆肥过程进展顺利与否的标志。在堆肥过程中，pH随着时间和温度变化而变化，当堆肥2d～3d时，pH在8.5左右，若供气量不足，则变为厌氧发酵，pH会降到4.5左右，此时应调整空气量，以保证堆肥顺利进行。通常pH应控制在5～8。

## 五、利用城市垃圾制取沼气

利用有机垃圾、植物秸秆、人畜粪便、活性污泥等制取沼气，工艺简单，质优价廉，是替代不可再生资源的好途径。制取沼气的过程可以杀灭病虫卵，有利环境卫生，沼气渣还可以提高肥效，因而利用城市垃圾制沼气具有广泛的发展前途。

沼气是有机物中的碳化物、蛋白质和脂肪等在一定的温度、湿度和pH的厌氧环境中，经过沼气细菌的发酵作用，而生成的一种可燃气体。沼气发酵过程可分为液化、产酸和生成甲烷三个阶段。控制沼气发酵的主要因素有需要丰富的沼气菌种，保持严格的厌氧环境，选用适宜的发酵原料配比、适宜的干物浓度、适宜的发酵温度以及适宜的pH。

## 六、城市垃圾的焚烧处置和热能回收

采用焚烧法处置城市垃圾，可以使垃圾减重、减容，并可以使某些有害组分分解和去除，因此焚烧是比较理想的处置方法。焚烧法采用的技术有马丁炉焚烧技术、流化床焚烧技术和热解技术。

利用焚烧法处置垃圾的过程中产生相当数量的热能，如不加以回收则是极大的浪费。欧洲各国及日本等现代化的垃圾焚烧厂一般都附有发电厂或供热动力站。影响热能回收的因素主要是垃圾所含的热值，德国都赛多夫垃圾焚烧厂1961年的经验已证明垃圾热值达到2 600kJ/kg，即可回收到热能，热值愈高，效益愈好。

## 七、城市垃圾的卫生填埋

卫生填埋是处置城市垃圾最基本的方法之一。由于填埋场地占地量大，征地困难，因此该方法只应用于处置无机物含量多的垃圾。卫生填埋场场址的要求，以及对环境的影响等方面均与安全填埋场大致相同。但是，垃圾填埋后的产气量，浸出液中有机物含量，抗渗层作法等方面与安全填埋场有所区别，下面将作简单介绍。

1. 垃圾填埋后的产物

垃圾中可降解的有机物在填埋场中会产生大量二氧化碳、甲烷等气体，同时产生浸出液。

（1）气体。垃圾在填埋开始阶段，将进行好氧分解，产生以二氧化碳为主的气体。随着垃圾被压实后空气量减少，氧气被耗尽，垃圾的厌氧分解开始，并产生甲烷、氮气、氢气、二氧化碳及硫化物等。一般气体在施工前两年产生量最大，以后逐年减少，这个过程约延续20a。

（2）浸出液。垃圾中可降解的有机物分解时，产生的液体和施工过程中流进填埋场的地表水、雨雪水等共同组成填埋浸出液。浸出液的成分随垃圾组成的不同有很大变化。表6－7所示为一般填埋场浸出液中典型化学成分。由于浸出液中含有大量有机物，如将浸出液返回新的填埋垃圾中，会加速垃圾的分解，使之早日达到稳定程度。浸出液的处理类似于高浓度有机废水的处理法。

**表6－7 填埋场中浸出液典型化学成分（mg/L）**

| 成分 | 变化范围 | 典型值 | 成分 | 变化范围 | 典型值 |
|---|---|---|---|---|---|
| $BOD_5$ | 2 000～3 000 | 10 000 | pH | 5.3～8.5 | 6 |
| TOC | 15000～20 000 | 6 000 | 总硬度（以碳酸钙表示） | 3 000～10 000 | 3 500 |
| COD | 3 000～45 000 | 18 000 | 钙 | 200～30 000 | 1 000 |
| 总悬浮物 | 200～1 000 | 500 | 镁 | 50～1500 | 250 |
| 氨态氮 | 10～800 | 200 | 钾 | 200～2000 | 300 |
| 有机氮 | 10～600 | 200 | 钠 | 200～2 000 | 500 |
| 硝酸盐 | 5～40 | 25 | 氯 | 100～3 000 | 300 |
| 总磷 | 1～70 | 30 | 氮 | 100～1 500 | 600 |
| 正磷 | 1～50 | 20 | – | – | – |
| 碱度（以碳酸钙表示） | 1 000～10 000 | 3 000 | 总铁 | 50～600 | – |

2. 抗渗层构造

卫生填埋场抗渗层构造与安全填埋场抗渗层构造大致相同，复合垫衬的粘土、织物的要求均相同，只是高密度聚乙烯膜的厚度可薄些，采用膜厚为0.5mm～1.5mm单层复合垫衬即可。

3. 卫生填埋作业方法

卫生填埋场根据场地条件的不同，可采用下列作业方法：

（1）平面作业法。平地填埋场可采用此作业法，操作时把垃圾卸铺在平地上形成厚约为0.4m～0.7m的长条，同时用人工或机械将垃圾压实，每个填台控制在2m～3m高并覆盖0.2m～0.3m的土层再压实，如此即完成一个填埋单元。

（2）坑填作业法。利用天然洼地、峡谷、沟壑和矿坑等进行垃圾填埋。

（3）沟填作业法。在地下水位低并有厚土层的场地，可采用此法作业。

（4）斜坡作业法。该法利用山坡地带填埋占地少、填埋量大，故较经济。

垃圾卫生填埋场关闭后的管理要求与危险废物安全填埋场相同，只是待其稳定之后，可以将其作为运动场、公园等的场地使用，但不应成为人长期活动的建筑用地。

废旧物资是城市垃圾中一个特殊的大类，所谓废旧物资系指从城市居民、工厂企业、机关团体收购的物主不再使用，但有利用价值的弃物。回收利用废旧物资不仅可以减少其对环境的污染，也提高了资源的利用率，是一个很好的办法。

**思考题与实践活动**

1. 固体废物的特点及其分类？
2. 工业固体废物和危险废物主要处理技术？
3. 简述城市（镇）垃圾的组成、分类和性质。
4. 废物资源化有哪些方法？目前，我国有哪些废物综合利用产业？
5. 如何辨证看待核电发展？核废物污染环境的特点？
6. 参观某个废品收购站，之后在校园设计一活动，进行废物收集和简单利用的宣传。

# 第七章　物理性污染及其防治

物理性污染是指由物理因素引起的环境污染，例如放射性辐射、电磁辐射、噪声和光污染等。物理性污染程度是由声、光、热、电等在环境中的量决定，因此同其他物理学一样，需注意物理现象的定量研究。其研究领域相当广泛，分支学科有环境声学、环境光学、环境热学、环境电磁学和环境空气动力学等。

## 第一节　噪声污染与控制

噪声对人体影响主要是听觉器官和非听觉器官的损伤。长期接触噪声，能够引起持续性的症状，例如高血压和局部缺血性心脏病，同时影响人们的阅读能力、注意力和解决问题的能力及记忆力、降低人体的工作效率等。防止城市噪声污染的主要措施除了制定噪声管理标准外，另一措施就是噪声的控制。控制噪声必须从这三个方面考虑，即从声源上降低噪声、在传播途径上控制噪声、在接受点上防护。

### 一、噪　声

人耳听觉系统能感受到的信号称为声音。从物理学观点来看，声音是一种机械波，是机械振动在弹性介质中的传播。弹性介质的存在是声波传播的必要条件，弹性介质可以是气体、液体和固体，声波在上述介质中传播，相应地称为空气声、液体声和固体声。

#### （一）噪声概述

1. 噪　声

凡是不需要、使人厌烦并干扰人正常生活、工作和休息的声音统称为噪声。噪声具有针对一定时间、区域和人群而言的相对性，物理学观点称不协调音为噪音，协调音为乐音。从这个意义上讲，噪声由许多不同频率和声强的声波无规律杂乱组合而成，它给人烦躁的感觉。环境保护观点认为干扰人们休息、学习和工作的声音都称为噪音。

2. 噪声的物理量

噪声本身也是声音，具有声音的一切物理特性。可以用两种方法来描述噪声。一是客观度量，把噪声作为机械振动，用描述声波客观特性的物理量，例如频率、声压、声强、声功率、声压级、声强级、声功率级等来定量描述，这些物理量不依人们的意志而存在；二是对噪声进行主观评价，噪声与人的感觉密不可分，必须用反应人主观感觉的物理量加以描述，通常可以用声级、等效连续声级等物理量来描述，是人主体对噪声的感觉物理量。

### （二）环境噪声的特征

1. 环境噪声是感觉性公害

通常噪声是由不同振幅和频率组成的无调嘈杂声，例如隆隆的机器声、工地上的嘈杂声、刺耳的汽笛声等都是噪声。噪声不单取决于声音的物理性质，也与个人所处的环境和主观愿望有关。因此，对噪声评价的显著特点，是与受害者的生理与心理因素有关。

2. 环境噪声是局限性和分散性公害

所谓局限性主要是指环境噪声影响范围的局限性，不像大气污染、海洋污染那样范围非常广泛，噪声的传播距离有限。

所谓分散性主要是指环境噪声源分布的分散性。例如，每辆正在行驶的汽车就是一个交通噪声源，其噪声还随着汽车的行驶而流动着。

3. 噪声污染是暂时性的，不具有积累性

噪声源停止发声，危害即消除，它与有害有毒物质引起的污染不同，其他污染源排放的污染即使停止排放，污染物在较长时间内会在环境中残留，污染是持久性的，而噪声没有污染物，对环境的影响不具积累性。

由于噪声妨碍健康、影响工作效率，随着工业与交通的发展日趋严重，有人认为噪声污染是除大气污染、水体污染外的城市第三大环境污染问题。

## 二、噪声的分类及来源

产生噪声的声源称为噪声源。若按噪声产生的机理来划分，可将噪声分为机械噪声、空气动力性噪声和电磁性噪声三大类。

1. 机械噪声

机械噪声是机械设备运转时，各部件之间相互撞击、摩擦产生的交变机械作用力，使设备金属板、轴承、齿轮或其他运动部件发生振动而辐射出来的噪声，例如锻锤、织机、机床、机车等产生的噪声。机械噪声可分为撞击噪声、激发噪声、摩擦噪声、结构噪声和轴承噪声和齿轮噪声等。

2. 空气动力性噪声

引风机、鼓风机、空气压缩机运转时，叶片高速旋转会使叶片两侧的空气发生压力突变，气体通过进、排气口时激发声波产生噪声，称为空气动力性噪声。按发生机理可分为喷射噪声、涡流噪声、旋转噪声和燃烧噪声等。

3. 电磁性噪声

由于电机等的交变力相互作用而产生的噪声称为电磁性噪声，例如电流和磁场的相互作用产生的噪声，发电机、变压器的噪声等。如果把噪声按其随时间的变化来划分，可分成稳态噪声和非稳态噪声两大类。稳态噪声的强度不随时间而变化，例如电机、风机和织机等产生的噪声；非稳态噪声的强度随时间而变化，可分为瞬时的、周期性起伏的、脉冲的和无规则的噪声。

与人们生活密切相关的是城市噪声，它的来源大致可分为工厂生产噪声、交通噪声、施工噪声和社会噪声。

（1）工厂生产噪声。工厂生产噪声，特别是地处居民区而没有声学防护措施或防护设施不好的工厂辐射出的噪声，对居民的日常生活干扰十分严重。我国工业企业噪声调查结果表明，一般电子工业和轻工业的噪声在90dB以下，纺织厂噪声约为90dB～106dB，机械工业噪声为80dB～120dB，凿岩机、大型球磨机为120dB，风铲、风镐、大型鼓风机在120dB以上。其中，发电厂高压锅炉、大型鼓风机、空压机放空排气时，排气口附近的噪声级可高达110dB～150dB，传到居民区常常超过90dB。此外，工厂噪声还是造成职业性耳聋的主要原因。

（2）交通噪声。城市噪声主要来自交通运输。载重汽车、公共汽车、拖拉机等重型车辆的行进噪声约39dB～92dB，电喇叭大约为90dB～100dB，汽喇叭大约为105dB～110dB（距行驶车辆5m处）。一般大型喷气客机起飞时，距跑道两侧1km内语言通讯受干扰，4km内不能睡眠和休息。超音速客机在15 000m高空飞行时，其压力波可达30km～50km范围的地面，使很多人受到影响。

（3）施工噪声。随着我国城市现代化建设，城市建筑施工噪声越来越严重。尽管建筑施工噪声具有暂时性，但是由于城市人口骤增，建筑任务繁重，施工面广且工期长，因此噪声污染相当严重。据有关部门测定统计，距离建筑施工机械设备10m处，打桩机为88dB，推土机、刮土机为91dB。这些噪声不但给操作工人带来危害，而且严重地影响居民的生活和休息。

（4）社会噪声。社会噪声主要是指社会人群活动时发出的噪声。例如，人们的喧闹声、沿街的吆喝声，以及家用洗衣机、收音机、缝纫机发出的声音都属于社会噪声，干扰较为严重的有沿街安装的高音宣传喇叭声及秧歌锣鼓声。这些噪声虽对人没有直接的危害，但干扰人们正常的谈话、工作、学习和休息，使人心烦意乱。

## 三、城市区域环境噪声标准

噪声的评价除了评价量，还有评价基础的标准，各个国家和国际标准化组织制定了一系列环境噪声标准。例如，城市区域环境噪声标准（GB3096－93）、工业企业厂界噪声标准（GB12348－2008）等。根据城市中不同的社会功能，按环境噪声控制的要求划分为若干不同的控制限值区域。例如，国际标准化组织（ISO）提出的环境噪声标准中，就划有田园住宅（乡村）、郊区住宅区、城市住宅区、商业区和工业区等，各区域规定不同的噪声限值。我国根据《中华人民共和国环境保护法》，在进行大量调查研究的基础上，于1982年颁布了《城市区域环境噪声标准》（GB3096－82），将城市按不同社会功能划分为6类区域，规定各类区域的环境噪声标准。在总结10年的执行情况后，1993年该标准经修改后重新颁布（GB3096－93）。2008年8月19日重新发布了声环境质量标准GB3096－2008（2008年10月1日实行），规定五类声环境功能区的环境噪声限值及测量方法（如表7－1所示），适用于声环境质量评价与管理。但是，机场周围区域受飞机通过（起飞、降落、低空飞越）噪声的影响，不适用于本标准。

**表7－1　我国城市区域环境噪声标准**（GB3096－2008）

| 类别 | 适用区域 | | | 昼间（dB） | 夜间（dB） |
|---|---|---|---|---|---|
| 0类 | 康复疗养区等特殊需要安静的区域 | | | 50 | 40 |
| 1类 | 以居民住宅、医疗卫生、文化教育、科研设计、行政办公为主要功能，需要保持安静的区域 | | | 55 | 45 |
| 2类 | 以商业金融、集市贸易为主要功能，或者居住、商业、工业混杂，需要维护住宅安静的区域 | | | 60 | 50 |
| 3类 | 以工业生产、仓储物流为主要功能，需要防止工业噪声对周围环境产生重要影响的区域 | | | 65 | 55 |
| 4类 | 交通干线道路两侧一定距离之内，需要防止工业噪声对周围环境产生重要影响的区域，包括两种类型 | 4a类 | 高速公路、一级公路、二级公路、城市快速路、城市主干路、城市次干路、城市轨道交通（地面段）、内河航道两侧区域 | 70 | 55 |
| | | 4b类 | 铁路干线两侧区域 | 70 | 60 |

## 四、噪声污染及其危害

40dB（A）是正常的环境声音，一般认为是噪声的卫生标准。60dB（A）以上便是有害的噪声，它影响休息、干扰工作、使听力受损，甚至引起心血管、神经系统和消化系统等方面的疾病。

1. 听力损伤

噪声对听力的损害是认识得最早的一种影响，在噪声环境中暴露一段时间后离开，到安静环境下用听力计检查会发现听力下降，这种现象是听觉疲劳所致，休息后听力会恢复。如果长期受到强噪声的刺激，这种听力疲劳就不能恢复，这时耳内感觉器官会发生器质性病变，由听力疲劳变成职业性听力损失直至耳聋。日常生活中的噪声是造成老年性耳聋一个重要因素。

2. 噪声对睡眠的干扰

噪声会影响人的睡眠，中老年人和病人对噪声更为敏感。研究表明，连续噪声干扰会使人多梦，熟睡时间缩短，突然噪声可使人惊醒。当睡眠受到干扰而不能入睡时，就会出现呼吸频繁，脉搏跳动加剧，神经兴奋，次日就会觉得疲劳易累，影响工作效率，久而久之就会出现神经衰弱。

3. 噪声对人体生理影响（引起多种疾病）

心脏病的发展和恶化与噪声有着密切的关系。噪声会引起神经紧张，使肾上腺素的分泌增强，心率改变，血压升高。同时，噪声还能引起消化系统疾病，某些吵闹工业区，肠胃病的发病率比安静条件下高5倍，这是由于在强噪声作用下，人肠蠕动减少，胃收缩减退，造成消化不良，食欲不振，从而导致肠胃溃疡疾病。

4. 噪声对心理的影响

噪声引起的心理影响主要是烦恼，使人激动、易怒，甚至失去理智。另外，由于噪声的掩蔽效应（一个声音为另一个声音所掩盖，一般如果大声源超过小声源10dB，小声源就被掩盖）使人听不到事故的前兆及各种报警信号，导致发生伤亡事故，影响安全生产。

5. 对儿童和胎儿的影响

噪声会影响少年儿童的智力发展，在噪声环境下，老师讲课听不清，会造成儿童对讲课内容不理解，长期下去，显然会影响其学习知识，显得智力发展慢。有人做过调查，吵闹环境下儿童智力发育比安静环境中低20%。

噪声对胎儿也会造成有害影响，噪声会使母体产生紧张反应，引起子宫血管收缩，以致影响供给胎儿发育所必需的养料和氧气，减轻胎儿体重，甚至发生畸形。

6. 噪声对动物的影响

实验表明，动物在噪声场中会失去行为控制力，烦躁不安；强噪声还会直接造成鸟类羽毛脱落，不下蛋，甚至体内出血而死亡。

7. 对物质结构的影响

当飞机超声速飞行时，产生的冲击波，一般称为轰声，轰声虽是一种脉冲声，但由于其能量可观，就具有一定的破坏力。据实验，一块0.6mm铝板，在68dB无规则噪声作用下，只要15min就会断裂。

## 五、噪声控制技术

噪声在传播过程中有三个要素，即声源、传播途径和接受者。只有当声源、声的传播途径和接受者三个因素同时存在时，噪声才能对人造成干扰和危害。

### （一）噪声控制技术考虑的因素

控制噪声必须考虑三个因素：

（1）在声源处控制噪声。这是最根本的措施，包括降低激发力、减小系统各环节对激发力的响应，以及改变操作程序或改造工艺过程等。但是，我国目前的技术水平，大多数设备的噪声强度超过了标准，使得从声源处控制噪声难以实现，往往需要在传播途径上采取噪声控制措施。

（2）在声传播途径中控制噪声。这是噪声控制中的普遍技术，常用技术有吸音、隔声、使用消声器及隔振等。在噪声传播途径控制中，采取何种措施为好，要在调查测量的基础上，根据具体声源和传播途径，有针对性地选择，同时注意这些措施的可行性和经济性。

（3）接受者保护措施。在声源和传播途径上采取控制措施有困难或无法进行时，接受噪声的个人可以采取个人防护，简单的方法是佩戴耳塞、耳罩和防声头盔等。

### （二）控制噪声的传播途径

1. 吸　声

吸声降噪是一种在传播途径上控制噪声强度的方法。当声波入射到物体表面时，部分入射声能被物体表面吸收而转化成其他能量，这种现象叫做吸声。在吸声降噪过程中，常采用多孔性吸声材料、板状共振吸声结构、穿孔板共振吸声结构和微穿孔板共振吸声结构等技术。

（1）多孔性吸声材料。多孔吸声材料的结构特征是在材料中具有许许多多贯通的微小间隙，因而具有一定的通气性。吸声材料的固体部分，在空间组成骨架（筋络），保持材料的形状。在筋络间有大量的空隙，筋络的作用就是把较大的空隙分隔成许多微小的通路。当声波入射到多孔材料表面时，可以进入细孔中，引起孔隙内空气和材料本身振动，空气的摩擦和粘滞作用使振动动能（声能）不断转化为热能，从而使声波衰减，消耗一部分声能，即使有一部分声能透过材料到达壁面，也会在反射时再次经过吸声材料，声能又一次被消耗。常用的吸声材料分三种类型，即纤维型、泡沫型和颗粒型。纤维型多孔吸声材料有玻璃纤维、矿渣棉、毛毡、甘蔗纤维和木丝板等；泡沫型吸声材料有聚氨基甲酸酯泡沫塑料等；颗粒型吸声材料有膨胀珍珠岩和微孔吸声砖等。

（2）吸声结构。多孔吸声材料对高频声有较好的吸声能力，但对低频声的吸声能力较差。为了解决这一矛盾，人们利用共振吸声原理设计各种共振吸声结构，取得了较好的效果，从而弥补了多孔材料低频吸声性能的不足。常用的共振吸声结构有共振吸声器（单个空腔共振结构）、穿孔板（槽孔板）、微穿孔板、膜状和板状等共振吸声结构及空间吸声体。

2. 消声器

消声器是一种既能使气流通过又能有效地降低噪声的设备，对于通风管道、排气管道等噪声源，在进行降噪处理时，需采用消声技术。消声器种类很多，按其消声机理，可以把它们分为 6 类，即阻性消声器、抗性消声器、阻抗复合消声器、微穿孔板消声器、小孔消声器和有源消声器。一个合适的消声器可直接使气流声源噪声降低 20dB ~40dB，相应响度降低 75% ~93%。通常要求消声器对气流的阻力要小，不能影响气动设备的正常工作，其构成的材料要坚固耐用，并便于加工和维修。

3. 隔声技术

对于空气传声的场合，可以在噪声传播途径中，利用墙体、各种板材及其构件将接受者分隔开来，使噪声在空气中传播受阻而不能顺利地通过，以减少噪声对环境的影响，这种措施通称为隔声。隔声是噪声控制工程中常用的一种技术措施，常用的隔声构件有各类隔声罩、隔声间及隔声屏障等。在声源与接收点之间设置障板，阻断声波的直接传播，以降低噪声，这样的结构称声屏障。它是控制交通噪声污染的一种治理措施，一些发达国家从 20 世纪 60 年代末就开始了声屏障的研究和应用。近年来，我国一些城市和高速公路、铁路也相继建造了声屏障，而且发展速度很快。

### （三）个人防护

当在声源和传播途径上控制噪声难以达到标准时，往往需要采取个人防护措施。在很多场合下，采取个人防护还是最有效、最经济的方法，目前最常用的方法是佩戴护耳器。一般的护耳器可使耳内噪声降低 10dB ~40dB。护耳器的种类很多，按构造差异分为耳塞、耳罩和头盔。耳塞是插入外耳道的耳器，体积小，使用方便。一般采用柔软及可塑性大的材料制成，例如硅橡胶之类物质，注入耳道内，凝固成型。佩戴耳塞应注意保持清洁卫生。耳罩就是将耳廓封闭起来的护耳装置，类似于音响设备中的耳机，好的耳罩可隔声30dB。还有一种音乐耳罩，这种耳罩既可以隔噪声又能听音乐。头盔的隔声效果比耳塞、耳罩优越，它不仅可以防止噪声的气导泄漏，而且可防止噪声通过头骨传导进入内耳，头盔的制作工艺复杂，价格较贵，通常用于如火箭发射场等特殊环境和场所。

## 第二节　其他物理性污染与防治

人们在日常生活中，总是不断接受声、光、热、电等各类物理因素，在自然状态下，这些因素都与人相安无事，但随着现代工业、现代生物和现代信息技术的发展，原来的平衡被打破，形成了噪声、振动、激光、电磁辐射和热污染。除噪声污染外，放射性污染、电磁辐射污染，以及光热污染也应引起足够的重视。

### 一、放射性污染及防治

放射性元素的原子核在衰变过程放出射线的现象，称为放射性。具有这种放射性质的物质叫做放射性物质。在自然资源中存在着一些能自发地放射出某些特殊射线的物质，这些射线具有很强的穿透性，例如铀、钍、镭和自然界中含量丰富的$^{40}$钾，都是放射性的物质。放射性污染是指因人类的生产、生活活动排放的放射性物质，使环境中的放射性水平高于天然本底或放射环境标准，从而危害人体健康的现象。造成危害的射线主要有α射线、β射线和γ射线。α粒子流形成的射线称为α射线，α射线有较强的电离作用，但粒子穿透力较小，在空气中易被吸收，外照射对人的伤害不大，但进入人体后会因内照射造成较大的伤害；β射线是带负电的电子流，穿透能力比α射线强，但电离作用比α射线小得多；γ射线是波长很短的电磁波，具有很强的穿透能力，对人的危害最大。

环境中的放射性物质和宇宙射线不断照射人体，即为外照射。这些放射性物质也可以通过空气、饮用水和复杂的食物链等多种途径进入人体，使人受到内照射。过量的放射性物质进入人体或受到过量的放射性外照射会对人体的健康造成损害（表7－2），引发恶性肿瘤、白血病等急慢性放射病，或损害其他器官，例如骨髓、生殖腺等。

表 7－2 高辐射剂量对人体的影响

| 剂量（Rem） | 影响 |
|---|---|
| 100 000 | 几分钟死亡 |
| 10 000 | 几小时死亡 |
| 1 000 | 几天内死亡 |
| 700 | 几个月内 90％死亡，10％存活 |
| 200 | 几个月内 10％死亡，90％存活 |
| 100 | 没有人在短期死亡，但是大大增加了患癌症和其他缩短寿命的机会，女子不育，男子在 2～3 年也不育 |

## （一）放射性污染物来源

人们所受到的辐照主要来源于天然辐照源和人工辐射源两个方面。天然辐照源是自然界中天然存在的辐射源，它来自于宇宙射线和存在于土壤、岩石、水和大气中的放射性核素，例如$^{235}$铀、$^{40}$钾、$^{229}$镭和$^{222}$氡等。这些因素构成的辐射剂量称为天然本底辐射，一般在 1mCi～1 000mCi 之间，它是判断环境是否受到放射性污染的基本基准。人类从诞生起一直就生活在这种天然的辐射之中，并已适应了这种辐射。人工辐射源随着第二次世界大战后原子能工业的发展，核武器频繁实验，核能的放射性同位数的日益广泛应用，使得放射性物质大量增加，对环境的污染受到人们愈来愈多的关注。

1. 核工业过程的排放物

核工业生产过程产生的废水、废气、废渣排放或逸散是造成环境放射性污染的一个重要原因。核工业的生产过程包括铀矿的开采和冶炼、核燃料的制备、储存和使用、核废物的回收处理等多个环节。在这个过程中的每一个环节都会排放种类、数量不同的放射性污染物，对环境造成程度不同的污染。

在铀矿的开采、冶炼、精制与加工过程中，排放的污染物主要有开采过程中产生的含有铀、镭、氡等放射性物质的放射性粉尘；在冶炼、精制和加工过程中会产生含镭、钍等多种放射性物质的固体废物和废液及含有放射性物质的化学烟雾废气等。

在核燃料的使用过程中，一般情况下，核反应堆运行过程中的裂变物质是被封闭在燃料元件盒内。因此，正常运行时，反应堆排放的废水中主要污染物是被中子活化后生成的放射性物质，排放的废气中主要污染物是裂变产物及中子活化产物。

核燃料经使用后的废燃料，仍含有极高的放射性活度。当被运到核燃料后处理厂，经化学处理后提取铀和钚循环使用。在此过程排出的废气和废水中含有裂变产物，具有一定的放射强度。因此，核燃料的回收和处置过程要特别重视防护工作，以免造成危害。

2. 核爆炸的沉淀物

在大气层进行核试验时，爆炸的高温体使得放射性核素变为气态物质，随着与空气的不断混合、温度的逐渐降低，这些气态物凝聚成粒或附着在其他尘粒上，形成放射性尘埃（主要为$^{137}$铯和$^{90}$锶）。这些放射性尘埃随着气流扩散，最后沉降到地面，造成对地表、海洋、人及动植物的污染。细小的放射性颗粒甚至可到达平流层并随大气环流流动，经很长时间（甚至几年）才能回落到对流层，造成全球性污染。目前，大气层的核试验由于受到世界舆论的反对而被公约禁止，但地下核试验，由于“冒顶”或其他事故，仍可造成如上的污染。另外，放射性核素在地下的迁移过程也须引起关注和研究。

3. 放射性同位素的应用

随着现代科学技术的发展，放射性同位素在医学、科研、检测等领域的应用越来越广泛，有些生活消费品中也使用了放射性物质，例如夜光表、彩色电视机等；某些建筑材料如含铀、镭量高的花岗岩和钢渣砖等，它们的使用也会增加室内的辐照强度。对这些含有放射源的设备和材料如使用不当和废弃也会造成放射性污染。根据我国《城市放射性废物管理办法》城市放射性废物通常可分为下列六种形式：各种污染材料（金属、非金属）和劳保用品；各种污染的工具设备；零星低放废液的固化物；试验的动物尸体或植株；废放射源；含放射性核素的有机闪烁液。对这些城市放射性废物的管理、贮存和处理都有明确的规定。

## （二）放射性污染物的分类和管理原则

由各种辐射污染源产生的放射性废物，按其物理形态可分为放射性废气、放射性废水（液）和放射性固体废物。不同场合、不同设备产生的放射性废物，其放射性水平各不相同。从处理和处置的角度，按放射性活度和半衰期，放射性废物可分为高放长寿命、中放长寿命、低放长寿命、中放短寿命和低放短寿命五类。依据1977年国际原子能机构的建议，可将放射性废物作如表7－3所示分类。在处理这些放射性废物时，针对不同情况可按放射性进行分类处理。

表 7－3　国际原子能机构建议的放射性废物分类标准

| 废物相态 | 类别 | 比放射性（A）（$3.70\times10^{9}$ Bg/m$^3$） | 废物表面剂量［$2.58\times10^{-4}$ C/kg·h］ | 备注 |
|---|---|---|---|---|
| 液体 | 1 | $A\leqslant10^{-6}$ | – | 一般可不处理 |
| 液体 | 2 | $10^{-6}<A\leqslant10^{-3}$ | – | 处理时不用屏蔽 |
| 液体 | 3 | $10^{-3}<A\leqslant10^{-1}$ | – | 处理时可能需要屏蔽 |
| 液体 | 4 | $10^{-1}<A\leqslant10^{4}$ | – | 处理时必须屏蔽 |
| 液体 | 5 | $10^{-4}<A$ | – | 必须先冷却 |
| 气体 | 1 | $A\leqslant10^{-10}$ | – | 一般不处理 |
| 气体 | 2 | $10^{-10}<A\leqslant10^{-6}$ | – | 一般用过滤法处理 |
| 气体 | 3 | $10^{-6}<A$ | – | 用其他严格方法处理 |
| 固体 | 1 | – | $D\leqslant0.2$ | β、γ辐射占优势 |
| 固体 | 2 | – | $0.2<D\leqslant2.0$ | 含α辐射体微量 |
| 固体 | 3 | – | $2.0<D$ | 从危险的观点确定α辐射占优势，β、γ辐射微量 |
| 固体 | 4 | – | – | – |

按照我国《辐射防护规定》（GB8703－88），对一切产生放射性废物的实验和设施，均应设立相应的放射性废物收集系统，并采取一切必要措施，尽量减少放射性废物的产生量或体积。需要在环境中处置的各类放射性废物，必须按国家处置方针和环保部门的有关规定进行处置。低放射性液体和气体废物向环境的常规排放，必须事先经环保部门批准后方可进行。除低放射性液体和气体废物可有控制地向环境排放外，其余废物必须转化为不同类型的固化物，经最优化分析，在保证安全、与生物圈隔离的条件下，以固体废物的形态在环境中处置，并做好长期管理和检测工作。

## 二、电磁辐射污染及防治

电场和磁场的交互变化产生电磁波，电磁波在自由空间以一定的速度向四周传递的现象，叫电磁辐射。电磁辐射是一种能量的传递，与电磁波的功率、密度及频率等因素密切相关，过量的电磁辐射造成电磁污染。随着经济、技术水平的提高，电子技术在工业生产、无线通信、电视、科学研究与医疗卫生等各个领域中都得到了广泛的应用。除此之外，各种视听设备、微波加热设备等也广泛地进入人们的生活之中。随着其应用范围的不断扩大与深化、设备功率的不断提高，导致地面上的电磁辐射大幅度增加，已直接威胁到人体的健康。目前，电磁辐射已被公认为是大气污染、水污染、噪音污染之后的第四大公害，引起了世界各国的重视，联合国人类环境大会将电磁辐射列入必须控制的主要污染物之一。

电磁辐射可能造成的危害有：引燃引爆。例如，可使金属器件之间互相碰撞而打火，从而引起火药、可燃油类或气体燃烧或爆炸。

干扰信号。电磁辐射可直接干扰和影响电子设备、仪器仪表的正常工作，使信息失误、控制失灵，例如会引起飞机、导弹或人造卫星的失控，干扰医疗仪器设备的正常工作。

## （一）电磁辐射污染的来源和传播途径

1. 电磁辐射污染的来源

地球上的电磁辐射来源可分为天然辐射源与人为辐射源两种。

天然电磁辐射污染是由大气中的某些自然现象引起的，例如大气中由于电荷的积累而产生的放电现象，也可以是来自太阳辐射和宇宙的电磁场源。这种电磁污染除对人体、财产等产生直接的破坏外，还会在大范围内产生严重的电磁干扰，尤其是对短波通讯的干扰最为严重。

人为辐射源指人工制造的各种系统、电气和电子设备产生的电磁辐射。人为辐射源按频率的不同可分为工频场源与射频场源。工频场源主要指大功率输电线路产生的电磁污染，例如大功率电机、变压器、输电线路等产生的电磁场，也包括放电型污染源如静电除尘器等，这些设备产生的电磁场，不是以电磁波形式向外辐射，主要是对近场区产生电磁干扰。射频场源主要是指无线电、电视和各种射频设备（如高频加热设备、微波干燥机和理疗机等）在工作过程中产生的电磁辐射和电磁感应，这些人工辐射源频率范围宽，影响区域大，对近场工作人员危害较大，因此已成为电磁污染环境的主要因素。另外，家用电器包括电热毯、手机、电脑、电视机、微波炉和电磁灶等的使用也会引起不同频段的电磁辐射。

2. 电磁辐射污染的传播途径

电磁污染从污染源到受体，主要通过空间辐射和线路传导两个途径进行传播。空间辐射指通过空间直接辐射。各种电气装置和电子设备在工作过程中，不断地向其周围空间辐射电磁能量。这些发射出来的电磁能，以两种不同的方式传播并作用于受体。一种是在以场源为中心、半径为一个波长的范围内，传播的电磁能是以电磁感应的方式作用于受体；另一种是在以场源为中心、半径为一个波长的范围之外，电磁能是以空间放射方式传播并作用于受体。线路传导是指借助电磁耦合由线路传导，当射频设备与其他设备共用同一电源时，或它们之间有电气联接关系，那么电磁能即可通过导线传播。

通过空间辐射和线路传导均可使电磁波能量传播到受体，造成电磁辐射污染。同时，存在空间传播与线路传导所造成的电磁污染情况被称为复合传播污染。

### （二）电磁辐射污染的防护

为了消除电磁辐射污染对环境的有害影响，必须采取综合防治的办法。首先，要加强宏观管理，制定设备的辐射标准并进行严格控制。我国颁布有《环境电磁波卫生标准》（GB9175－88）与《电磁辐射防护规定》（GB8702－88），规定了电磁辐射的安全标准。其次，要合理工业布局，使电磁污染源远离居民稠密区，在集中使用大型电磁辐射发射设备或高频设备的周围，按环境保护和城市规划要求规定的规划，限制区域内不得修建居民住房和幼儿园等敏感建筑。再者，要从产品设计和使用着手，合理设计使用各种电气、电子设备，努力减少设备的电磁漏场及电磁漏能，对各类高频与微波设备在使用过程中不得随意拆开，从根本上减少放射性污染物的排量。最后，对已经进入环境中的电磁辐射，要采取一定的技术防护手段，以减少对人及环境的危害。常用的防护电磁场辐射的方法主要有电磁屏蔽、吸收防护、个人防护等。

1. 电磁屏蔽

电磁屏蔽是利用一些能抑制电磁辐射扩散的材料，将电磁辐射源与外界隔离开来，使辐射能被限制在某一范围内，从而达到防止电磁污染的目的。屏蔽装置一般为金属材料（或导电性好的非金属）制成的封闭壳体，并与地相接。屏蔽防护主要是利用其对电磁能进行反射与吸收，使得传递到屏蔽体上的电磁场，一部分被屏蔽体反射，进入屏蔽体内的电磁能又有一部分被吸收，因此透过屏蔽的电磁场强度会大幅度衰减，从而避免对人与环境的危害。根据场源与屏蔽体的相对位置，屏蔽方式可分为以下两类：

（1）将电磁场的作用限定在某一范围内，用屏蔽壳体将电磁污染源包围起来，使其不对范围以外的生物机体或仪器设备产生影响的方法，称为主动场屏蔽或有源场屏蔽。

（2）将场源放置于屏蔽体之外，用屏蔽壳体将需保护的区域包围起来，使场源对限定范围内的生物机体及仪器设备不产生影响，称为被动场屏蔽或无源场屏蔽。

屏蔽材料可用低电阻率的铜、铝、铁等金属材料。普通玻璃、纤维板、塑料板、有机玻璃等材料缺少屏蔽电磁波的性能，不宜单独使用。屏蔽装置可以根据不同的屏蔽对象与要求，采用不同的屏蔽体的结构形式，主要有屏蔽罩、屏蔽墙、屏蔽室等形式，可根据具体情况设计制作。

2. 吸收防护

吸收法是利用电磁匹配、谐振的原理，采用对电磁辐射能量具有吸收作用的材料，将电磁能量进行衰减，并吸收转化为热能。吸收防护是减少微波辐射危害的一项积极有效的措施，可在场源附近将辐射能大幅度降低，多用于近场区的防护上。

石墨、铁氧体、活性炭等是较好的吸收材料，也可在塑料、橡胶、胶木和陶瓷等材料中加入铁粉墨、木材和水制成如泡沫吸收材料、涂层吸收材料和塑料板吸收材料等。

3. 个人防护

我们在平时工作和日常生活中，应自觉采取措施，减少电磁波的危害。应尽量增大人体与发射源的距离。因为电磁波对人体的影响，与发射功率大小及与发射源的距离紧密相关，它的危害程度与发射功率成正比，而与距离的平方成反比。当因工作需要，操作人员必须进入微波辐射源近场区作业时，或因某些原因不能对辐射源采取有效的屏蔽、吸收等措施时，必须采取个人防护措施，以保护作业人员安全。个人防护措施主要有穿防护服、戴防护头盔和防护眼镜等。

4. 区域控制与综合治理

对工业集中城市，特别是电子工业集中城市或电气、电子设备密集使用地区，可以将电磁辐射源相对集中在某一区域，使其远离一般工作区或居民区，并对这样的区域设置安全隔离带。例如，绿色植物对电磁辐射能具有较好的吸收作用，采用绿化隔离带，从而在较大的区域范围内控制电磁辐射的危害。

## 三、热污染

人类生产和生活中排出的各种废热影响和危害环境的现象称为热污染。热污染主要是由于能源消费引起的，在能源消费和能量转换过程中，产生的大量废热蒸气、热废水和化学物质（如二氧化碳、一氧化二氮等），这些物质向环境直接排放，干扰了地球环境的热平衡，造成环境中水体和空气的温度升高。热污染对自然环境造成的破坏，将直接或间接会对人类和其他生物产生长远的影响。

### （一）热污染的来源

热污染一般发生在人口稠密的大城市和工厂、电站等能源消耗大的地区。以火力发电为例，在燃料燃烧的能量中，约40%转化为电能，12%随烟气排放，48%随冷却水进入到水体中。在核电站，能耗的33%转化为电能，其余的67%均变为废热全部转入水中。在大城市，由于地表状态的改变，使反射率发生变化，影响地表和大气间的换热，造成大量的废热无法向环境散发。

### （二）热污染的危害

各种热力装置排放的废热气体和温热水，可以对大气和水体造成热污染。

1. 对大气环境的危害

由于向大气排放废热气体，导致大气温度升高而影响气象条件时，形成了大气污染。在城市（特别是大城市），随着人口的增多、建筑物密度的增加，使得大量的废热不易向环境散发，导致城市的气温升高。市区与郊区的气温差显著增大，可达4℃～5℃以上，形成所谓的“热岛”效应。“热岛”效应形成的环流现象使得城市的污染物不能及时扩散稀释，并使城市上空云雾和降水量有所增加，造成局部气候反常。

2. 对水体的危害

水体热污染主要由于工业冷却水的排放，其中以电力工业为主，其次为冶金、化工、石油、造纸和机械工业等。水体热污染会影响水质和水生生物，给人类带来间接危害。

（1）水的各种物理性质受温度影响。例如，水温升高导致水中溶解氧降低，氧气在水中溶解度会降低。同时，水温升高、水体中物理化学和生物反应速度会加快，鱼及水中动物代谢率增高需要更多的溶解氧，此时溶解氧的减少势必对鱼类生存形成更大的威胁。

（2）水温升高影响水生生物的生长。显著地改变了水生物的习性、活动规律和代谢强度，从而影响水生物的分布和生长繁殖。在高温条件下，鱼的发育受阻，水体增温幅度过大和升温过快，对水生物有致命的危险。此外，水温的升高降低了水生动物的抵抗力，破坏水生动物的正常生存。

（3）水体增温加速了水生态系统的演替或破坏。硅藻在20℃的水中为优势种；水温32℃时，绿藻为优势种；37℃时，只有蓝藻才能生长。鱼类种群也有类似变化。对狭温性鱼类来说，在10℃～15℃时，冷水性鱼类为优势种群；超过20℃时，温水性鱼类为优势种群；当水温为25℃～30℃时，热水性鱼类为优势种群；水温超过33℃～35℃时，绝大多数鱼类不能生存。升温促使某些生物提前或推迟发育，导致以此为食的其他生物因得不到充足食物而死亡，食物链中断可能使生态系统组成发生变化，甚至破坏。水温升高，还引起藻类及湖草的大量繁殖，消耗水中溶解氧，影响鱼类生存。

（4）水体升温加速了水及底泥中有机物的降解和营养元素的循环，藻类因而过度生长繁殖，导致水体富营养化，同时有机物降解加速了水中溶解氧消耗。

（5）某些有毒物质的毒性随水温上升而加强。例如，水温升高10℃，氰化物毒性就增强一倍，而生物对毒物的抗性，则随水温的上升而下降。

3. 热污染防治

（1）改进热能利用技术，提高热能利用率。随着技术的进步，通过提高热能利用率，既节约能源，又减少废热的排放。例如，通过提高火力发电厂的能量利用率，可以大大降低废热的排放量。

（2）废热的综合利用。充分利用工业废热是减少热污染的重要措施。对于工业装置排放的高温废气，可通过设置热交换器，利用排放的高温废气预热冷原料气，或利用废热锅炉将冷水或冷空气加热成热水和热气，用于取暖、淋浴和空调加热等。对于温热的冷却水，可作为热源使用。例如，利用电站温热水进行水产养殖、用电站温排水养殖非洲鲫鱼、作为大棚温室种植的热源等。

（3）利用降温冷却技术减少温排水。对排放后可能对水体造成热污染的电力等生产工艺系统中的温排水，可通过冷却的方法使其降温，降温后的冷水可以回到工业冷却系统中重新使用。冷却方法可用冷却塔冷却，或用冷却池冷却，比较常用的为冷却塔冷却。在塔内，喷淋的温水与空气对流流动，通过散热和部分蒸发达到目的。应用冷却回用的方法，既节约了水资源，又可向水体不排或少排温排水。

（4）新能源的开发利用。积极开发利用水能、风能、地热能和太阳能等新能源，不仅能有效地解决污染物的排放，又是防止和减少热污染的重要途径。

## 四、光污染

人类活动造成的过量光辐射对人类生活和生产环境形成不良影响的现象称为光污染。医学研究发现，人们长期生活或工作在逾量或不协调的光辐射下会出现头晕目眩、失眠、心悸和情绪低落等神经衰弱症状。城市中的夜景灯光由于采用人工光源而非全光谱照射，会扰乱人们正常的生物钟规律，使人倦乏无力。用强光照射植物同样会破坏植物体内生物钟的节律，妨碍其正常生长，特别是夜里长时间、高辐射能量作用于植物，会使植物的叶和茎变色，甚至枯死。

### （一）光污染源

一般认为，光污染应包括可见光污染、红外光污染和紫外光污染。

1. 可见光污染

（1）眩光污染。人们接触较多的，例如电焊时产生的强烈眩光，在无防护情况下会对人的眼睛造成伤害；夜间迎面驶来的汽车头灯的灯光，会使人视物极度不清，造成事故；长期工作在强光条件下，视觉受损；车站、机场、控制室过多闪动的信号灯，以及电视中为渲染舞厅气氛，快速地切换画面，也属于眩光污染，使人视觉不舒服。

（2）灯光污染。城市夜间灯光不加控制，使夜空亮度增加，影响天文观测，同时路灯控制不当或建筑工地安装的聚光灯，照进住宅，会影响居民休息。

（3）其他可见光污染。例如，现代城市的商店、写字楼和大厦等，外墙全部用玻璃或反光玻璃装饰，在阳光或强烈灯光照射下，所发出的反光会扰乱驾驶员或行人的视觉，成为交通事故的隐患。

（4）视觉污染。光污染还有一类特殊形式，就是视觉污染，这是指杂乱无章的环境对人视觉和情绪的不良影响。人们都有过这样的感觉，走进一个整洁、干净明亮的环境，心情会格外舒畅，情绪很高；相反，如果看到周围的一切都是乱糟糟的，就会感到心情烦躁，情绪低落。尤其是城市的街道上，车水马龙，川流不息，再加上污秽的垃圾、杂乱的货摊和乱七八糟的招贴广告等，视觉污染特别严重。

（5）激光污染。还有一种近年来出现的特殊光污染，这就是激光污染，这是一种可直接造成眼底伤害的污染现象。激光是一种指向性好、颜色纯、能量高、密度大的高能辐射，它的密度通常比太阳光线要高出几百倍乃至几亿倍。激光光束一旦进入人眼，经晶状体会聚，可使光强度提高几百倍甚至几万倍，眼底细胞都会被烧伤。激光光谱还有一部分属紫外线和红外线频率范围，它们因不能被人眼看到，更容易误入人眼造成伤害。此外，功率很大的激光甚至可以直接进入人体，危害人的深层组织。

2. 红外光污染

近年来，红外线在军事、科研、工业、卫生等方面应用日益广泛，由此产生红外线污染。红外线可通过高温灼伤人的皮肤，还可透过眼睛角膜对视网膜造成伤害，波长较长的红外线甚至能伤害人眼的角膜。此外，长期的红外照射可以引起白内障。

3. 紫外光污染

波长为250nm～320nm的紫外光，对人具有伤害作用，主要伤害表现为角膜损伤和皮肤的灼伤。例如，在有些医院的传染病房安装有紫外线杀菌灯，杀菌灯不可在有人时长时间开着，否则就会灼伤人的皮肤，造成危害。

### （二）光污染的防治

光对环境的污染是实际存在的，但由于缺少相应的污染标准与立法，因而不能形成较完整的环境质量要求与防范措施。防治光污染是一项社会系统工程，需要有关部门制订必要的法律和规定，采取相应的防护措施。

## 思考题与实践活动

1. 物理性污染的特点及主要类型？

2. 城市建设过程中如何有效规避噪声的影响？农村地区或城市郊区是否有必要进行噪声控制？

3. 放射性与电磁辐射污染的特点、来源与防治技术对策。

4. 光和热污染的性质和危害有哪些表现？以目前的技术，如何合理控制和综合利用光和热？

5. 以生活中常见的某个物理性污染为例，进行讨论，提出有效的防治方法？

6. 组织参与一期物理性污染的宣传活动（文字、图片、视频、模型和调查等）。

# 第八章　环境监测与评价

环境资源是人类生存和发展的一种基础资源。环境监测是为环境管理服务，它是环境管理的“耳”与“目”。从宏观上说，在科学制定可持续发展的具体方针和有效的环境污染防治措施前，必须先了解环境质量和环境污染状况。环境质量评价是对某一指定区域的要素和环境整体的优劣程度进行定性和定量的描述和评定。根据需要评价的时间段不同，环境质量评价可分为“回顾评价”“现状评价”和“预测评价”三种。环境影响评价是一项控制环境影响的制度，旨在减少项目开发导致的污染、维护人类健康与生态平衡。

## 第一节　环境监测

环境监测指通过对影响环境质量因素代表值的测定，确定环境质量（或污染程度）及其变化趋势。环境检测的过程一般为接受任务、现场调查、收集资料、监测计划设计、优化布点、样品采集、样品运输及保存、样品的预处理、分析测试、数据处理和综合评价等。环境监测的对象有自然因素、人为因素和污染组分。环境监测包括化学监测、物理监测、生物监测和生态监测。

环境监测工作最早于19世纪末由英美等发达国家首先开始，至今约有一百多年的历史。它是以环境质量和污染源为监测对象，通过对影响环境质量代表值的测定，确定环境质量状况（或污染程度）及其变化发展趋势。例如，对某一城市大气中的大气总悬浮微粒、二氧化硫、氮氧化合物、一氧化碳和臭氧等污染因子进行监测，然后将监测结果与《环境空气质量标准》（GB3095—1996）进行比较，就可初步得出当地的大气环境质量状况。由此可见，环境监测是环境保护管理信息系统的重要组成部分，也是进行环境保护管理的重要基础和主要手段之一。

### 一、环境监测技术

环境监测是环境科学的一个重要分支，是一门研究、测定环境质量的学科。20世纪70年代以来，世界各国的环境监测技术发展速度很快，我国的环境监测水平在短短十几年内，更是从“手提、目测”阶段发展到自动在线监测，实现了质的飞跃。根据环境监测技术方法的不同，环境监测技术具体可分为化学监测、仪器监测、生物监测和环境遥测技术等。

1. 化学监测

化学监测是环境监测中最常用的一种方法。除了 pH 值、溶解氧等几个指标需要在现场测试外，通常首先是采集空气、水、土壤或生物样品，然后带回实验室进行化学分析。在化学监测中，使用较多的方法是重量法、容量法和比色法。

2. 仪器监测

20 世纪 70 年代后，发达国家的环境监测取得了重大进展，其中之一就是各种分析仪器在环境监测领域中得到广泛应用，特别是大型仪器，例如气相色谱仪（GC）、气相色谱仪与质谱仪的联合应用（GC/MS）和高效液相色谱仪（HPLC）等逐步在分析测定中起到主导作用。此外，还出现了许多专用的测试仪器，例如二氧化硫分析仪、汽车尾气检测仪、COD 测试仪等。近年来，仪器监测向自动、在线和智能化方向发展，例如大气环境质量监测从地面采样分析技术发展为自动监测系统。截至 2005 年，全国已有 208 个城市配备了空气质量自动监测系统 631 套。

3. 生物监测

在环境监测中，利用生物（包括植物、动物）的一些变化来监测环境质量发展状况，即生物监测。生物监测技术具体涉及生物体内污染物含量的测定、生物在环境中受伤的症状、生物的生理反应、生物群落结构及种类变化等内容。传统的生物监测方法是仅对水生生物群落、动物分布状况等进行调查，以此反应环境质量状况。目前，生物监测主要是利用对环境状况变化比较敏感的植物或动物，对它们进行培育，并通过对它们的监测和研究来反映环境质量的变化。例如，植物树叶生长、结果、发育等情况，鱼类在水中的活动、呼吸和繁殖等情况，均能不同程度地反映出大气、水体等环境质量的变化。另外，在污染物监测方面，生物监测技术也已经成为监测、控制和监督管理有毒工业废水排放的有力手段。

4. 环境遥测技术

作为一项高新技术，环境遥测技术一经问世，就在环境监测领域发挥了巨大作用。1997 年 8 月，为了探明大气层中的臭氧空洞情况，美国航天局利用航天飞机发射了一颗太空卫星，利用卫星遥测大气中臭氧层的变化；2001 年世界环境日后，国家环保总局利用激光差分雷达和卫星遥感系统，开展全国环境保护重点城市空气污染的预测、预报工作，为指导工农业生产、保护生态环境和人民群众身体健康发挥了重要作用。对地球上的大面积环境污染、大气圈各层环境质量监测等，环境遥测技术比其他环境监测方法更胜一筹，例如臭氧空洞图像就被美国的“雨云7卫星”于1987年监测到。目前的遥测方法一般使用飞机、卫星对环境要素进行俯视监测。遥测方法可在无干扰状况下对污染物进行实地监测，也可监测其他一些参数，例如温度、透明度、地壳运动、太平洋厄尔尼诺洋流及污染物传输扩散情况。

## 二、环境监测分类

环境监测的工作内容不仅包括生态环境、大气环境、水环境、声环境和辐射等环境质量的监测，还涉及各行各业众多企业的污染源监测。因此，环境监测具有监测面广、对象复杂等特点，以下仅从两个方面，对环境监测进行分类。

### （一）按环境监测目的和性质分类

按环境监测的目的和性质，环境监测可分为常规环境监测、研究型环境监测和应急环境监测。

1. 常规环境监测

常规环境监测也称为监视性监测、例行监测。目前，我国各大中城市均开展了常规环境监测这项工作。常规环境监测一般指按照国家有关的技术规定，对环境中已知污染因子定期进行环境监测，确定环境质量和污染源状况，正确评价已执行的环境管理措施的效果。

2. 研究性环境监测

研究性监测即科研监测。对某一特定环境或某个污染因子进行监测，确定污染因子的迁移、转变等情况，以及对自然环境的影响和危害程度。

3. 应急环境监测

除了日常的例行监测及研究型环境监测外，根据需要，有时还应进行应急环境监测。具体有三种类型：

（1）事故性环境监测。污染事故发生后，需及时进行环境监测，以确定污染物种类、污染程度及危害范围，为污染控制工作提供技术依据。

（2）仲裁环境监测。该类环境监测主要针对污染事故纠纷、环境执法过程中所产生的矛盾，由国家指定环境监测部门进行权威监测，以便提供具有法律效力的监测数据，供执法部门仲裁。

（3）咨询环境监测。应其他各单位要求而进行的环境监测，例如为环境影响评价单位所做的特征污染物监测。

### （二）按监测对象的环境要素分类

按监测对象的环境要素划分，环境监测可分为水环境监测、大气环境监测、声环境监测、土壤环境监测、生态环境监测、电磁辐射环境监测和放射性环境监测。

1. 水环境监测

水环境监测对象为全国陆地地表水（江、河、湖、水库和水渠等）、地下水、大气降水和工业企业排放的废水。监测项目有 pH、温度、电导、浊度、溶解氧、氨氮、总氮、总磷、COD、高锰酸盐指数和水生生物等。

2. 大气环境监测

我国对大气环境实行设定位监测点的监测办法。从中央到地方各级均设有大气监测的环境监测站、监测点。目前，我国大气监测系统已从单独分散的监测站，发展成由一个城市或地区组成的独立监测网。该监测网包括一个中心监测站和数目不等的监测点，各监测点随时根据测定数据，通过网络向政府大气监测数据库报送并储存，然后由计算机进行数据处理，制出大气环境监测结果报告表。大气监测项目有“大气总悬浮微粒年平均值和日平均值”、“二氧化硫年平均值和日平均值”和“氮氧化物年平均值和日平均值”等。

3. 声环境监测

声环境监测分为常规声环境监测和非常规声环境监测。常规声环境监测一般包括“功能区噪声定期监测”、“道路交通噪声监测”和“区域环境噪声普查（白天）”3 个内容；非常规声环境监测内容为“噪声源监测”、“区域环境噪声普查（黑夜）”和“噪声高空监测”。

4. 土壤环境监测

土壤是指地球陆地表面能够生长绿色植物的疏松层。土壤是农作物生长的基础，土壤生态环境的状况直接影响农业生产。因此，必须按国家规定的监测方法和土壤应用功能、保护目标及土壤主要性质，对土壤中的监测指标进行监测。土壤环境的监测指标分为物理指标、化学指标和生物指标。

（1）物理指标。土壤质地、土壤水分、孔隙度、容重、温度和毛细作用等。

（2）化学指标。酸碱性，氮、磷、钾等养分含量，有机质含量，各种污染物包括重金属（汞、镉、铬、砷、铅）、氟化物、农药残留量（有机氯、有机磷等）。

（3）生物指标。土壤动物，例如蚯蚓数量、微生物种群和土壤酶等。

5. 生态环境监测

我国提出环境污染防治与生态环境保护并重的方针。为了及时掌握生态质量状况，避免生态系统的退化，针对生态环境变化及时采取保护措施，促进生态系统的良性运转，保护重要生物物种及系统的自然性，必须对我国的生态环境进行监测。

生态环境监测一般包括生物生长量、生物量、物种量、牧草资源量、海岸带资源量、植被覆盖率、野生动物种群、水土流失程度、沙漠化、盐碱化程度、特殊资源情况及自然灾害情况等内容。

（1）生态环境监测内容和因子。生态环境监测包括生物多样性监测、生态环境要素监测和生态景观监测。

生物多样性监测。由于生态系统是一个完整的食物链，每一物种的变化都会对其他物种产生巨大影响，因此需要及时掌握生物多样性状况的变化。例如，生物多样性监测红树林中的植物，鸟类（特别是水禽），昆虫，哺乳类，两栖爬行类，底栖动物和浮游生物的种类、数量和生物量（或产量）及其种群结构。

生态环境要素监测。生物和环境是一个统一体，它们相互作用、相互影响。因此，除了监测生物本身的各项指标外，还要定期监测生物所在的环境状况，例如水质（主要是DO、COD、BOD、总氮、总磷、重金属和石油等指标）、土质、潮汐水位状况及主要气候因子（如光、温度、雨量和灾害性天气等）。

生态景观监测。生态景观监测包括面积变化、滩涂面积、水域面积（指退潮时）、航道面积、基围鱼塘面积、耕地面积、边缘陆地林或伴生植物面积、建筑物或居民点面积，以及人口密度、公路密度、企业或商业密度等。

（2）生态环境监测频率。为了防止顾此失彼、各项监测工作挤在一起，造成工作混乱现象，上述三项生态环境监测内容应分开、循环进行。根据工作量大小，以年为单位，逐年完成监测任务。

（3）监测方法。监测方法包括建立生态环境监测定位站、定时监测、重视社会资料调查和利用高科技监测技术。

建立生态环境监测定位站。为了监测数据具有可比性和连续性，应建立不同类型的生态监测定位站。

定时监测。由于在每年的同一时期内监测得到的监测项目数据，才与往年的同一项目监测数据有可比性，因此必须固定监测项目的监测时间。

重视社会资料调查。坚持社会资料调查与野外现场调查监测相结合。尤其是生态景观监测，除了野外现场调查监测外，更应注重社会资料调查。

利用高科技监测技术。尽量利用遥感和地理信息系统等高科技技术，对环境进行动态监测。

## 第二节 环境监测方法简述

目前环境监测分析方法大致可分为五类，即化学分析方法、光学分析方法、电化学分析方法、色谱分析方法和中子活化分析方法。

### 一、化学分析方法

化学分析方法是以化学反应为基础确定待测物质含量的方法。化学分析方法分类如下：

- 化学分析方法
  - 重量法（测大气颗粒状物质、水中油和悬浮物等）
  - 容量法
    - 酸碱滴定法（测水的酸度、碱度等）
    - 氧化还原滴定法（测水中溶解氧、高锰酸盐指数等）
    - 络合滴定法（测水中钙、镁、总硬度、氰化物等）
    - 沉淀滴定法（测水中卤素化合物等）
  - 目视比色法（测水中氟化物等）

## 二、光学分析方法

光学分析法是以待测物质对光的吸收、辐射、散射等性质为基础确定其含量的方法。光学分析方法分类如下：

- 光学分析法
  - 吸收光谱法
    - 分子吸收光谱法
      - 可见紫外分光光谱法（测气中二氧化硫、氮氧化合物；水中氨氮、硝酸盐氮等）
      - 非分散性红外法（测气中一氧化碳；水中总有机碳、油等）
    - 原子吸收分光光度法
      - 火焰法（测气、水中钾、钠、镁、铁、锰、铜、锌等）
      - 石墨炉法（测水、气中钒、硒等）
    - 冷原子吸收法（测汞等）
  - 发射光谱法
    - 等离子发射光谱法（测水、气、土壤中多种金属元素）
    - 火焰原子发射法（测水中钾、钠等）
    - 荧光分光光度法（测气中苯并（a）芘、硒、铍等）
    - 原子荧光法（测水中硒等）
    - 冷原子荧光法（测汞等）
    - 化学发光法（测气中氮氧化合物等）

## 三、电化学分析方法

电化学分析方法是利用物质的电化学性进行定量分析的方法。电化学分析方法分类如下：

- 电化学分析方法
  - 电位法（测气、水中氟化物；水中氰化物、氨氮等）
  - 电导法（测水中电导率、溶解氧，气中二氧化硫等）
  - 库仑法（测水中化学需氧量，气中二氧化硫等）
  - 极谱法
    - 高波极谱法（测水中硝基苯、镉、铜、铅等）
    - 阳极溶出法（测水中铜、铅、锌、镉等）

## 四、色谱分析方法

色谱分析方法是根据被分析物质在固定相和移动相中的分配系数不同，而进行的定量分析方法。色谱分析法分类如下：

色谱分析法
- 气相色谱法（测气中丙酮、甲醇、苯系物等；水中卤代烃、烷基汞、吡啶等）
- 液相色谱法
  - 高效液相色谱法（测水、气中多环芳烃、苯并（a）芘等）
  - 离子色谱法（测水、气中氯化物、氟化物等多种阴离子）
  - 纸层析和薄层层析法（分离、测定气、水中多环芳烃；粮食中黄曲霉素、有机磷农药等）

## 五、中子活化分析方法

中子活化分析方法是利用中子照射待测物质，使其发生核反应从而进行定量分析的方法，它主要用于无机元素的痕量分析（见附录）。

# 第三节　环境质量评价

环境质量评价是对环境品质的优劣给予定量或定性的描述，分为自然环境质量和社会环境质量评价。鉴于我国环境污染现状和经济实力，目前我国环境质量评价以自然环境质量评价为主，而社会环境质量评价还刚刚起步。

## 一、环境质量评价概念

环境科学的核心是环境质量。环境质量评价是认识环境质量的一种手段和工具。因此，环境质量评价是环境科学中的一个重要分支学科。环境质量评价是人们认识环境质量，找出环境质量存在的主要问题必不可少的手段和工具。通过环境质量评价可找出评价地区的主要污染源和主要污染物，解决防治什么污染物和在哪防治的问题；定量评价环境质量的水平；通过技术、经济比较，提出技术上合理、经济上可行的防治污染途径和方法；为新的开发计划保护环境作出可行性研究；为环境工程、环境管理、环境污染综合防治和环境规划提供基础数据；为国家制定环境保护政策提供信息。因此，环境质量评价是环境保护的一项基础工作。

## 二、环境质量评价类型

环境质量评价类型主要包括下面三种方式：

1. 按照时间评价

（1）回顾评价。根据一个地区历年积累的环境资料进行评价，据此可以回顾一个地区环境质量的发展演变过程。

（2）现状评价。根据近期的环境监测资料，对一个地区或一个生产单位的环境质量现状进行评价。

（3）未来评价。根据一个地区的经济发展规划或一个建设项目的规模，预测该地区或建设项目将来环境质量变化情况，并作出评价，也称为环境影响评价或环境预断评价。

2. 按照环境要素

单要素环境质量评价包括大气环境质量评价、水环境质量评价（包括地面水环境质量评价、地下水环境质量评价、海洋环境质量评价）、土壤环境质量评价等。对一个地区的各环境要素进行综合评价，称为区域环境质量综合评价。

3. 按照区域类型

可分为城市环境质量评价、流域环境质量评价、海域环境质量评价及风景游览区环境质量评价。环境影响评价也可分为建设项目环境影响评价和开发区环境影响评价。建设项目环境影响评价分为新建项目环境影响评价和扩建、技改项目环境影响评价；开发区环境影响评价分为一个城市新开发小区环境影响评价和几个城市联合开发区的环境影响评价。

## 三、质量现状评价

环境质量现状评价是依据一定的标准和方法，着眼于当前情况对一个区域内人类活动造成的环境质量变化进行评价，为区域环境污染综合防治提供科学依据。环境质量现状评价包括：环境污染评价，指进行污染源调查，了解进入环境的污染物种类和数量及其在环境中迁移、扩散和转化，研究各种污染物浓度在时空上变化规律，建立数学模式，说明人类活动排放的污染物对生态系统，特别是对人群健康已经造成的或未来（包括对后代）将造成的危害；生态评价，指为维护生态平衡，合理利用和开发资源而进行的区域范围内的自然环境质量评价；美学评价，指评价当前环境的美学价值；社会环境质量评价。环境质量现状评价的范围可以按环境功能、自然条件、行政区等划分，评价过程一般以国家颁布的环境质量标准或环境背景值为评价依据，它为环境管理和环境影响评价提供了基础资料。

1. 环境质量现状评价方法

环境质量现状评价方法是环境质量现状评价的核心问题，国内外的环境质量评价研究人员对此做过许多工作，它涉及的内容非常广泛。本节仅就单环境要素的评价方法、环境质量现状评价的数学方法加以介绍，主要内容有评价因子的选择原则、监测的布点原则、评价标准的选择等。

2. 环境质量现状评价因子的选择

评价因子的选择要根据评价目的、环境污染状况（污染源排放的污染因子）、评价标准系列和检测水平等。一般选择能反映基本质量状况和在环境中起主要作用的因子，例如排放量大、浓度高、毒性强、难于自然分解、易在环境和生物及人体内积累、经济损失大的污染因子。评价因子应具有较好的代表性，能正确、客观地反映环境质量状况。但是，选用的因子不宜过多，否则会使重点不突出，工作量加大。目前，我国各地大气环境质量评价中常见的评价因子可归纳如下：颗粒物降尘、总悬浮微粒、飘尘等；有害气体，例如二氧化硫、氮氧化物、一氧化碳、氧化剂等；有害元素如氟，重金属如铅、汞、镉等；有机物，例如苯并芘、总碳氢等；通常水环境现状评价因子可归纳为感官性指标如味、嗅、颜色、pH、透明度、悬浮物等，氧平衡指标，例如溶解氧、化学需氧量、生化需氧量、总有机碳，营养盐指标，例如硝酸盐、氨盐、磷酸盐等，毒物指标如酚、氰化物、砷、汞、铬、铅、镉、有机氯等，细菌学指标如总大肠菌群、细菌总数等。在进行某一项评价时，可以从上述因子中选择数项，或根据评价对象予以补充，以体现主要污染物的影响为宜。

3. 环境质量现状监测的布点原则

在进行环境质量现状评价时，具有一定代表性、符合一定精度要求、足够的监测资料，是获得满意评价结论的基本保证。这首先决定于采样点的布置是否合理。环境现状监测时，采样断面和采样点的布设必须有代表性，能够全面地反映水体水质及污染物的空间分布和变化规律，这是评价工作的重点。

4. 评价标准选择

评价环境质量的优劣，要有一个客观的尺度作为标准，这就是评价标准。评价标准的选择是评价工作中一个重要环节，选择不当，势必会歪曲环境质量状况，得出错误结论。在评价时应根据评价目的和不同的评价对象等因素选择合适的评价标准，这也是环境工作重要的一环。

## 四、环境质量现状评价方法

环境质量评价方法是环境质量评价的核心问题，人们希望从众多表述环境质量的数值中找到一个有代表性的数值，简明确切地表达一定时空范围内的环境质量状况。目前，常用的环境质量现状评价模型有环境质量指数模型和环境质量分级聚类模型两类。

1. 环境质量指数

环境质量指数是环境质量参数与环境质量评价标准的复合数，为一无量纲的数值。它的定义为在环境质量评价中，依据某种评价标准，用某种计算方法求出的环境质量参数与环境质量评价标准的复合数。环境质量指数分为3级，即环境总质量指数、单要素环境质量指数和单因子环境质量指数。

按描述环境质量参数多少分类，环境质量指数分为单因子环境质量指数和多因子环境质量指数两类。环境总质量指数和单要素环境质量指数均为多因子环境质量指数。

（1）单因子环境质量指数定义式为：$I_i=\frac{C_i}{S_i}$。

式中：$C_i$——第 $i$ 种污染物在环境中的浓度值；

$S_i$——第 $i$ 种污染物的评价标准。

单因子环境质量指数（$I_i$）的值越大，表示第 $i$ 个因子的环境质量越差；$I_i=1$时，单因子的环境质量达到评价标准，环境质量处于临界状态；当 $I_i>1$ 时，单因子的环境质量超过评价标准，超过越多，环境质量越差。

（2）多因子环境质量指数。任何一个具体的环境质量问题都不是单因子问题。当参与评价因子数大于1时，就要用多因子环境质量指数表述环境质量状况。多因子环境质量指数通常分为以下几种形式：

叠加型指数 $$I=\sum I_i=\sum\frac{C_i}{S_i}$$

加权均值型指数 $$I=\sum_{i=1}^{n}W_iI_i\sum_{i=1}^{n}W_i=1$$

均值型指数 $$I=\frac{1}{n}\sum_{i=1}^{n}I_i=\frac{1}{n}\sum_{i=1}^{n}\frac{C_i}{S_i}$$

内梅罗指数 $$I=\sqrt{\frac{(MaxI_i)^2+(AveI_i)^2}{2}}$$

式中：$I$——多因子环境质量指数；

$I_i$——第 $i$ 种污染物的分指数；

$n$——评价因子数；

$W_i$——第 $i$ 种污染物的权系数；

$MaxI_i$——各单因子环境质量指数的最大值；

$AveI_i$——各单因子环境质量指数的平均值。

均值型多因子环境质量指数的基本出发点是各种环境因子对环境的影响是等权的。加权型质量指数的出发点是各种环境因子对环境的影响是不等权的，它们对环境的影响应该计入各因子的权系数。

2. 分级聚类模型

分级聚类模型是按照一定的聚类方法，将表征环境质量的各种数值综合归类，确定环境质量的等级。这类方法有分级评分法（M 值法）、W 值法和模糊聚类法等，在此不详细介绍。环境质量指数是评价环境状况的重要工具之一，其形式繁多，在运用时应根据具体情况加以选择。总的来说，环境质量现状监测与评价，一般包括下列三个主要方面：

（1）说明污染物现状监测情况。包括监测项目、监测周期和频率、布点状况及样品分析方法等。统计监测的浓度范围、日均值、单次和日均值超标率，分析浓度的时空分布特征。

（2）说明评价区污染调查情况。包括工业污染源和民用污染源的调查情况，采用等标污染负荷法对污染源做出评价。

（3）采用单项评价指数法对监测结果进行评价。

## 第四节　环境影响评价

环境影响评价是指对规划和建设项目实施后可能造成的环境影响进行分析、预测和评估，提出预防或者减轻不良环境影响的对策和措施，进行跟踪监测的方法与制度。环境影响评价必须客观、公开、公正，综合考虑规划或者建设项目实施后对各种环境因素及其构成的生态系统可能造成的影响，为决策提供科学依据。

### 一、环境影响评价制度

环境影响评价制度是法律在进行对环境有影响的建设和开发活动时，应当事先对该活动可能给周围环境带来的影响，进行科学的预测和评估，制定防止或减少环境损害的措施，编写环境影响报告书或填写影响报告表，报经环境保护部门审批后再进行设计和建设的各项规定的总称。环境影响评价制度是防止产生环境污染和生态破坏的法律措施，最早由美国的《环境政策法》（1969 年）提出推行，后为许多国家采用。我国在 1989 年 12 月颁布的《环境保护法》中重申了该制度。这项制度是贯彻“预防为主、防治结合、综合治理”方针的重要手段，起着协调经济持续发展和保护环境两者之间关系，实现经济效益、社会效益、环境效益三者统一的重要作用。

#### （一）环境影响评价证书

环境影响评价证书是法定环境保护部门颁发的，确认环境影响评价单位可以从事环境影响评价工作的证明文书，其主要内容包括单位名称、证书等级、证书编号和发证单位等。评价证书分为甲级和乙级两种。持有甲级证书的单位，可以承接全国范围内各种规模的基本建设项目和技术改造项目以及区域开发建设项目的环境影响评价工作；持有乙级证书的单位，可承接所在省、自治区、直辖市各级人民政府环境保护部门负责审批的基本建设项目、技术改造项目和省级人民政府确定的区域开发建设项目环境影响评价工作。《环境影响评价证书》须按《建设项目环境影响评价证书管理办法》规定的条件和程序申领，持证单位必须履行规定的职责，并接受环境保护部门的定期与不定期考核。

## （二）环境影响报告文件编写

1. 环境影响报告的编写原则

环境影响评价总结报告应概括全部评价工作内容和评价结果，概要说明环境质量现状达标情况，指出超标因子的污染程度和范围，把建设项目对评价区域的污染影响程度和范围讲清楚，说明建设项目的主要污染因子及其排放总量和必需的控制要求，提出防治对策和建议，做出评价结论，为建议单位和主管部门提供管理和决策依据。

2. 环境影响报告（表）内容

报告的内容和深度应满足评价大纲要求，有的项目需要提交专题报告，有的不要求提交专题报告，评价内容直接反映在总报告的相应部分。

评价报告除用文字叙述外，还应附以必要的图表和照片，使资料能够得以清楚地表达，以便阅读和审查。对用数据说明的问题须说明数据的出处、计算方法和采用的模式，而计算过程和原始数据可不列入正文，必要时可编制附录。

环境影响报告书是环境影响评价程序和内容的书面表现形式之一，是环境影响评价制度的重要组成部分。由环境影响评价单位编写，由建设或开发单位提交上级环境保护主管部门进行审查，并作为批准或否决建设项目的重要依据。

环境影响评价报告应全面、概括地反映环境影响评价的全部工作，文字应简洁、准确，并尽量采用图表和照片，以使提出的资料清楚、论点明确，有利于阅读和审查。评价内容较多的报告书，其重点评价项目另编分项报告书，主要技术问题另编专题技术报告。环境影响报告书的内容主要有：总则，包括结合评价的特点阐述编制，环境影响报告书的目的，编制依据，采用标准及控制污染与保护环境的目标；建设项目概况；工程分析；建设项目周围地区的环境现状；环境影响预测；评价建设项目的环境影响；对策述评与投资估算；环境影响损益分析；环境监测制度及环境管理、环境规划的建议；环境影响评价结论。

环境影响评价报告表是建设单位就拟建项目的环境影响以表格形式向环境保护部门提交的书面文件。适用于单项环境影响评价工作，等级低于第三级的建设项目，按国家颁发的《建设项目环境保护管理办法》填写建设项目环境影响报告表。其主要内容有建设项目概况、排污情况及治理措施、建设过程中和拟建项目建成后对环境影响的分析等。

### （三）环境影响评价的管理程序

环境影响评价管理程序，是环境影响评价确立到环境影响报告书审批完成的全过程中，环境保护管理部门开展的管理工作，或者说是从环境影响评价确立到环境影响报告书审批完成的全过程中，环境保护管理部门、建设单位和评价单位之间的工作关系，而且是以环境保护部门的管理为主线。我国的环境影响评价管理程序可分为五个阶段，即环境影响评价的确立及委托、环境影响评价大纲的编制、环境影响评价大纲的审批、环境影响报告书的编制和环境影响报告书的审批。

从评价要素上看，可把环境影响评价分为大气环境影响评价、地面水环境影响评价、地下水环境影响评价、海洋环境影响评价、固体废物环境影响评价、环境噪声影响评价和环境健康影响评价等几种类型。本节仅就大气环境影响评价和地面水环境影响评价作简单介绍。

## 二、大气环境影响评价

大气环境影响评价技术程序大致可分为三个阶段：

（1）第一阶段。主要工作包括研究有关文件、环境空气质量现状调查、初步工程分析、环境空气敏感区调查、评价因子筛选、评价标准确定、气象特征调查、地形特征调查、编制工作方案、确定评价工作等级和评价范围等。

（2）第二阶段。主要工作包括污染源的调查与核实、环境空气质量现状监测、气象观测资料调查与分析、地形数据收集和大气环境影响预测与评价等。

（3）第三阶段。主要工作包括给出大气环境影响评价结论与建议、完成环境影响评价文件的编写等。

1. 评价级别与评价范围

《环境影响评价技术导则大气环境》（HJ/T2.2－2008）规定，根据项目的初步工程分析结果，选择1种～3种主要污染物，分别计算每一种污染物的最大地面浓度占标率 $P_i$（第i个污染物），及第i个污染物的地面浓度达标准限值10%时所对应的最远距离 $D_{10\%}$ 等因素，将大气环境影响评价工作划分为一、二、三级。根据项目排放污染物的最远影响范围确定项目的大气环境影响评价范围，即以排放源为中心点，以 $D_{10\%}$ 为半径的圆或 $2 \times D_{10\%}$ 为边长的矩形作为大气环境影响评价范围，当最远距离超过25km时，确定评价范围为半径25km的圆形区域，或边长50km矩形区域。评价范围的直径或边长一般不应小于5km。对于以线源为主的城市道路等项目，评价范围可设定为线源中心两侧各200m的范围。

2. 大气环境影响预测与评价

大气环境影响预测与评价是整个评价工作和报告书的核心，主要包括以下六个方面的内容：

（1）采用列表的方法，按不同类型的排放源，分别给出平均源强和瞬时源强。计算短期地面浓度（如轴线地面浓度）用瞬时源强，计算长期地面浓度（如年均地面浓度）用平均源强。

（2）介绍扩散模式的选择及对其修正过程。对于平坦开阔地形的连续高架点源，可直接应用高斯烟羽模式，若计算有沉降作用的颗粒物（如粉尘、烟尘）的扩散，可选用倾斜烟羽模式。若计算不利气象条件下（如静风、逆温层反射）的污染物扩散时，则应选择考虑不利气象因素修正的相应的模式。在实际评价中，应尽量选用通用、成熟、简便并能满足准确度要求的模式，视具体需要而定，不生搬硬套。

（3）介绍扩散模式中有关参数的选取和参数模式化处理。主要包括扩散参数、风廓线指数、混合层高度等参数的选取和风速、风向、稳定度联合频率中风速级的划分及各级风速的代表值。

（4）介绍模式预测的验证情况。对于大型建设项目和评价区域较大的大气影响评价，为了使预测的结果真实可靠，要对模式进行验证。一般采用实测值与计算值（输入现有污染物源强）相比较的方法进行模式验证，并分析二者的相关性。

（5）简要介绍模式计算过程中的关键技术问题。例如，坐标系和计算点的选取、典型天气日的确定等。根据需要把预测结果按不同源型、不同污染分别列表给出短期、长期和不利天气条件下的地面浓度，并进行必要的分析。

（6）进行浓度叠加分析和评价。把预测值与背景值进行叠加，按照相应的评价标准进行评价，并用列表或附图的形式给出评价结果，据此得出评价区工程建成后的大气污染状况及其对环境的影响程度和范围。

3. 评价结论和具体对策

这是大气环境影响报告书的最后部分，是整个评价工作及评价报告的结论。其内容至少应包括以下两个方面：列出各专题评价的主要结果，把建设项目对环境的有利影响与不利影响进行全面比较，权衡利弊，说明项目选择是否可行，厂地选择是否合理；针对建设项目特点，环境状况和经济技术条件，对不利的环境影响，提出进一步治理大气污染的具体方案和措施（包括环境管理与监测计划），把建设项目对环境的不利影响减小到最低程度。

以上叙述的是建设项目大气环境影响报告书编制的基本方法及其内容。在实际工作中，应根据实际情况灵活运用，坚持突出工程特点的原则，把工程分析、气象的获取和应用、模式的选择和预测结果分析等主要内容作为重点。编写的报告书一定要实用，对工程有指导作用，对领导决策有依据作用。

## 三、地面水环境影响评价

地面水环境影响评价的工作程序分成三个阶段：编写评价大纲的阶段；评价工作的主体阶段，主要工作是预测与评价建设项目的环境影响；评价工作的结束阶段，主要工作是根据第二阶段的工作结果，编写环保工作小结和提出环保措施建议。

1. 评价等级划分

根据《环境影响评价技术导则地面水环境》（HJ/T2. 3—93），将评价工作分成三级。应根据该项目的工程特点与环境特点，确定其评价工作级别。一级评价最详细，二级次之，三级较简略。

2. 地面水环境影响预测

地面水环境影响的预测应以掌握一定的预测方法为前提，而此种方法的理论基础是水体的自净特性。水体中的污染物在没有人工净化措施的情况下，它的浓度随时间和空间的推移而逐渐降低的特性称为水体的自净特性。从机制方面可将水体自净分为物理自净、化学自净、生物自净三类，它们往往是同时发生而又相互影响。

（1）数学模式法。此方法是利用水体净化机制的数学方程预测建设项目引起的水体水质变化。该法能给出定量的预测结果，但需一定的计算条件和输入必要的参数和数据。一般情况此法比较简便，应首先考虑，但它的局限性是污染物在水中的净化机制，不少方面尚难用数学模式表达。

（2）物理模型法。此方法是依据相似理论，在一定比例缩小的环境模型上进行水质模拟实验，以预测由建设项目引起的水体水质变化。此方法能反映比较复杂的水环境特点，且定量化程度较高，再现性好，但需要有相应的试验条件和较多的基础数据，且制作模型要耗费大量的人力、物力和时间。在无法利用数学模式法预测，而评价级别较高，对预测结果要求较严时，应选用此法。但是，污染物在水中的化学、生物净化过程难于在实验中模拟。

（3）类比调查法。调查与建设项目性质相似，且其纳污水体的规模、流态、水质也相似的工程，根据调查结果，分析预估拟建项目的水环境影响。此种预测属于定性或半定量性质。已建的相似工程有可能找到，但此工程与拟建项目有相似的水环境状况则不易找到，所以类比调查法所得结果往往比较粗略，一般多在评价工作级别较低，且评价时间较短，无法取得足够的参数、数据时，用以类比求得数学模式中所需的若干参数、数据。

（4）专业判断法。这是定性地反映建设项目的环境影响。当建设项目的某些环境影响很难定量估测（如对文物古迹与“珍贵”景观的环境影响）或由于评价时间过短等原因无法采用上述诸方法时，可选用此方法。

### 思考题与实践活动

1. 环境监测在环境科学中的地位和作用。
2. 如何进行环境质量评价和环境影响评价?
3. 你了解哪些常见的环境监测分析方法?
4. 如何进行城市大气环境监测的设计?
5. 试讨论环境污染物的特性及其环境污染的特征。
6. 组织参观某一个环境监测实验或某个环境监测站。

# 第九章　生态与环境保护战略

环境保护战略总体包括生态策略和人工控制策略。其中，生态策略中最典型的是建立“自然保护区”，其为“有代表性的自然生态系统、珍稀濒危野生动植物物种的天然集中分布区、有特殊意义的自然遗迹等保护对象所在的陆地、陆地水体或者海域，依法划出一定面积予以特殊保护和管理的区域”。人工控制策略中清洁生产、绿色化学、可持续战略保护意义重大。清洁生产是指将综合预防的环境保护策略持续应用于生产过程和产品中，以期减少对人类和环境的风险；可持续发展是一种注重长远发展的经济增长模式，最初于 1972 年提出，指既满足当代人的需求，又不损害后代人满足其需求的能力，是科学发展观的基本要求之一。

## 第一节　自然保护与自然保护区

自然保护区是一个泛称，实际上，由于建立的目的、要求和本身所具备的条件不同，而有多种类型。按照保护的主要对象来划分，自然保护区可以分为生态系统类型保护区、生物物种保护区和自然遗迹保护区三类。

### 一、自然保护

自然保护是对人类赖以生存的自然环境和自然资源进行全面的保护，使之免于遭到破坏。自然环境包括阳光、空气、水、土壤及各种矿物质，这些成分在一定的地理条件下，形成了具有一定特点的自然环境。自然资源是指自然界中对人类有用的一切物质和不同形式的能量。一般来说，自然资源分为可更新资源、不可更新资源和无限资源三个部分。

自然保护的目的是人类利用科学技术方法和法律、行政手段，达到保护、维持和发展与人类生存有密切关系的自然环境和自然资源，从而满足人类生产、生活中多方面的需求。

保护人类赖以生存、发展的生态过程和生命支持系统（如水、土壤、光、热、空气等自然物质系统，农业生态系统、森林、草原、荒漠、湿地、湖泊、高山和海洋等生态系统），使其免遭退化、破坏和污染。保证生物资源（包括水生、陆生野生生物和人工饲养生物资源）的永续利用。保存生态系统、生物物种资源和遗传物质的多样性。保留自然历史遗迹和地理景观（包括河流、瀑布、火山口、山脊山峰、峡谷、古生物化石、地质剖面、岩溶地貌、洞穴及古树名木等）。

## 二、自然保护区

自然保护区是指具有典型特殊的自然生态系统或自然综合体（如珍稀动植物的集中栖息或分布区、重要的自然景观区、水源涵养区、具有特殊意义的自然地质建造和重要的自然遗产和人文古迹等）以及其他为了科研、监测、教育、文化娱乐目的而划分出的保护地域的总称。

1. 建立自然保护区的国际行动

自然保护区在国际上已有一百多年的历史。19 世纪初，随着资本主义社会发展对自然环境造成的破坏和影响，使许多野生动植物不断灭绝或濒危，许多生态系统变得十分脆弱。这引起了世界各国科学家的关注，保护自然的呼声在国际上愈来愈强烈。当时德国博物学家汉伯特，首先提出应建立天然纪念物，以保护自然界的名胜和独特自然景观。

美国于 1872 年建立了世界上第一个国家公园——黄石公园。从此开始了通过建立自然保护区的形式保护自然界的实际行动。从 1962 年开始，每十年举行一届的世界国家公园保护区大会上，世界各国代表、专家就国家公园及自然保护区问题进行专题研究和讨论，这对促进和发展国家公园和自然保护区建设起到了积极的推动作用。目前在国际上，建立国家公园和自然保护区已成为各国保存自然生态系统和珍贵野生动植物物种的主要方法和手段，也是衡量一个国家自然保护发展水平的重要标志。

2. 中国丰富的自然资源急需得到特殊保护

中国是一个幅员辽阔的国家。地跨寒温带、温带、暖温带、亚热带和热带，地形复杂，气候多样，形成了丰富多彩的动植物区系。中国是世界上动植物种类最多的国家之一，仅脊椎动物就有 6 266 种多，占世界总数的 13% 以上。其中，两栖类 284 种、爬行类 376 种、鸟类 1 244 种、兽类 500 种、鱼类 3 862 种。大熊猫、金丝猴、台湾猴、羚牛、白唇鹿、华南虎、褐马鸡、黑颈鹤、绿尾虹雉、扬子鳄、白鳍豚和中华鲟等 100 多种珍稀动物，是中国特有或主要分布的动物种类；分布在中国的无脊椎动物（包括昆虫）种类，尚无确切统计，但估计不下 100 万种；中国有高等植物 30 000 余种，占世界总数的 12% 以上，仅次于马来西亚和巴西，居世界第三位；被子植物 24 500 多种，裸子植物 250 种，苔藓植物约 2 200 种，蕨类植物 2 600 余种。

由于中国大部分地区未受到第四纪冰川覆盖的影响，因而保留了许多北半球其他地区早已灭绝的古老物种和特有种，约有200属，例如银杉、水杉、水松、金钱松、台湾杉、银杏、珙桐、水青树、钟萼木和香果树等都是中国特有的珍贵树种。中国还是世界第三大栽培植物起源中心之一，拥有大量栽培植物的野生亲缘种，例如野核桃、野板栗、野苹果、野荔枝、野龙眼、野杨梅、野生稻、野生大麦、野生大豆和野生茶叶等。保护好中国的野生动植物资源，建立自然保护区是一个良好的途径。另外，中国还有绚丽多彩的自然历史遗产，例如地质剖面、冰川、熔岩、温泉、瀑布、化石、湿地、滩涂、珊瑚礁、火山遗迹和陨石坑等，这些都是建立自然保护区良好的基本条件。

3. 环境和资源面临巨大威胁和破坏

人为活动造成生态系统不断破坏和恶化，已成为中国目前最严重的环境问题之一。生态受破坏的形式主要表现在森林减少、草原退化、农田土地沙化、水土流失，以及沿海水质恶化、赤潮发生频繁、经济资源锐减和自然灾害加剧等方面。

草原是又一个较大的陆地生态系统。据统计，我国草原约占国土面积1/3左右，近30年来，产草量已下降1/3～1/2，加之超载放牧，毁草开荒及鼠害等影响，退化现象极为严重，草原生态系统出现逐渐衰退的局面。荒漠化面积逐渐扩大，中国目前已有荒漠化土地$2.64\times10^6 km^2$，占国土面积的1/3。地表植被遭到破坏，地面裸露，造成水土地流失日趋严重。中国水土流失面积已达$1.79\times10^6 km^2$，占国土面积的18.6%；风蚀荒漠化土地面积达153万$km^2$，共占全国土地面积15.9%。

随着中国人口增加和经济发展，对自然资源索取和需求加大。由于人们在利用自然资源时，没有按自然规律办事，因而造成森林超量采伐、草原过度放牧、沼泽围垦造田、过度利用土地和水资源，导致生物生存环境破坏，影响物种的正常生存。工业废水的污染，使得中国不少湖泊和主要河流水质急剧下降，水生生物大量消亡，许多河流内自然生长的常见鱼类也因水体污染而灭绝或处于濒危状态。据资料记载，近半个世纪，中国仅动物资源已经灭绝的物种已达数十种，例如蒙古野马、高鼻羚羊、麋鹿等均在中国原分布区内绝迹，同时中国国家植物红皮书中记述的濒危植物已高达1 000种之多。

## 三、建立自然保护区的意义

建立自然保护区非常重要，具体来说包括以下六点：

1. 展示生态系统的原貌

建立自然保护区能显示和反映自然生态系统的真实面目。自然界中，生物与环境、生物与生物之间存在相互依存、相互制约的复杂生态关系，这是生物进化发展的动力，人类在自然界从事的各项社会生产活动中，必须充分认识到保护各类典型而有代表性自然生态系统的重要性，必须认识和遵循这些规律，才能维持自身的生存和创建适宜的条件。

2. 物种基因库

自然界的野生物种是宝贵的种质资源。人类在发展、改造和利用自然财富的实践中，要不断地提高生物品种的产量和质量，选育优良品种，就必须从自然界中找到它们野外的原生种或近亲种，而自然保护区能为保存野生物种和它们的遗传基因提供有效的保证。

3. 科学研究的天然实验室

自然保护区是进行科学研究理想的天然实验室。人类发展的历史就是了解自然、认识自然、利用自然和改造自然的漫长历史过程。在科学技术发达的当代，人类要持续地利用资源，必须尊重自然发展变化的客观规律。自然保护区为进行各种生物学、生态学、地质学、古生物学及其他学科的研究提供有利条件，为种群和物种的演变与发展，为环境的监测和定位研究提供良好的基地。

4. 进行公众教育的博物馆

自然保护区是向公众普及自然科学知识的重要场所。有计划地安排教学实习、参观考察及组织青少年夏令营活动，利用自然保护区宣传教育中心内设置的标本、模型、图片和录相等，向人们普及生物学、自然地理等自然知识。

5. 旅游活动

自然保护区丰富的物种资源，优美的自然景观，可满足人类精神文化生活的需求，有条件的自然保护区可划出特定旅游区域，供人们参观游览。同时，对从事音乐、美术等文学工作者来说，自然保护区常常是进行艺术创作的重要场地和艺术灵感的触发源泉。

6. 维持生态系统平衡

自然保护区对本地和周围地区自然环境的改善，维持自然生态系统的正常循环和提高当地群众的生存环境质量，促进当地农业生态环境逐步向良性循环转化，提高农作物量，减免自然灾害等方面都在不断发挥着人们一般不易注意的重要作用。

## 四、自然保护区的作用和效益

建立自然保护区的作用主要有十个方面，且能产生生态、社会和经济效益。

### （一）自然保护区的作用

1. 保护自然环境与自然资源作用

保护自然环境与自然资源是自然保护区的最大作用，为了获得最佳的生态效益，必须将自然保护区内的自然资源和自然环境保护好。使各种典型的生态系统和生物物种，在人工保护下正常地生存、繁衍与协调发展；使各种有科学价值和历史意义的自然历史遗迹和各种有益于人类的自然景观，在人工的保护下，保持本来面目。

2. 科学研究作用

科学研究对自然保护区的建设和发展有极其重要的作用。科学研究是自然保护区工作的灵魂，既是基础性工作，又是开拓性工作，是实现对自然资源有效保护与合理开发利用的关键。

3. 宣传教育作用

宣传与教育是自然保护区所发挥的又一个重要作用。

4. 培养繁育作用

众所周知，人类社会中见到的园林花卉和家畜、家禽都是由自然界野生物种中培养和驯化选育而来的。随着科学的发展，对某些珍稀动物或植物进行科学的培养和繁育，使之为人类提供新的、更多的优质品种，也是自然保护区开展的一项实验活动。

5. 生态演替和环境监测作用

在自然条件下，生态系统是按照自然界的规律进行它的发展、延续和变化的，但在受到外界自然因素和人为因素的严重干扰后，将会出现自然演替和人为演替。所谓自然演替，就是生态系统如遭到雷电火烧、洪水冲击、暴风雪、干旱和病虫害等外界突发性因素影响后，使系统中某些生物群落毁灭或衰落而被另一些生物群落替代的过程。人为演替，则是由于人类频繁的经济活动和严重索取自然资源的结果，使得生态系统中某些生物群落被强迫地替代。

自然保护区内的野生动植物中有许多种类是反应环境好坏的指示物，它们对空气、水文和植被等污染破坏状况十分敏感，定位定点对自然保护区这些生物指示物受危害的程度进行观察可起到监测环境的作用。自然保护区有独特的条件同时监测和显示这两种演替的作用。

6. 生物多样性作用

自然保护区有多种多样的生物物种和自然群落，在其面积范围内使之生存和繁衍并能自然平衡发展的功能。同时，自然保护区内还含有多种地貌、土壤、气候、水系，以及独特的人文景观单元。

7. 涵养水源和净化空气作用

许多自然保护区内生长着茂密的原始森林，而森林涵养水源的作用是巨大的。森林能阻挡雨水直接冲刷土地，减低地表径流的速度，使其获得缓慢下渗的机会。林地土壤疏松，林内枯枝落叶又能保水。据实验，无林坡地土壤只能吸收56%的水分，但坡上如有80m～100m宽的林带时，地表径流则完全被转变为地下径流而储蓄起来，像水库一样。

森林同时有吸收有毒气体、杀菌和阻滞粉尘的作用。林木能在低浓度的范围内吸收各种有毒气体，使污染的空气得到净化。研究证明，许多植物种类能分泌出有强大杀菌的挥发性物质——杀菌素。同时，林木对大气中的粉尘污染能起到阻滞过滤作用，由于林木枝叶茂盛，能减少风速，而使大粒灰尘沉降地面。据统计，一公顷松树林一年滞尘的总量达34t。

8. 合理利用自然资源作用

自然保护区有丰富的自然资源，对于可更新资源（如野生动物和植物资源等），在人为提供特殊保护的条件下，合理开发利用一部分野生动植物，对它们的种群结构不会发生太大变化，不影响它们的正常生息和繁衍。因此，要发挥自然保护区的资源优势，按照生物自然更新的规律，在自然资源承受能力与生物种群及其数量相适的条件下，积极发展种植业、养殖业、采集业、加工业和具有地方特色的手工艺品业等，不断提高自然保护区的利用价值。

9. 参观游览作用

接待中外科学工作者、大专院校师生考察参观自然保护区内的生态系统和野生动植物，把具有旅游特征的景观区划为向社会公众开放的自然保护区旅游区，融了解、探索、教育、宣传鉴赏和娱乐等为一体，不断发挥和扩大自然保护区在国内外的影响，吸引更多的人们来关心、支持和帮助自然保护区的保护、管理和建设工作。

10. 国际合作交流作用

人类共同生活在一个地球上，陆地、水体和大气的连接、传递，使地球各部分之间进行能量和物质的交换，因而一个地区的变化往往会影响另一个地区乃至整个地球。不同国家建立的自然保护区通常在地理上或生物学上是相互联系的，许多迁徙物种在跨国保护区或是相邻保护区内互相往返。为保护和管理迁徙物种，需要国与国之间或国际之间的共同保护和联合行动。同时，有关自然保护区科学研究进展和保护区网的信息数据也需要通过国际间的合作与交流来共享其成果。因此，中国自然保护事业的发展和自然保护区建设管理水平高低也将对全世界产生反映和影响。

## （二）自然保护区的效益

1. 生态效益

自然保护区利用它所具有良好的自然生态系统、丰富的生物物种和群落，以及优美的环境景观，使有关自然保护的理论能在自然保护区内得以实践和操作，充分发挥在生态方面的巨大效益。

生态效益可用以下六个方面来衡量：保护野生生物物种和生物群落的大小；明显体现水源涵养和调节气候的能力；减少土壤侵蚀和水土流失面积；促进生态演替的顺利进行；生物资源和自然环境价值的高低；生物多样性的保存量与增加系数。

2. 社会效益

由于自然保护区能够作为向公众介绍、传播和展示自然保护事业所做工作的良好场所，因而有广泛的社会影响和感染力。社会效益概括起来有四个方面：展示自然界丰富多彩的变化和存在；展示人与自然界相互依存的关系，为人类认识自然提供良好的场所；展示环境科学、生物科学、生命科学和其他科学的特点及相互间的发展；展示世界各国自然保护领域的成果、技术和交流与合作。

3. 经济效益

通过自然保护区的建立和有效管理，使保护区本身和周围地区获得一定的经济收入和资金积累。它表现在：粮食、农作物、畜产品和水产品的增产；保存水源向周围和下游地区持续供应无污染的优质水；促进环境、生物、医学等学科高新科技产品的研究与发展；种植和养殖业发展与利用；增加当地的旅游和其他服务性收入；潜在的生命科学研究；优质无污染和绿色食品的研究与生产。

## 五、自然保护区的类型、结构和功能区划

自1872年美国建立了世界上第一个自然保护区——黄石公园以来，世界各国都陆续建立了各种类型的自然保护区，由于保护对象、管理目标、管理级别的不同，各国在保护区的名称上也是五花八门，各有特色。

### （一）自然保护区的类型

1. 国际上的保护区分类

除去在城市中建造的公园外，全世界与自然界有关的保护区名称，初步统计为44种（表9－1）。

**表9－1　全世界与自然界有关的保护区名称**

| | | | |
|---|---|---|---|
| 1. 人类学保护区 | Anthropological Reserve | 23. 自然生物保护区 | Natural Biotic Reserve |
| 2. 生物保护区 | Biological Reserve | 24. 自然景物保护区 | Natural Landmark |
| 3. 生物圈保护区 | Biosphere Reserve | 25. 自然纪念地 | Natural Monument |
| 4. 鸟类保护区（禁猎区） | Bird Sanctuary | 26. 自然保育区 | Nature Conservation Reserve |
| 5. 保护区 | Conservation Area | 27. 自然公园 | Nature Park |
| 6. 保护公园 | Conservation Park | 28. 自然保护区 | Nature Reserve |
| 7. 联邦生物保护区 | Federal Biological Reserve | 29. 公园 | Park |
| 8. 动植物保护区 | Fauna and Flora Reserve | 30. 景观保护区 | Protected Landscape |
| 9. 动物保护区 | Fauna Reserve | 31. 保护区域 | Protected Region |
| 10. 森林和动物保护区 | Forest and Fauna Reserve | 32. 省立（级）公园 | Provincial Park |
| 11. 森林保护区（禁伐区） | Forest Sanctuary | 33. 保护区 | Reserve |
| 12. 狩猎动物保护区 | Game Reserve | 34. 资源保护区 | Resource Reserve |
| 13. 狩猎动物禁猎区 | Game Sanctuary | 35. 科学保护区 | Scientific Reserve |
| 14. 受管理的自然保护区 | Managed Nature Reserve | 36. 州立（级）公园 | State Park |
| 15. 受管理的资源区 | Managed Resources Area | 37. 严格的自然保护区 | Strict Nature Reserve |
| 16. 多种经营管理区 | Multiple Use Management Area | 38. 严格的保护区 | Strict Reserve |
| 17. 国家动物保护区 | National Fauna Reserve | 39. 野生生物管理区 | Wildlife Management Area |
| 18. 国家森林 | National Forest | 40. 野生生物保护区 | Wildlife Reserve |
| 19. 国家狩猎动物保护区 | National Game Reserve | 41. 野生动物避难区 | Wildlife Refuge |
| 20. 国家（级）自然保护区 | National Nature Reserve | 42. 野生动物禁猎区 | Wildlife Sanctuary |
| 21. 国家公园 | National Park | 43. 原野地 | Wildness Area |
| 22. 自然区 | Natural Area | 44. 世界遗产地 | World Heritage Site |

为了解决保护区类型各不相同的问题，世界自然保护联盟保护区与国家公园委员会于1978年提出了保护区的分类、目标和标准。这个报告提出十种保护区类型，分别是：科研保护区（严格的自然保护区）；受管理的自然保护区（野生生物禁猎区）；生物圈保护区；国家公园与省立公园；自然纪念地（自然景物地）；保护性景观；世界自然历史遗产保护地；自然资源保护区；人类学保

护区；多种经营管理区（资源经营管理区）。

1984 年，国家公园委员会指定一个专家组开始修改保护区的分类标准，经过多次讨论和完善，1993 年，世界自然保护联盟形成了一个“保护区管理类型指南”。指南中将保护区类型最后确定为六种：自然保护区（荒野区）；国家公园；自然纪念地；生境、物种管理区；受保护的陆地景观和海洋景观；受管理的资源保护区。

“保护区管理类型指南”不仅解释了六种保护区名称的含义，同时还规定了各类型保护区的管理目标和指导原则。这个分类标准虽然在世界各国仍有分歧和争议，但 IUCN 通过为保护区划分类型来强调保护区的类型要以保护目标为分类依据。

2. 中国的保护区分类

中国的自然保护区类型是在自然保护区逐步发展中建立的，最早建立的自然保护区（如 1956 年的广东鼎湖山，1957 年的福建万木林，1958 年的云南勐养、勐腊，黑龙江丰林等自然保护区）都是森林类型自然保护区。随着自然保护区数量的增加，保护区的保护对象也由原来仅是森林类型慢慢扩大到森林、野生动物和野生植物类型。

1980 年底全国共建 72 处自然保护区，保护区的类型有两种生态系统类型（森林生态系统和湿地生态系统）、野生动物类型、野生植物类型，以及地质遗迹类型自然保护区五种。20 世纪 80 年代，中国自然保护区进入快速发展的第一个阶段，自然保护区的类型也在逐步扩大，除上述提到的五种以外，又出现了荒漠生态系统、草原生态系统、海洋生态系统和古生物化石类型自然保护区。

（1）生态系统类型自然保护区。生态系统类型自然保护区是对各类较为完整的自然生态系统及其生物、非生物资源进行全面的保护。就生态系统而言，有陆地生态系统和海洋生态系统两部分。陆地生态系统中，有森林、草原、湿地、荒漠、岛屿等类型，其中森林是陆地生态系统的主体。在划定自然保护区时，首先考虑它应属于不同自然地带典型而有代表性的自然生态系统，同时又具有一些珍稀、濒危动植物种或自然历史遗迹等成分。另外，还包括一些生态系统已遭到破坏，亟待恢复或更新演替的有价值的典型地区。生态系统自然保护区的面积一般都比较大，保护、研究的对象比较多。例如，吉林长白山、福建武夷山、云南西双版纳、陕西太白山和新疆哈纳斯保护区等。

（2）野生生物类型自然保护区。野生动物类型自然保护区是保护各种珍稀动物及其主要栖息、繁殖地或其他有科研、经济、医学等特殊价值的野生动物为主要保护对象而建立的特别保护区。例如，四川卧龙大熊猫保护区、江西桃红岭梅花鹿自然保护区、海南南湾猕猴自然保护区和安徽扬子鳄自然保护区等。野生植物类型自然保护区是以保护我国珍贵稀有的野生植物物种和典型、独有和特殊的植被类型为主要对象的特别保护区。例如，重庆金佛山银杉保护区、新疆巩留野核桃保护区和四川攀枝花自然保护区等。

（3）自然历史遗迹保护区。地球形成经历了漫长而复杂的变化，其内部一直处于不断的运动之中，形成冰川、火山、岩溶、温泉和洞穴等多种多样的自然历史遗迹，这对于人类了解自然界有极其重要的作用。自然历史遗迹保护区就是对一些自然原因形成的、有特殊价值而需要采取保护措施的非生物资源地区。例如，黑龙江五大连池温泉保护区、吉林伊通火山群保护区和天津蓟县地质剖面保护区等。

1985 年，国务院批准的《森林和野生动物类型自然保护区管理办法》中提出了森林和野生动物类型自然保护区概念。

1993 年，国家环保局批准了《自然保护区类型与级别划分原则》，并设为中国的国家标准。该分类根据自然保护区的保护对象，将自然保护区分为三个类别九个类型，如表 9－2。

**表 9－2　自然保护区类别**

| 类　别 | 类　型 |
| --- | --- |
| 自然生态系统类 | 森林生态系统类型<br>草原与草甸生态系统类型<br>荒漠生态系统类型<br>内陆湿地和水域生态系统类型<br>海洋和海岸生态系统类型 |
| 野生生物类 | 野生动物类型<br>野生植物类型 |
| 自然遗迹类 | 地质遗迹类型<br>古生物遗迹类型 |

目前，我国自然保护区的分类只是按照保护对象划分，而没有按照管理类型划分，因此与世界自然保护联盟的划分标准和世界大多数国家类型划分有很大的不同。国内一些专家学者和自然保护区主管部门已开始研究和讨论按管理类型来划分中国的自然保护区。

### （二）自然保护区的结构

自然保护区内部结构取决于保护的自然资源和自然环境的特点。我国自然保护区的类型多样，面积大小也各不相同，因此在确定内部结构时也不能完全一致。要根据各自的具体情况，经过科学的调查和论证，最后确定每个自然保护区内部的合理结构。一般地讲，自然环境保存比较完好，被保护物种个体和种群较为丰富又相对稳定，面积中等（0.1万公顷~20万公顷）的自然保护区，其内部结构可分为三个部分，即核心区、缓冲区和实验区。对有多种自然综合体或多种生态系统的自然保护区，面积较大（20万公顷以上），可根据不同的功能划出更多特定的内部结构。

### （三）自然保护区的功能区划

自然保护区的结构由核心区、缓冲区和实验区组成，这些不同的区域具有不同的功能，如何按照不同的功能来划分自然保护区内结构，叫做自然保护区的功能区划。

1. 核心区

它是自然保护区的精华所在，是被保护物种和环境的核心，需要严格保护。核心区具有自然环境保存完好，自然景观十分优美；生态系统内部结构稳定，演替过程能够自然进行；集中了本自然保护区特殊的、稀有的野生生物物种。

核心区的面积一般不得小于自然保护区总面积的三分之一。在核心区内可允许进行科学观测，在科学研究中起对照作用。不得在核心区采取人为的干预措施，更不允许修建人工设施和进入机动车辆，同时禁止参观和游览的人员进入。

2. 缓冲区

缓冲区是指在核心区外围为保护、防止和减缓外界对核心区造成影响和干扰划出的区域。它有两方面的作用：进一步保护和减缓核心区不受侵害；可允许进行经过管理机构批准的科学研究活动和非破坏性旅游。

3. 实验区

实验区是指自然保护区内可进行多种科学实验的地区。实验区内在保护好物种资源和自然景观的原则下，可进行以下活动和实验：

（1）有计划地发展本地特有的植物和动物资源，建立栽培和驯化试验的苗圃、种子繁育基地、树木园、植物园和野生动物饲养场。

（2）建立科学研究的生态系统观测站、标准地、实验室、气象站、水文观察点和物候观测站，用收集到的数据和资料对生态系统进行对比和研究。

（3）进行大专院校的教学实习，设立科学普及教育的标本室和展览馆及陈列室、野外标本采集地。

（4）进行生物资源的永续利用和再循环方面的实验研究。

（5）旅游活动。具有旅游资源和景点的自然保护区，在经过调查和论证后，在实验区内可划出一定的点、线或范围，构成自然保护区的生态旅游区。它除了包括风景观赏和景点游览外，还有其独特的生态旅游方式，例如组织观鸟、丛林探秘和跨树冠桥等项目，不仅使游人领略到大自然美丽的风光，而且还受到了自然保护和野生生物学知识的教育。

## 第二节　清洁生产

清洁生产的目标是节约能源、降低原材料消耗、减少污染物的产生量和排放量；清洁生产的基本手段是改进工艺技术、强化企业管理，最大限度的提高资源、能源的利用率和改变产品体系，更新设计观念，争取废物最少排放，即将环境因素纳入服务中去；清洁生产的方法是排污审计，即通过审计发现排污部位、排污原因，并筛选消除或减少污染物的措施及产品生命周期分析。因此，清洁生产的终极目标是保护人类与环境，提高企业自身的经济效益。

### 一、清洁生产概述

据美国环保局统计，美国用于空气、水和土壤等环境介质污染控制总费用（包括投资和运行费），1972 年为 260 亿美元（占 GNP 的 1%），1987 年猛增至 850 亿美元，20 世纪 80 年代末达到 1 200 亿美元（占 GNP 的 2. 8%）。例如，杜邦公司每磅废物的处理费用以每年 20% ~30% 的速率增加，焚烧一桶危险废物可能要花费 300 美元 ~1 500 美元。即使如此之高的经济代价仍未能达到预期的污染控制目标，末端处理在经济上已不堪重负。因此，发达国家通过治理污染的实践，逐步认识到防治工业污染不能只依靠治理排污口（末端）的污染，要从根本上解决工业污染问题，必须“预防为主”，将污染物消除在生产过程之中，实行工业生产全过程控制。20 世纪 70 年代末期以来，不少发达国家政府和各大企业集团（公司）纷纷研究开发和采用清洁工艺（少废无废技术），开辟污染预防的新途径，把推行清洁生产作为经济和环境协调发展的一项战略措施。

1. 清洁生产的定义

尽管清洁生产的概念 1989 年才由联合国环境规划署正式提出，但体现这一思想的概念在 20 世纪 70 年代就已经出现，例如“污染预防”、“废物最少化”、“清洁技术”、“源控制”等。但是，对于清洁生产这一概念目前尚没有统一的定义。

（1）美国环保局的定义。提出污染预防和废物最小量化。美国环保局对污染预防的定义是“污染预防是在可能的最大范围内减少生产厂地的废物量”。它通过能源消减，提高能源效率，在生产中重复使用投入的原料以及降低水消耗量合理利用资源。

（2）1989 年联合国环境规划署对清洁生产的定义。清洁生产是对工艺和产品不断进行运用一种一体化的预防性环境战略，以减少其对人体和环境的风险；对生产工艺，清洁生产包括节约原材料和能源，消除有毒原材料，并在一切排放物离开工艺之前消减其数量和毒性；对于产品，战略重点是沿产品的整个生命周期，即从原材料提取到产品的最终处置，减少各种不利影响。联合国环境规划署的定义将清洁生产上升为一种战略，该战略的作用对象为工艺和产品，其特点为持续性、预防性和一体化。

（3）1996 年，联合国环境规划署将清洁生产的概念重新定义。清洁生产是关于产品生产过程的一种新的、创新性的思维方式。清洁生产意味着对生产过程、产品和服务持续运用的整体预防环境战略，以期增加生态效率并减轻人类和环境的风险。对于产品清洁生产意味着减少和降低产品从原材料使用到最终处置的全生命周期的不利影响；对于生产过程，清洁生产意味着节约原材料和能源，取消使用有毒原材料，在生产过程排放废物之前降减废物的数量和毒性；对服务要求将环境因素纳入设计和所提供的服务中。

（4）《中国 21 世纪议程》的定义。清洁生产是指既可满足人们需要又可合理地使用自然资源并保护环境的实用生产方法和措施，其实质是一种物料和能源消耗最小的人类生产活动的规划和管理，将废物减量化、资源化和无害化，或消灭于生产过程之中。同时，对人体和环境无害的绿色产品的生产亦将随着可持续发展进程的深入而日益成为今后生产的主导方向。清洁生产是时代的要求，是世界工业发展的一种大趋势，是相对于粗放的传统工业生产模式的一种方式，概括地说就是低消耗、低污染、高产出，是一种实现经济效益、社会效益与环境效益相统一的 21 世纪工业生产的基本模式。

2. 清洁生产的内容

（1）清洁的能源。包括常规能源（如煤）的清洁利用、可再生能源的利用、新能源的利用、各种节能技术，例如城市煤气化、乡村沼气化利用等。

（2）清洁的原材料。尽量少用或不用有毒有害及稀缺原料，利用二次资源做原料。

（3）清洁生产的过程。生产无毒无害的中间产品，减少副产品，选用少废、无废工艺和高效设备，减少生产过程中的各种危险因素（如高温、高压、易燃、易爆、强噪声、强振动等），提高物料的再循环（厂内、厂外），使用简便可靠的操作和控制，完善管理等。

（4）清洁的产品。产品在使用中、使用后不会危害人体健康和生态环境，产品易于回收、复用和再生、处置和降解，合理的使用功能和使用寿命。

从清洁生产的定义，可以看到清洁生产是要引起研究开发者、生产者、消费者，也就是全社会对于工业产品生产及使用全过程对环境影响的关注。使污染物产生量、流失量和治理量达到最小，资源充分利用，是一种积极、主动的态度，而末端治理把环境责任只放在环保研究、管理等人员身上，仅仅把注意力集中在对生产过程中已经产生的污染物的处理上。具体对企业来说，只有环保部门来处理这一问题，所以总是处于一种被动的、消极的地位。清洁生产与传统的末端治理相比有很大的不同，其比较见表 9－3：

**表 9－3　清洁生产与末端治理比较**

| 比较项目 | 清洁生产系统 | 末端治理（不含综合利用） |
| --- | --- | --- |
| 思考方法 | 污染物消除在生产过程中 | 污染物产生后再处理 |
| 产生时代 | 20 世纪 80 年代末期 | 20 世纪 70 至 80 年代 |
| 控制过程 | 生产全过程控制，产品生命周期全过程控制 | 污染物达标排放控制 |
| 控制效果 | 比较稳定 | 处理效果受产污量影响 |
| 产污量 | 明显减少 | 间接可推动减少 |
| 排污量 | 减少 | 减少 |
| 资源利用率 | 增加 | 无显著变化 |
| 资源耗用 | 减少 | 增加（治理污染消耗） |
| 产品产量 | 增加 | 无显著变化 |
| 产品成本 | 降低 | 增加（治理污染费用） |
| 经济效益 | 增加 | 减少（用于治理污染） |
| 治理污染费用 | 减少 | 随排放标准严格，费用增加 |
| 污染转移 | 无 | 有可能 |
| 目标对象 | 全社会 | 企业及周围环境 |

## 二、清洁生产的评价

清洁生产的评价是对清洁生产执行效果建立评估方法，使各种清洁生产实施能够相互比较。根据各国进行清洁生产的经验，评价应能反映技术、经济和环境三方面的效益。

### （一）清洁生产的评价

具体衡量一个企业的清洁生产工作开展得如何，可以通过以下十个方面的指标进行考虑：有毒、有害产品淘汰率；有毒、有害原料淘汰率；落后工艺、技术、设备淘汰率；更新改造的工艺设备占应更新工艺设备的比率；原材料、能源单位产品消耗比上年减少率；物料回收利用率，比上年增加多少；产品物料流失损失量比上年减少多少；产品收得率比上年增加多少；锅炉的热效率比上年提高多少；经济效益提高多少，污染物减少多少。

另外，超越生产阶段的产品生命周期的一些特征，例如产品的使用寿命、耐久性、产品的可回收性、重复使用性，以及可再循环性、报废产品在环境中的可降解性等都有可能被列入评价清洁生产的指标。

## （二）清洁生产案例

1. 造纸行业

造纸工业是国民经济的重要产业之一。近几年来，我国造纸工业取得了很大发展，生产力布局有了很大改善，基本建成比较完善的造纸工业体系。据中国轻工总会2010年统计年报资料，我国机制纸及纸板产量为1亿多吨，其中年产十万吨以上的企业90余家，但绝大多数企业技术装备落后、能耗高、污染比较严重。我国造纸行业对环境的污染主要在于排放的有害废液，1994年排放的有害废液占全国废水排放量的1/6，其中有机污染物约占1/4，名列第三。1995年，根据国家有关规定关闭了多家小纸厂，还有5 000多家万吨以下规模的小纸厂处于治污难以达标境地。造纸厂有害废液来源于以下三方面：

（1）煮浆工段的废液。煮浆工段的废液包括碱性煮浆（制浆）的黑液和酸性煮浆（制浆）的红液。其中，黑液的COD和BOD值都很高。

（2）含氯漂白废液。造纸厂污染最严重的是含氯漂白废水的排放，废液中不但有较高的COD值和BOD值，而且还含有10多种剧毒物质，例如二恶英、呋喃、二氯代酚、三氯代酚等。

（3）制浆造纸过程中段废水的污染。与上两种废水相比，中段废水污染尚不严重，但如不处理，也会对环境造成污染。

针对上面三种污染源，造纸行业采用清洁生产也应从这三方面着手：

（1）碱回收系统是现代碱法制浆生产中不可分割的重要组成部分。具体途径如图9－1所示。

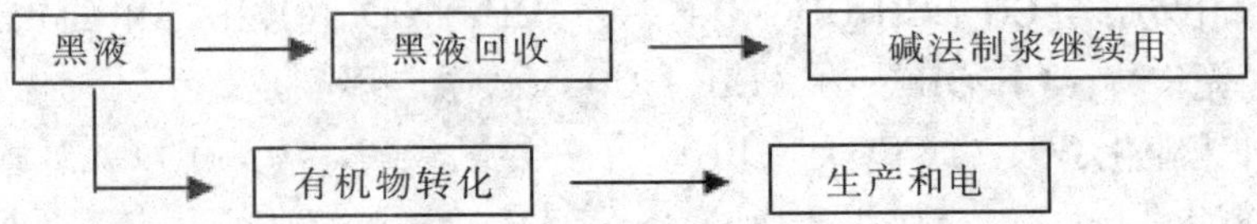


图9－1　碱回收系统工作途径

目前，我国已有近90家制浆厂建立了碱回收系统，其中木浆厂40家。

（2）用中高浓度无氯漂白或少氯漂白纸浆新技术取代全氯漂白纸浆的传统方法。无氯漂白也称无污染漂白，是用不含氯的物质如氧气、双氧水、臭氧等作为漂白剂对纸浆在中高浓度下进行漂白；少氯漂白使用二氧化氯作为漂白剂对纸浆在中浓度条件下进行漂白。我国经过多年研究，无污染制浆漂白技术的主要问题已基本解决，目前的关键是研制保持连续生产的漂白系统设备。经过无氯漂白剂漂白纸浆产生的废水，就可合并到碱回收系统的黑液提取段，进入碱回收系统，或合并到下续工段作为一段废水去处理。

(3) 发展其他的无（少）污染制浆技术，为消除造纸工业污染开辟新途径。

机械法制浆法。用机械的方法制浆而不是用化学的方法将纤维原料磨解获得纸浆，生产成本低，得浆率高（约90%～98%），不用或少用化学药品，对环境的污染远比化学制浆法小。目前，我国已进行了热磨机械浆的研究，主要在几家大新闻纸厂应用，但设备主要靠引进。

废纸制浆。为了减少制浆方面的污染，扩大造纸原料资源，回收废纸制浆也是有效的方法之一。国际上造纸的废纸用量日益增加，例如美国的废纸回收率在30%以上，日本43%，英国45%。美国明文规定，造纸厂原料投放量必须含25%以上的废纸。近几年，我国废纸利用率也越来越高，广东省的废纸回收利用率已达30%以上。

2. 化工行业

众所周知，化学工业是产生废气、废水、废渣的“三废”大户，对化学工业来说，清洁生产是刻不容缓的重要课题。化工生产采用清洁生产技术是推动化学工业清洁生产的关键。

(1) 原料的绿色化。原料的绿色化包括替代光气的绿色原料和代替氰氢酸的绿色原料等。

替代光气的绿色原料。光气的分子式为 $COCl_2$，也称碳酰氯，是一种活泼气体，可大量用来制备异氰酸酯、碳酸二甲酯、聚碳酸酯等，用途十分广泛。但是，它是一种剧毒性气体，对人体和环境会造成严重危害，因而人们千方百计地淘汰它。目前较成功的替代办法有：

美国开发成功 $CO + CH_3OH + O_2 \xrightarrow{Cu_2O} (CH_3)_2CO_3$（碳酸二甲酯），淘汰了 $COCL_2$（光气）$+ CH_3OH \longrightarrow (CH_3)_2CO_3$（碳酸二甲酯）。

国外工业化 $CO_2$（或 CO）$+ RNH_2 \longrightarrow$异氰酸酯，淘汰了以光气为原料生产异氰酸酯。

日本旭化成公司　异丁烯$\xrightarrow{\text{直接氧化}}$甲基丙烯酸，取代了传统的 $HCN + (CH_3)_2C=O \longrightarrow$甲基丙烯酸（ACH 技术）。

中科院化学研究所开发成功用硫代硫酸盐溶液浸取提金技术，淘汰了目前仍采用的 NaCN 溶液作提取液。

(2) 化学反应绿色化。化学反应绿色化是基于化学反应的高效原子经济性，设计出高效利用原子的化学合成反应。例如，近年来采用钛硅分子筛催化剂，将环已酮、氨气和双氧水进行反应，直接合成环已酮，转化率达99.9%，基本上实现了原子经济反应；中科院化冶所开发成功的绿色铬化工清洁生产集成技术，渣排铬量为老工艺的1/40，铬化工行业首次实现了从源头控制污染的“零排放”清洁生产。

（3）反应介质的绿色化。反应介质是指反应过程中采用的催化剂或溶剂。目前取得进展较大的是用Y型分子筛、ZSM－5分子筛和β沸石等固体催化剂来取代硫酸、氢氟酸等催化剂。此外，用强酸性树脂的固体酸酯化催化剂代替硫酸作催化剂来制备由醇和有机羧酸合成的酯类化合物，基本上做到三废的“零排放”。用酶来取代许多现在使用的化学催化剂，可大大促进化工行业的清洁生产。大量与化工产品制造有关的污染问题不仅起源于原料和催化剂，而且也源自于制造过程中使用的溶剂，所以溶剂的绿色化是化工中清洁技术的重大研究课题。人们用无毒、不含芳烃的溶剂取代某些有毒的芳烃溶剂如 $C_9$ 或 $C_{10}$。例如，华东理工大学开发成功地用碳酸二甲酯作为涂料的溶剂，既使涂料的性能达到要求，又保护了大气环境和人体健康。

（4）绿色化工产品。传统含磷洗衣粉中的洗涤助剂三聚磷酸钠，由于严重污染环境，对人类生存环境有害，国家环保局2000年将其列为禁止使用的产品，作为磷酸盐的主要替代品是4A沸石，用它作助剂的无磷洗涤剂成为人们喜爱的清洁产品。为防止“白色污染”，国内外正在大力发展生物可降解塑料。为保护大气臭氧层，国内外研究出了几种氟氯烷烃的替代品做制冷剂，例如最近研究成功的环戊烷、戊烷发泡剂。此外，高效生物农药也在逐步取代有毒化学农药，车用清洁燃料的使用大大减少了汽车尾气对大气的污染。

## 第三节 可持续发展策略

《我们共同的未来》报告提出可持续发展是指“既满足当代人的需求，又不危及后代人满足其需求的发展”。这个定义鲜明地表达了两个基本观点：一是人类需求，即“各种需要”的概念，这些基本需要应被置于压倒一切的优先地位；二是环境限度，如果它被突破，必将影响自然界支持当代和后代人生存的能力。

### 一、可持续发展概论

发展问题一直是世界各国关注的热点问题。20世纪70年代以来，全球就曾围绕“停止增长还是继续发展”爆发了一场大辩论。1972年，罗马俱乐部公开发表专著《增长的极限》，提出了地球资源的有限性，明确地将环境问题及相关社会经济问题提高到全球性高度。他们认为，如果以目前的增长模式继续下去，世界就会面临一场“灾难性的崩溃”。同年6月5日，联合国在瑞典斯德哥尔摩召开了具有里程碑意义的第一次人类环境会议，会议通过的《人类环境宣言》明确指出：“为当代和将来的世世代代，保护和改善人类环境，已经是人类的一个紧迫的目标。”1987 年，由联合国授权成立的世界环境与发展委员会发表了《我们共同的未来》一书，首次提出了“可持续发展”的观点。1992 年 6 月，在巴西里约热内卢召开了人类历史上空前的一次各国首脑会议——联合国环境与发展大会（UNCED），会议通过了《里约宣言》、《21 世纪议程》和《关于森林问题的原则声明》，共同签署了联合国《气候变化框架条约》和《生物多样性公约》等。这次会议标志着初步实现了人类对“发展”认识上质的飞跃，标志着可持续发展思想已成为世界各国的共识。

可持续发展不仅涉及当代或一国的人口、资源、环境与发展的协调，也涉及后代或国家与地区之间的人口、资源、环境与发展之间矛盾的冲突，同时还涉及经济、文化、社会、技术及自然环境各个领域。可持续发展并不是要求某一种经济活动永远运行下去，而是要求不断地进行内部和外部的变革。因此，可持续发展是一个综合的和动态的概念，它有着极其深刻的内涵。概括地说，可持续发展思想包含以下几层基本含义：首先，可持续发展尤其突出的是发展，特别是发展中国家更要发展，要把消除贫困当作是实施可持续发展的一项不可缺少的条件，但这种发展应该是社会、经济与环境的协调发展。其次，可持续发展主张改变传统的生产方式和消费方式，它要求实现少投入、多产出的生产方式和多利用、少排放的消费方式，尽量提高资源的利用率，以减少经济发展对资源和环境的压力。最后，可持续发展要求人们树立新的生态伦理观念，每个人都是自然界中的普通成员，要学会尊重和善待自然，与自然界万物和谐相处。总之，可持续发展就是要保持人与自然的协调进化，达到人与自然的共同繁荣。

## 二、可持续发展的基本原则

可持续发展包括“需求”和“限制”两方面的含义，没有“需求”，就没有发展，而没有“限制”，就不可能持续。可以说，可持续发展的目的是发展，关键是保证发展的可持续性。为此，在贯彻实施可持续发展战略的过程中必须坚持以下基本原则。

1. 公平性原则

公平性原则是指机会选择的公平性。这里说的公平性有两层含义：一是指世代之间的纵向公平性——“代际公平”；二是指同代人之间的横向公平性——“代内公平”。实现“代际公平”与“代内公平”是可持续发展的重要原则，没有公平性，就不可能持续发展。

“代际公平”是指当代人与后代人拥有平等的发展机会。传统的发展模式主要是为了当代人的需求而生产，很少考虑未来各代人的利益，可持续发展要求当代人在考虑自己需求的同时，也要对未来各代人的需求负起历史的责任。

因为与后代人相比，当代人在资源开发利用方面处于一种无竞争的主宰地位，而资源与环境又是一切发展的基础，所以实现“代际公平”的关键在于当代人在寻求自身发展的同时，要保持生态系统的完整性和自然资源拥有量的相对稳定。例如，在使用再生资源时，应依靠其自然的收入，而不耗竭其“资本”，即在进行资源开发时，必须在后续时段中使资源的数量和质量至少达到目前的水平。在利用不可再生的资源时，要尽量节约使用，提高其利用率，而且在逐渐耗尽现有资源之前，必须找到能够替代它们的新资源，保证后代人利用自然资源的选择空间不被缩小。另外，保持生态系统完整无损也尤为重要，因为有些环境污染与破坏一经造成，需很长时间才能恢复，因此要有效地控制污染，维护生态平衡，不能为满足当代人的需求而引发对后代人的不良后果。总之，在发展中要努力实现资源的耗竭速率不能超过资源的再生和增长速率，对环境的损害速率不能超过环境的恢复速率，只有这样才能世世代代的发展下去。

“代内公平”，即当代人享有平等的发展机会，这种平等主要表现在国与国之间或地区与地区之间。当今世界上，国家之间以及地区之间，在资源占有及消耗水平上存在很大差异，而且有的发达国家还把一些消耗资源大、污染重、科技含量低的企业建在贫穷国家，这样既消耗了那里的资源，又污染了那里的环境，进一步加大了贫富差异。为了减少这种差异，创造代内公平，在实施可持续发展战略时，对于经济发达的国家，其首要任务是抑制对自然资源的消耗，减少污染物的排放，并主动从技术和资金方面帮助发展中国家，提高环境保护能力，以维护“地球村”的整体利益。对于发展中国家，特别是贫穷国家，要把消除贫困当作是实现可持续发展的一个首要条件，因为只有发展才能为解决生态危机提供必要的物质基础，也只有发展才能最终摆脱贫困、愚昧和肮脏。但是，发展中国家在加快发展的过程中，不能再延用大量消耗资源和能源，以牺牲环境为代价的传统发展模式，要走尽量节约资源和能源，保护生态环境的新路子，努力实现发展与环境相协调。

2. 合理需求性原则

传统的发展模式追求的目标只是经济的增长，而忽视了资源的有限性和不适当的发展对环境的破坏，这种发展模式使资源和环境承受巨大的压力而不断地恶化，可持续发展在满足人类发展需要上明确提出了限制概念，这就是要在生态可能的范围内来满足，要立足于人的合理需求而发展，要以保护自然为前提，发展和需求要与资源和环境的承载能力相协调。强调人对资源和环境无害的需求，目的是向所有人提供实现美好生活愿望的机会，决不能因满足少数人需要而危害多数人的需求，也不能因满足当代人的需求而危害后代人的需求。有了这些限制，才能保证持续发展。所以，我们可以把这些限制看作是可持续发展与传统发展模式区别的根本标志。

### 3. 和谐性原则

人类在与自然长期的较量中取得了巨大的成功，创造了丰富的物质文明和精神文明，改变了人类从属于自然和完全依附自然的地位，但人类在发展中产生的环境污染和导致的生态破坏又威胁人类和自然的继续生存与共同进化，特别是工业革命的兴起，人类从利用自然、改造自然转而成为对抗自然、征服自然的力量，造成了人类社会不可持续发展的危机。

可持续发展思想认为，人是自然的一部分，人与自然是不可分割的整体。人类必须与自然共同协调才能持续生存和共同繁荣。可持续发展否认对自然的对立和暴力，承认自然界的价值和权利，不仅关心人的福利，还要关心地球上千百万物种的福利，要促进人类之间及人类与自然之间的和谐。

如果每个人能按和谐性原则安排自己的活动，考虑自己的行为可能对同代人、后代人及生态环境产生的影响，那么人类内部及人类与自然之间就可能发展成为一种互惠共生的关系，从而使得未来的世界更加美好。

### 4. 持续性原则

持续性是指生态系统受到某种干扰时，能保持其生产力的能力。因为资源和环境是人类生存和发展的基础条件，所以可持续发展要求人们根据生态系统持续性的条件和限制因子调整自己的生活方式和对资源的需求，在生态系统可以保持相对稳定的范围内确定自己的消耗标准。把资源本身视为人类的财富，而不是把资源作为获得财富的手段。

总之，可持续发展是一种整体的发展观，是经济社会和自然之间相互作用、相互制约、相互依赖的协调发展过程。它是全人类的共同事业，具有空间上的全球性和时间上的无限性，它能使人类发展获得综合和整体的高效率，并随着时间的推移和社会的进步，人类需求的内容和层次将得到不断的提高。可持续发展超越了现实中国界、民族、文化、价值观和意识形态等的束缚，以每个国家、地区或行业、部门在不同时段的协调发展为基础，使人类在关注自身命运的旗帜下达到空前的统一。

## 三、可持续发展的主要制约因素

可持续发展是一个庞大的系统工程，它的实施过程与很多因素有关，其中任一因素的变化都将影响它的进程。因此，协调好各因素与可持续发展的关系，是实现全人类可持续发展的重要任务。

### 1. 人口与可持续发展

人口增长对经济发展的进程起着双重作用，在资源相对于人口显得丰富时，人口增加有利于经济发展；对于资源相对贫乏时，人口增长过快，会造成对资源需求的过度，引起生态环境恶化，同时人口增加和劳动力过剩又会严重影响经济的发展。大多数经济学家认为，人口增长过快是发展中国家经济发展的重要障碍。因此，一个可持续发展的社会，必须是一个人口适度的社会。为了获得一个“适度”人口，必须实施人口控制。

当人口发展与国土资源和国民经济发展相适应，使人均收入或人均产出达到最大，这时的人口数量为“适度”人口。一个区域的人口容量是指在不降低地区未来发展能力的情况下可以承载的最大人口总量。我国是一个人口大国，不但人口基数大，而且人口增长速度快，人口问题是影响我国经济发展和生态环境诸因素中特别突出的因素。为摆脱贫困，使国家走向富强，中央政府把计划生育作为一项基本国策，二十多年来取得了可喜的成绩。大多数学者的研究表明，中国的“适度”人口应在十亿以下，而最大人口容量约为16亿，若超过18亿以上，将会对可持续发展产生破坏性影响。因此，要在中国获得“适度”人口是一项艰巨的任务，但也是中华民族长远利益之所在。

2. 自然资源与可持续发展

自然资源、人力资源、技术资源和资金资源是当今社会与经济发展的四种主要资源，它们都是经济发展的基本要素，特别是自然资源的有限性制约已成为人类可持续发展的关注点。自然资源包括土地、水、海洋、矿产、能源、森林、草地、物种、气候和旅游等十类，可将它们分为可耗竭资源和可再生资源两大类。在任何对人类有意义的时间范围内，资源质量保持不变，资源蕴藏量不再增加的资源称为可耗竭资源，例如矿产资源；能够通过自然力以某一增长率保持或增加蕴藏量的自然资源是可更新资源，例如森林和农作物等。在现今的经济发展中，自然资源的过度耗损及其导致的环境污染与生态破坏，已给人类的生存与发展造成严重的威胁。

我国既是一个“地大物博”的国家，同时又是一个“人多物薄”的国家，人均资源占有量低，主要资源量明显不足，构成人口与资源的巨大压力。为实施可持续发展，必须重视可耗竭资源的合理开发、节约利用与可再生资源的增殖补充，并适当利用国际市场进口一些稀缺资源，尽量维持我国自然资源的总量水平。在经济建设中，一定要克服以高昂的资源代价去换取经济增长而不利于可持续发展的错误做法，加快由粗放型的资源配置模式向集约型的资源配置模式转化，为可持续发展奠定良好的物质资源基础。

3. 科学技术进步与可持续发展

人类发展史表明，经济发展离不开技术进步。科学技术进步在改变人类命运过程中具有伟大而神奇的力量。技术进步可使劳动力和资本的“效率”提高，而且，拥有高技术产业的国家，往往会拥有较强的环境保护能力。因此，为实现环境和经济的协调发展，解决环境问题，就必须大力促进科学技术进步。

与可持续发展相关的技术进步涉及各个领域，那些既可使环境保护受益，又具有直接促进经济发展的科技成果对可持续发展具有重要的意义，而其中最为密切的是新的清洁生产技术，因为实施清洁生产，不仅可以解决以城市工业为主的环境污染，也可缓解广大农村地区的生态恶化趋势。

联合国环境规划署 1989 年首次给清洁生产下的定义是："将综合预防的环境策略持续地应用于生产过程和产品中，以便减少对人类和环境的风险性。对生产过程而言，清洁生产包括节约原材料和能源，淘汰有毒原材料，并在生产过程中减少排放物和废物的数量和毒性。对产品而言，清洁生产策略旨在减少产品在整个生产周期（包括从原料提炼到产品的最终处置）中对人类和环境的影响。"可以说，清洁生产的观念主要强调了三个重点：

（1）清洁能源。包括常规能源的合理利用，尽量利用可再生能源，促进新能源和各种节能技术的开发等。

（2）清洁生产过程。在生产过程中，尽量少用或不用有毒有害原料和中间产品；减少生产过程中高风险性因素的采用，例如高温、高压、易燃、易爆和噪音等；采用高效率设备；采用先进的工艺和改进操作步骤；回收利用原物料和中间产品；改善工厂管理等。

（3）清洁产品。节约原材料和能源；少用贵重的或稀有的原料；产品制造过程中以及使用以后，以不损害人体健康和生态环境为首要考虑因素，产品应易于回收再利用；减少不必要的功能，延长使用寿命等。

由上可知，清洁生产兼顾了经济效益和环境效益，它的实质是一种物料和能源消费最少的人类活动的规划和管理，它致力于将废物减量化、资源化和无害化，或消灭于生产过程之中。它体现了可持续发展的战略，保障环境与经济协调发展，因此推行清洁生产已成为世界各国的共识。我国工业发展和资源与环境的特点决定了清洁生产也是我国势在必行的战略措施。

清洁生产是一个相对概念，它是相对于现有的工艺过程和产品而言，因此推行清洁生产本身是一个不断完善和创新的过程。它要通过不断更新产品设计、优化原料选择、进行工艺改革、完善技术管理、促进生产过程内部循环利用等环节来实现。

4. 环境保护与可持续发展

联合国环境规划署 1989 年 5 月通过的《关于可持续发展的声明》指出："可持续发展意味着维护、合理使用并且提高自然资源基础，意味着在发展计划和政策中纳入对环境的关注和考虑。"这就明确提出了可持续发展和环境保护的关系。可持续发展源于环境保护，搞好环境保护又是实施可持续发展的关键，两者是密不可分的，因为要实现可持续发展必须维护和改善人类赖以生存和发展的自然环境。同时，环境保护也离不开可持续发展，因为环境问题产生于经济发展过程之中，而要解决环境问题需要经济发展提供足够的资金和技术保证。

中国政府高度重视可持续发展和环境保护问题，但我国工业总体技术水平低，物料消耗高、流失大，加上经济的高速增长，给环境造成越来越大的压力，而工业布局不合理又加剧了环境污染的危害，结构性污染问题突出，加剧了环境保护的难度。同时，我国又不具备发达国家拥有的技术和经济优势，环境投入有限，治理技术也比较落后。为解决这些难题，惟一的出路就是实施可持续发展战略，在经济发展中抓好环境保护。例如，合理配置资源，提高资源利用率，改变过去高投入、高消耗的传统作法，要依靠科技管理和科技贡献率，提高投入产出比例，建立以源头控制为主的全过程污染控制的机制，并不断增加环保投入，以有效控制环境污染和生态破坏的趋势，逐步实现环境与经济协调发展。

## 四、实施可持续发展的经济手段

利用经济手段实施可持续发展，就是要按照环境资源有偿使用原则，通过市场机制，将环境成本纳入经济分析和决策过程，促使污染、破坏环境资源者从全局利益出发，选择更有利于环境的生产经营方式。实施可持续发展的经济手段主要有以下几种：

1. 征收环境费制度

环境费是根据环境资源有偿使用原则，由国家向开发利用环境资源的单位或个人，依照其开发、利用量以及供求关系，收取相当于其全部或部分价值的货币补偿。它分为开发利用自然资源的资源补偿费和向环境中排放污染物、利用环境纳污能力的排污费。这两种形式的环境费在中国均已确立，但仍需进一步完善。

2. 环境税收制度

环境税是国家为了保护环境与资源，对一切开发、利用环境资源的单位和个人，按其开发利用自然资源的程度或污染破坏环境资源的程度征收的一种税种。它主要有开发利用自然资源行为税和有污染的产品税。环境税的主要功能是调节人们开发、利用、破坏或污染环境资源的程度。目前，我国环境税基本上还是空白。

3. 财政刺激制度

财政补贴对环境资源的影响很大。不适当的政策性补贴会加重环境资源的污染与破坏，背离可持续发展目标，而向采取污染防治措施和推广环境无害化技术的企业赠款或贴息贷款，则有利于保护生态环境，促进可持续发展。

4. 排污权交易

环境纳污能力作为一种十分稀缺的特殊自然资源和商品是国家的宝贵财富。在实行总量控制的前提下，政府通过发放可交易的排污许可证，将一定量的排污指标卖给污染者，实质上出卖的是环境的纳污能力。这种环境资源的商品化，可促使污染者加强生产管理，并积极利用清洁生产技术，以降低资源的消耗量，减少排污量，从而促进可持续发展。

构筑可持续发展的经济手段还有押金制、执行鼓励金和环境损害责任保险等，这些制度在环保水平较高、市场功能较完善的发达国家运用较多，我们国家正在建立和完善之中。

## 五、可持续发展的度量和指标体系

随着人们对可持续发展的日益关注，如何度量可持续发展，即一个国家或地区的发展是否是可持续发展，可持续发展的状态和可持续发展的程度如何，便成为国际组织和学术团体关注的问题。

### （一）可持续发展的度量原则

可持续发展的度量包括指标的筛选、构造、评价标准的制定及评价过程等。因各国、各地区具体情况不同，其标准会有差异，但从人类社会整体发展（包括现在和未来）和人类个体发展两方面去考虑，在度量时应遵守一些共同的原则。

1. 可持续发展目标为依据的原则

可持续发展包括三个关键要素，即经济、环境和社会，而可持续性的实现则是经济目标、社会目标和环境目标的共同实现。因此，实施可持续发展，首先是保持经济的健康发展，并使其产生的利益得到公平分配，使人们的生活质量和文化素质不断提高；其次是节约和持续的利用自然资源，使资源量相对稳定或增加，并使环境污染和生态破坏的不利影响尽量减少。在度量可持续发展时应围绕这个目标进行。

2. 系统相关原则

可持续发展的实质是协调人类与生态环境之间的关系，因此在评价可持续发展时必须坚持系统相关的原则。从环境系统和人类系统相互影响的角度去考虑，通过对生态环境现状与变化趋势的度量，看人类系统与生态环境之间的关系是否协调，人类各子系统之间及环境各子系统之间是否协调。

3. 区域性原则

由于世界各国和各地区所处的自然地理环境不一样，所处的发展阶段不同，在可持续发展的进程中要解决的问题各有偏重，因此在评价和度量不同区域的可持续发展进程时，应选用不同的标准。

4. 设置适当时间尺度原则

有些可持续发展指标反映的趋势要在一个较长的时间尺度内才能得到明确

的判断，因为一些环境指标值的获得，取决于调查的时间频率，例如生物多样性状况的调查要几年才进行一次，因此在用这些指标评价可持续发展的进程时，就要有适当的时间尺度，才能得出正确的判断与度量。

## （二）可持续发展的指标体系

可持续发展指标体系要为人们提供环境和自然资源的变化状况以及环境与社会经济系统之间的相互作用结果方面的信息。因此，该指标体系应该有描述和表征某一时刻发展的各个方面的现状、变化趋势和各方面协调程度的功能。指标体系包括描述性指标和评价性指标两大类，在制定该指标体系时应遵循一些原则。

### 1. 可持续发展指标体系的制定原则

（1）层次性原则。因为指标体系要为各级政府的决策提供可靠的信息，而且解决人类社会的可持续发展问题也应在各个不同层次上对人类社会的发展行为进行调控和管理。因此，不同层次上应设置不同的指标体系。

（2）相关性原则。可持续发展指标体系中的任何指标都必须建立起与其他指标之间的内在联系。

（3）区域性原则。处于不同发展阶段和不同自然地理环境的国家或地区，所选取的指标和指标数值应有差别，对很有环境特色的地区，反映环境问题指标的选择也应有所侧重。

（4）不断改进原则。可持续发展是一个崭新的科学领域，对其度量与评价指标的建立是一个长期而复杂的过程，不是一次就能完成的工作，它需要各个领域科学知识的不断积累才能使该体系得以不断完善。例如，随着科学技术的发展及监测网络的不断完善，可以获得一些新的或更详实的数据和信息，从而可以改变或增加一些指标。实践中不断更新和补充会使度量与评价体系日趋完善。

（5）预防原则。目前人类对生态系统的一些规律认识还不十分清楚，对某些环境问题出现的确切原因还存在不同的看法，但人类已经认识到，某些环境问题一旦发生，其进程和结果是人类难以逆转的。因此，在制定指标时应采取"预防原则"，即在那些虽然具有一些科学上的不确定性，但又可能发生严重和不可逆危害的问题上进行生态保护。

（6）面向用户，简单明了。所有用来评价和度量可持续发展程度的指标体系，应反映社会试图达到的目标，指标既具有高度的综合性，又简单明了，能准确反映问题的实质所在，且具有可操作性。

### 2. 描述性指标

人类为了自身的发展，不断从环境中获得能源和资源，通过生产和消费向环境排放废物，从而改变资源存量和环境质量，同时资源及环境各要素的变化（环境状态）又反过来作用于人类系统，影响人类的发展。如此循环反复构成了人类社会经济系统与环境之间的压力—状态—响应关系。可持续发展指标体系就包括这三大类描述性指标，即压力、状态和响应指标。准确地说，三类指标反映的内容如下：状态指标，衡量由于人类行为而导致的环境质量或环境状态的变化；压力指标，表明产生环境问题的原因；响应指标，显示社会和建立起来的制度机制为减轻环境污染和资源破坏所做的努力。但是，这都属于描述性指标，要想使这些指标能够评价可持续发展的状态和程度，还要另一类指标，即评价性指标。

3. 评价性指标

评价性指标是用以反映三类描述性指标的相互作用关系及不同的指标数值对于可持续发展的意义，概括起来可以用以下几个评价性指标来衡量发展的可持续性。首先，是污染排放和废物排放是否超过环境的承载能力；其次，是对可更新资源的利用是否超过它的再生速率，对不可再生资源的利用是否超过其他资本形式对它的替代速率；最后，要看可持续收入是否增加。

4. 可持续收入

可持续收入是对传统国民生产总值的修正，说明的是一个国家或一个地区的实际财富水平，可用下式表述：

$$SI = GNP - (P + T) - (D_m + D_n + D_e)$$

式中：$D_m$——创造资本的折旧费；

$D_n$——自然资源的存量折旧；

$D_e$——环境资产的折旧（当年环境退化的货币价值）；

P——预防环境损害措施的费用；

T——治理环境损害的费用；

SI——可持续收入；

GNP——国内生产总值。

如果按这一公式计算的数值是不断增加的，则可以认为该国的财富或福利水平是不断提高的。

## 六、中国的可持续发展

自 1992 年联合国环境与发展大会以来，实现全球可持续发展已形成共识，中国政府高度重视联合国环境与发展大会的决定，决心履行国际义务，使正在迅速发展的我国经济和社会走上持续发展的道路，并作出积极的响应。联合国环境与发展大会以后，中国为履行大会提出的任务，在世界银行和联合国开发署的支持下，先后完成多项重大研究和方案，见表9－3。

**表9－3 中国环境保护与可持续发展的对策方案和计划**

| 序号 | 对策、方案和计划名称 | 批准机关及时间 | 主要内容 |
| --- | --- | --- | --- |
| 1 | 中国环境与发展十大对策 | 中共中央、国务院1992年8月 | 指导中国环境与发展的纲领性文件 |
| 2 | 中国环境保护战略 | 国家环保局、国家计委1992年 | 关于环境保护战略的政策性文件 |
| 3 | 中国逐步淘汰破坏臭氧层物质的国家方案 | 国务院1993年1月 | 履行《蒙特利尔议定书》的具体方案 |
| 4 | 中国环境保护行动计划（1991—2000） | 国务院1993年9月 | 全国分领域的10年环境保护行动计划 |
| 5 | 中国21世纪议程 | 国务院1994年3月 | 中国人口、环境与发展的白皮书，国家级的《21世纪议程》 |
| 6 | 中国生物多样性保护行动计划 | 国务院1994年 | 履行《生物多样性公约》的行动计划 |
| 7 | 中国城市环境管理研究（污水和垃圾部分） | 国家环保局、建设部1994年 | 围绕城市污水和垃圾的环境管理研究 |
| 8 | 中国温室气体排放控制问题与对策 | 国家环保局、国家计委1994年 | 对中国温室气体排放清单及削减费用的初步分析研究，提出控制对策 |
| 9 | 中国环境保护21世纪议程 | 国家环保局1994年 | 部门级的《21世纪议程》 |
| 10 | 中国林业21世纪议程 | 林业部1995年 | 部门级的《21世纪议程》 |
| 11 | 中国海洋21世纪议程 | 国家海洋局1996年4月 | 部门级的《21世纪议程》 |
| 12 | 国家环境保护“九五”计划和2010年远景目标 | 国务院1996年9月 | 指导今后5年和15年的环境保护工作的纲领性文件 |
| 13 | 中国跨世纪绿色工程规划，第一期 | 国务院1996年9月 | 国家环保“九五”计划的具体化，有项目、有重点、有措施 |
| 14 | 全国主要污染物排放总量控制计划 | 国务院1996年9月 | “九五”期间削减污染排放的国家计划 |

1994年3月国务院发布的《中国21世纪议程》、《中国21世纪人口、环境与发展白皮书》是全球第一部国家级的21世纪议程，它表述中国实施可持续发展的总体战略，提出促进经济、社会、资源和环境协调发展的一系列政策、措施和行动计划，把可持续发展原则贯穿到各个领域。为了贯彻实施《中国21世纪议程》的宏伟计划，政府选定若干优先项目，将其纳入国民经济和社会发展计划。例如，“九五”期间，重点抓三河（淮河、海河、辽河）、三湖（太湖、巢湖、滇池）、两区（酸雨控制区和二氧化硫污染控制区）和重点城市的污染防治。为实现“九五”和2010年国家环境保护目标，国家环保局推出两项重大

举措：其一是《“九五”期间全国主要污染物排放总量控制计划》，国家对环境危害大的12种污染物实行排放总量控制，使其排放总量控制在“八五”末水平；其二是《中国跨世纪绿色工程规划》（第一期），该规划是有项目、有重点的具体工程计划，目的是组织国家有关部门、各地方和企业，针对一些重点地区、重点流域和重大环境问题及履行国际公约的要求，集中财力、物力、实施一系列工程措施，向环境污染和生态破坏宣战，以求实现环境保护的总目标。同时，全国取缔和关停了15类严重污染的“土”、“小”企业。这一切充分显示了国务院在中国实施可持续发展战略的决心。同时，各级政府都加大对环境保护资金的投入，制定相关法律和政策，以促进可持续发展的顺利进行。

因为一个区域的发展问题是全球发展问题的缩影，而实现区域的持续发展是迈向全球持续发展的关键一步。因此，我国从1992年开始，由国家科委、国家计委等23个部委和各方面专家的共同组织和推动，开展了社会发展综合实验区工作，探索依靠科技进步促进区域社会发展的新途径。到2004年，全国已有近46个省、市级实验区，其中29个已被批准为国家级实验区。例如，江苏省常州市，合肥市郊区和东莞市清溪镇等，并将这一工作列入了《中国21世纪议程》优选项目中。实验区是一个建立在该地区资源条件与环境容量允许范围内的社会—经济—自然复合生态系统，它的可持续发展问题，其实质就是协调人的社会经济活动与自然生态过程的关系，使之达到资源适度合理利用，环境受到保护，经济稳步增长的良性循环。

**思考题与实践活动**

1. 建立自然保护区的重大意义。

2. 如何在发展中国家实施循环经济和清洁生产？

3. 现实生产生活中如何体现可持续发展理念？你平时是否有过类似持续发展的行为？

4. 我国环境与发展的对策是什么？你是否了解绿色化学？

5. 全球生态与环境保护的战略，世界目前主要关注的焦点问题。

6. 组织实地参观某一个保护区或某个城市公园，调研其存在价值。

# 第十章　环境经济学与管理

环境经济学是在经济社会发展中对环境污染与破坏日益严重的情况下，以及环境问题的科学研究进入一定阶段后才逐渐形成的一门新学科。环境经济学是运用经济科学的理论与方法，研究经济发展与环境保护的相互关系。探索合理调节人与自然之间的物质交换，使经济活动能取得最大的经济效益和环境效益，以达到环境与经济的协调发展。环境管理运用行政、法律、经济、教育和科学技术手段，协调社会经济发展同环境保护之间的关系，处理国民经济各部门、各社会集团和个人有关环境问题的相互关系，使社会经济发展在满足人们的物质和文化生活需要的同时，防治环境污染和维护生态平衡。

## 第一节　环境经济学

环境经济学是研究环境系统与经济系统相互作用而形成的复合系统运动规律的科学，它以人类经济活动为中心，探索经济活动、社会经济发展与环境之间的关系，从而规划人类的经济行为，以达到环境与经济的协调发展。

### 一、环境经济学的形成与发展

早在一百多年前，马克思、恩格斯就在其经济学和哲学著作中深刻阐明了人与自然的关系，以及人类活动对自然环境的影响，并且指出环境问题的经济根源与解决途径。其中，马克思在《资本论》中论述了自然再生产过程与经济再生产过程的辩证关系，并在《英国工人阶级状况》一书中淋漓尽致地描绘了英国工业城市曼彻斯特的严重污染状况，敏锐地指出环境问题产生的两个根源：一是人们对自然规律认识不足，不能正确预见到生产行为对自然界干涉引起的深远、自然的影响；二是现有的生产方式都只在于取得劳动的最近、最直接的有益效果，忽视了长远的自然和社会影响。同时，他们又指明了解决环境问题的两条基本途径：一是学会正确地理解和运用自然规律，学会认识人对自然界正常行程的干涉引起的影响；二是合理地调节人和自然之间的物资交换，有计划地进行生产和分配。随着经济学研究的进展，在一些经济学著作中已把环境问题作为一个重要内容进行论述。20 世纪 70 年代，开始出现了污染经济学或公害经济学的论文与著作。

20 世纪 60 年代，一般认为环境问题是个污染问题。一些经济学家也把它看作是公共福利问题。仿佛由生产者承担环境费用纳入生产成本，使外部经济内在化就可以了，然而大量事实说明，环境问题是相当复杂的。生产者把环境费用计入生产成本，并不情愿降低自己的利润收入，往往采取提高产品销售价格，把这笔费用转嫁给消费者。同时，环境污染也仅仅是引起环境退化的一个方面，并不是环境问题的全部。世界各地，特别是发展中国家，环境破坏比环境污染更严重。1977 年，联合国环境规划署的专家们提出了一个报告，认为在环境与发展的关系上，仅仅把发展引起的环境退化，当作一种特殊的福利经济问题，强迫生产者偿付对环境的损害费用，或者把“环境”当作一种商品，同任何其他商品一样，消费者应该有付出代价的准备，然而这两种方法都过分“低估了环境管理任务的复杂性”，不能准确抓住人类活动带来环境问题的本质。由此，进一步提出了“生态发展”的概念。所谓“生态发展”即“合乎环境要求的发展”。经济发展应以不违反生态规律为限度，超过这一限度，自然资源的再生增殖能力和环境的自净能力就会受到破坏，引起严重的环境问题，生产也不能持续发展。

对环境问题认识上的转变，也导致环境保护战略思想的转变。由过去局限于治理污染，逐渐转变为要从发展政策和发展规划上进行统筹兼顾、全面安排。1980 年，联合国环境规划署在斯德哥尔摩专门召开了人口、资源、环境和发展关系的讨论会，会议指出，四者之间是紧密联系、互相制约、互相促进的，新的发展战略就是要正确处理四者之间的关系，这一点已被联合国接受，并作为制定新的十年发展战略的基本出发点，许多国家也把这一思想渗透到本国的发展战略中去。1982 年 5 月，为了纪念“联合国人类环境会议”十周年，召开了联合国环境规划理事会特别会议，会议认为通过近年来的工作已逐渐形成新的环境概念。这个新的环境概念主要有以下几点：

（1）资源的合理利用与资源的保护战略应符合经济发展的基本要求，这应被视为经济持久增长的先决条件。

（2）对不同的消费模式、技术类型和土地使用战略需要进行研究，并提供必要的经济、法律和教育资助。

（3）经济发展计划必须慎重考虑地球的生命支持系统中的各个要素和各种反应过程之间的相互关系，对一个部门的有利行动，可能会对其他部门引起意想不到的损害，这种后果在规划阶段即应考虑到。

（4）由于环境要素的各种反应过程，在不同时间与不同空间里都有极大的可变性，而且技术和社会发展计划模式也可能对环境产生不利的影响。因此，环境发展与环境管理的规划应该富有弹性，并经常进行环境监测，以便及早发现一些意想不到的环境变化。

（5）经济与社会发展计划必须考虑环境系统的稳定性的“极限”。

（6）必须防止转让不适当的技术、出口有毒物质和有害物质给环境带来的严重危害。

## 二、环境经济学的研究对象及任务

环境经济学是以环境与经济之间的相互关系为特定研究对象的经济学分支。如何兼顾经济发展和环境保护是环境经济学的中心课题，而发展经济与保护环境的关系是客观、永恒地存在于人与环境进行物质交换的过程中。人与环境之间物质交换的内容和方式，取决于人类社会当时的经济发展水平和特点，也就是说，在一定的生产力及与其相适应的生产关系下进行的。不同的生产关系通过生产力作用于自然界，具有不同的经济活动方式。经济活动的方式不同，对资源的开发、利用、分配也不同，从而形成各种不同的经济与环境的作用关系。

1. 环境经济学的研究对象

人类就是这样通过不同的经济活动方式完成与环境之间的物质、能量交换，以提供人类社会、经济发展的物质条件，并形成环境与经济系统之间的相互作用关系，构成环境经济这一复合系统，这复合系统就是环境经济学的研究对象。

人与环境之间物质交换的内容主要是生产和消费活动。生产和消费的水平不同，人对自然环境的利用、改造、污染的情况也就不同。在这里，自然环境是作为再生产的场所和生产的基本物质要素之一而被包括到生产过程中。因此，要在分析生产过程中，确切地讲是在分析扩大再生产的循环与周转的过程中，来研究发展经济与保护环境的相互关系及其经济效果的。

环境问题作为经济问题提出来，是由于它阻碍了再生产过程的正常进行。环境问题的解决不可能离开再生产过程的生产和消费活动而孤立地进行。环境经济学坚持从生态学的观点分析和评价经济发展的合理性，其主要的目的在于使经济发展和环境之间保持必要的平衡，从而保证再生产过程不因环境问题而受到阻碍，并能顺利地进行。

环境与经济相互结合发展始终是环境经济学这门学科研究的主题。环境系统的发展和经济系统的运行都由人所主宰，环境再生产的运行和物质资料再生产的运行由人的经济活动作为中介而结合，没有人类自身的再生产，就没有环境的再生产和物质资料的再生产。

经济生产过程总是同一个个自然再生产过程交织在一起。所以，社会再生产的全过程是由经济再生产过程和自然再生产过程结合而成的。从环境角度来看，这两个再生产过程通过人与自然之间的物质交换紧紧地结合和交织在一起，使社会再生产循环不断地进行。经济再生产过程与自然再生产过程的物质交换，可用图 10－1 表示。

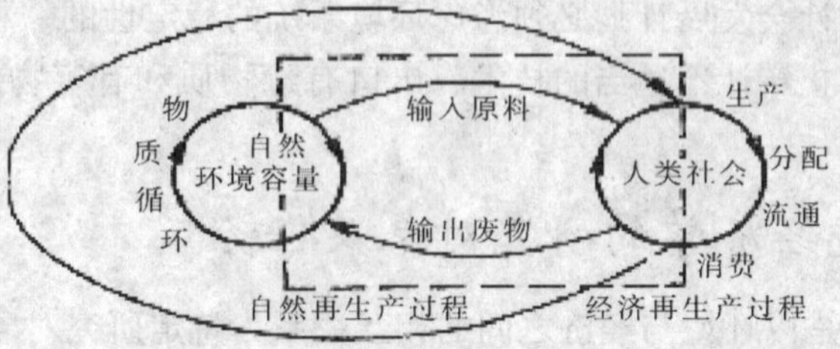


图 10－1　社会再生产全过程

图 10－1 右圆圈表示人类社会经济再生产过程，首先要从自然环境获取原料，通过劳动变成人们需要的产品。以工业来说，采掘工业的劳动对象是自然资源，原料工业是分解或提纯自然资源，加工工业是按社会需要改变自然资源的用途，它们都离不开自然资源。它们是在自然生态循环的基础上，加入了人为的因素，加速或改变自然生态循环的过程，使之在一定时间内生产较多的产品，然后经过分配、流通、消费过程，满足人类生存和生产发展的需要。在这一过程中，一部分废物（包括生产和生活消费过程中产生的废物）没有被利用而排入自然环境，参与自然界的物质循环。经济再生产过程就是这样不断地循环进行。

图 10－1 左圆圈表示自然环境是一个多相、多元、多介质或多层次的庞大复杂的综合体。自然环境是一个开放型的系统，它主要在太阳能的作用下，同外界不断地进行物质循环、能量流动和信息传递，从而使环境不断地演变。自然再生产过程就是这样不断地循环进行的。人类是地球环境演变到一定阶段的产物。地球环境的形成大约有几十亿年，而人类的文明史只有几千年。人类历史的长河只是天体演化的一瞬间，然而人类的活动，特别是 20 世纪 50 年代以来，人类在创造史无前例的物质文明的同时，正在从根本上改变地球环境的各个系统。它不仅影响人类的生存，也影响经济再生产的顺利进行。

（1）经济再生产过程以自然再生产过程为前提。经济再生产过程要从环境中获取生产资源，而环境中资源数量的多寡，在一定程度上决定了经济再生产的规模。同时，经济再生产过程要向环境排放废弃物，而环境承受废弃物的容量是有限度的，所以在一定程度上也影响经济再生产的规模。这说明经济再生产除了要遵循经济规律外，还必须同时遵循自然规律。

（2）自然再生产的变化取决于经济再生产的方式、结构与规模。在人类活动没有干预前，自然环境一直遵循客观规律进行物质循环，不断地进行新陈代谢的再生产过程。由于人类的干预，自然界的物质循环发生了不利于人类自身生存的变化。这就要求调整现有经济发展方式、结构与规模，使经济再生产顺应自然再生产。

（3）经济再生产与自然再生产的协调进行，才能使社会再生产持续稳定地发展。经济再生产的方式有外延扩大再生产与内涵扩大再生产之分。处延扩大再生产，要求从环境中获取更多的资源，并向环境排放更多的废弃物。当代的环境问题正是产生于经济再生产的开端和终端上。要从根本上解决这两类环境问题，就要改变经济再生产的方式，由外延扩大再生产为主转向以内涵扩大再生产为主，尽量提高资源的利用程度，减少从环境获取的资源量及向环境排放的废物量。这样，经济再生产才能与自然再生产协调起来，保证社会再生产的顺利进行。

2. 环境经济学研究的任务

环境经济学研究的任务，就是要探寻例如何正确地控制、调节经济—环境系统，使得经济与环境得到持续发展。具体地说，环境经济学研究的任务主要有如下几个方面。

（1）调控经济发展要符合自然生态规律的要求，并正确估计生产活动对自然和社会的近期和远期的影响。环境经济学的一个重要任务就是要遵循自然规律来发展经济。环境科学的研究表明，地球生命系统中各个组分和各种反应过程之间是相互依存、相互制约的。同时，这个系统又是一个动态平衡体系，具有一定调节能力，对来自外界比较小的冲击能够进行补偿和缓冲，从而维持环境系统的稳定性。因此，人类改造或利用某一环境要素时就要考虑对其他环境要素的不利影响，以及保证物质和能量的输入与输出之间的相对平衡。该平衡包括两项内容：一是排入环境的废弃物不能超过环境自净能力，以免造成环境污染，损坏环境质量；二是从环境中获取可更新资源不能超过它的再生增殖能力，以保障永续利用，从环境中获取不可更新资源要做到合理开发和利用。所以，经济社会发展规划必须列入环境保护的内容，有关经济社会的决策必须考虑生态学的要求，以求得经济发展和环境保护协调进行。

（2）保护环境要以最小的劳动消耗，取得最佳的环境效益。任何一项工作，都要讲究效率，以最小的劳动消耗，取得最佳效果。环境保护作为一项经济活动，同样要讲究效益。前已述及，经济发展带来环境污染与破坏，而保护环境需要消耗一定的物质财富，环境质量的改善程度同经济发展水平有关，因此环境经济学把环境经济效果作为重要的研究内容。在开发利用自然资源中，研究环境系统发生变化所带来的经济损失，并进行费用效益分析比较，从而选择最优化的开发方案。在生产建设中，研究防治污染、保护环境措施的经济效果，为制定最佳的防治污染方案提供依据。在环境管理中，研究各类环境标准的水平变化和环保设施投资增减的比例关系，为制定适合我国经济水平的环境标准提供经济依据。

由于环境保护的经济效果不仅包括直接效果，还包括间接效果；不仅要考虑近期效果，还要考虑长远效果；不只从局部的本企业、本部门计算其经济效果，还要计算社会的损失和社会的费用；而且环境资源多数没有市场价格。因此，需要运用计量经济学的多种方法，结合环境问题的特点，探索研究环境污染损失和经济效益的具体评价方法。

（3）发展经济、保护环境和改善人类生存条件，并使之最优化。由于世界经济的迅速发展和人口的急剧增长，对地球生态环境的压力已达到相当紧张的程度。这是传统的经济发展战略造成的不良后果。正如一些学者提出的："我们今天赖以生存的大地，不是从祖先手中继承下来的，而是从子孙后代那里借用的。"在世界环境与发展委员会的一份报告中提及"他们超负荷、超速度地开采已过量开采的环境资源，使其不能不被耗竭而持续到遥远的将来。虽然对我们这一代人也许是有益的，但是会让我们子孙承受损失；我们从我们后代那里借用了环境资源，可我们没有打算，也没有可能偿还。后代人可能会责怪我们挥霍浪费，但他们却无法向我们讨债"。因此，环境经济学研究的一个重要的任务就是要正确调控经济与环境之间的关系，既要保证当代人的健康，又要为子孙后代造福。发展经济不能牺牲当代人的健康，更不能损害后代人的生存；不能为了近期的发展而破坏长远发展的基础。要改变传统发展战略，经济持续发展必须考虑生物圈提供环境资源的能力，保障人类生存条件，为当代人和后代人造福。

## 三、环境经济学研究的内容

学科的基本理论是推动学科建设和发展的动力。环境经济学要研究的基本理论主要有经济制度与环境问题、建立环境资源及其价值计量的理论与方法、探讨环境问题的外部不均性的理论和方法、探讨协调经济增长与环境保护的衡量标准与方法、环境经济政策合理性的机制研究。

### 1. 环境经济学的基本理论

（1）经济制度与环境问题。探讨不同经济制度下环境问题的共性与特性，揭示经济制度与环境问题之间存在的联系以及环境问题的本质。重点是研究如何充分发挥社会主义制度的优越性，有次序正确地协调经济社会发展与环境保护的关系。

（2）建立环境资源及其价值计量的理论与方法。运用劳动价值论探索在社会主义商品经济条件下，环境资源具有商品性的特征及其价值计量的理论与方法，使环境资源得到最佳配置与利用。

（3）探讨环境问题的外部不均性的理论和方法。主要是应用一般均衡分析法来分析环境问题产生的经济根源，即生产和消费的外部性和它的影响范围。研究解决环境污染与破坏这个外部不经济性的内部化法。

(4) 探讨协调经济增长与环境保护的衡量标准与方法。确立经济增长与环境保护之间的内在运行机制。如何才能在保持经济持续增长的同时保护和改善环境质量，并提出两者之间协调的衡量标准与方法。

(5) 环境经济政策合理性的机制研究。环境经济政策的合理性与经济制度有较大的关系，主要表现在由于环境政策造成的收入分配影响以及费用负担合理化的研究。

2. 环境保护的经济效益

经济效益是环境经济学研究的核心内容之一。研究的内容主要有：环境污染与生态破坏经济损失的估价理论与方法；环境保护经济效益计算的理论与方法；各种生产和生活废弃物最优治理和利用途径的经济选择；区域环境污染综合优化方案的经济选择原则；确定各种有害物质排放标准的经济原则；环境政策的经济影响评价；各类环境经济数学模型的建立等。

3. 生产力的合理规划和组织

环境污染与生态失调，归根到底是对自然资源的不合理开发利用造成的。合理开发利用自然资源，合理规划和组织社会生产力是保护环境最根本、最有效的措施，为此需要研究环境保护纳入国民经济计划的方法及环境经济系统规划方法。

(1) 环境保护纳入国民经济计划的方法。要改革单纯以国民生产总值或总产值衡量经济发展水平的传统方法，把环境质量的改善作为经济发展目标的重要内容。选择合适的环境经济指标纳入国民经济综合平衡体系。

(2) 环境—经济系统规划方法。研究应用投入产出分析、系统动力分析以及环境—经济系统的预测、规划和决策方法。

4. 运用经济手段进行环境管理

经济方法在环境管理中是与行政、法律、教育的方法相互配合使用的一种方法。它通过税收、财政、信贷等杠杆，调节污染者与受污染者之间的关系，促使和诱导经济单位和个人的生产和消费活动符合国家保护环境和维护生态平衡的要求。目前，广泛应用和正式研究采用的经济手段大致有以下几种：收费制度，包括排污收费、环境资源税、使用者收费、产品收费和管理费等；财政补贴与税收减免；贷款优惠；押金制度；排污权交易市场；罚款。

## 四、环境保护经济效益的概念和特点

环境保护经济效益可以理解为实现某一环境目标付出的费用和因环境改善后获得综合社会经济效益的比较。环境保护经济效益按其研究范围，可分微观环境保护经济效益和宏观环境保护经济效益。微观环境保护经济效益是指完成某一个环境工程设施取得的经济效益，宏观环境保护经济效益是指完成一个地区、城市或者全国性的环境保护措施取得的经济效益。按取得效益的表现形式，环境保护经济效益可分为环境保护经济效益的直接效果和环境保护经济效益的间接效果。环境保护的直接经济效果是指采取了某一环境保护措施后，由于减少污染物排放而节约的资源以及由此减少环境污染损失的经济效益；环境保护经济效益的间接经济效果表现在使居民的体质增强、发病率降低、劳动和休息条件的改善、自然景观的保护、生态平衡得到保持以及促进了自然资源增值等。环境保护经济效益有如下几个特点：

（1）区域性。物质资料生产成果一般是指生产过程中劳动消耗取得的经济利益，而环境保护的成果不仅表现在本身的利益上，还表现在其他一系列生产部门和非生产部门获得的利益上，环境保护取得的经济效益使得一定区域内的工厂、农业生产部门、居民等都获得经济效益。

（2）难计量性。物质资料生产的经济效益一般可以通过计算确切地用量表示，而环境保护经济效益则不然，有时它可以用价值法则直接计算出环境保护经济效益，有时不能用价值法比较准确计算出环境保护的经济效益。例如，对一特定环境设施采取自然保护措施后，其产生的环境经济效益，就难以准确地用价值来表现；对某一地区水环境施以环境保护措施后，对人体健康、工业生产、农业收获、景观增值等多方面的影响，是难以准确定量计算的，特别是对于那些不能用价值计量的社会效益和环境效益，就更难以用货币定量评价。

（3）宏观与微观的不一致性。在物质资料生产中，物质资料生产的微观经济效益和宏观经济效益是一致的。在进行经济效益分析时，可以直接将各个企业获得的费用和付出的费用相比，就可取得宏观经济效益，而环境保护的经济效益是不能用简单数学相加的关系来计量的。例如，在具有多个污染源的一个城市（或者地区），对每个污染源加以控制，由污染物削减量产生的环境保护经济效益，是不能用获得的各个微观环境效益进行简单的数学相加，作出环境的总体综合评价的。因为多种污染物在环境中发生的协同或拮抗作用是难以计量的。一般来说，宏观经济效益是按环境损害程度直接计算的，而不是由微观经济效益相加计算。

（4）综合性。物质资料生产的经济效益，一般表现在物质财富的增加，而环境保护经济效益不仅包括物质财富的经济效益，还要包括社会效益和环境效益。例如，由于采取了环境保护措施，使得人类生存条件得到了大大的改善，较好地保持了生态平衡，增强了居民的健康，延长人的寿命，提高于人们环境保护的意识，促进了可持续发展战略的实施，致使社会经济与环境得到协调地发展。所以，在对环境保护措施进行经济效益评价时，要对其取得的环境效益、经济效益和社会效益进行综合的全面分析。

## 五、环境保护费用及估算

环境保护费用是指为防治环境污染和破坏造成的损失而付出的全部费用。它包括两个部分：一是开发利用水、空气、矿产等自然资源或生产过程中排出的污染物对环境的损害费用和防护费用，其中主要包括环境受污染后使水处理费用增加、农产品减产损失、医疗费用增加，以及居民为防止污染损害而增加的防护设施费用等；二是为控制环境污染和破坏而付出的防治费用和环境保护事业费，包括企业和区域防治设施的投资（设施的运转费用，环境质量监测费用以及环境科研费用等）。前者总称为社会损害费用，后者称为环境控制费用。

在实际工作中，估算环境保护费用是相当困难的。环境保护费用是由环境控制及环境损害两种费用总和决定的。

（1）环境控制费用的估算。一般来说，在工矿企业环境控制费用包括以下几种：控制环境污染工程设施的基建费用、为防治污染而改进生产装置的费用、环境工程设施的运行费用、环境监测的费用，以及与其有关的科学研究费用等。但是，在许多情况下，污染治理是同工艺改革、设备更新改造结合在一起进行的，要从中划出多少费用作为治理污染的支出是有困难的，但全部计入环境保护费用也是不合理的。

（2）社会损害费用的估算。对社会损害费用的估算就更加复杂。一般来说，生产性资源（如农业收成减产、渔业产量下降、发电量减少等）都可以通过资源生产力的损失加以估算。但是，对由于环境污染造成名胜古迹、自然保护区以及人体健康的损害，是难以用货币来计量的。

## 六、环境污染和破坏的经济损害评价

制定环境规划或进行环境影响评价就要对环境污染破坏的经济效益进行分析，也就是要对环境污染破坏的经济损失进行估算，通常环境污染损害是以货币数值计量的。目前还没有比较公认的计算方法，大多数采用估算法，而且估算值相差很大。例如，在美国由于大气污染造成的经济损失，有人估算为几十亿美元，有人却估算为一百几十亿美元。

环境污染与破坏的经济损害评价的具体方法一般采取直接计算法，即把损害的各个因素，例如物品、生态、人体健康等各个方面损害因素，一一列出分别估算，其总和即为损失总额。估算大气污染造成的经济总损害，可用下式表达：

$\sum A$（总损害）$=A_1$（居民损害）$+A_2$（城市公用事业损害）$+A_3$（工业损害）$+A_4$（农业损害）$+A_5$（林业损害）$+A_6$（其他损害）

式中每一类具体损失的计算，又包括若干个应当计算的分损害项。例如，

对居民的损害 $A_1$ 中就应计算因房屋粉刷维修付出的费用、为避害搬迁的费用、洗涤次数增加的费用，以及医疗增加的费用等。对每一项损害费用估算，需要查阅相关文献和资料，并借助相关的经验数据、回归方程或模拟实验数据，以及采用调查对比分析、统计模型等计算式进行估算。

## 七、环境保护的经济手段

环境保护的经济手段是环境管理的一个重要方面，是法律、行政管理手段的必要补充。按照经济规律，运用价格、成本和税收等经济杠杆，调整和影响人们从事经济活动和污染防治活动的利益，即利用排污收费、税收和财政补贴等经济手段促进环境保护。

环境保护经济手段按照作用的不同可分为两类：一类是以税收、信贷、价格优惠等鼓励性经济政策；另一类是以征收排污费、经济赔偿等限制性的经济政策。从执行环境经济政策的形式来看又可分收费、补贴和奖励、押金制度、市场机制的运用和财政上的强制手段等类型。

### （一）限制性经济政策

1. 征收排污费

对排入环境中的污染物征收排污费，是国内外环境保护机构比较普遍采用的一种经济手段。世界上最早实行征收污染费的是前联邦德国鲁尔重工业区。1976 年 9 月，前联邦德国制定了第一部污染纳税法《关于向水源排放废水征税的法律》。

我国实施环境保护排污收费已近 20 年。实践证明，环境保护排污收费是我国环境管理的重要经济手段，排污收费制度为发展生产保护环境发挥了重要作用。主要的成效有：排污收费制度加强了企业管理，促进了污染治理，取得了显著的环境效益；排污收费调动了企事业单位治理污染的积极性，为企业治理污染源开辟了一条可靠的资金渠道；排污收费制度促进了环境保护事业的发展。

2. 罚款与赔偿

征收排污费一般指的是无过失责任者应承担污染环境的经济责任。罚款与经济赔偿则是对违反环境保护法、随意排放污染物而造成严重恶果的单位和个人所作的惩罚。我国环境保护法规定，对污染单位的罚款与经济赔偿，是由环保部门报经同级人民政府批准后执行的，所以征收排污费同罚款是不同的。

3. 征收生态环境补偿费和资源税

（1）生态环境补偿费。在资源开发过程中，一般来说，都会对生态环境产生不同程度的影响和破坏。如果在资源连续地开发过程中或资源开发后矿场不作相应的补偿和恢复，势将出现严重破坏生态环境的后果。生态环境补偿费主要用于生态环境的恢复和整治。例如，生态环境破坏调查费、生态环境恢复整治工程费、生态环境科学或生态示范工程研究费等。

（2）征收资源费。征收资源费是采用经济手段增强人们合理利用环境资源意识，使可更新资源能永续利用，不可更新资源节约和合理利用以及寻求最佳的土地利用方案等。这种经济手段在国外已广泛被采用。我国仅对水资源利用和对某些大型煤矿、金属矿山的开采征收资源费。

### （二）鼓励性经济政策

综合利用资源、能源和“三废”，对合理利用资源、提高经济效益、保护自然环境，都有重要意义，也是治理污染的根本途径。由于综合利用废弃物比直接利用天然资源要困难得多，为了鼓励综合利用的发展，我国制定了一系列有关规定及奖励办法。

1. 对开展综合利用的生产建设项目实行优惠

由企业自筹资金建设的综合利用项目，获益归企业所有。主管部门和行业归属部门应当予以扶持，不得提取和摊派费用，不得任意调拨产品。综合利用项目的折旧资金，全部留给企业专项用于综合利用设施的更新改造。对综合利用项目的设施，给予减免固定资产占用费的照顾。工矿企业用自筹资金和环境保护补助资金治理污染的综合利用工程项目，应免征建筑税。对综合利用废弃物的单位，排废单位应从提供废弃物方面予以支持。矿山企业对其利用废渣、废石、煤灰充填蹋陷区恢复的土地有经营使用权，转给其他单位使用，可以适当收费。

2. 对开展综合利用生产的产品实行优惠

（1）对产品销售给予优惠。由企业自筹资金建设的综合利用项目生产的产品，不列入国家分配计划，自用时不抵扣分配指标，企业可以自销；由国家投资建设的，制定计划时应给企业留有超产的余地，超产部分可以自销。

（2）对产品价格给予优惠。例如，凡按规定自销的综合利用项目生产的产品，除国家专门规定外，价格可以由企业自定。

（3）对征税给予优惠。对企业自筹资金建设的综合利用项目生产的产品，减免产品税。

（4）给予一定的利润留成。工矿企业为防治污染、开展综合利用生产的产品利润五年不上交，留给企业继续治理污染，开展综合利用。

## 第二节　环境管理

环境管理是从环境保护实践中产生，又从环境保护实践中发展起来的。它既是一门环境科学的分支学科，是环境科学与管理科学交叉渗透的产物，同时也是一个工作领域，是环境保护实践的重要组成部分。环境管理从 20 世纪 70 年代初开始形成，并逐步发展成为一门新兴的学科。随着人们对于环境管理实践和环境问题认识的发展，国内外学者对环境管理的概念与内涵认识日益深化。

## 一、环境管理概述

环境管理是通过全面规划，协调发展与环境的关系，运用经济、法律、技术、行政和教育等手段，限制人类损害环境质量的行为，达到既满足人类的基本需要，又不超出环境的容许极限。

1. 环境管理的基本概念

其含义主要应涵盖以下几个方面：

（1）协调发展与环境的关系。建立可持续发展的经济体系、社会体系和保持与之相适应的可持续利用的资源和环境基础，这是环境管理的根本目标。

（2）运用各种手段限制人类损害环境质量的行为。人在管理活动中扮演着管理者和被管理者的双重角色，具有决定性的作用，因此环境管理的核心是对人的管理。

（3）环境管理是一个动态过程。它必须适应社会、经济、技术的发展，及时调整政策措施，使人类的经济活动不超过环境的承载能力和自净能力。

（4）环境保护作为国际社会共同关注的问题，环境管理需要超越文化和意识形态等方面的差异，采取协调合作的行动。

2. 环境管理的内容

环境管理面对的是整个社会经济—自然环境系统，着力于对损害环境质量的人的活动施加影响，协调发展与环境的关系。因此，环境管理涉及的范围广，内容也非常丰富。

从环境管理的性质来划分，可分为环境计划管理、环境质量管理和环境技术管理。

（1）环境计划管理。环境计划管理是依据规划或计划而开展的环境管理，也称为环境规划管理。它包括制定环境规划，将环境规划分解为环境保护年度计划，对环境规划的实施情况进行检查和监督，再根据实际情况修正和调整环境保护年度计划方案，改进环境管理对策和措施。

（2）环境质量管理。环境质量管理是为了保持人类生存与健康所必需的环境质量而进行的各项管理工作。它是以环境质量标准为依据，以改善环境质量为目标，以环境质量评价和环境监测为内容的环境管理。既包括对环境质量的现状进行管理，也包括对未来环境质量进行管理。

（3）环境技术管理。环境技术管理是通过制定环境技术政策、技术标准和技术规程，以调整产业结构、规范企业的生产行为、促进企业的技术改造与创新为内容，以协调技术、经济、环境三者关系为目的的环境管理。使科学技术的发展既能促进经济不断发展，又能保护好环境。

从管理的范围来划分，环境管理又可分为资源环境管理、区域环境管理、部门环境管理和行业环境管理。

（1）资源环境管理。资源环境管理是依据国家资源政策，以资源的合理开发和持续利用为目的，以可再生资源的恢复与扩大再生产、不可再生资源的节约使用和替代资源的开发为内容的环境管理。它主要在于确定资源的承载力，资源开发时空条件的优化，建立资源管理的指标体系、规划目标、标准、体制、政策法规和机构等。

（2）区域环境管理。区域环境管理主要是指协调区域经济发展目标与环境目标，进行环境影响预测，制定区域环境规划等，它包括国土的环境管理，省、市、自治区的环境管理以及流域环境管理等。

（3）部门环境管理。部门环境管理是指以具体的单位和部门为管理对象，以解决该单位或部门内的环境问题为内容的一种环境管理，包括能源环境管理、工业环境管理、农业环境管理、交通运输环境管理、商业和医疗等部门的管理以及企业环境管理等。

（4）行业环境管理。行业环境管理是指以特定的行业为管理对象，以解决该行业内的环境问题为内容的一种环境管理。它针对不同行业的特点，采取相应的措施，以达到有效控制污染的目标。

3. 环境管理的基本手段

环境管理是一个具有对象性、目的性的管理过程。为了实现管理目标，需要运用一定的手段对管理对象施以控制和管理。进行环境管理的手段主要包括行政手段、法律手段、经济手段、技术手段和教育手段。

（1）行政手段。环境管理的行政手段是指在国家法律监督之下，各级环保行政管理机构运用国家和地方政府授予的行政权限开展环境管理的手段。它具有权威性、强制性和规范性的特点，包括制定相关的环境标准、政策并加以推行。例如，对违反法律、法规的行为进行警告，对擅自拆除或限制环境保护设施的行为责令重新安装使用，对污染严重又难以治理的企业，责令停业、关闭、拆迁或限期整改等。

（2）法律手段。法律是一种社会行为规范，与其他形式的社会行为规范相比，法律规范最显著的特征是强制性，它通过国家机器的保障，强制执行。法律手段是指管理者代表国家和政府，依据国家环境法律、法规所赋予，并受国家强制力保证实施的、对人们的行为进行管理以保护环境的手段。它是环境管理的一个最基本的手段，是其他手段的保障和支撑，通常亦称为“最终手段”。目前，中国已初步形成了由国家宪法、环境保护法、环境保护单行法和环境保护相关法等法律、法规组成的环境保护法律体系，这是强化环境执法监督管理的根本保证。在政府环境管理中，根据管理对象的性质和特点，可分别采取行政、法律、经济、技术和教育等不同的手段，但是经济、技术、教育手段的运用不能独立于行政手段或法律手段，它必须以行政手段或法律手段作为载体来加以实施。

（3）经济手段。经济手段是指管理者依据国家的环境经济政策和经济法规，运用价格、成本、利润、信贷、税收、收费和罚款等经济杠杆来调整各方面的经济利益关系，规范人们的宏观经济行为，培育环保市场以实现环境和经济协调发展的手段。在目前的环境管理中，环境和自然资源的价值虽然在认识上已被肯定，但一时还无法在价格上加以表示，可以运用一些经济手段加以补救，以间接调整对环境和自然资源的利用。在我国，政府环境管理的现行经济手段主要包括排污收费制度、减免税制度、补贴政策、贷款优惠政策等。

（4）技术手段。环境管理的技术手段是指管理者为实现环境保护目标采取的环境工程、环境监测、环境预测、评价、决策分析技术，以达到强化环境监督的手段。例如，清洁生产工艺的研究，环境友好的新材料、新工艺的开发等。

（5）教育手段。环境管理的教育手段是指运用各种形式开展环境保护的宣传教育以增强人们的环境意识和环境保护专业知识的手段。通过宣传教育，提高社会公众的环境保护意识，增强环境保护管理工作的参与能力。每个社会成员既是物质产品的消费者，同时又是社会的组织行动者。只有每个社会成员都能从我做起，在决策时充分考虑环境保护的要求，行动中切实贯彻环境保护的政策法规，在全社会形成自觉的环境保护的道德规范，才能使环境保护从根本上得到保证。

## 二、环境管理的技术支持及保证

环境管理是在环境学和管理学交叉综合的基础上发展产生的，它既包括了环境保护方面的自然科学领域，同时也包含了社会学、管理学，环境管理的有效实施必须依赖于相应的技术支持和保证（见图 10 – 2）。

环境管理的技术支持体系主要包括环境监测技术、环境预测技术、环境标准、环境审计和环境信息管理技术。

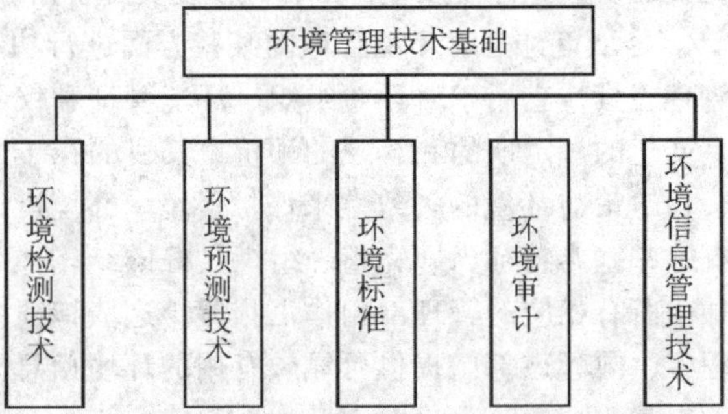


图 10－2 环境管理的技术支持体系

（1）环境监测技术。环境监测是开展环境管理工作的重要基础，它通过技术手段测定环境质量因素的代表值以把握环境质量的状况。通过长期大量的监测数据，可以据此判断该地区的环境质量状况是否符合国家的规定，可以预测环境质量的变化趋势，进而找出该地的主要环境问题以及主要原因。在此基础上，才有可能提出相应的治理方案、控制方案、预防方案以及法规和标准等一整套的环境管理办法，做出正确的环境决策。此外，通过环境监测还可以不断发现新的和潜在的环境问题，通过对污染源的监测，掌握污染物的迁移、转化规律，为环境科学研究提供及时和可靠的数据。作为环境管理的一项经常性、制度化的工作，通过环境监测可以检查、督促企事业单位遵守国家规定的污染物排放标准，掌握环境污染的变化情况，为选择防治措施，实施目标管理提供可靠的环境数据，为制定环保法规、标准及污染防治对策提供科学依据。

（2）环境预测技术。环境预测是根据已掌握的情报资料和监测数据，对未来的环境发展趋势进行估计和推测，为提出防止环境污染进一步恶化和改善环境的对策提供依据。环境管理的主要职能是协调各方面的关系，规范各方面的行为，以减少环境问题的产生，在这些环境管理活动中，就需要了解环境质量状况，并对其发展的趋势做出及时有效的分析和预测，在此基础上进一步保证决策目标的正确性和管理方案的可达性。

（3）环境标准。环境标准是为了保护人群健康、社会物质财富和维持生态平衡，对大气、水、土壤等环境质量、对污染源的监测方法以及其他需要制定的标准。环境标准是一种法规性的技术指标和准则，是环境保护法制体系的一个组成部分。因此，环境标准是国家进行科学的环境管理遵循的技术基础和准则，它是环保工作的核心和目标。合理的环境标准可以指导经济和环境协调发展，严格执行环境标准可以保护和恢复环境资源价值，维持生态平衡，提高人类生活质量和健康水平，并为制定区域发展负载容量奠定基础。对于某些有价值的环境资源已被污染而导致破坏的地区，采用严格的区域排放标准可以逐步改善各种参数，使其逐步达到环境质量标准，并恢复资源价值。

（4）环境审计。环境审计是对环境管理的某些方面进行功能检查、检验和核实，它是一种管理工具，它用于对环境组织、环境管理和仪器设备是否发挥作用进行系统的、文化的、定期的和客观的评价，其目的在于通过简化环境活动的管理和评定公司政策与环境的一致性来保护环境。环境审计尽管种类方法较多，但它都具有一些基本特征，即完整、组织良好的结构体系，详细有条理的调查，并强调须向所有相应的管理部门作汇报等。这些特征为环境审计在世界范围的活动过程中，向管理部门提供可靠、有用的环境信息方面，奠定了良好的基础。

（5）环境信息管理技术。环境信息管理技术是近年来发展起来的，依托于计算机技术基础的一门学科。它是以计算机为主体，通过网络系统对环境数据与信息的收集、传递、存贮和加工进行规范化处理的管理技术。它可以分为环境信息系统、环境决策支持系统两类。环境信息系统是以系统论为指导思想，通过人机结合收集环境信息，通过模型对环境信息进行转化和加工，并据此进行环境评价、预测和控制，最后再通过计算机等先进技术实现环境管理的计算机模拟系统。环境决策支持系统是将决策支持系统引入环境规划、管理、决策工作中的产物。决策支持系统是从系统观点出发，应用决策理论方法，对环境问题进行描述、计算，并协助人们完成管理决策的支持技术。随着近年来计算机处理技术日趋成熟和完善，环境信息管理技术也有了迅速的发展，通过人机对话系统，环境信息管理技术大大提高了环境信息的收集、处理效率，为环境管理的正确决策和有效监控提供了良好的技术平台。

## 三、中国环境管理的政策制度

环境管理制度是体现国家环境保护的法律、法规、方针和政策的程序性、规范性、可操作性、实践性很强的环境管理对策与措施。推行各项制度是想达到控制污染和防止生态破坏，有目标地改善环境质量，实现环境保护的总原则和总目标。同时，也是环境保护部门依法行使环境管理职能的主要方法和手段。

### （一）中国环境管理的八项制度

#### 1. 环境影响评价制度

环境影响评价又称环境质量预断评价，或环境质量预测评价。环境影响评价制度是环境管理中贯彻预防为主的一项基本原则，也是防止新污染、保护生态环境的一项重要法律制度。

环境影响评价是对可能影响环境的重大工程建设、区域开发建设及区域经济发展规划或其他一切可能影响环境的活动，在事先进行调查研究的基础上，对活动可能引起的环境影响进行预测和评定，为防止和减少这种影响制定最佳行动方案。根据1998年11月18日国务院发布的《建设项目环境保护管理条例》规定，环境影响报告书由建设单位在项目的可行性研究阶段完成，建设项目的行业主管部门负责报告书的预审。大中型建设项目和投资较大的技术改造项目的报告书，经省级环保部门审批，报国家环保局备案。对环境可能造轻度影响的建设项目，进行专项评价，并编写环境影响评价表。对环境影响很小，不需进行环境影响评价的，则应填报环境影响登记表。

环境影响评价制度的实施，一方面是从国家的技术政策方面对新建设的项目提出了新的要求和限制，对可以开发建设的项目提出了超前的污染预防对策和措施，减少了重复建设、杜绝新污染的产生。同时，为开展区域政策环境影响评价，实施环境与发展综合决策技术创造了条件。环境影响评价制度已经历了20多年的发展，取得了较好的成果，获得了广泛的认可。第九届全国人民代表大会常务委员会第三十次会议于2002年10月28日通过并颁布了《中华人民共和国环境影响评价法》，并于2003年9月1日起开始正式施行。

2. “三同时”制度

“三同时”制度是指新建、改建、扩建项目和技术改造项目，以及区域性开发建设项目的污染治理措施必须与主体工程同时设计、同时施工、同时投产的制度。它与环境影响评价制度相辅相成，是防止新污染和破坏的两大“法宝”，是我国环境保护法以预防为主的基本原则的具体化、制度化、规范化，是加强开发建设项目环境管理的重要措施，是防止我国环境质量继续恶化有效的经济手段和法律手段，是根据我国的实际情况提出的符合中国国情并具有中国特色的行之有效的环境。管理制度包括：

（1）同时设计。在建设项目的设计阶段，应对建设项目建成后可能造成的环境影响进行简要说明。

（2）同时施工。在建设项目的施工阶段，环境保护设施必须与主体工程同时施工。

（3）同时投产。在建设项目正式投产或使用前，建设单位必须向负责审批的环境保护部门提交“环境保护设施竣工验收报告”，说明环境保护设施运行的情况、治理的效果、达到的标准。

3. 排污收费制度

排污收费制度是指一切向环境排放污染物的单位和个体生产经营者，应当依照国家的规定和标准，交纳一定费用的制度。这一制度与环境影响评价制度、三同时制度共同组成了中国的“老三项”环境管理制度，被誉为“中国环境管理的三大法宝”。我国的排污收费制度规定，在全国范围内，对污水、废气、固体废物、噪声、放射性等各类污染物的各种污染因子，按照一定标准收取一定数额的费用，并规定排污费主要用于补助重点排污源治理等。

4. 环境目标责任制度

环境目标责任制度是一种具体落实地方各级人民政府和有污染的单位对环境质量负责的行政管理制度。这种制度以社会主义初级阶段的基本国情为基础，以现行法律为依据，以责任制为核心，以行政制约为机制，把责任、权力、利益和义务有机地结合在一起，明确地方政府在改善环境质量上的权力、责任和义务。责任制的各项指标可以层层分解，使保护环境的任务落实到方方面面、各行各业，调动全社会参与保护环境的积极性。

5. 城市环境综合整治定量考核制度

城市环境综合整治就是在政府的统一领导下，以城市生态理论为指导，以发挥城市综合功能和整体最佳效益为前提，采用系统分析的方法，从总体上找出制约和影响城市生态系统发展的综合因素，理顺经济建设、城市建设和环境建设的相互依存又相互制约的辩证关系，用综合的对策整治、调控、保护和塑造城市环境，为城市人民群众创建一个适宜的生态环境，使城市生态系统良性发展。

该制度的考核内容包括五个方面，即大气环境保护、水环境保护、噪声控制、固体废物处置和绿化等，共二十一项指标。为进一步促进城市生态环境的改善，鼓励先进城市，国家环境保护总局自 1997 年开展了创建国家环境保护模范城市活动，得到了各城市政府的积极响应，比照模范城市标准纷纷制订了创建国家环境保护模范城市规划和计划。至 2010 年，共命名了 72 个国家环境保护模范城市和 5 个模范城区。目前，全国正在开展创建工作的城市已经达到 60 多个，城市的综合素质有了很大的提高。

6. 排污申报登记与排污许可证制度

排污申报登记是环境行政管理部门一项特别制度。凡是排放污染物的单位，必须按规定向环境保护管理部门申报登记拥有的污染物排放设施、污染物处理设施和正常作业条件下排放污染物的种类、数量和浓度。

排污许可证制度以改善环境质量为目标，以污染物总量控制为基础，规定排污单位许可排放什么污染物、许可污染物排放量、许可污染物排放去向等。排污许可证制度是一项具有法律含义的行政管理制度。它是进行总量控制、有效管理总量目标的重要措施，有利于实现区域资源的优化配置和合理工业布局，有利于促进污染防治技术的发展，进一步强化管理。

排污申报登记制度与排污许可证制度是两个不同的制度，这两个制度既有区别，又有联系。排污申报登记制度是实行排污许可证制度的基础，排污许可证是对排污者排污的定量化。排污申报登记制度的实施具有普遍性，要求每个排污单位应申报登记。排污许可证制度则不同，只对重点区域、重点污染源单位的主要污染物排放实行定量化管理。

7. 限期污染治理制度

限期污染治理制度是强化环境管理的一项重要制度。限期治理是以污染源调查、评价为基础，以环境保护规划为依据，突出重点，分期分批地对污染危害严重，群众反应强烈的污染物、污染源、污染区域采取的限定治理时间、治理内容及治理效果的强制性措施，是政府为了保护人民的利益对排污单位采取的法律手段。它包括限定治理时间、限定治理内容、限定治理对象及限定治理效果四大要素，被限期治理的企事业单位必须依法完成限期治理任务。

限期治理是在经过科学的调查评价污染源，对污染源的性质、排放地点、排放状况、污染物迁移转化规律，及其对周围环境的影响等各种因素调查，并在总体规划的指导下确定的。限期治理包括三个类型，即区域限期治理、行业限期治理和点源限期治理，三种形式相互促进、相互影响、相互补充，其中点源限期治理是最基本的形式。限期治理必须突出重点，分期分批解决污染危害严重、群众反应强烈的污染源与污染区域。被列为限期治理对象的，主要具有下列特征：污染危害严重，群众反应强烈的污染源和污染区域；位于居民稠密区、水源保护区、风景名胜区、城市上风向等环境敏感地区，排放污染物严重超标准的企事业单位；排放有毒有害物质，对环境造成严重污染，从而严重危害人体健康的企事业单位；污染物排放量大，对当地环境质量有重大影响的污染源；区域或水域环境质量十分恶劣，有碍人民正常生活、观瞻，有损景观的区域或水域环境综合整治项目。

污染限期治理是中国环境法律法规规范程度较高和较完备的一项法律制度。《环境保护法》第十八条、第二十九条和第三十九条明确规定了限期治理对象、决定权限、法律责任和义务等，形成了不同层次的法律体系。

8. 污染集中控制制度

污染集中控制是在一个特定的范围内，为保护环境建立的集中治理设施和采用的管理措施，是强化管理的一种重要手段。污染集中控制应以改善流域、区域等控制单元的环境质量为目的。依据污染防治规划，按照废气、废水、固体废物等的性质、种类和所处的地理位置，以集中治理为主，用尽可能小的投入获取尽可能大的环境、经济、社会效益。制定区域污染综合防治规划的过程中，根据区域环境特征和功能确定环境目标，并通过科学合理的计算，分配到各个污染源，集中和分散结合，将环境效益和经济效益相互统一。

自 1998 年以来，国家采取扩大内需的政策，加大城市基础设施建设的投资力度。国家政策性投资主要用于大中城市的污水和垃圾处理、供水、供热、供气、城市道路和绿化等方面。到 2009 年初，我国已建成并投入运行的城市污水处理厂约 883 座，县城污水处理厂 323 座、建制镇污水处理厂 763 座、共计有

1969 座污水处理厂、污水处理总能力 7 000 多万吨，是 1995 年的 10 倍。这些污染强化集中治理设施的建设为提高资源利用率、改善区域环境起到了积极的作用。

### （二）中国环境管理政策制度的新发展

经过 20 多年的发展和实践，中国的环境管理的政策制度日趋完善，环境管理八项制度的实施为中国的环境保护工作打下了扎实的基础。与此同时，随着中国社会和国民经济的进一步发展，特别是中国加入世界贸易组织后，新的问题也在不断地涌现，例如生态环境破坏、绿色贸易壁垒的产生等，这些都对中国的环境管理政策提出了新的要求，我国的环境管理政策制度的发展也将进入一个新的阶段。

1. 污染物排放总量控制管理

环境生态系统与其他的生态系统一样具有一定的自我调节功能，即对排放到环境中的污染物具有一定的消纳和自净作用，但它的自净能力（环境容量）是有限度的。一旦污染物的排放超过了环境的承载能力，就将出现环境污染和生态破坏，导致环境质量的退化，而且这种退化往往以不可逆的形态出现。这就使得区域内污染物总量控制的实施显得十分必要。要使这一区域的环境不被污染破坏，就必须控制污染物的排放总量在其环境容量的限度以内，从根本上消除污染的产生。因此，实施“污染物排放总量控制”是实现保护和改善环境质量的必由之路，是极为重要的措施，这项工作在我国起步还不久。

2. 清洁生产

清洁生产是一种创造性的思想，该思想将整体预防的环境战略持续应用于生产过程和产品的服务中，以增加生产效率和减少人类及环境风险。在经历了污染治理和综合利用阶段之后，环境保护中许多深刻教训使人们逐渐意识到，在传统决策思想影响下，那种只注重末端治理的污染防治对策是被动、低效的。人们不仅要为严重的环境污染付出巨大的代价，而且要为落后的污染治理方式付出巨大的代价，要改变这种状况，必须从污染源头及污染全过程入手实施清洁生产。清洁生产强调清洁的能源、清洁的原材料、清洁的生产过程和清洁的产品，强调减少生产加工运输等过程中的“跑、冒、滴、漏”，提高资源、能源的利用率和产品的转化率，减少污染的产生，减轻末端治理的压力和成本，是一项环境与经济效益的“双赢”战略。

3. ISO 14000 环境管理系列标准

ISO 14000 标准是环境管理系列标准的总称。1993 年 6 月，国际标准化组织（ISO）经过充分的筹备，正式成立了 ISO/TC207 环境管理技术委员会，并在短期内推出 ISO 14000 环境管理系列标准，其目的是规范全球企业及各种组织的活动、产品和服务的环境行为，节省资源、减少环境污染，改善环境质量，保证经济可持续发展。

ISO 14000 环境管理系列标准是继 ISO 9000 系列标准后推出的又一重要的国际通行的管理标准。ISO 14000 体系由五个要素组成，即环境方针、策划、实施和运行、检查和纠正措施、管理评审。体系认证之标准为 ISO 14001，这是系列标准的核心部分。其他标准则是其技术支撑文件，以保证环境体系审核、认证活动规范化并与国际接轨。目前，ISO 14000 系列标准已被许多国家所采用，我国等同采用的 GB/T24000—ISO 14000 环境管理系列标准已于 1997 年 4 月 1 日开始实施。随着环境管理体系认证工作在我国的蓬勃开展，为加强对我国环境管理体系认证工作的管理，1997 年 4 月国务院批准成立了中国环境管理体系认证指导委员会，由国家环保局牵头，负责对我国环境管理体系认证工作的统一管理和指导。目前，我国的环境管理体系审核员注册和认证机构国家认可工作都已正式启动，构成了我国环境管理体系认证国家认可制度的基本框架，这标志着我国对环境管理体系认证工作的管理已步入正规化阶段。在中国环境管理体系认证指导委员会的指导下，我国与国际接轨同步开展 ISO 14001 环境管理系列标准认证。

4. 环境标志管理

环境标志是张贴在产品上的一种图案，一种产品证明性商标。它不同于一般的产品商标，是一种用于证明产品环境友好性能的商标。它表明该标志产品不仅质量合格，而且在产品的生产、使用和处理处置过程中符合特定的环境保护要求，与同类产品相比，具有低毒少害、节约资源等环境优势。

随着人们环境意识的觉醒，更多的公众希望能通过自身的行动来维护生态、保护环境，选购和使用对环境有益的产品则是他们非常乐于接受而又行之有效的办法。环境标志制度正是以其独特的经济手段，使广大公众行动起来，将消费者购买力作为一种保护环境的工具，促使生产厂商在从产品的生产、使用以及处置整个过程都注意对环境的影响，并以此观点来审查其商品的整个产品生命周期，从而达到预防污染、保护环境、增加效益的目的。

## 四、全球环境管理及对策

由于人们盲目地追求自我发展和对自然资源的不合理利用，环境资源遭受了巨大的破坏。尤其是进入 20 世纪 80 年代以来，全球气候变化、臭氧层破坏、酸雨、生物多样性的减少、生态环境的退化、海洋环境的污染等问题不断产生，全球性的环境问题日益凸显出来。环境污染和生态破坏日益全球化，使人们结成了一个命运共同体。人类不仅要“共享”地球赋予的丰富资源和优美的环境，还要共同保护地球，为建立一个理想的生存和发展的环境而努力。这是人类面临的共同利益所在，也是人类面临的共同责任。

### （一）全球环境管理的原因和内容

1. 全球环境管理的原因

20 世纪 80 年代以来，环境问题呈现的一个重要特点就是从局部地区的环境污染向全球性环境问题发展，并且呈现出综合化、社会化、政治化的特点，全球气候变化、臭氧层破坏、酸雨、生态环境破坏、海洋污染、危险废物越境转移等全球性环境问题已日益成为世界各国关注的焦点。全球环境管理的产生就是由环境本身的特点及当今全球环境问题的特点决定的。

（1）自然环境自身的发展规律决定了必须对人类环境进行全球管理。人类的生存环境是一个开放的系统，各个组成部分之间互相联系、互相制约。大气的流动，会使某个国家排放的大气污染物扩散到很远的地方，对其他国家产生影响。工业国家释放的多氯联苯通过气流的运动传到了北极，英国等西欧国家排放的二氧化硫在北欧形成了酸雨等；全球的水系是相互联系的整体，因此跨国流域的水体如在某个国家发生污染也会影响其他国家的水体；动物的迁徙也不受国界的限制，候鸟在一年之中会有规律的从一个地方迁到另一个地方，包括从一个国家迁到另一个国家。地球环境本身的这些发展变化规律及特点，决定了需要各国共同给予保护。

（2）地球环境中的财产属于人类所共有，这些共有财产需要人类共同给予保护。在地球环境中不仅有由各国所有或多个国家共有的环境资源，同时也存在属于整个人类共有的环境资源，例如《联合国海洋公约》宣布国家管辖范围以外的海床和海洋及其底土为人类的共同继承财产。根据《指导各国在月球和其他天体上活动的协定》，宇宙空间及其自然资源为全人类的共同财产。对于这些属于全人类的共同环境资源当然需要各国采取共同的行动进行管理。

（3）维持国际社会的安全和政治秩序的稳定，也需要通过共同的行动对全球环境问题进行管理。发达国家大量占用发展中国家的环境资源，向发展中国家转嫁工业污染，已成为令人担忧的政治问题；跨国的环境污染和生态破坏也会引起国家的纠纷、冲突，影响国际社会的安全和政治秩序的稳定。有些国际问题专家就明确指出，以色列和巴勒斯坦之间纠纷的一个重要原因就是对水资源的争夺，因为水是决定他们生死存亡的问题，环境难民的增多等也成为国际社会的不安全因素。1992 年，联合国环境与发展大会秘书长斯特朗明确指出“确保全球环境安全是人类历史上所面临的空前绝后的巨大挑战。”消除这些不安全因素需要采取共同行动。

2. 全球环境管理的内容

全球环境管理主要是通过国际社会采取各种措施，协调各个主权国家的意志，制定有关的国际法律原则、规则和制度，调整国家与国家之间的关系，规范各国的行动，使其符合自然生态的发展规律，有利于地球环境的保护和改善，保障全球环境资源的合理利用，促进和保障整个人类社会的持续正常发展。全球环境管理的内容根据环境问题的类型可分为两方面：污染控制管理，包括有害废物控制管理、海洋环境污染控制管理等；资源管理，包括森林植被管理、自然资源养护、野生动植物、土地资源保护及合理利用等方面的内容。

## （二）全球环境管理的基本原则

1. 国家环境主权原则

国家环境主权是当代全球环境管理的基本原则，是核心，是国家主权原则在全球环境管理中的应用。国家环境主权应包括两方面内容：一是国家对其自然资源拥有永久主权；二是国家虽有权按自己的政策开发本国的自然资源，但必须保证这种活动不致损害他国和国际公有地区的环境。每个国家不论大小，都有自己的环境主权，即对于本国范围内的环境保护问题拥有在国内的最高处理权和国际上的自主独立性。该原则要求每个国家在与他国的互相关系中必须彼此尊重对方主权，不得从事任何侵害别国环境主权的活动，这体现了国际法上权利义务一致性的思想。

2. 国际环境合作原则

全球环境问题多是跨越国界的，它既不同于经济问题，也不同于军事问题，更不同于政治问题，任何国家都可以控制经济、军事、政治等方面的对外交往，但是，对于全球环境问题，例如海洋污染、臭氧层耗竭、大气污染物长距离漂移等问题，任何一个国家，无论其经济实力和科技实力多么雄厚，都不能依靠自己单独的力量来切实地解决环境问题，持久地取得环境保护的成效，更无法阻止全球性环境恶化。《人类环境宣言》第 7 条指出："种类越来越多的环境问题，因为它们在范围上是地区性或全球性的，或者因为它们影响着共同的国际领域，将要求国与国之间广泛合作和国际组织采取行动以谋求共同的利益。"《里约宣言》也强调，世界各国应在环境与发展领域内加强国际合作，为建立一种新的、公平的全球伙伴关系而共同努力。

3. 共同但有区别的原则

该原则包括两个相关联的内容，即共同的责任和有区别的责任。共同的责任是指由于地球生态环境的整体性，各国对保护全球环境都负有共同的责任，都应该参与全球环境保护事业。有区别的责任是指各国虽然负有保护全球环境的共同责任，但发达国家和发展中国家对全球环境问题应负有的责任是有区别的。从全球和区域的环境问题看，主要是直接或间接来自工业发达国家，这是历史事实。就是发展中国家面临的一些环境问题，也与发达国家的长期掠夺或廉价收购资源有关，对此发达国家已承认了这一事实。

工业发达国家要对所造成的环境问题负主要责任，有义务承担相应环境的治理费用。在这方面，修正后的《蒙特利尔议定书》作出了表率，设立了专门基金，帮助发展中国家转变传统的氯氟烃工业技术。在环境发展大会通过的《气候变化框架公约》和《21 世纪议程》中都明确规定了筹集环境基金的渠道和数额，由工业发达国家每年拿出占国民生产总值 0.7% 的基金，即 1 250 亿美元帮助发展中国家治理环境，发达国家原则上接受了这一规定。

4. 预防原则

由于存在科学不确定性，不能完全确认某一环境变化是由什么人的行为引起的，因此只要不确定性存在，哪个国家都不会主动承担义务。因此，不确定性是全球环境管理领域的一个重大障碍，解决不确定性的最好方法是采取预防原则。《里约宣言》原则就明确提出了"为了保护环境，各国应按照本国的能力，广泛采用预防措施，遇到严重或不可逆转损害的威胁时，不得以缺乏科学充分确实证据为理由，延迟采取符合成本效益的措施防止环境恶化"。

**思考题与实践活动**

1. 环境及其环境保护如何进行经济评价和货币化表示。
2. 环境保护的经济措施主要有哪些？
3. 评述中国环境管理的发展趋势。
4. 环境管理中有哪些基本制度？
5. 环境保护经济效益的概念与特点。
6. 聆听或观看一场环境经济或环境管理相关的专家报告或专题片。

# 第十一章　环境标准与相关法律法规

为防治环境污染和保护人群健康及生态平衡，世界各国根据各自实际情况制定了名目繁多、形式不一的环境标准，但按其性质主要为环境质量标准和污染物排放标准两大类。它们各有其不同的产生背景和期望目标，在实际工作中发挥不同的作用。环境与资源保护法体系是指由国家制定的开发利用自然资源、保护改善环境的各种法律规范所组成的相互联系、互相补充、内部协调一致的统一整体。我国的国家级环境与资源保护法体系主要包括几个组成部分：宪法关于保护环境资源的规定、环境与资源保护基本法、环境资源单行法、环境标准，以及其他部门法中关于保护环境资源的法律规范。此外，我国缔结或参加的有关保护环境资源的国际条约、国际公约也是我国环境法体系的有机组成部分。

## 第一节　环境标准

环境标准是环境保护法规系统的一个重要组成部分。环境标准的建立和发展在一定程度上是与一个国家的经济、科技和法制的发展水平密切相关。从世界范围看，英国 1863 年为防止大气污染而制定的《碱业法》可视为环境标准的最早代表。随着工业不断发展，环境污染日趋严重，环境标准问题也日益引起广泛重视，特别是 20 世纪 50 年代后，很多发达国家（如美国、日本、德国、瑞典等）相继制定了各种环境法规和标准。我国有关环境标准的工作起步相对较晚，但在政府有关部门的密切配合下，现已逐渐形成完整体系，在实际环境保护工作中起到了应有作用。

### 一、环境标准的种类和作用

环境质量标准是以保障人体健康和维护生态平衡为主要目标，而对环境中有害物质或因素所作的限度性规定。按环境要素的不同，有大气环境质量标准、水环境质量标准和土壤环境质量标准。

## （一）环境质量标准

1. 大气环境质量标准

1951 年，前苏联颁布了居住区大气中有害物质最高允许浓度标准，1970 年，美国颁布的室外空气质量标准对 6 种常见大气污染物（$SO_2$、NOx、CO、$O_3$ 及碳氢化合物和飘尘）作出两级限度规定。日本于 1970—1973 年间先后制定了 $SO_2$、$NO_2$、飘尘和光化学氧化剂 5 种污染物最高允许浓度标准。我国在 1962 年由国家计委、卫生部颁发的《工业企业设计卫生标准》中首次对居民区大气中 12 种有害物质规定了最高允许浓度，直至 1982 年才由国家环保局颁布了《大气环境质量标准》。1996 年，国家环境保护局又根据《中华人民共和国环境保护法》和《中华人民共和国大气污染防治法》，为改善环境空气质量，防止生态破坏，创造适宜的环境，保护人体健康，颁布了《环境空气质量标准》。

2. 水环境质量标准

1938 年，前苏联颁布了地面水卫生要求和地面水中有害物质最高允许浓度标准；1968 年，美国环保局颁布了公共水源地面水中砷、镉、铬、铅、汞等 17 种化学污染物的最高允许浓度标准；1971 年，日本颁布了公共水域水质标准，对水中砷、镉、铬、汞、汞及氰化物、有机磷等 9 种污染物作出了最高允许浓度的规定。我国最早于 1962 年在国家计委、卫生部联合颁布的《工业企业设计卫生标准》中规定了地面水水质卫生要求和地面水中几种有害物质最高允许浓度；1983 年，国家环保局颁布了《地面水环境质量标准》等。

3. 土壤环境质量标准

土壤中的污染物与大气和水中污染物不同，它不可能直接进入人体，而是通过水、食用植物、动物等进入人体。列入土壤环境质量标准的污染物主要是在土壤中不易降解和危害较大的，例如重金属、农药等。土壤环境质量标准的制定工作开始较晚，目前仅有俄罗斯、日本等少数国家颁布了此类标准。

## （二）污染物排放标准

污染物排放标准是为了实现以环境质量标准为目标，对污染源排入环境的污染物、有害因素的排放量或排放浓度所作的限度规定。污染物排放标准是实现环境质量标准的必要手段，其作用在于直接控制污染源，从而达到防止环境污染的目的。污染物排放标准按污染物形态的不同，通常分为废气（气态污染物）排放标准、废水（液态污染物）排放标准和废渣（固态污染物）排放标准三种。

1. 废气排放标准

19 世纪中期，英国最早颁布有关法令，限制燃煤和酸碱业废气排放；1959

年，美国加州制定了世界第一个汽车废气排放标准；1964 年，前苏联对发电厂废气排放作出了限定；1969 年，日本制定了四类废气排放标准。我国于 1973 年由国家计委、卫生部联合颁布了《工业“三废”排放标准》，1996 年由国家环保局颁布了《环境空气质量标准》。

2. 废水排放标准

早在 1877 年，英国颁布了《河道条令》，禁止向河流排放废液、废渣；1971 年，日本成立环境所，针对严重公害事件相继颁布了环境质量和污染物排放标准；美国于 1971 年后颁布了 27 个行业废水排放标准。1973 年，我国颁布的《工业“三废”排放标准》对废水排放作出了相应规定，以后又陆续颁布了 30 多项行业废水排放标准。

3. 废渣排放标准

废渣的形式、特性因行业而异，在处理要求和方法上各不相同，迄今尚无统一、完整的排放标准。

### （三）污染物控制技术标准和污染警报标准

除环境质量标准和污染物排放标准外，有些国家还制定了污染物控制技术标准和污染警报标准，前者属于对污染物排放标准的一种辅助规定。它是根据排放标准的要求，结合生产工艺特点，对必须采取的污染控制措施（例如生产设备、净化装置及排气筒等）加以具体规定，以便执行检查。污染警报标准是环境污染恶化到必须向社会公众发出一定警报的标准。美国按单一污染物浓度或两种污染物联合浓度的高低，分警告、紧急和危险三级标准。表 11－1 是常见的几种环境标准的特点。

**表 11－1　常见的几种环境标准的特点**

| 种类 | 目的 | 作用 | 依据 | 分类 | 形式 |
|---|---|---|---|---|---|
| 环境质量标准 | 保护人体健康和正常生活环境 | 为环保管理部门工作和监督提供依据 | 环境质量基准及技术经济条件 | 空气、水、土壤 | 环境中污染物浓度 |
| 污染物排放标准 | 保证环境质量标准的实现，控制排放 | 直接控制污染源，便于设计规划 | 环境质量标准及技术经济条件 | 废气、废水、废渣 | 污染物排放浓度或质量排放率 |
| 污染控制技术标准 | 促进排放标准的实施，控制排放 | 直接控制污染源，便于设计规划 | 污染物排放标准或环境质量标准 | 燃料，原料、净化设备、排气筒、卫生防护带等 | 含硫量、净化效率、烟囱高度、防护带、距离等 |
| 污染警报标准 | 防止污染事故的发生，减少损害 | 便于环保部门和社会公众采取必要行动 | 环境质量标准 | 警戒、警告、危险、紧急 | 环境中污染物浓度 |

环境质量标准和污染物排放标准均有国家标准和地方标准之分。国家标准是在全国范围内统一使用的标准，而地方标准仅限于规定地区内使用的标准；国家标准对战略性、普遍性事物作出规定，而地方标准是对战术性、特殊性事物进行限制。地方标准不得与国家标准相抵触，并且应严于国家标准。

## 二、制定环境质量标准的原则和方法

环境质量标准是以保障人体健康、保证正常生活条件及保护自然环境为目标的，在制定标准时，必须首先研究环境中各种污染物浓度对人体、生物及建筑等的危害，分析污染物剂量与环境效应间的相关性。通常人们把这种相关性的系统资料称为环境基准。环境基准可按不同的研究对象，分为卫生基准、生物基准等。

### （一）制定环境质量标准的原则

1. 保障人体健康

世界卫生组织在总结各国资料的基础上，公布了一系列污染物的卫生基准。表12—2 是有关二氧化硫、烟尘的部分卫生基准资料。

**表 11 –2　大气中二氧化硫及烟尘在不同浓度（$mg/m^3$）时产生的后果**

| 污染物 | 病人入院和死亡增多 | 肺部疾患者恶化 | 呼吸道症状出现 | 可见度受影响，人群厌恶反应 |
|---|---|---|---|---|
| 二氧化硫 | 500（日平均） | 500～250（日平均） | 100（年数字平均） | 80（年几何平均） |
| 烟尘 | 500（日平均） | 250（日平均） | 100（年数字平均） | 80（年几何平均） |

注：1. 表中所列情况是两种污染物同时作用结果；
2. 二氧化硫、烟尘均按英国标准法测定分析，浓度单位是微克/$m^3$。

2. 考虑技术经济条件

环境基准虽是制定环境质量标准的主要依据，但不能把它作为惟一的依据。因为环境质量标准是要求在规定期限内达到的环境质量，而不是一般性参考目标。因此，制定标准时应分析估计在规定期限内实现这一质量要求的技术经济条件。如果标准定得过高，超越了技术经济的现实可能性，则标准不起作用。反之，例如一味迁就技术经济条件而随意降低标准要求，则会失去其保障人体健康和保护环境的根本意义。标准制定者的职责，就是要在满足环境基准要求和现实技术经济的可行性之间寻找最佳方案。有人认为环境质量标准包括过去的卫生标准在内，是单纯根据环境基准制定的，这是不了解全部情况的误解。表 11—3 是几个国家空气质量标准对 5 种常见污染物允许浓度的比较。由表可以看出，各国环境质量的标准有很大差异。究其原因，除所选用基准可能有不

表 11-3 5 种污染物允许浓度（μg/m³）

| 国别 | 尘粒 | 二氧化硫 | 一氧化碳 | 二氧化氮 | 臭氧 |
|---|---|---|---|---|---|
| 美国 | 260（日平均） | 365（日平均） | 40 000（1h 平均） | 100（年算术平均） | 160（1h 平均） |
| （一级标准） | 75（年几何平均） | 89（年算术平均） | 10 000（8h 平均） | - | - |
| 日本 | 100（日平均） | 120（日平均） | 25 000（8h 平均） | 40（日平均） | 120（1h 平均） |
| 俄罗斯 | 150（日平均） | 150（日平均） | 1 000（日平均） | 35（日平均） | - |
| 加拿大 | 60（年平均） | 180（日平均） | 6 000（8h 平均） | - | 100（1h 平均） |

同以外，在很大程度上取决于本国的技术经济条件及政治文化情况。

## （二）制定环境质量标准的方法

1. 综合分析基准资料

制定环境质量标准的第一步是综合分析尽可能多的各种基准资料，必要时还需进行专门的工业毒理学实验和流行病学调查，以选择污染物的某种浓度和接触时间作为质量标准的初步方案。但这不能简单着眼于卫生基准，而必须兼顾其量。有些污染物对植物或鱼类比对人更为敏感，因此在指标选定时，必须加以全面衡量，作出适当选择。

然而，制定一个比较完全的环境质量标准并不容易。通常，不少国家包括我国在内，在初期都是先从保护人体健康出发制定一个环境卫生标准，然后再逐步充实完善。世界卫生组织 1962 年提出了下列空气质量的四级水平，供各国在制定大气卫生标准时参考。

（1）第一级，在处于和低于规定的污染物浓度和接触时间内，不会观察到直接或间接的反应（包括反射性或保护性反应）。

（2）第二级，在达到或高于规定的污染物浓度和接触时间内，对人的感觉器官有刺激，对植物有损害或对环境产生其他有害作用。

（3）第三级，在达到或高于规定的污染物浓度和接触时间内，可以使人的生理功能发生障碍或衰退。引起慢性疾病和缩短寿命。

（4）第四级，在达到或高于规定的污染物浓度和接触时间内，将引起敏感人发生急性中毒或死亡。

2. 协调代价和效益间的关系

环境质量的实现必须以社会的技术经济条件作为基础，因此制定环境质量标准时，在选出较合适的浓度指标后，还必须作一番技术经济的分析比较，权衡得失与利弊，合理协调代价和效益间的关系。所谓代价，不是单指为消除污染付出的直接投资。所谓效益，也不是简单从污染物浓度的变化来考察。实际上，它们包含极其广泛的社会意义，从人体健康，生态平衡、资源保护、工农业生产，直至政治文化生活等。为了做到这一点，理论上可以把为减少或控制某种污染所需费用的变化与社会经济损失的相应减少或收益的增加的变化曲线同时描绘出来，从中找到最佳点。

3. 根据环境管理经验修正

由于环境污染控制的很多理论问题至今尚未得到令人满意的解决，因此在制定环境质量标准的同时，还不得不求助于实际的环境管理经验。通常可以根据环境质量实际监测资料对照预定的质量标准，按照下列公式推算达到标准所需采取的措施，分析估计其实现的可能性。为达到现行标准所需的污染控制率（R）应为：

$$R=\frac{gc-a}{gc-b}\times 100\%$$

式中：c——目前实际污染物浓度；

a——空气质量标准；

b——当地污染物本底浓度；

g——在今后一段时间内的生产增长因子。

这种方法往往只适于用特定的地理和气象条件。为了简化和统一计算方法，把平原地形、大气中性稳定状态、微风、点源连续排放作为推算各种污染源排放标准的共同基础。显然，这样制定出来的排放标准，对山区、大气不稳定状态、强风、面源排放等情况不能适用。

1996年，我国颁布的《大气污染物综合排放标准》是在利用大气扩散理论的基础上，结合我国实际情况进行若干修正后制定的。对废水排放标准而言，因污染物在水体中迁移转化规律远比污染物在大气中扩散规律复杂，至今尚未见到足以综合各种变化因素的计算公式，故通常就把地面水质量标准的水中污染物允许浓度扩大若干倍作为制定污染物排放标准的方法之一。

4. 按“最佳实用方法（或最佳可用技术）”制定排放标准

因排放标准的制定不能脱离污染控制技术的实际，因此在英美等国提出了一种按“最佳实用方法（或最佳可用技术）”制定排放标准的方法。其标准建立在现有污染防治技术可能达到的最高水平上，同时也考虑到采取污染防治措施在经济上的可行性。即这种技术在现阶段实际应用中属于效果最佳，又可以在同类工厂中推广采用。这种方法的缺点是不与环境质量标准直接发生联系，但它具有客观示范作用，因此能起到积极的推动作用。

为了应用这个方法，必须做到调查了解能有效减少或控制某种污染物排放的先进工艺技术和各种净化设备，鉴定其效率，找出最佳者；计算投资和运转费用，估计在较大范围内推广的可能性；大致推算普遍使用后的环境质量状况，为进一步修订做好准备。

5. 按环境总量控制法制定排放标准

根据地区气象、水文、地形、污染物的迁移转化规律及环境质量要求，制定出本地区污染物允许的排放总量。这样做的目的是使污染控制的计划更明确、责任更清楚。

## 三、我国环境标准的形成和发展

我国环境标准的形成和发展，从粗到细，从单一到综合，从初具轮廓到逐渐完善，经历了较长岁月。1973 年第一次全国环境保护会议的召开和 1979 年《中华人民共和国环境保护法（试行）》的颁布，可视为我国环境标准形成和发展的两个重要转折点。现分初期、中期及近期三个阶段简述如下：

1. 初期状况（1949—1973 年）

自新中国成立至 1973 年第一次全国环境保护会议召开前，国家制定颁布的有关环境标准都属于以保护人体健康为主的环境卫生标准。例如，1959 年由建筑工程部、卫生部颁发的《生活饮用水卫生规范》；1956 年由卫生部、国家建委颁发的《工业企业设计暂行卫生标准》；1962 年由国家计委、卫生部颁发的《放射工作卫生防护暂行规定》；1963 年由建筑工程部、农业部、卫生部联合颁发的《污水灌溉农田卫生管理试行办法》等。这些标准，对于环境保护有关的城市规划、工业企业设计及卫生监督工作起到了指导和促进作用。

2. 中期状况（1973—1979 年）

1973 年，第一次全国环境保护会议召开是我国环境保护事业的一个新起点。会议确定了“全面规划，合理布局，综合利用，化害为利，依靠群众，大家动手，保护环境，造福人民”的环境保护方针。通过会议全面动员社会各界、政府各部门和各方面专家积极参与环境保护活动，有力地推动了我国环境保护工作，包括环境标准。

在此期间，在各部门的密切配合下，进一步修订充实了已有的一些标准。例如，《生活饮用水卫生规范》经修订改为《生活饮用水卫生标准》，于 1976 年由国家建委、卫生部颁发；《工业企业设计卫生标准》修订后于 1979 年由卫生部、国家建委、国家计委、国家经委、国防科委共同颁发。与此同时，还颁发了一些新标准。例如，1974 年国家计委、国家建委、国防科委、卫生部共同颁发了《放射防护规定》；1979 年农业部、国家水产总局颁发了《渔业水质标准》；1979 年国务院环保领导小组、国家建委、国家经委和农业部共同颁发了《农田灌溉水质标准》等。

最值得一提的是 1973 年由国家计委、国家建委、卫生部颁发的《工业“三废”排放试行标准》，这是我国环境标准方面一项突破性进展。因为当时制定这类排放标准的国家为数不多，美国 1971 年才开始制定，前苏联尚在酝酿。《工业“三废”排放标准》一经颁布实施，引起了各方面重视，对有效控制污染源防止环境污染起到了前所未有的积极作用。

3. 近期状况（1979 年以来）

1979 年《中华人民共和国环境保护法（试行）》的颁布标志着我国环境保护工作进入了法制管理的新阶段。1984 年和 1988 年又先后颁布了《水污染防治法》和《中华人民共和国大气污染防治法》。几部法中明确规定了防治污染的基本要求及法律责任，使环境标准的制定和实施具备了更充分的法律依据。在各部门共同努力下，一系列环境标准相继颁布。例如，《大气环境质量标准》（1982 年）、《海水水质标准》（1982 年）、《地面水环境质量标准》（1983 年）、《生活饮用水卫生标准》（1985 年）、《农田灌溉水质标准》（1985 年）、《渔业水质标准》（1989 年）、《地下水质量标准》（1993 年）、《大气污染综合排放标准》（1984 年）、《污水综合排放标准》（1988 年），以及几十项行业大气污染物和行业废水排放标准。

随着改革开放、经济建设的迅速发展，为适应环境与经济可持续发展的需要，在国家环保局领导下，各地、各部门密切合作对已有环境标准进行了全面系统地修订、充实和完善，使其更科学，更易于实施监督。

原《大气环境质量标准》经修订更名为《环境空气质量标准》（1996 年），调整了分区和分级，增加了 4 种污染物及数据统计的有效性规定等。《地面水环境质量标准》于 1988 年作了修订，采用了新的水域功能分类，并增加了十项参数和标准分析方法等。《大气污染物综合排放标准》经 1996 年修订后，污染物增为 33 项污染物，同时废除、合并了 9 个行业排放标准。《污水综合排放标准》于 1996 年修订后，已纳入了 17 个行业水污染物排放标准，并增加了 10 项控制项目。总之，我国环境标准近期来有了很大发展，并逐渐形成了完整的体系，为推动我国环境保护工作发挥了重要的作用。

## 第二节　环境法律法规

环境与资源保护法是由国家制定或认可，并由国家强制保证执行的关于保护与改善环境、合理开发利用与保护自然资源、防治污染和其他公害的法律规范的总称。环境与资源保护法律关系是指环境与资源保护法主体之间，在利用、保护和改善环境与资源的活动中形成的，由环境与资源保护法规范确认和高速的具有权利、义务内容的社会关系。按国别分，包括中国环境法和外国环境法；按法律规范的主要功能分，包括环境预防法、环境行政管制法和环境纠纷处理法；按传统法律部门分，主要包括环境行政法、环境刑法（或称公害罪法）、环境民法（主要是环境侵权法和环境相邻关系法）等；按中央和地方的关系分，包括国家级环境法和地方性环境法等。

## 一、我国环境保护法

环境保护法是国家为了协调人类与环境的关系，以保护人民健康和保障经济社会的持续、稳定发展而制定的，它是调整人们在开发利用、保护改善环境的活动中产生的各种社会关系的法律的综合。

### （一）立法原则

1. 经济建设和环境保护协调发展的原则

它是指发展经济和保护环境之间的相互关系，是自然生态规律和社会经济发展规律在法律上的反应。经济建设和环境保护必须同步规划、同步实施、同步协调发展，从而实现经济效益、社会效益和环境效益的统一。良好的环境是经济发展的必要基础，经济发展又为保护环境创造了经济和技术条件。因此，环境保护和经济发展应该是相互联系、依存，又相互促进、转化、协调统一的关系。要做到经济建设和环境保护协调发展，注意做好以下几项工作：

首先，必须将环境保护规划纳入国民经济和社会发展计划中去，使之与整个社会的发展规划相协调。其次，根据“三同步”方针，将环境建设与经济建设、城乡建设同步规划、同步实施、同步发展，并强化环境管理，以保证在实施经济建设的同时，实现环境保护的目标要求。同时采取一切有利于环境保护的经济、技术政策，在产业、能源、税收等方面予以相应的倾斜。此外，鉴于我国目前主要以大量消耗资源、能源为特征的粗放经营发展方式，应着重于转变经济增长方式、合理利用资源，控制开发强度。

2. 预防为主、防治结合、综合治理原则

预防为主是与末端治理相对应的原则，由于环境的恢复往往需要相当长的时间，有些环境问题还无法在短期内恢复，预防污染不仅可以最大限度地提高原材料、能源的利用率，而且可以大大减少污染物的产生量和排放量，避免二次污染风险，减少末端治理负荷，节约环保投资和运行费用。然而根据目前技术、经济基础，工业企业做到不排放污染物是很困难的，有些是根本不可能的，所以在预防为主的同时，还必须与治理相结合，对已形成的环境污染和破坏进行积极治理。采取一切可能的措施，尽量减少污染物的排放量，减少对环境的破坏程度。

综合治理是为了提高治理效果，用较小的投入取得较大的效益而采取多种方式和多种途径相结合的办法。造成环境问题的原因是多方面的，必须同时采取经济、行政、法律、教育等手段，进行综合治理。

3. 开发者保护、污染者治理原则

联合国环境与发展大会以后，世界进入可持续发展时代。为了确保有限的自然资源能够满足经济可持续高速发展的要求，中国必须执行“保护资源、节约和合理利用资源”、“开发利用与保护增殖并重”的方针。开发者保护、污染者治理是实现可持续发展目标的一项重要原则。

4. 公众参与原则

公众和非政府组织的参与方式与参与程度，将决定可持续发展目标实现的进程。因此，建立和健全公众参与制度，完善公众具保、听证、环境影响评价公民参与制度，疏通人民群众关注和保护环境的渠道，推动公众和非政府组织参与环境保护和有关环境与发展综合决策工作是制定环境法规的一项重要原则。

5. 政府对环境负责的原则

环境保护是一项涉及政治、经济、技术、社会各个方面复杂而又艰巨的任务，是我国的基本国策，关系国家和人民的长远利益。一个地区环境质量如何，除了自然因素外，还与地区的社会经济发展密切相关，涉及社会经济发展计划、城市规划、生产力布局、能源结构、产业结构和政策、人口政策等，涉及政府的许多部门，是一项全局性和综合性的工作，只有政府才有这样的职能解决。《环境保护法》第十六条规定：“地方各级人民政府，应当对本辖区的环境质量负责，采取措施改善环境质量。”

### （二）我国环境保护法体系

环境保护法的产生和发展与社会的政治、经济以及资源环境状况密切相关。自新中国成立以来，党和人民政府对环境保护工作非常重视，反映到环境保护法律上也有很大的发展，其发展过程大体上可分为三个阶段：第一阶段是新中国成立至1973年全国第一次环境保护会议；第二阶段是1973年至1978年党的十一届三中全会；第三阶段是1978年起至现在。

20世纪50至60年代，为迅速发展工农业生产，摆脱贫穷落后的状态，全国掀起了社会主义建设高潮。当时，我国还是一个落后的农业国，工业基础薄弱，人口也远低于目前的状况。当时环境污染尚不太严重，反映在立法上，这一时期以防治自然环境破坏、保护生物资源和土地资源为主要目标。

1973年，我国召开了第一次全国环境保护会议。会议在总结正反两方面经验的基础上，转发了《关于保护和改善环境的若干规定（试行）》，制定了环境保护工作“全面规划，合理布局，综合利用，化害为利，依靠群众，大家动手，保护环境，造福人民”的三十二字方针，并制定了保护和改善环境的行政法规。

党的十一届三中全会以后，党和国家的工作重心转移到社会主义现代化建设上来，使经济建设和法制建设进入了一个蓬勃发展的新时期。在这一阶段，我国环境立法飞速发展，国家颁布了6部环境法律和9部相关资源法律，国务院发布了29件环境法规，环保部门发布了70多件环境规章，地方性环境法规达900多件，确定了我国环境保护法的基本对策，在环境管理中采用的基本制度以及保护环境的各项基本要求，我国的环境立法体系基本形成，其结构层次可由图11－1表示。

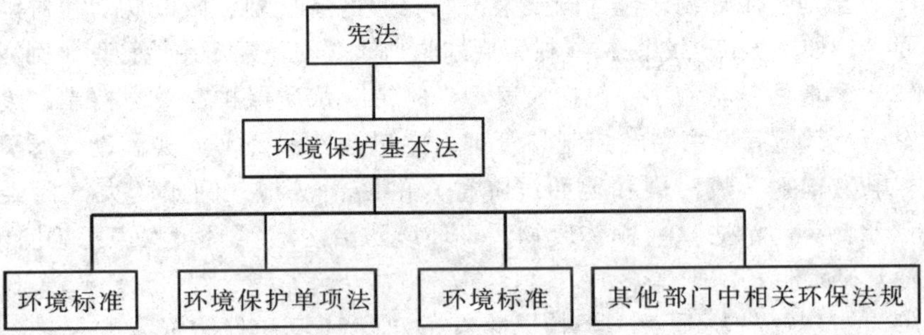


图11－1　我国环境保护法规体系

1. 宪　法

宪法是我国的根本大法。宪法关于环境与资源保护的规定是我国环境保护法的立法基础，是各种环保法律、法规和规章的立法依据。环境保护作为一项国家职责和基本国策在宪法中予以确认，把环境与资源保护的指导原则和主要任务在宪法中做出规定，就为国家和社会的环境活动奠定了基础，赋予了最高的法律效力和立法依据。

我国宪法对环境与资源保护作了一系列规定。宪法第二十六条规定“国家保护和改善生活环境和生态环境，防治污染和其他公害”，明确了国家对环境保护的总政策。其他如第九条第2款规定“国家保障自然资源的合理利用，保护珍贵的动物和植物，禁止任何组织或个人用任何手段侵占或者破坏自然资源”；第十条第5款规定“一切使用土地的组织和个人必须合理利用土地”等。宪法的上述规定，为我国环境保护活动和环境与资源保护立法提供了指导原则和立法依据。

2. 综合性的环境保护基本法

环境保护基本法在我国的环境保护法体系中，除宪法之外占有核心地位。它是一种综合性的实体法，即对环境与资源保护方面的重大问题加以全面综合调整的立法，一般是对环境与资源保护的目的、范围、方针政策、基本原则、重要措施、管理制度、组织机构、法律责任等做出原则规定。这种立法常成为国家的其他单行环境保护法规的立法基础。

1979 年 9 月 13 日第五届全国人大常委会第十一次会议通过了我国第一部综合性环境保护法律《中华人民共和国环境保护法（试行）》，1989 年 12 月 26 日第七届人大常委会第十一次会议通过了《中华人民共和国环境保护法》，同时废止了《中华人民共和国环境保护法（试行）》。

3. 环境保护单项法

单行环境保护法规名目多，内容广泛，按其调整的环境要素或环境问题分类可以分为以下几类：

（1）土地利用规划，包括国土整治、农业区域规划、城市规划和村镇规划等方面，例如《城市规划法》、《村镇规划原则》、《村镇建房用地管理条例》等。

（2）环境污染防治法，包括大气污染防治、水质保护、噪声控制、废物处置、农药及其他有毒物品的控制与管理，也包括其他公害（如震动、恶臭、放射性、电磁辐射、热污染和地面沉降等）的防治法规，例如《大气污染防治法》、《水污染防治法》、《固体废物污染环境防治法》、《环境噪声污染防治法》和《海洋环境保护法》等。

（3）自然保护法是对人类赖以生存的自然环境和自然资源的保护，例如《水法》、《森林法》、《草原法》、《土地管理法》、《矿产资源法》、《渔业法》、《野生动物保护法》、《水土保持法》和《煤炭法》等。

（4）环境行政法规包括对环境管理机构的设置、职权、行政管理程序和行政管理制度，以及行政处罚程序等法规，例如《环境标准管理办法》、《工业企业环境保护考核制度实施办法》等。

4. 环境标准

环境标准在环境保护法体系中占有重要地位，它是环境保护法实施的工具和环境保护实施的依据。没有环境标准，环境保护法就无法实施。目前，我国将环境标准分为三级五类体系。

5. 其他部门法中的环境保护相关法律规范

由于环境保护的广泛性，专门环境保护立法尽管数量上十分庞大，但仍然不能把涉及环境与资源保护的社会关系全部加以调整，在其他部门，例如民法、刑法、经济法、劳动法、行政法中，也包含不少与环境保护相关的法律规范，这些也是环境保护法体系的重要组成部分。例如民法通则中第一百二十四条规定：“违反国家保护环境防止污染的规定，污染环境造成他人损害的，应当依法承担民事责任。”1997 年 10 月 1 日施行的修订后的《刑法》增加了“破坏环境资源保护罪”一节，分别对危险废弃物管理、森林破坏、水生生物保护、濒危物种保护、名胜古迹保护、惩治玩忽职守、防止重大责任事故等方面都做了一系列的规定。

6. 我国参加的国际公约

我国政府十分关注国际环境问题，并以积极的态度参加到全球环境保护的行动中，已缔结或参加了几十项国际环境保护条约，这些都是我国环境保护的组成部分。前面各章节中均有陈述，此处不再叙述。

## 二、国际环境法和国际环境保护条约

由于环境问题的复杂性和全球性的特点，使得环境问题的良好解决并不是仅仅依靠一个或几个国家就能够完成。它需要许多国家共同合作，采取协调一致的行动来加以解决，特别是随着全球性的环境问题日益加剧和新的环境问题不断显现，其重要性尤为显现出来。国际环境法和国际环境条约正是在这种国际背景下应运而生的。随着我国对外开放的进一步深入，以及与国际社会的进一步接轨，一些国际条约规则正在日益影响我们的政治、经济和社会生活。

国际环境法是指调整国际法主体在利用、保护、改善环境与资源中所形成的各种国际关系的法律规范的总称，国际环境条约是指两个或两个以上国际法主体，依据国际环境法确定其相互权利和义务的一致意思的表示，国际条约在国际法中占有重要地位，是国际环境法的最主要渊源。中国政府十分关注国际环境问题，并积极承担全球环境保护的责任，已加入了多项国际环境保护条约，并以自己的实际行动承担着对国际环境法的责任。目前，国际上制定的国际环境法和国际环境保护条约主要包括以下几方面：

1. 大气层和外层空间的环境保护

由于大气层在国际法中并不是一个独立的种类，也不能被视为共有财产，在双边和区域性越境转移空气污染中，大气层被认为是一种共享的资源。大气层和外层空间的环境问题较为复杂，是国际环境保护法的重要内容之一，主要包括越境空气污染、臭氧层变薄、气候变化以及外层空间污染这四种问题。其制定的国际法规主要有《长程越境大气污染日内瓦公约》、《关于消耗臭氧层物质的蒙特利尔协定书》、《气候变化框架公约》和《外层空间公约》等。

2. 海洋污染防治

20 世纪 60 年代以后的国际环境立法开始逐渐引入保护海洋环境的责任，主要包括船舶海洋污染及防治、海上污染事件和突发事件、损害赔偿责任方面的内容，例如《联合国海洋法公约》、《油污准备、回应和合作公约》、《国际油污损害民事责任公约》等。

3. 国际水道保护

国际水道是指两国或多国共同享有的河流、湖泊和地下水资源。这方面的国际法规致力于保护国际水道，防止使用过程中对其他国家造成伤害，主要国际条约有《国际水道航行使用法条文草案》。

4. 有害废物的国际管制

有害废物的国际管制主要包括海上倾倒废物的法律管制、有害废物的国际交易方面内容。例如，《伦敦倾废公约》、《联合国海洋法公约》和《控制危险废物越境转移及处置的巴塞尔公约》等。

5. 核能与环境保护

现代国际社会已意识到核能的使用可能带来巨大危险，并加强了对核安全事项国际控制的重视程度，主要包括核能的国际管理、核危险的控制以及核损害的责任等方面内容。例如，《核事故或辐射紧急援助公约》、《核不扩散条约》、《控制危险废物越境转移及处置的巴塞尔公约》和《巴黎公约》等。

6. 陆地生物资源养护

陆地生物资源养护包括对植物、动物、微生物及生物赖以生存的非生物环境因素的养护。包括《生物多样性公约》、《保护世界文化和自然遗产公约》、《濒危野生动植物物种国际贸易公约》、《湿地保护公约》和《野生动物迁徙物种养护公约》等。

7. 海洋生物资源养护

海洋生物资源往往一般不专属于一国主权范围之内，而通常会在不同的海洋区域内活动，因此不同于陆地生物资源。目前有关海洋生物资源养护的国际条约主要是《联合国海洋法公约》，此外还包括《大陆架公约》等。

**思考题与实践活动**

1. 制定环境质量标准的原则和方法。
2. 环境标准种类主要有哪些？
3. 列举相关的环境法律，选择你最熟悉的某个环境法律进行简单表述。
4. 环境法有哪些基本原则？
5. 环境标准与环境法律的关系。
6. 组织参观某个环保部门，感知环保发展历程。

# 附　录

## 表一　空气和废气中污染物的检测方法及运用范围一览表

| 序号 | 监测项目 | 测定方法 | 检测范围或最低检出浓度（$mg/m^3$） | 方法依据 | 适用范围 |
|---|---|---|---|---|---|
| 1 | 二氧化硫 | ①甲醛缓冲溶液吸收—盐酸副玫瑰苯胺分光光度法<br>②四氯汞盐吸收—盐酸副玫瑰苯胺分光光度法<br>③紫外荧光法<br>④定电位电解法<br>⑤碘量法 | ①吸收液 10ml 采样 10L 时，最低检出浓度为 0.020<br>②吸收液 50ml，采样 300L 时，最低检出浓度为 0.003<br>③用烟气采样装置时，2.5 - 500，最低检出浓度：采样 10L 时，0.015；采样 30L 时：0.025；采样 288L 时，0.013，最低检出浓度：0.005 72，5.24 ~ 2 620，140 ~ 5 700 | GB/T15262—94<br>GB8970—88<br>ISO/CD10498<br>空气和废气监测分析方法<br>同上 | ①和②用于环境空气测定，③用于污染源烟气测定<br>用于环境空气测定<br>用于环境空气测定<br>用于污染源测定<br>同上 |
| 2 | 大气硫酸盐化速率 | ①碱片—重量法<br>④碱片—铬酸钡分光光度法<br>⑧碱片—离子色谱法 | 最低检出限（以三氧化硫计）：<br>0.03mg/dm$^2$ × d | 同上 | 用于环境空气中硫氧化物的测定 |
| 3 | 硫酸雾 | ①乙二胺分光光度法<br>②偶氮砷（Ⅲ）容量法<br>⑧铬酸钡分光光度法<br>④离子色谱法 | 最低检出浓度：<br>0.000 05<br>>60<br>5 ~ 120<br>0.3 ~ 500 | 同上 | 用于环境空气中硫酸雾的测定<br>用于污染源的测定<br>同上<br>同上 |

续 表

| | | | | | |
|---|---|---|---|---|---|
| 4 | 硫化氢 | ①亚甲基蓝分光光度法<br>②碘量法 | 最低检出浓度：<br>采样6L时，0.01；采样288L时，0.002<br>>3 | GB/T15436—95<br>空气和废气监测分析方法 | 用于环境空气的测定<br>用于污染源的测定 |
| 5 | 二氧化氮 | 盐酸萘乙二胺分光光度法 | 最低检出浓度：采样6L时，0.01；采样288L时，0.002 | GB/T15436—95 | 用于环境空气的测定 |
| 6 | 氮氧化物 | ①盐酸萘乙二胺分光光度法<br>②化学发光法<br>③中和滴定法<br>④二磺酸酚分光光度法<br>⑤定电位电解法 | ①同二氧化氮<br>②用烟气采样装置时，2~500<br>最低检出浓度：<br>0.041 08<br>1 000~2 000<br>20~2 000<br>不同型号仪器测定范围：<br>0~13.4，0~67，0~670，0~5 600 | GB/T15436—95<br>空气和废气监测分析方法<br>OB/T16436—95<br>GB/T13906<br>空气和废气监测分析方法 | 用于环境空气的测定<br>用于污染源的测定<br>用于环境空气的测定<br>用于硝酸生产尾气的测定<br>用于污染源的测定<br>同上 |
| 7 | 氨 | ①纳氏试剂分光光度法<br>②次氯酸钠—水杨酸，分光光度法 | 最低检出浓度：采样20L时，0.03<br>最低检出浓度：采样30L时，0.007 | 同上 | 同于环境空气测定<br>同上 |
| 8 | 氰化氢 | 异烟酸—吡唑酮分光光度法 | 最低检出浓度：采样30L时，0.003 | 同上 | 同上 |
| 9 | 臭氧 | ①硼酸碘化钾分光光度法<br>②靛蓝二磺酸钠分光光度法<br>③紫外光度法<br>④化学发光法 | 最低检出浓度：采样30L时，0.006<br>最低检出浓度：0.042 86 | 同上<br>GB/T15437—95<br>GB/T15438—95<br>ISO10313 | 用于环境空气的测定<br>同上<br>同上<br>同上 |
| 10 | 一氧化碳 | ①非分散性红外法<br>②定电位电解法<br>③气相气谱法<br>①奥氏气体分析器法<br>⑤检气管法<br>⑥气体过滤相关光谱法 | 0~62.5，0~1 250，<br>0~12.5，0~62.5，<br>0~125<br>最低检出浓度：进气2ml时，0.2<br>>0.5%<br>>20 | GB9801－86<br>空气和废气监测分析方法<br>同上<br>同上<br>同上<br>国家监测技术规范 | 同上<br>用于环境空气和污染源的测定<br>同上<br>用于污染源的测定<br>用于现场应急测定（精度较低）<br>用于环境空气测定 |

续 表

| | | | | | |
|---|---|---|---|---|---|
| 11 | 氯气 | ①甲基橙分光光度法<br>②碘量法 | ①最低检出浓度：采样20L时，0.025<br>②用烟气采样装置时，3~200<br>>30 | 空气和废气监测分析方法<br>同上<br>同上 | 用于环境空气的测定<br>用于污染源的测定<br>同上 |
| 12 | 氯化氢 | 硫氰酸汞分光光度法 | ①最低检出浓度：采样250L时，0.006<br>②用烟气采样装置，0.5~65 | 同上<br>同上 | 用于环境空气测定<br>用于污染源的测定 |
| 13 | 二硫化碳 | ①二乙胺分光光度法<br>②气相色谱法 | 最低检出浓度：采样30L时，0.03<br>最低检出浓度：0.033 | GB/T14680—93<br>空气和废气监测分析方法 | 用于恶臭源及环境空气测定<br>同上 |
| 14 | 总烃 | 气相色谱法 | 仪器不同，测定范围不同，总烃检出下限：0.14 | GB/T15263—94 | 用于环境和车间空气的测定 |
| 15 | 甲烷 | 色谱法 | 方法检出限：0.003 57 | 空气和废气监测分析方法 | 用于环境空气的测定 |
| 16 | 非甲烷烃 | ①气相色谱法<br>②光电离法 | 最低检出浓度：0.02（以正戊烷计）<br>最低检出浓度：0.035 7 | 同上<br>同上 | 同上<br>同上 |
| 17 | 苯系物 | 气相色谱法 | ①最低检出浓度：采样100L时，苯0.005，甲苯0.004，二甲苯和乙苯0.010<br>②用烟尘采样装置检测范围为4~1 000 | 同上<br>同上 | 用于环境和车间空气测定<br>用于苯系物污染源的测定 |
| 18 | 苯乙烯 | 气相色谱法 | 最低检出浓度：采样100L，0.01 | 同上 | 用于环境和车间空气的测定 |
| 19 | 甲醇 | 同上 | 最低检出浓度：采样20L，0.1 | 同上 | 同上 |
| 20 | 甲醛 | ①酚试剂分光光度法<br>②乙酰丙酮分光光度法<br>③离子色谱法 | 最低检出浓度：采样10L时，0.01<br>最低检出浓度：采样30L时，0.008<br>最低检出浓度：采样48L时，0.03 | 同上<br>同上<br>同上 | 同上<br>同上<br>同上 |

续 表

| | | | | | |
|---|---|---|---|---|---|
| 21 | 低分子醛 | 气相色谱法 | 0.01～500 | 同上 | 同上 |
| 22 | 丙烯醛 | 4—己基间苯二酚分光光度法 | 最低检出浓度：采样34L时，0.05 | 同上 | 同上 |
| 23 | 丙酮 | ①气相色谱法<br>②糠醛比色法 | 最低检出浓度；采样100L时，0.01<br>最低检出浓度：采样10L时，0.2 | 同上 | 同上 |
| 24 | 酚类化合物 | ①4－氨基安替比林分光光度法<br>②气相色谱法 | 最低检出浓度：采样50L时，0.01<br>采样300L时，0.001<br>最低检出浓度：采样0.84$m^3$时，0.012 | 同上 | 同上 |
| 25 | 硝基苯 | 气相色谱法 | 最低检出浓度：采样50L时，0.005 | 同上 | 同上 |
| 26 | 苯胺 | 盐酸萘乙二胺分巴光度法 | 最低检出浓度：采样30L时，0.007 | 同上 | 同上 |
| 27 | 吡啶 | ①巴比妥酸分光光度法<br>②气相色谱法 | 最低检出浓度：采样30L时，0.0013<br>最低检出浓度：采样20L时，0.036 | 同上 | 同上 |
| 28 | 丙烯腈 | 气相色谱法 | 最低检出浓度：采样60L时，0.05 | 同上 | 同上 |
| 29 | 氯乙烯 | 气相色谱法 | 最低检出浓度：采样10L时，0.13 | 同上 | 同上 |
| 30 | 氯丁二烯 | 同上 | 最低检出浓度：采样6L时，0.05 | 同上 | 同上 |
| 31 | 环氧氯丙烷 | ①气相色谱法<br>②乙酰丙酮分光光度法 | 最低检出浓度：采样100L时，0.1<br>最低检出浓度：采样60L时，0.05 | 同上 | 同上 |

**续 表**

| | | | | | |
|---|---|---|---|---|---|
| 32 | 有机硫化物 | 气相色谱法 | 硫醇类 2 ~ 300<br>硫醚类 1—200 | 同上 | 用于有机硫化物排放源的测定 |
| 33 | 有机磷农药甲基对硫磷<br>敌百虫 | ①气相色谱法<br>②盐酸萘乙二胺分光光度法<br>③硫氰酸汞分光光度法 | 最低检出浓度：采样 60L 时，0.001 7<br>测定范围：采样 60L 时，0.01 ~ 5.00<br>最低检出浓度：采样 60L 时，0.067 | 同上<br>同上 | 用于环境空气和车间空气的测定<br>同上 |
| 34 | 异氰酸甲酯 | 2，4－二硝基氟苯分光光度法 | 测定范围：采样 24L 时，0.05 ~ 2.5 | 同上 | 同上 |
| 35 | 肼 | ①分光光度法<br>②气相色谱法 | 最低检出浓度：采样 60L 时，0.001<br>0.007 ~ 1.0 | 同上 | 同上 |
| 36 | 偏二甲肼 | ①分光光度法<br>②气相色谱法 | 最低检出浓度：采样 100L 时，0.015<br>0.026 ~ 6.7 | 同上 | 同上 |
| 37 | 恶臭 | 三点比较式臭袋法 | – | GB/T14675—93 | 用于各类恶臭源（单一或两种以上恶臭物质的复合臭气）和环境空气臭气浓度的测 |
| 38 | 三甲胺 | 气相色谱法 | 最低检出浓度：采样 10L 时，0.002 5 | GBl4676—93 | 用于恶臭污染源和环境空气的测定 |
| 39 | 氟化物 | ①滤膜—酸溶—氟离子电极法<br>②石灰滤纸法<br>③硝酸钍容量法<br>④氟离子选择电极法<br>⑤氟试剂分光光度法 | 最低检出浓度：采样 10L 时，0.000 03；采样 400L 时，0.002 5<br>方法检出限：0.035<br>μg/（$dm^2 \times d$）<br>＞1%<br>1 ~ 1000<br>0.1 ~ 50 | GBT115434—95<br>GB/Tl5433—95 | 用于环境空气测定<br>同上<br>用于氟化物污染源的测定<br>同上<br>同上 |

续　表

| | | | | | |
|---|---|---|---|---|---|
| 40 | 降尘 | 重量法 | 方法检出限：<br>0.2 吨/（$dm^2 \cdot d$） | GBT15265—94 | 用于空气的测定 |
| 41 | 总悬浮颗粒物 | 重量法 | – | GBT15432—95 | 用于环境空气的测定 |
| 42 | 可吸入颗粒物 | 重量法 | – | GB6921—86 | 用于环境空气中的测定 |
| 43 | 烟尘 | 重量法 | ①锅炉烟尘测试方法<br>②工业炉窑烟尘测试方法 | GB5468—91<br>GB9078—88 | 用于单台火力等于或小于 45.5MW（65t/h）燃煤锅炉的测定<br>用于燃煤、烟油、燃气工业窑炉的测定 |
| 44 | 苯并(a)芘 | ①乙酰滤纸层—荧光分光光度法<br>②高效液相色谱法 | 最低检出浓度：滤膜采样 $40m^2$ 时，0.02mg/$100m^3$ 最低检出浓度：滤膜采样 $10m^3$ 时，0.002 5mg/$100m^3$ | GB9871－88<br>GB15439－95 | 用于空气颗粒物中苯并（a）芘的测定<br>同上 |
| 45 | 沥青烟 | 重量－紫外分光光度法 | 用烟尘采样装置，采样 500L 时的测定范围 5.3～700 | 空气和废气监测分析方法 | 用于固定源的测定 |
| 46 | 铅及其化合物 | ①原子吸收分光光度法<br>稀硝酸浸出法<br>硫酸－灰化法<br>②原子吸收分光光度法<br>③双硫腙分光光度法<br>④络合滴定法 | 最低检出浓度：采样 $50m^3$ 时，0.000 5<br>最低检出浓度：采样 $50m^3$ 时，0.000 2<br>测定范围：用烟气、烟尘采样装置，0.05～50<br>最低检出浓度：采样 $25m^3$ 时，0.000 08<br>测定范围：用烟尘采样装置，0.01～25<br>测定范围：用烟尘采样装置，>20 | GB/T15264－94 | 用于环境空气颗粒物中铅的测定<br>同上<br>用于铅污染源的测定<br>用于环境空气颗粒物中铅的测定<br>用于铅污染源的测定<br>同上 |

续 表

| | | | | | |
|---|---|---|---|---|---|
| 47 | 汞及其化合物 | ①巯基棉富集—冷原子荧光分光光度法<br>②金膜富集—冷原子吸收分光光度法<br>③冷原子吸收分光光度法<br>④双硫腙分光光度法 | 最低检出浓度：采样15L时，0.000 0066<br>最低检出浓度：采样60L时，0.000 01<br>检测范围：用烟气和烟尘采样装置，0.01～30<br>检测范围：采样装置同上，0.01～100 | 同上 | 用于空气中态和气溶胶态无机汞和有机汞的测定<br>同上<br>用于汞污染源的测定<br>同上 |
| 48 | 铍及其他合物 | ①原子吸收分光光度法<br>②桑色素荧光分光光度法<br>③铍度齐（Ⅲ）分光光度法<br>④羊毛铬花菁及分光光度法 0.003～3mg/m$^3$ | 最低检出浓度：采样10m$^3$时，0.000 000 5<br>检出范围：用烟尘采样装置，0.01～10<br>检出范围：用烟尘采样装置，0.01～20 | 同上 | 用于空气颗粒物和烟尘中铍的测定<br>同上<br>用于铍污染源的测定<br>同上 |
| 49 | 六价铬 | 二苯碳酰二肼分光光度法 | 最低检出浓度：采样30L时，0.000 04 | 同上 | 用于空气颗粒物中六价格铬的测定 |
| 50 | 铬酸雾 | 同上 | 测定范围：用烟尘采样装置，2～100 | 同上 | 用于电镀等污染源的测定 |
| 51 | 铁 | ①4，7－二苯基－1，10非啰啉分光光度法<br>②原子吸收分光光度法 | 最低检出浓度：采样8.6m$^3$时，0.000 23<br>最低检出浓度：采样7.2m$^3$时，0.000 14 | 同上 | 用于空气颗粒物中铁的测定 |
| 52 | 微量轴 | ①激光荧光法<br>②T.B.P萃取荧光法 | 0.000 000 000 075～0.000 000 03<br>0.000 000 000 67～0.000 001 3 | GB12377－90<br>GB12378－90 | 用于空气中微量轴的测定 |
| 53 | 砷及其他合物 | ①二乙基二硫代氨基甲酸银分光光度法<br>②新银盐分光光度法<br>③原子吸收分光光度法 | 最低检出浓度：采样5m$^3$时，0.000 16<br>最低检出浓度：采样10m$^3$时，0.000 009<br>方法检出限：0.005μg/ml | 同上 | 用于空气颗粒物中砷化物的测定<br>同上 |

续　表

| | | | | | |
|---|---|---|---|---|---|
| 54 | 硒 | ①紫外分光光度法<br>②荧光分光光度法 | 最低检出浓度：采样 $200m^3$ 时，0.000 5<br>最低检出浓度：采样 $200m^3$ 时，0.000 05 | 同上 | 用于空气颗粒物中硒含量的测定<br>同上 |
| 55 | 锑 | 5 - Br - PADAP 分光光度法 | 采样 $50m^3$，最低检出浓度：0.000 01 | 同上 | 用于空气颗粒物中锑含量的测定 |
| 56 | 铜、锌、镉、铬、锰 | 原子吸收分光光度法 | 检出范围微克/$m^3$：采样 $10m^3$ 时，铜 0.2 ~ 8，锌 0.3 ~ 3，<br>镉 0.05 ~ 0.5，铬 0.4 ~ 5，锰 0.2 ~ 5，镍 0.5 ~ 5 | 同上 | 用于空气颗粒物和烟尘中的金属组分的测定 |
| 57 | 大气降水的 pH 值 | 电极法 | – | GB13580.4 - 92 | 用于大气、雨、雪、冰雹的测定 |
| 58 | 大气降水电导率 | 电极法 | – | GB13580.3 - 92 | 同上 |
| 59 | 大气降水硫酸盐 | ①改良硫酸钡比浊法<br>②铬酸钡 - 二苯碳酰二肼分光光度法 | 0.1mg/L ~ 70mg/L<br>0.5mg/L ~ 10mg/L | GB13580.6 - 92<br>同上 | 同上<br>同上 |
| 60 | 大气降水硝酸盐 | 盐酸萘乙二胺分光光度法 | 0.004mg/L ~ 0.2mg/L | GB13580.8 - 92 | 同上 |
| 61 | 大气降水亚硝酸盐 | 同上 | 0.004mg/L ~ 0.2mg/L | GB13580.7 - 92 | 同上 |
| 62 | 大气降水氯化物 | 硫氰酸汞分光光度法 | 0.4mg/L ~ 6.0mg/L | GB13580.9 - 92 | 同上 |
| 63 | 大气降水氟化物 | 新氟试剂分光光度法 | 0.05mg/L ~ 1.8mg/L | GB13580.10 - 92 | 同上 |
| 64 | 大气降水铵盐 | ①纳氏试剂分光光度法<br>②次氯酸钢 - 水杨酸分光光度法 | 0.03mg/L ~ 2.0mg/L<br>0.01mg/L ~ 1.2mg/L | GB13580.11 - 92<br>同上 | 同上 |

**续 表**

| | | | | | |
|---|---|---|---|---|---|
| 65 | 大气降水钾和钠 | 原子吸收分光光度法 | 钾0.8mg/L～4.0mg/L<br>钠0.02mg/L～4.0mg/L | GB13580.12－92 | 同上 |
| 66 | 大气降水钙和镁 | 同上 | 钙0.2mg/L～7.0mg/L<br>镁0.02mg/L～0.5mg/L | GB13580.13－92 | 同上 |
| 67 | 大气降水氟、氯、亚硝酸盐、硝酸盐、硫酸盐 | 离子色谱法 | 因监测仪器不同而不同 | GB13580.5－92 | 同上 |

**表二　空气和废气中污染物的检测方法及运用范围一览表**

| 序号 | 监测项目 | 测定方法 | 检测范围或最低检出浓度/mg·$L^{-4}$ | 方法依据 | 适用范围 |
|---|---|---|---|---|---|
| 1 | 色度 | 铂钴比色法 | - | GB11903－89 | 用于清洁水、轻度污染并不带黄色调的水，较清洁的地面水，地下水和饮用水等色度的测量 |
| 2 | 水温 | ①水温计法<br>②颠倒温度计法 | －6℃～41℃<br>－20℃～150℃ | GB13195－91<br>同上 | 用于井下、江河水湖泊和水库水以及海水水温的测量 |
| 3 | pH | ①玻璃电极法<br>②比色法 | 可准确和再现至0.1 | GB6920－86 | 用于水和废水的测定<br>用于干扰物较少的水样测定 |
| 4 | 硫酸盐 | ①硫酸钡重量法<br>②火焰原子吸收分光光度法<br>③铬酸钠比色法<br>④EDTA滴定法<br>⑤离子色谱法 | >10<br>0.4～300<br>5～2000<br>10～200 | GB11899－89<br>GB13196－91<br>GB5750－85<br>水和废水监测分析方法 | 适用于地下水、地面水、饮用水中可溶性硫酸盐的测定<br>同上<br>同上<br>用于水和废水的测定 |

续 表

| | | | | | |
|---|---|---|---|---|---|
| 5 | 硫化物 | ①对氨基二甲苯胺光度法<br>②碘量法<br>③硫离子选择电极位法 | 0. 02 ~ 0. 8<br>> 1<br>0. 1 ~ 1000 | 水和废水监测分析方法<br>同上<br>同上 | 用于水样中 $S^{2-}$ 浓度 < 1mg/L 的水质测定<br>用于水和废水的测定<br>用于制革、化工、造纸、印染等工业废水和地表水的测定 |
| 6 | 氯化物 | ①硝酸银容量法<br>②硝基汞容量法<br>③电位滴定法<br>④离子色谱法 | > 10<br>< 10<br>检出下限：3. 45<br>检出下限：0. 1 | GB11896 – 89<br>水和废水监浊分析方法<br>同上 | 用于较清洁水质的测定<br>同上<br>用于带色或混浊的水质测定<br>快速灵敏、用于水和废水的测定 |
| 7 | 游离记录和总氯 | N，N – 二乙基 – 1，4 苯二胺滴定法 | 游离氯 0. 03 ~ 5 | GB11897 – 89<br>同上 | 适用于饮用水和其他水质的测定 |
| 8 | 硝酸盐氮 | ①酚二磺酸分光光度法<br>②离子色谱法<br>③紫外分光光度法 | 0. 02 ~ 2<br>0. 1（$NO_3^-$）<br>0. 8 ~ 4 | GB7480 – 87<br>水和废水监测分析方法 | 用于饮用水、地下水和清洁地表水的测定<br>适用于水和废水的测定 |
| 9 | 亚硝酸盐氮 | 分子吸收分光光度法 | 0. 003 ~ 0. 2 | GB7493 – 87 | 用于饮用水、地下水、地表水及废水的测 |

续 表

| | | | | | |
|---|---|---|---|---|---|
| 10 | 氨氮 | ①水杨酸分光光度法<br>②纳氏试剂比色法<br>③滴定法<br>④电极法 | 0.01～1<br>0.025～2（分光光度法）<br>0.2～2（目视法）<br>0.03～1 400 | GB7481－87<br>GB7479－87<br>水和废水监测分析方法<br>同上 | 用于生活污水、地面水和工业废水的测定<br>同上<br>用于水和废水的测定<br>同上 |
| 11 | 浊度 | ①分光光度法<br>②目视比色法 | 最低检出3度<br>最低检出1度 | GB13200－91 | 用于饮用水、天然水和高浊度水的测定<br>用于水源水和饮用水的测定 |
| 12 | 氟化物 | ①氟试剂分光光度法<br>②氟离子选择电极法<br>③茜素磺酸锆比色法 | 0.05～1.8<br>0.05～1900<br>0.1～2.5 | GB7483－87<br>GB7484－87<br>GB7482－87 | 用于地表水，地下水和工业废水的测定<br>同上<br>同上（方法简单，但误较大） |
| 13 | 总氰化物和易释放氰化物 | ①异烟酸－吡唑酮比色法<br>②硝酸银滴定法<br>③吡啶－巴比妥酸光度法 | 0.004～0.25<br>1～100<br>0.002～0.45 | GB7487－87<br>GB7486－87<br>GB7489－87 | 用于饮用水、地表水、生活污水和工业废水的测定<br>同上<br>同上 |
| 14 | 总铬 | ①高锰酸钾氧化－二苯碳二肼分光光度法酰<br>②硫酸亚铁铵滴定法 | 0.004～1<br>>1 | GB7466－87 | 用于地表水和工业废水的测定<br>用于水和废水总铬浓度>1mg/L的水质测定 |

**续　表**

| | | | | | |
|---|---|---|---|---|---|
| 15 | 六价铬 | 二苯碳酰二肼分光光度法 | 0.004～1 | GB7467－87 | 用于地表水和工业废水的测定 |
| 16 | 总汞 | ①冷原子吸收分光光度法<br>②冷原子荧光法<br>③双硫腙分光光度法 | 0.1μg/L～0.5μg/L<br>0.05μg/L～1μg/L<br>2μg/L～40μg/L | GB7468－87<br>水和废水监测分析方法<br>GB7469－87 | 用于地表水、地下水、饮用水、生活污水和工业废水的测定<br>同上<br>用于生活污水、工业废水及受污染的地面水的测定 |
| 17 | 铅、镉、铜、锌 | ①原子吸收分光光度法<br>直接吸入火焰<br>萃取火焰<br>高子交换火焰<br>石墨炉<br>②双硫腙分光光度法<br>③极溶出法 | 铅0.2～10<br>镉0.05～1<br>铜0.05～5<br>锌0.05～1<br>铅0.01～0.5<br>镉0.001～0.05<br>铜0.004～0.15<br>铅0.0014～0.15<br>镉0.0001～0.0098<br>铜0.00093～0.033<br>铅0.001～0.05<br>镉0.0001～0.05<br>铜0.001～0.05<br>铅0.01～0.30<br>镉0.001～0.05<br>铜0.005～0.050<br>铅、镉、铜 } 0.001～1 | GB7475－87 | 用于地面水、地下水和废水的测定<br>用于测定地表水和废水<br>适用于饮用水、地表水的测定 |
| 18 | 铅 | 示波极谱法 | 0.1～10 | GB/T13896－92 | 用于硝代甘油系列火炸药废水的测定 |
| 19 | 铜 | ①2，9－二甲基－1，10菲啰啉分光光度法<br>②二乙氨基二硫代甲酸钠萃取分光光度法 | 0.06～3<br>0.02～0.6 | GB7473－87<br>GB7474－89 | 用于地表水、生活污水和工业废水的测定<br>用于地表水、各种工业废水的测定 |

续 表

| | | | | | |
|---|---|---|---|---|---|
| 20 | 铁和锰 | 火焰原子吸收分光光度法 | Fe0.1～5，Mn0.05～3 | GB11911－89 | 用于地表水、地下水及工业废水的测定 |
| 21 | 铁 | ①二氮杂菲比色法<br>②邻菲啰啉分光光度法检出下限 | 0.05<br>0.0.～5.00 | GB5750－85<br>水和废水监测分析方法 | 用于水和废水的测定<br>同上 |
| 22 | 锰 | ①过硫酸铵比色法<br>②过碘酸钾氧化光度法 | 检出下限0.05<br>检出下限0.05 | GB5750－85<br>水和废水监测分析方法 | 同上<br>同上 |
| 23 | 镍 | ①火焰原子吸收分光光度法<br>②丁二酮肟分光光度法 | 0μg/L～8μg/L<br>0.1～4 | GB11912－89<br>GB11910－89 | 用于地表水和电镀、冶炼、机械制造、电工等废水的测定<br>用于电镀、冶炼等行业废水处理前后的测定 |
| 24 | 银 | ①火焰原子吸收分光光度法<br>②镉试剂2B光度法<br>③3，5－$Br_2$－PADAP法 | 0.03～5.00<br>0.01～0.8<br>0.021～1.4 | GB11907－89<br>GB11908－89<br>GB11909－89 | 用于电镀、制镜、金矿、冶炼、洗印废水的测定<br>用于感光胶片、洗印、电镀和采矿废水的测定<br>同上 |
| 25 | 钡 | ①电位滴定法<br>②原子吸收分光光度法 | 47.1～1180<br>1.7～500 | GB/T14671－93<br>GB/T15506－95 | 用于化工、机械制造、颜料等行业工业废水的测定<br>用于测定工业废水中可滤性钡的测定 |

续 表

| | | | | | |
|---|---|---|---|---|---|
| 26 | 钡 | ①石墨炉原子吸收分光光度法<br>②钼试剂（BPHA）萃取分光光度法 | 0.05～1.0<br>0.018～10.0 | GB/T14673－93<br>GB/T15503－95 | 用于废水的测定<br>用于水和废水的测定 |
| 27 | 钙和镁 | ①EDTA 滴定法<br>②EDTA 滴定法<br>③原子吸收分光光度法 | 最低检出浓度（Ca＋Mg）：0.05mol/L<br>钙 2～100<br>钙 0.1～5，<br>镁 0.05～0.5 | GB7477－87<br>GB9476－87<br>水和废水监测分析方法 | 用于地下水和地表水的测定，不适于海水测定<br>同上<br>同上 |
| 28 | 总硬度 | EDTA 滴定法 | 最低检出浓度 5.005 | GB7477－87 | 用于地表水、地下水、饮用水的测定 |
| 29 | 钾和钠 | ①火焰原子吸收分光光度法<br>②火焰原子发射法 | 钾 0.05～4.00<br>1.0～300；<br>钠 0.5～21.00<br>钾 0.05～10<br>钠 0.05～10 | GB11904－89<br>水和废水监测分析方法 | 用于地表水和饮用水的测定<br>同上 |
| 30 | 凯氏氮 | 凯氏法 | 最低检出限：0.2 | GB11891－89 | 用于工业废水、湖泊、水库及地面水的测定 |
| 31 | 总氮 | 过硫酸钾消解紫外分光光度法 | 0.05～4 | GB11894－89 | 用于地表水、地下水的测定 |
| 32 | 总磷 | 钼酸铵分光光度法 | 0.01～0.6 | GB11893－89 | 用于地表水、生活污水和工业废水的测定 |
| 33 | 高锰酸盐指数 | ①酸性法<br>②碱性法 | 0.5～4.5<br>0.5～4.5 | GB11892－89<br>GB11892－89 | 用于饮用水、水源水和地表水的测定<br>同上 |
| 34 | 溶解氧 | ①膜电极法<br>②碘量法 | 0%～100%溶解 | GB11913－89<br>GB11489－87 | 用于天然水、盐水、污水的测定<br>同上 |

续　表

| | | | | | |
|---|---|---|---|---|---|
| 35 | 化学需氧量 | ①库化法<br>②重铬酸钾法（$COD_{Cr}$） | 2～100<br>>30～700 | 水和废水监温分析方法<br>GB11914－89 | 用于工业废水的测定<br>用于COD含量大于30mg/L的各种水样测定 |
| 36 | 生化需氧量 | 稀释与接种法 | ≥2，不超过6 000 | GB7488－87 | 用于工业废水、生活污水的测定 |
| 37 | 挥发性酚 | ①4－氨基安替比林分光光度法<br>②溴化滴定法 | 0.002～6 | GB7490－87<br>GB7491－87 | 用于地表水、地下水和工业废水的测定<br>用于排污口废水的测定 |
| 38 | 五氯酚 | ①气相色谱法<br>②藏红T分光光度法 | 0.002～6 | GB7490－87<br>GB7491－87 | 用于地面水的测定<br>用于工业废水和多污染水体测定 |
| 39 | 石油类 | ①重量法<br>②非分散红外法<br>③紫外分光光度法 | >10<br>0.1～200<br>0.05～50 | 水和废水监测分析方法 | 用于含矿物油的水样测定<br>同上<br>同上 |
| 40 | 动植物油 | 非分散性红外性 | | 水和废水监测分析方法 | 用于含动植物油的水样测定 |
| 41 | 甲醛 | 乙酰丙酮分光光度法 | 0.05～3.20 | GB13197－91 | 用于地表水和工业废水，不适用印染废水的测定 |
| 42 | 阴离子洗涤剂 | ①亚甲基蓝分光光度法<br>②电位滴定法 | 0.05～2.0<br>5～24 | GB7497－87<br>GB13199－91 | 用于地面水的测定<br>用于污水的测定 |

续 表

| | | | | | |
|---|---|---|---|---|---|
| 43 | 苯并（a）芘 | 乙酰化滤纸层析荧光分光光度法 | 最低检出浓度：0.004μg/L | GB11895－89 | 用于饮用水、地表水、生活污水和工业废水的测定 |
| 44 | 有机氯农药666，DDT | 气相色谱法 | γ－666可测至4μg/L<br>DDT可测至200μg/L | GB7492－87 | 用于地表水、地下水和部分污水的测定 |
| 45 | 有机磷硝 | 气相色谱法 | 最低检出浓度：<br>乐果0.02，甲基对硫磷0.01，马拉硫磷0.02，乙基对硫磷0.01 | GB13192－91 | 用于地表水和农药厂废水的测定 |
| 46 | 苯系物 | ①液相色谱法<br>②二硫化碳萃取气相色谱法 | 0.005～0.1<br>0.05～12 | GB11890－89 | 用于工业废水和地表水测定 |
| 47 | 苯胺类 | N－（1－萘基）乙二胺偶氮分光光度法 | 0.03～1.6 | GB11889－89 | 用于地表水和染料、制药工业废水的测定 |
| 48 | 硝基苯类 | ①还原－偶氮分光光度法<br>②氯化十六烷基吡啶分光光度法<br>③气相色谱法 | 最低检出浓度：0.2<br>0.1～7（三硝基苯）<br>最低检出浓度：硝基苯0.2，DNT类0.3 | 水和废水监测分析方法<br>同上<br>GB13194－91 | 用于染料、制药、皮革及印染废水中硝基和二硝基苯类化合物的测定<br>用于除生化法处理废水之外的水中三硝基苯类化合物的测定<br>用于地表水、地下水和工业废水的测定 |
| 49 | 二硝基甲苯 | 示波极谱法 | 0.10～5.00 | GB/T13901－92 | 用于硝化甘油系列火炸药工业废水的测定 |

续　表

| | | | | | |
|---|---|---|---|---|---|
| 50 | 消化甘油 | 0.10~10.0 | GB/T13902-92 | GB/T13902-92 | 用于生产硝化甘油、双基发射药，固体火箭推进剂及硝化甘油类炸药工业废水的测定 |
| 51 | 梯恩梯 | ①分光光度法<br>②亚硫酸钠分光光度法 | 0.2~4.0<br>0.2~10 | GB/T13903-92<br>GB/T13905-92 | 用于弹药装药工业废水的测定<br>用于生产粉尘铵梯炸药废水的测定 |
| 52 | 梯恩梯、黑索今、地恩梯 | 气相色谱法 | 梯恩梯0.02~0.40<br>黑索今0.20~4.00<br>地恩梯0.01~0.15 | GB/T13904-92 | 用于弹药装药工业废水的测定 |
| 53 | 氯苯类 | 气相色谱法 | 二氯苯2~16μg/L 五氯苯和六氯苯0.05μg/L | - | 用于水和废水中二氯苯、三氯苯、四氯苯、五氯苯和六氯苯的测定 |
| 54 | 烷基汞 | 气相色谱法 | 甲基汞10（ng/L）<br>乙基汞20（ng/L） | GB/T14204-93 | 用于地表水和污水的测定 |
| 55 | 肼 | 对二甲氨基苯甲醛分光光度法 | 0.002~1.0 | GB/T15507-95 | 用于地面水和工业废水的测定 |
| 56 | 一甲基肼 | 对二甲氨基苯甲醛分光光度法 | 0.02~0.8 | GB/T14375-93 | 用于地表水和航天工业废水的测定 |

续　表

| | | | | | |
|---|---|---|---|---|---|
| 57 | 偏二甲肼 | 氨基亚铁氰化钠分光光度法 | 0.04～1.0 | GB/T14376－93 | 同上 |
| 58 | 二乙胺 | 溴酚蓝分光光度法 | 0.5～5.3 | GB/T14377－93 | 同上 |
| 59 | 二乙烯三胺 | 水杨酸分光光度法 | 0.4～3.2 | GB/T14378－93 | 同上 |
| 60 | 硫氰酸盐 | 水杨酸分光光度法 | 0.13～1.5 | GB/T13897－92 | 用于污染源的测定 |
| 61 | 铁（Ⅱ、Ⅲ）氰络合物 | ①原子吸收分光光度法<br>②三氯化铁分光光度法 | 2～10<br>2～10 | GB/T13898－92<br>GB/T13899－92 | 同上<br>同上 |
| 62 | 硒 | ①2，3－二甲氨基萘荧光法<br>②3，3'－二氨基联苯分光光度法 | 最低检出浓度：<br>0.25μg/L<br>2.5μg/L～50μg/L | GB11902－89<br>GB5750－85 | 用于清洁水、生活污水和某些工业废水的测定<br>用于清洁水、饮用水及炼油、硫酸制造、特种玻璃工业废水的测定 |
| 63 | 总砷 | 二乙基二硫代氨基甲酸银分光光度法 | 0.007～0.5 | GB7485－87 | 用于水和废水中砷化物的测定 |
| 64 | 痕量砷 | 硼氰化钾－硝酸银分光光度法 | 0.45～12μg/L | GB11900－89 | 用于地表水和地下水中痕量砷的测定 |